VIVENDO
NO FIM DOS
TEMPOS

Albrecht Dürer, "Melancolia I", gravura, 1514 (British Museum).

Slavoj Žižek
VIVENDO NO FIM DOS TEMPOS

Tradução
Maria Beatriz de Medina

Copyright © Slavoj Žižek, 2010
Copyright © Verso Books, 2010
Copyright desta tradução © Boitempo Editorial, 2012
Traduzido do original em inglês *Living in the End Times*

Direção-geral Ivana Jinkings
Edição Bibiana Leme
Coordenação de produção Juliana Brandt
Assistência editorial Livia Campos e Pedro Carvalho
Assitência de produção Livia Viganó
Tradução Maria Beatriz de Medina
Preparação Mariana Echalar
Revisão Vivian Miwa Matsushita
Capa Studio DelRey
sobre xilogravura "Os quatro cavaleiros do Apocalipse",
de Albrecht Dürer, 1498, British Museum
Diagramação Antonio Kehl

CIP-BRASIL. CATALOGAÇÃO-NA-FONTE
SINDICATO NACIONAL DOS EDITORES DE LIVROS, RJ

Z72v
Zizek, Slavoj, 1949-
 Vivendo no fim dos tempos / Slavoj Zizek ; tradução Maria Beatriz de Medina. - São Paulo : Boitempo , 2012.

 Tradução de: Living in the end times
 ISBN 978-85-7559-212-0

 1. Ideologia. 2. Pós-modernismo. 3. Ciência política - Filosofia. 4. Crises financeiras - Filosofia. 5. História econômica - Séc. XXI. I. Título.

12-3496.   CDD: 140
                                                                                          CDU: 140

É vedada a reprodução de qualquer parte deste livro sem a expressa autorização da editora.

1ª edição: junho de 2012; 2ª reimpressão: agosto de 2025

BOITEMPO EDITORIAL
Jinkings Editores Associados Ltda.
Rua Pereira Leite, 373
05442-000 São Paulo SP
Tel.: (11) 3875-7250 / 3875-7285
editor@boitempoeditorial.com.br | www.boitempoeditorial.com.br
blogdaboitempo.com.br | youtube.com/tvboitempo

Sumário

INTRODUÇÃO: "A PERVERSIDADE ESPIRITUAL DO CÉU" 9

1 NEGAÇÃO: A UTOPIA LIBERAL 17

2 RAIVA: A REALIDADE DO POLÍTICO-TEOLÓGICO 67

3 BARGANHA: O RETORNO DA CRÍTICA DA ECONOMIA POLÍTICA 143

4 DEPRESSÃO: O TRAUMA NEURONAL OU O SURGIMENTO DO *COGITO* PROLETÁRIO 199

5 ACEITAÇÃO: A CAUSA RECUPERADA 245

POSFÁCIO DA SEGUNDA EDIÇÃO: BEM-VINDO A TEMPOS INTERESSANTES! 291

ÍNDICE ONOMÁSTICO 363

Nota da edição

Esta tradução do livro *Living in the End Times* baseia-se na versão revista e atualizada publicada pela Verso Books em 2011. A edição do texto para a tradução brasileira foi feita pelo próprio autor, que considerou necessários alguns cortes e alterações em relação ao original.

INTRODUÇÃO
"A PERVERSIDADE ESPIRITUAL DO CÉU"

O vigésimo aniversário da queda do Muro de Berlim deveria ser um momento de reflexão. Tornou-se clichê enfatizar a natureza "milagrosa" dessa queda: foi como se um sonho se realizasse, porque algo inimaginável aconteceu, algo que dois meses antes ninguém julgava possível, com as eleições livres após a desintegração dos regimes comunistas, que desmoronaram como um castelo de cartas. Quem, na Polônia, teria imaginado eleições livres das quais Lech Wałęsa sairia como presidente? No entanto, deveríamos acrescentar de imediato que um "milagre" ainda maior aconteceu poucos anos depois, ou seja, a volta de ex-comunistas ao poder por meio de eleições livres e democráticas e a total marginalização de Wałęsa, que se tornou mais impopular do que o homem que, quinze anos antes, arrasara o Solidarność* com um golpe militar: o general Wojcieh Jaruzelski.

A explicação mais comum para essa segunda inversão lembra as expectativas utópicas "imaturas" da maioria: o desejo da maioria do povo era contraditório, ou melhor, incoerente. O povo queria chupar cana e assoviar**; queria a abundância material e a liberdade democrática capitalista sem pagar o alto preço de viver numa "sociedade de risco", ou seja, sem perder a segurança e a estabilidade (mais ou menos) garantida dos regimes comunistas. Como observaram devidamente os sarcásticos comentaristas ocidentais, a realidade da nobre luta por liberdade e justiça era apenas uma paixão por bananas e pornografia.

---

* Em português, Solidariedade, sindicato polonês anticomunista liderado por Lech Wałęsa. (N. E.)
** No original: "*The people wanted to have their cake and eat it*" [o povo queria guardar o bolo e comê-lo]. (N. E.)

Quando a inevitável decepção se instalou, houve três reações (ora opostas, ora sobrepostas): (1) nostalgia dos "bons tempos" comunistas[1]; (2) populismo nacionalista de direita; (3) paranoia anticomunista renovada e "atrasada". As duas primeiras são fáceis de compreender. A nostalgia do comunismo não deve ser levada muito a sério: longe de exprimir o desejo genuíno de voltar à realidade cinzenta do regime anterior, está mais para uma forma de luto, um processo de lento abandono do passado. A ascensão do populismo de direita não é especialidade do Leste Europeu: é uma característica comum a todos os países pegos no sorvedouro da globalização. Mais interessante é a estranha ressurreição do anticomunismo quase duas décadas depois dos acontecimentos, porque oferece uma resposta simples à pergunta: "Se o capitalismo é assim tão melhor do que o socialismo, por que nossa vida continua péssima?". É porque ainda não entramos de fato no capitalismo, os comunistas ainda dominam, disfarçados de novos proprietários e gerentes...

É um fato óbvio que, quando o povo protesta contra os regimes comunistas na Europa oriental, a maioria não exige o capitalismo. Eles querem segurança social, solidariedade, algum tipo de justiça; querem a liberdade de viver sua vida fora do alcance do controle estatal; querem se reunir e conversar à vontade; querem uma vida de honestidade e franqueza simples, livre da primitiva doutrinação ideológica e da cínica hipocrisia predominante. Como observaram muitos analistas perspicazes, os ideais que orientaram os manifestantes foram tirados em grande parte da própria ideologia socialista dominante; o povo aspirava a algo que se pode chamar, muito apropriadamente, de "socialismo com rosto humano".

A questão crucial é como interpretar o colapso dessas esperanças utópicas. A resposta predominante é o realismo capitalista: o povo simplesmente não tinha uma imagem realista do capitalismo, estava cheio de expectativas utópicas imaturas. Depois do entusiasmo dos dias inebriantes da vitória, o povo teve de recuperar a sobriedade e passar por um doloroso processo de aprendizado das regras da nova realidade ou, em outras palavras, conhecer o preço a pagar pela liberdade política

---

[1] É óbvio o esgotamento do socialismo do Estado-partido do século XX. Num grande discurso em agosto de 2009, Raúl Castro criticou os que gritam "Morte ao imperialismo dos Estados Unidos! Vida longa à Revolução!", mas não se engajam no trabalho longo e difícil. Segundo ele, a culpa pela situação de Cuba (uma terra fértil que importa 80% de seus alimentos) pode ser jogada no embargo dos Estados Unidos: há pessoas desocupadas de um lado e terra ociosa de outro. A solução é apenas começar a cultivar os campos? Embora obviamente isso seja verdade, Raúl Castro se esqueceu de incluir sua própria posição no quadro que descreveu: se as pessoas não cultivam os campos, é óbvio que não é porque sejam preguiçosas, mas porque a economia dirigida pelo Estado não é capaz de fazê-las trabalhar. Assim, em vez de criticar as pessoas comuns, ele deveria ter aplicado a velha máxima stalinista de que o motor do progresso socialista é a autocrítica e submetido a uma crítica radical o próprio sistema personificado por ele e por Fidel. Aqui, mais uma vez, o mal está no olhar excessivamente crítico, que vê o mal por toda parte...

e econômica. Foi como se a esquerda europeia tivesse de morrer duas vezes: primeiro como esquerda comunista "totalitária" e depois como esquerda democrática moderada, que nos últimos anos vem perdendo espaço na Itália, na França e na Alemanha. Até certo ponto, esse processo pode ser responsabilizado pelo fato de que os partidos de centro e mesmo os conservadores que substituíram a esquerda incorporam vários traços que caracterizavam tradicionalmente a esquerda (apoio a alguma forma de Estado de bem-estar social, tolerância com as minorias etc.), de modo que se alguém como Angela Merkel apresentasse seu programa nos Estados Unidos seria tachado de esquerdista radical. Mas isso só vale até certo ponto. Na democracia pós-política de hoje, a tradicional bipolaridade entre a centro-esquerda social-democrata e a centro-direita conservadora vem sendo substituída pouco a pouco por uma nova bipolaridade entre política e pós-política: o partido tecnocrata liberal, tolerante e multiculturalista do governo pós-político e sua contrapartida populista de direita da luta política apaixonada – não admira que os antigos adversários de centro (conservadores ou democratas cristãos e sociais-democratas ou liberais) sejam tantas vezes forçados a unir forças contra o inimigo comum. (Freud escreveu sobre o *Unbehagen in der Kultur* – o descontentamento/inquietação na cultura – e hoje, vinte anos depois da queda do Muro de Berlim, vivemos uma espécie de *Unbehagen* no capitalismo liberal. A pergunta fundamental é: quem articulará esse descontentamento? Caberá aos populistas nacionalistas explorá-lo? Essa é a grande tarefa da esquerda.)

Deveríamos desconsiderar o impulso utópico que motivou os protestos como sinal de imaturidade ou permanecer fiéis a ele? Vale notar aqui que a resistência ao comunismo na Europa Oriental assumiu três formas consecutivas: (1) a crítica marxista "revisionista" dos socialismos reais ("Esse não é o verdadeiro socialismo, queremos o retorno à visão autêntica do socialismo como sociedade livre") – podemos observar maliciosamente que o mesmo processo aconteceu no início do período moderno europeu, quando a oposição secular ao papel hegemônico da religião teve de se exprimir primeiro como heresia religiosa; (2) a exigência de espaço autônomo para a sociedade civil, livre das restrições do controle do Estado-partido (essa era a posição oficial do Solidariedade em seus primeiros anos de vida; a mensagem ao partido comunista era: "Não queremos o poder, só queremos um espaço livre, longe do seu controle, onde possamos nos dedicar à reflexão crítica sobre o que acontece na sociedade"); (3) por último, a luta declarada pelo poder: "Queremos *sim* o poder total democraticamente legitimado, está na hora de vocês se mandarem...". As duas primeiras formas são apenas ilusões (ou melhor, concessões estratégicas) que devem ser descartadas?

A premissa subjacente deste livro é simples: o sistema capitalista global aproxima-se de um ponto zero apocalíptico. Seus "quatro cavaleiros do Apocalipse" são a crise ecológica, as consequências da revolução biogenética, os desequilíbrios do próprio sistema (problemas de propriedade intelectual, a luta vindoura por matéria-prima, comida e água) e o crescimento explosivo das divisões e exclusões sociais.

Para tomar apenas essa última questão, em nenhum outro lugar as formas de *apartheid* são mais palpáveis do que nos ricos Estados produtores de petróleo do Oriente Médio: Kuwait, Arábia Saudita, Dubai. Escondidos nos subúrbios, muitas vezes por trás do muro, há dezenas de milhares de trabalhadores imigrantes "invisíveis", que fazem o trabalho sujo, da manutenção até a construção civil, separados de suas famílias e sem nenhum privilégio. Isso claramente acrescenta à situação um potencial explosivo que hoje é explorado pelos fundamentalistas e deveria ser canalizado pela esquerda na luta contra a exploração e a corrupção. Um país como a Arábia Saudita está literalmente "além da corrupção": não precisa dela porque a gangue dominante (a família real) já é dona de toda a riqueza e pode distribuí-la à vontade. Nesses países, a única alternativa aos surtos fundamentalistas seria uma espécie de Estado social-democrata de bem-estar social. Se essa situação persistir, será possível imaginar a mudança na "psique coletiva" ocidental quando (não *se*, mas precisamente *quando*) uma dessas "nações (ou grupos) delinquentes" obtiver armas nucleares, químicas ou biológicas poderosas e declarar sua disposição "irracional" de usá-las e pôr tudo em risco? As próprias coordenadas básicas da consciência mudarão, uma vez que vivemos hoje num estado de negação fetichista coletiva: sabemos muito bem que alguma hora isso acontecerá, mas ainda assim não acreditamos que possa realmente acontecer. O esforço dos Estados Unidos para tentar impedi-lo com ações preventivas contínuas é uma batalha perdida de antemão: a própria ideia de que se possa fazer isso se baseia numa visão fantasmática.

Uma forma mais comum de exclusão inclusiva são as favelas, grandes áreas não inseridas nos mecanismos estatais de governança. Embora sejam sobretudo um campo em que gangues e seitas religiosas disputem o controle, as favelas abrem espaço para organizações políticas radicais, como na Índia, onde o movimento maoista dos naxalitas vem organizando um amplo espaço social alternativo. Segundo uma autoridade estatal indiana: "A questão é que, quando não governamos uma região, ela não é nossa. A não ser nos mapas, ela não faz parte da Índia. Hoje, pelo menos metade da Índia não é governada. Não está sob nosso controle [...] é preciso criar uma sociedade completa, pela qual a população local tenha interesses muito significativos. Nós não fazemos isso. [...] E assim damos espaço para os maoistas"[2].

Embora os sinais da "grande desordem sob o céu" em todos esses campos sejam abundantes, a verdade dói e tentamos desesperadamente evitá-la. Para explicar como, temos de recorrer a um guia inesperado. A psicóloga suíça Elisabeth Kübler-Ross[3]

---

[2] Sudep Chakravarti, *Red Sun* (Nova Deli, Penguin, 2009), p. 112.
[3] Ver Elisabeth Kübler-Ross, *On Death and Dying* (Nova York, Simon and Schuster, 1969). [Ed. bras.: *Sobre a morte e o morrer*, 9. ed., São Paulo, WMF Martins Fontes, 2009.]

propôs um famoso esquema de cinco estágios do luto quando, por exemplo, descobrimos que temos uma doença terminal: *negação* (nós simplesmente nos recusamos a aceitar o fato: "Isto não pode estar acontecendo, não comigo"); *raiva* (que explode quando não podemos mais negar o fato: "Como isto foi acontecer comigo?"); *barganha* (esperança de poder adiar ou diminuir o fato: "Deixe-me viver até meus filhos se formarem"); *depressão* (desinvestimento libidinal: "Vou morrer, então por que me preocupar?"); e *aceitação* ("Já que não posso lutar, é melhor me preparar"). Mais tarde, Kübler-Ross aplicou esses estágios a todas as formas de perda pessoal catastrófica (desemprego, morte de entes queridos, divórcio, vício em drogas) e enfatizou que eles não aparecem necessariamente nessa ordem nem são todos vividos pelos pacientes.

Podemos distinguir os mesmos cinco padrões no modo como nossa consciência social trata o apocalipse vindouro. A primeira reação é a negação ideológica de qualquer "desordem sob o céu"; a segunda aparece nas explosões de raiva contra as injustiças da nova ordem mundial; seguem-se tentativas de barganhar ("Se mudarmos aqui e ali, a vida talvez possa continuar como antes..."); quando a barganha fracassa, instalam-se a depressão e o afastamento; finalmente, depois de passar pelo ponto zero, não vemos mais as coisas como ameaças, mas como uma oportunidade de recomeçar. Ou, como Mao Tsé-Tung coloca: "Há uma grande desordem sob o céu, a situação é excelente".

Os cinco capítulos deste livro se referem a essas cinco posturas. O capítulo 1, "Negação", analisa os modos predominantes de obscurecimento ideológico, desde os últimos campeões de bilheteria de Hollywood até o falso (deslocado) apocaliptismo (obscurantismo da Nova Era e coisas do tipo). O capítulo 2, "Raiva", examina os violentos protestos contra o sistema global, em especial a ascensão do fundamentalismo religioso. O capítulo 3, "Barganha", trata da crítica da economia política, com um apelo à renovação desse ingrediente fundamental da teoria marxista. O capítulo 4, "Depressão", descreve o impacto do colapso vindouro, principalmente em seus aspectos menos conhecidos, como o surgimento de novas formas de patologia subjetiva (o sujeito "pós-traumático"). E, por fim, o capítulo 5, "Aceitação", distingue os sinais do surgimento da subjetividade emancipatória e procura os germes de uma cultura comunista em suas diversas formas, inclusive nas utopias literárias e outras (desde a comunidade de camundongos* de Kafka até o coletivo de bizarros párias da série televisiva *Heroes*).

Essa virada na direção do entusiasmo emancipatório só acontece quando a verdade traumática não só é aceita de maneira distanciada, como também vivida por inteiro: "A verdade tem de ser vivida, e não ensinada. Prepara-te para a batalha!".

---

* Do conto "Josefina, a cantora ou O povo dos camundongos", em *Um artista da fome/A construção* (trad. Modesto Carone, São Paulo, Companhia das Letras, 1998). (N. E.)

Como os famosos versos de Rilke ("Pois não há lugar que não te veja. Deves mudar tua vida"), esse trecho de *O jogo das contas de vidro*, de Hermann Hesse*, só pode parecer um estranho *non sequitur*: se a Coisa me olha de todos os lados, por que isso me obriga a mudar? Por que não uma experiência mística despersonalizada, em que "saio de mim" e me identifico com o olhar do outro? E, do mesmo modo, se é preciso viver a verdade, por que isso envolve luta? Por que não uma experiência íntima de meditação? Porque o estado "espontâneo" da vida cotidiana é uma mentira vivida, de modo que é necessária uma luta contínua para escapar dessa mentira. O ponto de partida desse processo é nos apavorarmos com nós mesmos. Quando analisou o atraso da Alemanha em sua obra de juventude *Crítica da filosofia do direito de Hegel*, Marx fez uma observação sobre o vínculo entre *vergonha, terror* e *coragem*, raramente notada, mas fundamental:

> É preciso tornar a pressão efetiva ainda maior, acrescentando a ela a consciência da pressão, e tornar a ignomínia ainda mais ignominiosa, tornando-a pública. É preciso retratar cada esfera da sociedade alemã como a *partie honteuse* [parte vergonhosa] da sociedade alemã, forçar essas relações petrificadas a dançar, entoando a elas sua própria melodia! É preciso ensinar o povo a se aterrorizar diante de si mesmo, a fim de nele incutir coragem.[4]

Essa é a nossa tarefa hoje, diante do cinismo descarado da ordem global existente.

Para cumprir essa tarefa, não devemos ter medo de aprender com os inimigos. Depois de se encontrar com Nixon e Kissinger, Mao disse: "Gosto de tratar com direitistas. Eles dizem o que realmente pensam, ao contrário dos esquerdistas, que dizem uma coisa e querem dizer outra". Há uma verdade profunda nessa observação. A lição de Marx aplica-se hoje ainda mais do que em sua época: podemos aprender muito mais com os conservadores críticos e inteligentes (*não* reacionários) do que com os progressistas liberais, porque estes tendem a obliterar as "contradições" inerentes à ordem existente que aqueles estão prontos a admitir como insolúveis. O que Daniel Bell chamou de "contradições culturais do capitalismo" está na origem do mal-estar ideológico de hoje: o progresso do capitalismo, que necessita de uma ideologia consumista, solapa pouco a pouco a própria atitude (ética protestante) que tornou o capitalismo possível. O capitalismo de hoje funciona cada vez mais como uma "institucionalização da inveja".

A verdade de que tratamos aqui não é a verdade "objetiva", mas a verdade autorreferencial sobre nossa própria posição subjetiva; como tal, essa verdade é uma verdade engajada, avaliada não por sua precisão factual, mas pelo modo como ela afeta a posição subjetiva da enunciação. Em *O seminário 18 – De um discurso que*

---

* 7. ed., Rio de Janeiro, Record, 2003. (N. E.)
[4] 2. ed., São Paulo, Boitempo, 2010, p. 148.

não fosse semblante*, Lacan deu uma definição sucinta da verdade da interpretação na psicanálise: "A interpretação não é submetida à prova de uma verdade que se decide por um sim ou um não, ela desencadeia a verdade como tal. Ela só é verdade na medida em que é verdadeiramente seguida". Não há nada "teológico" nessa formulação precisa, apenas a noção da unidade propriamente dialética de teoria e prática na interpretação (não só) psicanalítica: a "prova" da interpretação do analista é o efeito-verdade que ela desencadeia no paciente. Também é assim que devemos (re)ler a Tese XI de Marx: a "prova" da teoria marxista é o efeito-verdade que ela desencadeia em seus destinatários (os proletários), transformando-os em sujeitos revolucionários**.

O *locus communis* "É preciso ver para crer!" deveria ser sempre lido com sua inversão, "É preciso crer para ver!". Apesar da tentação de contrapor esses pontos de vista – como o dogmatismo da fé cega *versus* a abertura para o inesperado –, é preciso insistir na verdade da segunda versão: a verdade, ao contrário do conhecimento, é, como um Evento badiouano, algo que só o olhar engajado, o olhar do sujeito que "crê" consegue enxergar. Tomemos como exemplo o amor: no amor, só o amante vê no objeto de amor aquele X que causa amor, o objeto-paralaxe, portanto a estrutura do amor é a mesma do Evento badiouano, que também só existe para quem se reconhece nele: não existe Evento para o observador objetivo não engajado. Sem essa posição engajada, por mais acuradas que sejam as descrições do estado de coisas, elas não conseguem gerar efeitos emancipatórios; em última análise, só tornam mais pesado o fardo da mentira ou, para citar Mao outra vez, "erguem a pedra para largá-la aos próprios pés".

Em 1948, quando Sartre viu que seria caluniado pelos dois lados da Guerra Fria, escreveu: "Se isso acontecesse, só provaria uma coisa: ou sou muito desastrado, ou estou no caminho certo"[5]. Muitas vezes me sinto assim também: sou criticado por ser antissemita *e* por disseminar mentiras sionistas; por ser um nacionalista esloveno enrustido *e* um antipatriota traidor do meu país[6]; por ser um stalinista disfarçado defendendo o terror *e* por disseminar mentiras burguesas sobre o comunismo... Sendo assim, talvez, apenas talvez, eu esteja no caminho

---

* Rio de Janeiro, Zahar, 2009. (N. E.)
** "Os filósofos apenas interpretaram o mundo de diferentes maneiras; o que importa é transformá-lo", Karl Marx, "*Ad* Feuerbach", em *A ideologia alemã* (São Paulo, Boitempo, 2007), p. 535. (N. E.)
[5] Citado em Ian H. Birchall, *Sartre Against Stalinism* (Nova York, Berghahn, 2004), p. 3.
[6] Golda Meir disse: "Estou disposta a perdoar os árabes pelo que fazem contra nós, mas nunca estarei disposta a perdoá-los pelo que nos obrigam a fazer, não nos dando opção" (a não ser declarar guerra etc.). De modo homólogo, fico tentado a dizer: estou disposto a perdoar os que me chamam de mau esloveno pelo que me fazem, mas jamais estarei disposto a perdoá-los por não me dar outra opção a não ser agir como representante dos interesses eslovenos, portanto contra-atacando seu racismo primitivo.

certo, o caminho da fidelidade à liberdade[7]. No diálogo (por sua vez, excessivamente humanista e sentimental) de *Spartacus*, de Stanley Kubrick, há uma troca de ideias entre Espártaco e um pirata que se oferece para organizar o transporte dos escravos pelo Adriático. O pirata pergunta francamente a Espártaco se ele sabe que a revolta dos escravos está condenada, e que mais cedo ou mais tarde os rebeldes serão esmagados pelo exército romano; também pergunta o que ele faria se admitisse que a derrota dos escravos é inevitável: ele continuaria a lutar até o fim? É claro que a resposta de Espártaco é afirmativa: a luta não é apenas uma tentativa pragmática de melhorar a condição dos escravos, é uma rebelião baseada em princípios, em nome da liberdade; assim, mesmo que sejam vencidos e mortos, a luta não será em vão, porque estarão afirmando seu compromisso incondicional com a liberdade – a tentativa, a própria ação, já é um sucesso, uma vez que ilustra a ideia imortal de liberdade. Aqui, devemos dar à "ideia" todo o seu peso platônico.

Este livro, portanto, é um livro de luta, segundo a definição surpreendentemente pertinente de luta emancipatória dada por são Paulo: "Pois nosso combate não é contra a carne e o sangue, mas contra os principados, contra as autoridades, contra os dominadores [*kosmokratoras*] deste mundo de trevas, contra os espíritos do mal que povoam as regiões celestes" (Efésios 6,12). Ou, traduzido para a linguagem de hoje: "Nossa luta não é contra indivíduos corruptos reais, mas contra aqueles que estão no poder em geral, contra sua autoridade, contra a ordem global e contra a mistificação ideológica que os sustenta". Engajar-se nessa luta significa endossar a fórmula de Badiou: "Mieux vaut un désastre qu'un désêtre", isto é, mais vale correr o risco e engajar-se em fidelidade num Evento-Verdade, mesmo que essa fidelidade termine em catástrofe, do que vegetar na sobrevivência hedonista-utilitária sem eventos daqueles que Nietzsche chamou de "últimos homens". Portanto, o que Badiou rejeita é a ideologia liberal da vitimação, que leva a política a evitar o pior, a renunciar a todos os projetos positivos e buscar a opção menos pior. Ou, como observou com amargura o escritor judeu vienense Arthur Feldmann: o preço que costumamos pagar pela sobrevivência é a nossa vida.

---

[7] A fidelidade deveria ser estritamente oposta ao fanatismo: o apego do fanático à sua Causa não passa de uma expressão desesperada de dúvida e incerteza, de falta de confiança na Causa. O sujeito verdadeiramente dedicado à sua Causa regula sua fidelidade eterna por meio de traições incessantes.

1
Negação: a utopia liberal

Contra os amantes de tártaros

O que é ideologia? Em janeiro de 2010, Jean-François Copé, líder parlamentar da Union pour un Mouvement Populaire, partido francês no governo, apresentou um projeto de lei que proibia o uso da burca na rua e em outros locais públicos na França. O anúncio veio depois de um angustiante debate de seis meses sobre a burca e seu equivalente árabe, o *niqab*, que cobre todo o rosto da mulher, com exceção dos olhos. Todos os grandes partidos políticos manifestaram rejeição à burca: o Partido Socialista, principal partido de oposição, disse ser "totalmente contra a burca", uma "prisão para as mulheres". As discordâncias são de natureza puramente tática: embora se oponha à proibição pura e simples da burca por considerá-la contraproducente, em outubro de 2009 o presidente Nicolas Sarkozy convocou um "debate sobre a identidade nacional" e afirmou que a burca é "contra a cultura francesa". A nova lei impõe multas de até 750 euros para quem sair em público "com o rosto inteiramente mascarado"; exceções permitem o uso de máscaras em "ocasiões festivas tradicionais", como o carnaval. As punições são mais duras para os homens que "forçarem" esposa e filhas a usar o véu de corpo inteiro. A ideia subjacente é que a burca ou o *niqab* são contrários à tradição de liberdade da França e às leis relativas aos direitos femininos ou, segundo Copé: "Podemos avaliar a modernidade de uma sociedade pelo modo como ela trata e respeita as mulheres". Portanto, a nova lei pretende proteger a dignidade e a segurança das mulheres – e, de fato, o que poderia ser menos problemático do que a luta contra uma ideologia (e uma prática) que submete as mulheres à mais impiedosa dominação masculina?

Os problemas começam com a declaração de Sarkozy de que os véus "não são bem-vindos" porque, num país secular como a França, eles intimidam e alienam os não muçulmanos... É impossível não notar que o ataque supostamente universalista contra a burca, em nome da dignidade e dos direitos humanos, termina como uma defesa do modo específico de vida francês. No entanto, não é suficiente submeter essa lei a uma crítica pragmática, como o temor de que, caso ela seja implementada, a opressão das mulheres muçulmanas aumente: elas simplesmente não poderão mais sair de casa, ficarão ainda mais isoladas da sociedade, expostas ao duro tratamento do casamento forçado etc. (Além disso, a multa exacerbará a questão da pobreza e do desemprego: punirá aquelas mulheres que têm menos probabilidade de controlar o próprio dinheiro.) O problema é mais profundo. O que torna todo esse debate sintomático é, em primeiro lugar, a condição marginal do problema: o país inteiro fala dele, mas o número total de mulheres que usa um dos dois tipos de véu na França é por volta de 2 mil, numa população de cerca de 1,5 milhão de muçulmanas adultas. (Aliás, a maioria das que usam esse tipo de véu tem menos de trinta anos e parte substancial é de francesas que se converteram ao islamismo.) Outra característica curiosa é a ambiguidade da crítica à burca: ela ocorre em dois níveis. Primeiro, é apresentada como defesa da dignidade e da liberdade das muçulmanas oprimidas – é inaceitável que, na França secular, um grupo de mulheres tenha de viver escondido, isolado do espaço público e subordinado a uma autoridade patriarcal violenta etc. No entanto, via de regra, o argumento se desloca para a ansiedade do próprio povo francês não muçulmano: os rostos cobertos pela burca não entram nas coordenadas da cultura e da identidade francesas, eles "intimidam e alienam os não muçulmanos"... Algumas francesas até argumentam que veem alguém que usa a burca como uma humilhação para *elas mesmas*, como se fossem violentamente excluídas, rejeitadas de um vínculo social.

Isso nos leva ao verdadeiro enigma: por que o encontro com um rosto coberto pela burca provoca tamanha angústia? Será que o rosto coberto pela burca não é mais o rosto levinasiano, a alteridade da qual emana o chamado ético incondicional? E se for o contrário? Do ponto de vista freudiano, o rosto é a suprema máscara que esconde o horror da coisa-próximo: é o rosto que faz do próximo *le semblable*, um irmão com quem podemos nos identificar e por quem podemos sentir empatia. (Sem mencionar o fato de que, hoje, muitos rostos são alterados cirurgicamente, logo, são privados dos últimos vestígios de autenticidade natural.) É por isto que o rosto coberto provoca tanta angústia: porque nos confronta diretamente com o abismo da coisa-Outro, o próximo em sua dimensão misteriosa. O próprio fato de cobrir o rosto encobre o escudo protetor, de modo que a coisa-Outro nos fita diretamente (devemos lembrar que a burca tem uma fenda estreita na altura dos olhos: não vemos os olhos, mas sabemos que existe um olhar ali). Alphonse Allais apresentou uma versão própria da dança dos sete véus de Salomé: quando ela fica completamente nua, Herodes grita "Continue! Continue!", esperando que ela dispa também o véu da pele. Deveríamos imaginar algo parecido em relação à burca: o oposto de uma mulher que tira a burca e revela sua face natural. E se fôssemos um passo além e imaginássemos uma mulher "tirando" a própria pele do rosto, de modo que o que víssemos por atrás dele fosse exatamente uma superfície anônima, escura e lisa como a burca, com uma fenda estreita para o olhar? "Ama teu próximo!" significa, em seu aspecto mais radical, exatamente o amor real = impossível por esse sujeito dessubjetivado, essa monstruosa mancha negra cortada por uma fenda/um olhar... É por isto que, nos tratamentos psicanalíticos, o paciente não se senta de frente para o analista: ambos fitam um terceiro ponto, porque só essa suspensão do rosto dá espaço para a dimensão apropriada do próximo. E aí reside também o limite da conhecida questão crítico-ideológica da sociedade de controle total, na qual somos acompanhados e registrados o tempo todo: o que foge ao olho da câmera não é um segredo íntimo, mas o próprio olhar, o olhar-objeto como a fenda/mancha no Outro.

Isso nos leva à própria base (quase no sentido militar da palavra) da ideologia. Quando lemos um pronunciamento "ideológico" abstrato, sabemos muito bem que não é desse modo que "pessoas de verdade" o vivenciam: para passar das proposições abstratas para a "vida real", é preciso acrescentar às proposições abstratas a densidade insondável de um contexto de vida no mundo – e a ideologia não se constitui de proposições abstratas em si mesmas, porque ela é antes essa própria textura de vida no mundo que "esquematiza" as afirmações, tornando-as "vivíveis". Tomemos como exemplo a ideologia militar: ela só se torna "vivível" contra o pano de fundo das regras e dos rituais obscenos não escritos (canções de marcha, insubordinações, insinuações de natureza sexual...) no qual se insere. E é por isso que, se existe experiência ideológica em estado puro, em nível zero, é no momento em que adotamos uma atitude de distanciamento sábio e irônico e rimos das tolices nas quais estamos dispostos a acreditar: nesse momento de riso libertador, quando olhamos de cima o absurdo de nossa fé, somos puros sujeitos de ideologia, quando a ideologia exerce seu domínio mais profundo sobre nós[1]. É por isso, por exemplo, que para os que quiserem observar a ideologia contemporânea em ação basta assistir aos programas de viagem de Michael Palin, transmitidos pela BBC: a atitude subjacente de distanciamento irônico e complacente diante de costumes diferentes, que se deleita com as peculiaridades locais e ao mesmo tempo filtra os dados verdadeiramente traumáticos, é o racismo pós-moderno em seu aspecto mais essencial. (Quando vemos cenas de crianças subnutridas na África, apelando para que se faça alguma coisa para ajudá-las, a mensagem *ideológica* subjacente é algo como: "Não pense, não politize, esqueça as verdadeiras causas da pobreza, apenas aja, dê dinheiro, assim você não terá de pensar!". Rousseau

---

[1] Deveríamos rejeitar aqui a premissa subjacente da análise crítica de Harry Frankfurt a respeito das bobagens: a ideologia é exatamente o que resta quando fazemos o gesto de "reduzir a bobajada" (não admira que, quando lhe pediram numa entrevista que citasse um político que não fosse dado a bobagens, Frankfurt tenha citado John McCain).

entendeu perfeitamente a falsidade dos admiradores multiculturalistas das culturas estrangeiras quando nos advertiu em *Emílio ou Da educação** contra o "filósofo que ama os tártaros para ser dispensado de amar o próximo"[2].)

Assim, quando falamos de "espírito objetivo" (a substância dos costumes) como teia complexa de regras não escritas que determina o que podemos dizer/ver/fazer, devemos complicar ainda mais a descrição de Foucault de um *episteme* discursivo: o "espírito objetivo" determina também, e acima de tudo, aquilo que sabemos, mas sobre o qual temos de falar e agir como se não soubéssemos, e aquilo que não sabemos, mas sobre o qual temos de falar e agir como se soubéssemos; ele determina o que temos de saber, mas temos de fingir que não sabemos. A ascensão do chamado fundamentalismo étnico e religioso é uma rebelião contra essa espessa teia de costumes que ancora nossas liberdades numa sociedade liberal. O que devemos temer não são as incertezas da liberdade e da permissividade, mas, ao contrário, o que experimentamos como uma teia opressora de novos regulamentos[3].

Então, onde está a ideologia? Quando tratamos de um problema indubitavelmente real, a percepção-designação ideológica introduz sua mistificação invisível. Por exemplo, a tolerância designa um problema real; quando eu a critico, em geral me perguntam: "Mas como você pode ser a favor da intolerância com os estrangeiros, da misoginia, da homofobia?". Aí reside a armadilha: é claro que não sou contra a tolerância em si, mas me oponho à percepção (contemporânea e automática) do racismo como um problema de intolerância. Por que tantos problemas hoje são percebidos como de intolerância, e não como problemas de desigualdade, exploração ou injustiça? Por que o remédio proposto é a tolerância, e não a emancipação, a luta política ou até a luta armada? A fonte dessa culturalização é a derrota, o fracasso das soluções políticas, como o Estado social-democrata de bem-estar social ou os vários projetos socialistas: a "tolerância" se tornou seu substituto pós-político. (O mesmo

---

* 4. ed., São Paulo, Martins, 2004. (N. E.)

[2] Às vezes, a crítica da ideologia é apenas uma questão de deslocamento da ênfase. Glenn Beck, da infame Fox News, ou o Groucho Marx da direita populista, merece a fama de provocador de riso – mas não do modo como planejava. A dramaturgia de sua rotina típica é que, primeiro, ele faz uma apresentação violentamente satírica de seus adversários e da argumentação destes, acompanhada de caretas que lembram Jim Carrey; essa parte, que deveria fazer rir, é seguida de uma mensagem moral "séria". O que se deve fazer é simplesmente adiar o riso para esse momento de conclusão: o risível não é a sátira acerba, cuja vulgaridade deveria envergonhar qualquer pensador decente, mas a estupidez da questão "séria".

[3] Seria interessante reler Marcel Proust em relação a essa questão dos costumes não escritos: o problema de *Em busca do tempo perdido* é: "Como a aristocracia é possível em tempos democráticos, depois que as marcas externas da hierarquia foram abolidas?", e a resposta de Proust é: a complexa rede de costumes informais não escritos (gestos, gostos), por meio da qual os que estão "dentro" reconhecem "os seus" e identificam os que apenas fingem pertencer ao círculo interno e devem ser relegados ao ostracismo. Devo a Mladen Dolar a referência a Proust.

acontece com "assédio": no espaço ideológico atual, formas reais de assédio, como o estupro, misturam-se à noção narcisista do indivíduo que experimenta qualquer proximidade de outros como uma invasão de seu espaço privado.) Nesse sentido exato, "ideologia" é uma noção que, apesar de designar um problema real, obscurece uma linha de separação crucial.

É por isso também que Lacan afirma: "Não estou nem mesmo dizendo que 'política é o inconsciente', mas apenas que 'o inconsciente é política'". A diferença é crucial. No primeiro caso, o inconsciente é elevado ao "grande Outro" que existe: ele é colocado como uma substância que realmente domina e regula a atividade política, como na afirmação de que "a verdadeira força motriz de nossa atividade política não são a ideologia ou os interesses, mas as motivações libidinais inconscientes". No segundo caso, o próprio grande Outro perde seu caráter substancial, não é mais "*o inconsciente*", porque se transforma num frágil e inconsistente campo sobredeterminado por lutas políticas. Há alguns anos, durante um debate na Biblioteca Pública de Nova York, Bernard-Henri Lévy fez uma defesa patética da tolerância liberal ("Você não gosta de viver numa sociedade em que se pode rir da religião dominante sem medo de ser morto por causa disso? Em que as mulheres são livres para se vestir como quiserem e escolher o homem que elas amam?" e assim por diante), enquanto eu mesmo fazia uma defesa igualmente patética do comunismo ("Com a crise crescente de alimentos, a crise ecológica, as incertezas sobre como abordar questões como a propriedade intelectual e a biogenética, com a construção de novos muros entre países e dentro de cada país, não seria necessário encontrar novas formas de ação coletiva que fossem radicalmente diferentes do mercado, assim como da administração estatal?"); a ironia da situação é que, quando o caso é declarado nesses termos abstratos, não há como não concordar um com o outro. Lévy, um anticomunista liberal ferrenho, defensor do livre-mercado, observou ironicamente que, nesse sentido, até ele era a favor do comunismo... Essa sensação de entendimento mútuo foi a prova de que ambos estávamos mergulhados até o pescoço na ideologia: "ideologia" é justamente essa redução à "essência" simplificada que esquece de maneira muito conveniente o "ruído de fundo" que dá a densidade de seu significado real. Essa supressão do "ruído de fundo" é o próprio cerne do sonho utópico.

Muito frequentemente, o que esse "ruído de fundo" transmite é a obscenidade da violência bárbara que sustenta a face pública da lei e da ordem. É por isso que a tese de Benjamin de que todo monumento à civilização é um monumento à barbárie tem um impacto preciso na própria noção de ser civilizado: "ser civilizado significa saber que se é potencialmente um bárbaro"[4]. Toda civilização que repudia seu potencial

---

[4] Pascal Bruckner, *La tyrannie de la penitence* (Paris, Grasset, 2006), p. 53. [Ed. bras.: *A tirania da penitência*, Rio de Janeiro, Difel, 2008.]

bárbaro já capitulou diante do barbarismo. É assim que devemos ler o relatório sobre o estranho confronto de 1938 em Viena, quando uns brutamontes da SS entraram no apartamento de Freud para vasculhá-lo: o velho e digno Freud face a face com um jovem brutamontes da SS é uma metáfora do melhor na cultura da velha Europa diante do pior do barbarismo recém-surgido. Mas devemos acrescentar que a SS via-se e legitimava-se como a defensora da cultura e dos valores espirituais da Europa contra o barbarismo da modernidade, que só via dinheiro e sexo, um barbarismo que, para os nazistas, era ilustrado pelo nome de "Freud"... Isso significa que deveríamos forçar um pouco mais a afirmação de Benjamin: e se a própria cultura for apenas uma pausa, uma trégua, um descanso na busca da barbárie? Talvez esse seja um dos modos de ler a breve paráfrase que Paul Celan faz de Brecht:

> Que tempos são estes,
> em que uma conversa
> é quase um crime,
> por incluir o já explícito?[5]

Parenteticamente, os boatos constantes na Rússia stalinista sobre loucas orgias na cúpula da KGB, e mesmo a caracterização pessoal de seus vários líderes (Iagoda, Iejov, Beria) como insaciáveis pervertidos sexuais, podem (ou não) ser verdadeiros, mas, mesmo que sejam, eles contêm claramente um núcleo fantasmático que imagina um lugar de extrema depravação como a verdade oculta, a Outra Cena obscena, do ascetismo bolchevique oficial/público. Devemos ter sempre em mente que essa verdade oculta é o anverso inerente da ideologia oficial e, como tal, não menos fantasmática. Isso nos leva ao limite das interpretações liberais do stalinismo, que se torna palpável quando os críticos liberais abordam as motivações dos stalinistas: eles rejeitam a ideologia stalinista porque a consideram uma simples máscara cínica e enganosa e veem por trás dela um indivíduo egoísta e violento que só se importa com seu poder e seus prazeres. Dessa maneira, o indivíduo utilitário "pré-ideológico" é posto como a verdade por trás da máscara ideológica. Pressupõe-se que o sujeito stalinista tinha uma relação puramente externa e instrumental com sua linguagem, e dispunha de outro código (o utilitário e pré-ideológico) que lhe dava inteira consciência de suas verdadeiras motivações. Mas e se – por mais cínico que fosse o uso do jargão oficial pelos stalinistas – eles não tivessem outra linguagem para articular essa verdade? A loucura propriamente stalinista é obliterada pelos liberais, e continuamos sãos e salvos, presos à imagem de um ser humano criada pelo senso comum[6].

---

[5] Paul Celan, *Poems of Paul Celan* (Nova York, Persea, 2002), p. 319. [Ed. bras.: "Uma folha, desarvorada, para Bertolt Brecht", *Cristal*, São Paulo, Iluminuras, 1999, p. 155.]
[6] Ver Igal Halfin, *Stalinist Confessions* (Pittsburgh, University of Pittsburgh Press, 2009).

O abismo entre o texto oficial da lei e seu complemento obsceno não se limita às culturas ocidentais; na cultura hindu, ocorre algo como uma oposição entre *vaidika* (o *corpus* védico) e *tantrika*: o tantra é o complemento obsceno (secreto) dos Vedas, o núcleo não escrito (ou secreto, não canônico) do ensinamento público dos Vedas, um elemento publicamente desautorizado, mas necessário. Não admira que o tantra seja hoje tão popular no Ocidente: ele oferece a suprema "lógica espiritual do capitalismo tardio"[7], unindo espiritualidade e prazeres terrenos, transcendência e benefícios materiais, experiência divina e compras ilimitadas. Propaga a transgressão permanente de todas as regras, a violação de todos os tabus, a satisfação imediata como caminho para a iluminação; supera o antiquado pensamento "binário", o dualismo de mente e corpo, afirmando que o corpo, em seu aspecto mais material (o lugar do sexo e da luxúria), *é* a estrada régia para o despertar espiritual. A bem-aventurança vem de "dizer *sim*" a todas as necessidades do corpo, não de sua negação: a perfeição espiritual vem da compreensão de que *já somos* divinos e perfeitos, não de que alcançaremos isso pelo esforço e pela disciplina. O corpo não é algo que deva ser cultivado ou esculpido numa expressão de verdades espirituais, mas é antes o "templo em que exprimimos a divindade". Deveríamos observar de passagem a oposição com o materialismo espiritual de Tarkovsky que mencionei em outros textos: para ele, o próprio processo material de *corrupção* (decadência, decomposição, apodrecimento, inércia) é espiritual, enquanto aqui o que se louva é a incorruptibilidade etérea da carne. Essa tendência chega ao apogeu com o ciberespaço: não é coincidência que o tantra seja uma das referências constantes dos ideólogos da Nova Era, que insistem na fusão entre corpo e espiritualidade sob a forma de um "corpo espiritual incorpóreo" virtual, capaz de experimentar prazeres extremos. O próprio corpo biológico é uma forma de hardware que precisa ser reprogramado pelo tantra, um novo software espiritual que pode liberar (desbloquear) seu potencial. Nesse caso, as noções tântricas são traduzidas para o "ciberjargão": fios telefônicos se tornam *nadis* do corpo sutil virtual; terminais de computador são *chakras* (núcleos de energia); o fluxo de *prana* vital é a corrente infinita de informações. Temos, portanto, "um ciberorgasmo que combina a incorruptibilidade do ciberespaço com o prazer mais sensual deste mundo do eu"[8]:

> O verdadeiro sexo tântrico nos deixa empolgadíssimos, porque nos leva além de todos os conceitos de realidade cotidiana. [...] Ao entender que o corpo é um templo em que exprimimos a divindade, podemos [...] expandir, comemorar e dividir a *ereção vibracional* em todas as células de nosso ser [...] fundindo sexo e espírito.[9]

---

[7] Hugh B. Urban, *Tantra. Sex, Secrecy, Politics, and Power in the Study of Religion* (Berkeley, University of California Press, 2003), p. 22, 207.
[8] Ibidem, p. 252-4.
[9] "Sexual Energy Ecstasy", citado em ibidem, p. 253.

O que devemos ter sempre em mente é que não há nada "espontâneo" nessas explosões transgressoras. Por exemplo, gostamos de fumar e beber apenas em público, como parte de um "carnaval" público, a suspensão sagrada das regras comuns. O mesmo vale para falar palavrões e fazer sexo: nenhuma dessas atividades é, em seu aspecto mais intenso, algo em que "explodimos" numa paixão espontânea contra as sufocantes convenções públicas; ao contrário, ambas são praticadas "contra o princípio do prazer", para o olhar do Outro. (Pessoalmente, só gosto de falar palavrões em público, nunca em particular, quando acho os palavrões estúpidos e inconvenientes, ou mesmo indecentes...) Portanto, a violação das regras públicas não é praticada pelo ego privado, mas imposta por essas mesmas regras públicas, que são redobradas em si mesmas. É isso que distingue tais violações da sabedoria tolerante: a atitude de sabedoria tolerante (como a proverbial atitude católica de ignorar, e até sugerir, infidelidades ocasionais, caso isso ajude a manter o casamento) permite transgressões privadas, transgressões que estão além do olhar público[10].

Como alguém realmente se torna adulto? Quando sabe em que momento pode violar a regra explícita com a qual está comprometido. Assim, com relação ao casamento, podemos dizer que atingimos a idade adulta quando somos capazes de cometer adultério. A única demonstração da razão são os deslizes ocasionais na "irracionalidade" (como Hegel sabia muito bem). A única demonstração do bom gosto é saber apreciar vez por outra coisas que não atendem aos critérios do bom gosto; portanto, os que seguem à risca o bom gosto demonstram uma total falta de gosto. (Quem manifesta admiração pela Nona Sinfonia de Beethoven ou outra obra-prima da civilização ocidental demonstra imediatamente sua falta de gosto; o verdadeiro bom gosto aparece quando se considera uma obra menor de Beethoven superior a seus "grandes sucessos".)

Talvez devêssemos inverter os termos do famoso paradoxo do barbeiro de Bertrand Russell (será que o barbeiro que obedece à regra de barbear todos os que não se barbeiam barbeia-se?), que o levou a não permitir o princípio da autoinclusão ou da autoduplicação incoerente como única maneira de evitar contradições. E se, ao contrário, a obediência "coerente" às regras é que fosse autocontraditória e se transformasse em seu oposto? E se a única maneira de ser racional ou demonstrar bom gosto fosse se engajar inteiramente na autoduplicação ou violar de modo autorreflexivo a regra a que se obedece?

É como se, na sociedade permissiva de hoje, as violações transgressoras fossem permitidas, mas de forma "privatizada", como idiossincrasia pessoal, sem a dimensão pública, espetacular e ritualista. Portanto, podemos confessar publicamente todas as nossas bizarras práticas privadas, mas elas continuam a ser simples idios-

---

[10] Baseio-me nas reflexões de Robert Pfaller.

sincrasias particulares. Talvez aqui também devêssemos inverter a fórmula-padrão da negação fetichista: "Sei muito bem (que devo obedecer às regras), mas ainda assim... (eu as violo vez por outra, já que isso faz parte das regras)". Na verdade, na sociedade contemporânea a atitude predominante é: "Acredito (que as transgressões hedonistas permanentes é que fazem a vida valer a pena), mas ainda assim... (sei muito bem que essas transgressões não são realmente transgressoras, mas apenas corantes artificiais que servem para ressaltar o cinza da realidade social)".

Legalistas versus *confucianos*

O filósofo que tentou minar a própria possibilidade dessas regras obscenas não escritas foi Immanuel Kant. Em seu ensaio *A paz perpétua*, ele baseia o que chama de "fórmula transcendental de lei pública" ("Todas as ações relativas ao direito de outros homens são injustas, se sua máxima não for coerente com a publicidade") no fato óbvio de que uma lei secreta, uma lei desconhecida de seus sujeitos, legitimaria o despotismo arbitrário dos que a praticam:

> A máxima que não posso divulgar sem frustrar meu propósito deve ficar em segredo para ter êxito; e se não posso declará-la em público sem provocar inevitavelmente oposição universal a meu projeto, a oposição necessária e universal que se pode prever *a priori* deve-se apenas à injustiça com que a máxima ameaça a todos.[11]

No entanto, as coisas não demoram a se tornar ambíguas em Kant. Como sabem todos os estudiosos de Kant a respeito de sua proibição de mentir, é preciso prestar muita atenção às exceções de suas máximas universais. No segundo adendo do ensaio *A paz perpétua*, Kant faz uma pergunta ingênua: o contrato entre Estados que os obriga à paz perpétua pode ter cláusulas secretas? Embora admita que um artigo secreto em contratos sob lei pública é objetivamente uma contradição, ele permite uma exceção por razões subjetivas. Essa cláusula não é a que se espera, ou seja, uma cláusula que faz concessões sórdidas à *Realpolitik* para manter a paz, como a vergonhosa cláusula secreta do tratado germano-soviético de 1939 a respeito da divisão da Polônia e de outros Estados do Leste Europeu. Ao contrário, é algo que pode parecer muito mais inocente e até ridículo como ponto principal de uma cláusula secreta: "A opinião dos filósofos sobre as condições da possibilidade de paz pública deve ser consultada pelos Estados armados para a guerra". Por que essa cláusula deve permanecer secreta? Se viesse à público, poderia parecer humilhante para a autoridade legislativa de um Estado: como a suprema autoridade, a quem "devemos naturalmente atribuir a máxima sabedoria", pode procurar conselho de

---

[11] Immanuel Kant, *Perpetual Peace* (Nova York, Penguin, 2009), p. 62. [Ed. bras.: *A paz perpétua*, Porto Alegre, L&PM, 2008. Aqui em tradução livre.]

seus súditos? Isso pode soar absurdo, mas não é respeitado até hoje? Quando Habermas esteve na Inglaterra durante o governo de Blair, o primeiro-ministro não o convidou para um jantar discreto, que não foi noticiado pela mídia? Então Kant estava certo: essa cláusula deve permanecer secreta, porque faz algo mais aterrorizante do que expor o lado sombrio e cínico do poder legal (na época atual, o poder estatal pode admitir com orgulho seu lado sombrio, referindo-se ao fato de que discretamente comete sujeiras que é melhor não sabermos) – ela destaca a cegueira, a estupidez e a ignorância do poder, que não são pessoais, mas sim institucionais (por exemplo, apesar das centenas de especialistas altamente instruídos, o resultado da invasão do Iraque pelos Estados Unidos foi catastrófico).

Mas há um problema na tese de Kant: para ele, o impensável era a "ideologia totalitária" moderna como oposta à mera cobiça autoritária de poder: a vontade de impor à realidade a visão teoricamente desenvolvida de um mundo melhor. Em regimes totalitários como o stalinismo, os governantes dão ouvidos demais aos conselhos dos filósofos – e não foi assim com Robespierre, que confiou em Rousseau, tão querido por Kant? E a história continuou: Brecht, Sartre, Heidegger... Graças a Deus, os que estão no poder não dão ouvidos demais aos conselhos dos filósofos! Na década de 1960, quando a China explodiu a primeira bomba atômica, Karl Jaspers defendeu um grande ataque atômico contra a China para evitar que ela se tornasse uma ameaça à paz mundial. Na própria China antiga, o rei de Qin, que uniu o país de maneira tão impiedosa e proclamou-se seu primeiro imperador em 221 a.C., o modelo primitivo de governo "totalitário" também confiou tanto nos conselhos dos filósofos "legalistas" que esse pode ser considerado o primeiro caso de regime estatal imposto a uma sociedade por uma decisão consciente e bem planejada de romper com as tradições do passado e instituir uma nova ordem concebida primeiro em teoria:

> O rei de Qin não era necessariamente o cérebro do grupo – foram seus conselheiros, livres das restrições da vida da corte, que tramaram sua ascensão ao poder. O plano de colocá-lo como governante do mundo começou antes até de seu nascimento, com base na tese de estudiosos havia muito falecidos de que o mundo exigia um príncipe esclarecido. Seguiu-se [...] uma aliança de estudiosos em busca de um patrono que lhes permitisse assegurar seus fins políticos. Ying Zheng, o rei de Qin, tornou-se o primeiro imperador com a ajuda de grandes mentes.[12]

Esses legalistas – entre eles, Han Fei e o grande Li Si – surgiram na crise do confucionismo. Entre os séculos V e III a.C., quando a China viveu o período dos "Estados combatentes", os confucianos perceberam como causa definitiva dessa lenta mas persistente queda a traição dos costumes e das tradições antigas. Confúcio

---

[12] Jonathan Clements, *The First Emperor of China* (Chalford, Suton Publishing, 2006), p. 16.

era menos um filósofo do que um protoideólogo: o que lhe interessava não eram as Verdades metafísicas, mas uma ordem social harmoniosa em que os indivíduos pudessem levar uma vida ética e feliz. Ele foi o primeiro a esboçar com clareza o que ficamos tentados a chamar de cenário elementar da ideologia, ou nível zero da ideologia. Esse nível zero consiste em afirmar a autoridade (sem nome) de uma tradição substancial. Fazia-se referência a um tempo original em que essa tradição ainda reinava totalmente (quando "o rei era mesmo rei, o pai era mesmo pai" etc.), em contraste com o qual a época atual era uma época de decadência, de desintegração dos laços sociais orgânicos, de abismo crescente entre as coisas e as palavras, entre os indivíduos e seus títulos ou papéis sociais. Não admira que Confúcio apresentasse seus ensinamentos como lições transmitidas desde a Antiguidade. E o fato de que seja fácil mostrar que muitas vezes ele fez o oposto e, na verdade, propôs algo bastante novo – ou seja, a tradição a que ele se referia era o que Eric Hobsbawm chamou de "tradição inventada" – torna ainda mais sintomática sua insistência em dizer que era apenas "transmissor e não criador": a referência à tradição era uma ilusão estrutural necessária.

Segundo Confúcio, os indivíduos vivem sua vida de acordo com parâmetros firmemente estabelecidos pelo Céu (que, mais do que um ser supremo intencional, designa a mais elevada ordem natural das coisas, com seus padrões e ciclos fixos). Apesar disso, os homens são responsáveis por suas ações, sobretudo pelo tratamento que dispensam aos outros: pouco ou nada podemos fazer para alterar a duração predestinada da existência, mas determinamos o que realizamos e pelo que seremos lembrados. O Céu governa o universo físico por meio do *ming*, o "destino", que está além do controle e do entendimento do homem, e governa o universo moral, o universo do comportamento humano, por meio do *T'ien ming*, ou "mandato do Céu". Esse "mandato do Céu" se baseia na ideia de que o Céu se preocupa, em primeiro lugar, com o bem-estar dos seres humanos e da sociedade humana e, para produzir esse bem-estar, instituiu o governo e a autoridade. O Céu dá seu mandato a uma família ou um indivíduo para governar outros seres humanos com justiça e equanimidade; a primeira preocupação dos governantes deve ser o bem-estar do povo. Quando os governantes ou uma dinastia deixam de governar dessa maneira, o Céu retira seu mandato e o concede a outros. Sendo assim, "Céu" não é o nome que os chineses dão ao grande Outro? Nesse sentido, o governo do Partido Comunista não é legitimado pelo "mandato do Céu", que obriga os comunistas a governar tendo como principal preocupação o bem-estar do povo[13]?

---

[13] O sujeito revolucionário verdadeiramente radical deveria abandonar essa referência ao Céu: não há Céu nem lei cósmica superior que justifique nossos atos. Portanto, quando disse "Há grande desordem sob o céu, e a situação é excelente", Mao Tsé-Tung marcou uma posição que pode ser enunciada exatamente em termos lacanianos: a inconsistência do grande Outro abre espaço para o ato.

O mais perturbador para Confúcio era a visão de que as instituições políticas da época haviam desmoronado completamente. Ele atribuiu esse colapso ao fato de que tanto os que exercem o poder quanto os que ocupavam posições subalternas cumpriam suas funções reivindicando títulos dos quais não eram merecedores. Quando lhe perguntaram a respeito dos princípios do bom governo, Confúcio respondeu: "O bom governo consiste em o governante ser governante, o ministro, ministro, o pai, pai, e o filho, filho". Na Europa, chamamos isso de visão corporativista: a sociedade é como um corpo, em que cada indivíduo deve permanecer em seu lugar e desempenhar seu papel específico. Isso é o próprio oposto da democracia: nesta, ninguém está restrito a um lugar específico, todos têm direito de participar das questões universais ou influenciar as deliberações sobre o rumo da sociedade. Não admira que a descrição de Confúcio da desordem que ele vê na sociedade à sua volta – "Governantes não governam e súditos não servem" – seja uma boa descrição de uma sociedade realmente democrática, em que os súditos unidos governam e os governantes nominais servem a eles.

Confúcio propõe uma espécie de teoria protoalthusseriana de interpelação ideológica: o "grande Outro" ideológico (a tradição), personificado em seus instrumentos (rituais), interpela os indivíduos, e cabe ao indivíduo viver e agir de acordo com o título que faz dele o que ele é. Se reivindico um título e tento participar das várias relações hierárquicas às quais eu teria direito em virtude desse título, devo viver à altura do significado desse título. A análise que Confúcio faz da falta de conexão entre as coisas e seus nomes e a necessidade de corrigir essa circunstância costuma ser chamada de ensinamento do *zhengming*, a "retificação dos nomes" (esse mesmo nome é enganoso e sintomático: o que se deve retificar são os atos, porque são eles que devem corresponder aos nomes):

> Quando a linguagem não é correta, o que se diz não é o que se quer dizer; quando o que se diz não é o que se quer dizer, o que se deve fazer permanece sem ser feito; quando isso permanece sem ser feito, a moral e a arte se deterioram; quando a justiça se perde, todos ficam à toa em impotente confusão. Portanto, não deve haver arbitrariedade no que se diz. Isso importa acima de tudo.[14]

Confúcio, que sempre pede respeito à tradição, aos rituais e à polidez, solapa a própria coisa que defende. As boas maneiras não se baseiam todas no fato de que "o que se diz não é o que se quer dizer"? Quando, à mesa, peço ao meu colega: "Por favor, você pode me passar o sal?", não digo o que quero dizer. Pergunto se ele *pode*, mas na verdade quero dizer que ele simplesmente *tem de*. Se meu colega quisesse ser grosseiro, responderia: "Sim, eu posso" e ignoraria meu pedido. Portanto, quando Confúcio escreve: "Não olhe nada em desacato ao ritual, não escute nada em desacato ao ritual,

---

[14] Arthur Waley, *The Analects of Confucious* (Nova York, Alfred A. Knopf, 2000), p. 161.

não fale nada em desacato ao ritual, nunca mova pé e mão em desacato ao ritual"[15], pede exatamente que "digamos o que não queremos dizer": os rituais têm de ser seguidos e não entendidos; quando obedecemos a eles, repetimos fórmulas cujo verdadeiro significado sempre nos é obscuro.

O que os "legalistas" fizeram foi abandonar as próprias coordenadas dessa percepção da situação: para os confucianos, a Terra era um caos porque as antigas tradições não eram seguidas, e Estados como o de Qin, cuja organização militar era centralizada e ignorava os velhos costumes, eram vistos como a personificação do que era errado. Entretanto, ao contrário de seu mestre Xunzi, que considerava que nações como a de Qin eram uma ameaça à paz, Han Fei "propôs o impensável: que talvez o modo de governo Qin não fosse uma anomalia que devia ser resolvida, mas uma prática que devia ser copiada"[16]. A solução residia no que parecia ser o problema: a verdadeira causa dos problemas não era o abandono das velhas tradições, mas *essas mesmas tradições*, que mostravam no dia a dia sua incapacidade para servir de princípio condutor da vida social. Como explicou Hegel no prefácio da *Fenomenologia do espírito**, o padrão pelo qual avaliamos a situação e determinamos que ela é problemática faz parte do problema e deve ser abandonado. Han Fei aplicou a mesma lógica ao fato de que a maioria dos homens é má por natureza e não está disposta a agir pelo bem comum: em vez de deplorá-lo, ele via o mal humano como uma oportunidade para o poder estatal, como algo que um poder esclarecido pela teoria correta (uma teoria que descreva tudo do modo que realmente é, "além do bem e do mal") poderia controlar, aplicando o mecanismo adequado: "Onde Xunzi viu a observação infeliz de que os homens eram maus por natureza, Han Fei viu um desafio para a instituição de leis duras, que controlassem e usassem essa natureza para o bem do Estado"[17].

Uma das grandes realizações da teoria política esquerdista contemporânea (Althusser, Balibar, Negri etc.) foi a reabilitação de Maquiavel, que o salvou da leitura "maquiavélica" mais comum. Já que os legalistas costumam ser apresentados como os primeiros maquiavélicos, devemos fazer o mesmo com eles, extraindo da imagem predominante de "prototalitários" um núcleo emancipatório radical. Uma rápida olhada nas três premissas básicas da doutrina legalista deixa claro esse núcleo.

- "Fa": lei ou princípio. O código de leis tem de ser escrito com clareza e precisa ser público. Todos os indivíduos sob o governante são iguais perante a lei. As leis devem recompensar os que obedecem a elas e punir à altura os que ousam

---

[15] Ibidem, p. 153.
[16] Jonathan Clements, *The First Emperor of China*, cit., p. 34.
* 4. ed., Petrópolis/Bragança Paulista, Vozes/Ed. Universitária São Francisco, 2007. (N. E.)
[17] Jonathan Clements, *The First Emperor of China*, cit., p. 77.

desrespeitá-las. O sistema de leis, e não o governante, administra o Estado. Essas são as marcas inequívocas do igualitarismo antifeudal: as leis têm de ser públicas, conhecidas por todos; todos são iguais aos olhos da lei; o sistema jurídico está acima do governante.

• "Shu": arte ou tática. Táticas e "segredos" especiais devem ser utilizados pelo governante para assegurar que outros não assumam o controle do Estado; é de suma importância que ninguém sonde as motivações do governante e, portanto, ninguém saiba que tipo de comportamento pode ajudá-lo a subir, a não ser a obediência das leis. Essa questão "maquiavélica" também tem um núcleo emancipatório igualitário: se a motivação do governante é desconhecida, o que resta são as próprias leis.

• "Shi": legitimidade, poder ou carisma. É a posição do governante, não o governante em si, que detém o poder. Portanto, a análise das tendências, do contexto e dos fatos é essencial para o verdadeiro governante... Essa não é a primeira versão da ideia formulada pelos grandes pensadores europeus modernos, de Pascal a Marx, de que não é que alguém seja tratado como rei porque é um rei, mas sim que esse alguém é rei porque é tratado como rei? O carisma é o resultado "performativo" de práticas sociais simbólicas, e não uma propriedade natural (ou espiritual) de quem o exerce[18].

Na (teoria e na) prática, é claro que esses três princípios sofreram uma distorção "totalitária": o governante precisava ter a seu dispor um número excessivo de leis que, embora fossem públicas, claras e inequívocas, contradiziam-se em parte; com um arcabouço de leis tão complexo que a submissão a uma provoca conflito com outra, uma reles acusação mostra que quase todos, em qualquer posição, violam alguma lei, e é difícil, senão impossível, provar sua inocência. Isso permite que os agentes do governante pratiquem o "shu", a arte ou a tática de escolher que lei impor numa situação específica: o poder é exercido não só pela imposição da lei, mas também pela seleção da lei que será aplicada e pela ausência ou interrupção da imposição em razão de outra lei contrária. Em última análise, essa imposição seletiva das leis ocorria ao bel-prazer do governante: dessa maneira, o mistério da vontade do Imperador era transmitido às massas. A lição é absolutamente lacaniana: é na incoerência do Outro (o sistema de leis), na contingência que reside em seu íntimo, que se localiza o desejo impenetrável do Outro, assim como seu gozo.

Aqui é preciso observar algo impensável em nossa tradição ocidental: essas duas teorias opostas, o confucionismo e o legalismo, têm uma mesma premissa profundamente materialista. Para ambas, a verdade da ideologia não importa, e isso

---

[18] Ver o verbete "Legalismo (filosofia chinesa)", da Wikipédia.

implica até mesmo que os mitos ideológicos sejam "belas mentiras"; o que importa é como os rituais e os mitos ideológicos funcionam, seu papel de sustentação da ordem social. Também é interessante observar que os legalistas chineses, esses "prototototalitários", formularam um ponto de vista proposto mais tarde pelo liberalismo, ou seja, a visão do poder do Estado que, em vez de se basear nos costumes do povo, submete-o a um mecanismo que faz seus próprios vícios trabalharem pelo bem comum. Para todos que desprezam essa noção "totalitária" do poder do Estado por considerá-la um mecanismo neutro, que dirige os indivíduos, podemos imaginar uma nova versão da cláusula secreta kantiana: "Finja publicamente consultar filósofos, mas não confie em suas palavras!".

Nenhuma casta sem excluídos

Esse mesmo materialismo é claramente perceptível também no Código de Manu[19], um antigo texto indiano que é também um dos mais exemplares textos de ideologia de toda a história da humanidade. A primeira razão disso é que, embora sua ideologia abranja o universo inteiro, inclusive suas origens míticas, ele se concentra nas *práticas cotidianas como materialidade imediata da ideologia*: como (o que, onde, com quem, quando...) comemos, defecamos, fazemos sexo, caminhamos, entramos num prédio, trabalhamos, guerreamos etc. etc. A segunda razão é que ele representa uma mudança radical em relação a seu ponto de partida (pressuposição), o antigo código dos Vedas. O que encontramos nos Vedas é a cosmologia brutal baseada em matar e comer: as coisas superiores matam e comem/consomem as inferiores, os mais fortes comem os mais fracos, isto é, a vida é um jogo de soma zero, em que a vitória de um é a derrota do outro. A "grande cadeia do ser" aparece aqui fundada na "cadeia alimentar", a grande cadeia da comida: os deuses comem os seres humanos mortais, os seres humanos comem os mamíferos, os mamíferos comem os animais menores, que comem plantas, as plantas "comem" a terra e a água... Esse é o ciclo eterno do ser. Então por que os Vedas afirmam que, no topo da sociedade, não estão os reis guerreiros, mais fortes do que todos os outros seres humanos e "comendo" a todos, mas a casta dos sacerdotes? Aqui entra em cena a engenhosidade ideológica dos Vedas: a função dos sacerdotes é impedir o primeiro e mais alto nível da cadeia alimentar cósmica, o consumo dos mortais pelos deuses. Como? Pela realização de rituais de sacrifício. Os deuses têm de ser apaziguados, sua sede de sangue tem de ser satisfeita, e o truque dos sacerdotes é oferecer a eles um sacrifício substituto (simbólico): um animal ou outro alimento prescrito, em vez de vidas humanas. O sacrifício não é necessário para conseguir favores especiais

---

[19] *The Laws of Manu* (trad. Wendy Doniger, Nova Délhi, Penguin, 2000).

dos deuses, mas para garantir que a roda da vida continue girando. Os sacerdotes cumprem uma função relativa ao equilíbrio de todo o universo. Se os deuses continuarem famintos, todo o ciclo da vida cósmica é perturbado. Desde o princípio, portanto, a noção "holística" da grande cadeia do ser, cuja realidade é a cadeia brutal dos mais fortes que comem os mais fracos, baseia-se num embuste: trata-se não de uma cadeia "natural", mas de uma cadeia baseada numa exceção (seres humanos que não querem ser comidos), isto é, os sacrifícios são inserções substitutas que visam restaurar o ciclo completo da vida.

Esse foi o primeiro contrato entre os ideólogos (os sacerdotes) e os que ocupavam o poder (os reis guerreiros): os reis, que têm o poder real (sobre a vida e a morte dos outros), reconhecerão a superioridade formal dos sacerdotes como casta superior e, em troca dessa aparência de superioridade, os sacerdotes legitimarão o poder dos reis guerreiros como parte da ordem cósmica natural. Mas então, entre os séculos VI e V a.C., houve uma radical "reavaliação de todos os valores" na forma de reação universalista contra essa cadeia alimentar cósmica: a rejeição ascética de toda essa máquina infernal de vida que se reproduz por meio do alimento e do sacrifício. O círculo da cadeia alimentar passa a ser percebido como um ciclo de eterno sofrimento, e a única maneira de alcançar a paz é libertar-se dele. (Em relação ao alimento, é claro que isso significa vegetarianismo: não comer animais mortos.) Do tempo que se perpetua, passamos para o objetivo de entrar no vácuo atemporal. Com essa inversão de uma atitude que afirma a vida para uma renúncia do mundo, comparável à inversão do universo pagão para o cristianismo, os valores mais elevados não são mais a força e a fertilidade, mas a compaixão, a humildade e o amor. O próprio significado do sacrifício muda com essa inversão: não sacrificamos mais para que o ciclo infernal de vida continue, mas para nos livrar da culpa de participar desse ciclo.

Quais são as consequências sociopolíticas dessa inversão? Como evitar a conclusão de que toda a hierarquia social baseada na "grande cadeia alimentar" dos que comem e dos que são comidos deveria ser suspensa? É aqui que brilha o gênio do Código de Manu: sua operação ideológica básica é *unir a hierarquia de castas e a renúncia ascética do mundo, transformando a própria pureza no critério do lugar de cada um na hierarquia de castas*:

> O vegetarianismo foi apresentado como a única maneira de se libertar dos grilhões da violência natural que afetava negativamente o carma. Concomitante a essa nova prática dietética havia uma hierarquia social governada em grande parte pela relativa realização do ideal de não violência. A ordem hierárquica das classes sociais não mudou. Mas a justificativa da hierarquia, sim.[20]

---

[20] Ibidem, p. xxxvii (introdução da tradutora).

Os sacerdotes vegetarianos estão no topo, o mais humanamente possível perto da pureza; seguem-se os reis guerreiros, que controlam a sociedade dominando-a e matando a vida; de certo modo, eles são o negativo dos sacerdotes, isto é, têm com relação à roda da vida a mesma atitude negativa dos sacerdotes, mas num registro agressivo/interventor. Em seguida, vêm os produtores, que fornecem alimento e outras condições materiais para a vida e, por último, no nível mais inferior, os excluídos, cuja principal tarefa é cuidar de todo tipo de excremento, os restos putrefatos da vida (desde limpar banheiros até esquartejar animais e descartar corpos humanos).

Como as duas atitudes são incompatíveis, em última análise, a tarefa de uni-las é impossível e só pode ser conseguida com uma complexa panóplia de truques, deslocamentos e concessões cuja fórmula básica é a universalidade com exceções: "Em princípio, sim, mas...". O Código de Manu mostra uma engenhosidade extraordinária nessa tarefa, com exemplos que muitas vezes chegam perigosamente perto do ridículo. Por exemplo, os sacerdotes devem estudar os Vedas e não o comércio; no entanto, em caso de extrema necessidade, o sacerdote pode praticar o comércio, mas não pode negociar certas coisas, como sementes de gergelim; se o fizer, deve ser apenas em determinadas circunstâncias, porque, se o fizer em circunstâncias erradas, renascerá como um verme em cocô de cachorro... A estrutura não é exatamente a mesma daquela famosa piada judia sobre a casamenteira que reinterpreta como qualidade cada defeito da candidata a noiva? "Ela é pobre..." "Então saberá cuidar do dinheiro da família, fazendo-o render o máximo!" "Ela é feia..." "Então o marido não precisará ter medo de ser traído!" "Ela gagueja..." "Então ficará calada e não incomodará o marido com sua tagarelice!". E assim vai até o desfecho: "Mas ela fede!" "O que você queria? Que ela fosse perfeita, sem nenhum defeito?". A fórmula geral desse procedimento é "afirmar uma regra geral da qual todo o tratado subsequente nada representa senão uma série de exceções cada vez mais específicas. [...] 'Uma injunção específica é mais forte do que outra geral'"[21]. Em outras palavras, a grande lição do Código de Manu é que o verdadeiro poder regulador da lei não reside nas proibições diretas ou na divisão de nossos atos entre permitidos e proibidos, mas na *regulamentação da própria violação da proibição*: a lei aceita tacitamente que as proibições básicas sejam violadas (ou até nos solicita discretamente que as violemos) e, assim que nos encontramos na posição de culpa, diz como podemos conciliar a violação com a lei, violando a proibição de maneira regulamentada...

Não há nada de "oriental" nesse procedimento: a Igreja Cristã enfrentou o mesmo problema a partir do século IV, quando se tornou a igreja do Estado: como conciliar a sociedade de classes feudal, em que senhores ricos dominavam camponeses pobres, com a pobreza igualitária do conjunto de crentes descrita no Evangelho? A solução de Tomás de Aquino é que, embora a princípio a pro-

---

[21] Ibidem, p. iv.

priedade compartilhada seja melhor, ela só se aplica a seres humanos perfeitos; para a maioria de nós, que vive em pecado, a propriedade privada e a diferença de riqueza são naturais, e exigir o fim da propriedade privada ou o igualitarismo em nossas sociedades condenadas, isto é, exigir para os imperfeitos o que só se aplica aos perfeitos, é um pecado ainda maior... Até o budismo cai várias vezes nessa armadilha, digamos, na forma de afirmação (apenas) de uma violência cometida com uma atitude não violenta, por meio do distanciamento e da paz interior: "Muito embora proíba matar, Buda também ensinou que, até que todos os seres sencientes se unam pelo exercício da infinita compaixão, nunca haverá paz. Portanto, como meio de harmonizar coisas incompatíveis, a morte e a guerra são necessárias"[22].

Será essa complementação da universalidade com exceções um caso daquilo que Hegel chamou de "universal concreto"? De maneira nenhuma, e a razão é muito precisa: embora tanto a estrutura da lei universal com exceções quanto a "universalidade concreta" hegeliana mobilizem a lacuna entre o universal e o particular, a natureza dessa lacuna é diferente. No primeiro caso, ela é simplesmente a lacuna entre o princípio universal puro ou lei e a consideração pragmática de circunstâncias particulares, isto é, a noção (empirista, em última análise) do excesso de riqueza de conteúdo concreto particular em relação a qualquer princípio abstrato. Em outras palavras, aqui a universalidade *permanece abstrata* e, por isso, tem de ser distorcida/adaptada às circunstâncias particulares para se tornar operante na vida real. No segundo caso, ao contrário, a tensão é absolutamente imanente, inerente à própria universalidade, isto é, o fato de uma universalidade se realizar numa série de exceções é efeito de essa universalidade estar em guerra consigo mesma, marcada por um impasse/impossibilidade inerente. (O mesmo vale para a ideia de comunismo: não basta dizer que a ideia de comunismo não deve ser aplicada como um dogma abstrato e, em cada caso, as circunstâncias concretas têm de ser levadas em consideração. Também não basta dizer, a propósito do fiasco dos países comunistas no século XX, que essa má aplicação não desqualifica a ideia de comunismo. As realizações imperfeitas (ou melhor, catastróficas) da ideia comprovam a "contradição íntima" no âmago dessa ideia.)

Tomemos um caso (surpreendente, talvez) de "universalidade concreta" hegeliana: uma linda história judaica sobre um especialista no Talmude que era contra a pena de morte e, envergonhado pelo fato de o próprio Deus ordenar a pena de morte, propôs uma solução maravilhosamente prática: não podemos derrubar diretamente a injunção divina, porque isso seria blasfêmia, mas podemos tratá--la como um ato falho de Deus, um momento de loucura, e criar uma complexa

---

[22] Shaku Soen, citado em Brian A. Victoria, *Zen at War* (Nova York, Weatherhilt, 1998), p. 29.

rede de sub-regulamentos e condições que, embora mantenham a possibilidade da pena de morte, assegurem que essa possibilidade nunca se realize[23]. A beleza desse procedimento é que ele contorna o padrão de proibição de alguma coisa em princípio (por exemplo, a tortura) e, em seguida, resvala em restrições suficientes ("exceto em circunstâncias específicas extremas...") para assegurar que isso possa ser feito sempre que se queira. Portanto, ou é "Em princípio sim, mas na prática, nunca", ou é "Em princípio não, mas quando circunstâncias excepcionais exigirem sim". Observemos a assimetria entre esses dois casos: a proibição é muito mais forte quando se permite a tortura em princípio; nesse caso, o "sim" do princípio *nunca* pode se concretizar, enquanto, no caso contrário, o "não" do princípio *excepcionalmente* pode se concretizar. Em outras palavras, a única "conciliação" entre o universal e o particular é a *exceção universalizada*: só uma postura que reconfigure cada caso particular como exceção trata da mesma maneira todos os casos particulares *sem exceção*. Agora deve estar claro por que esse é um caso de "universalidade concreta" hegeliana: a razão por que buscamos um modo para defender que nenhum caso particular merece a pena de morte é nossa consciência de que há algo de errado na própria ideia de pena de morte, de que essa ideia é uma injustiça disfarçada de justiça.

Essa referência ao judaísmo deve ser vinculada ao fato de que o Livro de Jó (Antigo Testamento) pode ser considerado o primeiro exercício de crítica da ideologia de toda a história da humanidade. Portanto, o Código de Manu deveria ser contraposto ao Livro de Jó: um dos textos básicos de ideologia contra um dos textos básicos de crítica da ideologia. Não admira que o governo colonial britânico na Índia tenha transformado o Código de Manu em texto privilegiado de referência para estabelecer o código legal que possibilitaria um domínio mais eficiente da Índia; podemos dizer, até certo ponto, que só em termos retroativos o Código de Manu se tornou "o" livro da tradição hindu, escolhido pelos colonizadores, entre tantas opções, para representar a tradição (assim como seu contrário obsceno, o "tantra", que também foi sistematizado pelos colonizadores britânicos num culto coerente, das trevas, violento e perigoso). Em todos esses casos, tratamos do que Eric Hobsbawm chamou de "tradições inventadas". Isso implica também que a persistência do fenômeno e da prática social dos intocáveis não seja simplesmente um resquício da tradição: o número de intocáveis cresceu no século XIX com a expansão de cidades sem sistema de esgoto apropriado, de modo que os excluídos eram necessários para limpar a sujeira e os excrementos. Portanto, num nível mais geral, devemos rejeitar a ideia de que a globalização ameaça as tradições locais ou nivela as diferenças: às vezes ela ameaça, mas em ge-

---

[23] Devo esses dados a Eric Santner.

ral ela mantém vivas, ressuscita e até cria novas tradições, adaptando-as às novas condições (digamos que os britânicos e os espanhóis reinventaram a escravidão no início da modernidade).

Com a proibição formal de discriminação dos intocáveis, sua exclusão mudou de status e tornou-se o complemento obsceno da ordem oficial/pública: desautorizada publicamente, sua existência subterrânea continua. No entanto, essa existência subterrânea é formal (diz respeito ao título/status simbólico do sujeito) e por isso não segue a mesma lógica da clássica e notória oposição marxista entre igualdade formal e desigualdade real no sistema capitalista: aqui, a desigualdade (a persistência do sistema hierárquico de castas) é que é formal, enquanto os indivíduos são de certo modo iguais na vida real econômica e jurídica (o intocável também pode enriquecer etc.)[24]. O status da hierarquia de castas não é igual ao da nobreza numa sociedade burguesa, que na verdade é irrelevante, é apenas uma característica que pode aumentar o glamour público do sujeito.

É exemplar aqui o conflito entre B. R. Ambedkar e Gandhi na década de 1930: embora fosse o primeiro político hindu a defender a integração total dos intocáveis e os chamasse de "filhos de deus", Gandhi percebia sua exclusão como resultado da corrupção do sistema hindu original. O que Gandhi tinha em mente era uma ordem de castas (formalmente) não hierárquica, em que cada indivíduo tinha seu lugar próprio: ele enfatizava a importância dos catadores de lixo e louvava os intocáveis por cumprir essa missão "sagrada". É aqui que os intocáveis são expostos a uma grande tentação ideológica: de um modo que prefigura a atual "política de identidade", Gandhi permite a eles que "se apaixonem por si mesmos" em sua identidade humilhante, aceitem o trabalho degradante como tarefa social nobre e necessária e percebam até mesmo a natureza degradante de seu trabalho como sinal de seu sacrifício, de sua disposição de fazer o trabalho sujo para o bem da sociedade. Mesmo a injunção mais "radical" de Gandhi de que todos, inclusive os brâmanes, deveriam limpar a própria merda ofusca a verdadeira questão, que não é aquela da nossa atitude individual, mas da natureza social global. (O mesmo truque ideológico é usado hoje pelas injunções que nos bombardeiam de todos os lados para reciclar nosso lixo, jogar garrafas, jornais etc. em lixeiras separadas e adequadas... Assim, culpa e responsabilidade são personalizadas, não é a organização da economia que é culpada, mas nossa atitude subjetiva é que deve mudar.) A tarefa não é mudar nosso eu interior, mas abolir a intocabilidade como tal, isto é, não como um elemento do sistema, mas o próprio sistema que a gera. Ao contrário de Gandhi, Ambedkar viu isso com clareza quando

---

[24] Agradeço a Shuddhabrata Sengupta, de Nova Délhi, por chamar minha atenção para essa distinção crucial.

Ressaltou a inutilidade de apenas abolir a intocabilidade: como esse mal é produto de um tipo específico de hierarquia social, todo o sistema de castas teria de ser erradicado: "Haverá excluídos [intocáveis] enquanto houver castas". [...] Gandhi respondeu que, ao contrário, a questão era a criação do hinduísmo, civilização que, em sua forma original, na verdade ignorava a hierarquia.[25]

Embora Gandhi e Ambedkar se respeitassem e colaborassem com frequência na luta pela dignidade dos intocáveis, a diferença entre eles é insuperável: é a diferença entre a solução "orgânica" (resolver o problema voltando à pureza do sistema original não corrompido) e a solução verdadeiramente radical (identificar o problema como "sintoma" do sistema, sintoma que só pode ser resolvido com a abolição do sistema como um todo). Ambedkar via claramente que a estrutura de quatro castas não une quatro elementos que pertencem à mesma ordem: enquanto as três primeira castas (sacerdotes, reis guerreiros, produtores-comerciantes) formam um todo coerente, uma tríade orgânica, os intocáveis são como o "modo de produção asiático" de Marx, a "parte de parte alguma", o elemento incoerente que, dentro do sistema, ocupa o lugar daquilo que o sistema como tal exclui – e, como tais, os intocáveis representam a universalidade. Ou, como explicou Ambedkar com um engenhoso jogo de palavras: "There will be outcasts as long as there are castes" [Haverá excluídos enquanto houver castas]. Enquanto houver castas, haverá um elemento excrementício excessivo de valor zero que, embora formalmente faça parte do sistema, não possui lugar próprio dentro dele. Gandhi ofusca esse paradoxo como se uma estrutura harmoniosa fosse possível. O paradoxo dos intocáveis é que eles são duplamente marcados pela lógica excrementícia: além de lidar com excrementos impuros, seu status formal dentro do corpo social é de excremento.

Por esse motivo o paradoxo propriamente dialético é que, caso se queira romper o sistema de castas, não basta inverter o status e alçar os intocáveis a "filhos de deus"; o primeiro passo deveria ser o oposto: *universalizar* para toda a humanidade o status excrementício. Martinho Lutero propôs diretamente essa identidade excrementícia do homem: o homem é como uma merda divina, saiu do ânus de Deus – e, de fato, é só na lógica protestante da identidade excrementícia do homem que se pode formular o verdadeiro significado da Encarnação. Na ortodoxia, Cristo, em última análise, perde *a condição* excepcional: sua própria idealização, a elevação a um modelo nobre, o reduz a uma *imagem* ideal, a um personagem a ser *imitado* (todo homem deveria se esforçar para tornar-se Deus); *imitatio Christi* é uma fórmula mais ortodoxa do que católica. No catolicismo, a lógica predominante é a de uma *troca simbólica*: os teólogos católicos adoram

---

[25] Christophe Jaffrelot, *Dr. Ambedkar and Untouchability* (Nova Délhi, Permanent Black, 2005), p. 68-9.

as longas discussões jurídicas escolásticas sobre o preço que Cristo pagou por nossos pecados etc.; não admira que Lutero tenha reagido ao resultado mais desprezível dessa lógica, isto é, à redução da redenção a algo que se pode comprar da Igreja. Finalmente, o protestantismo postula a relação como *real* e concebe Cristo como um Deus que, em seu ato de encarnação, de livre e espontânea vontade *identificou-se com a própria merda*, com o real excrementício que é o homem – e é somente nesse nível que se pode apreender a noção propriamente cristã de amor divino como amor pela miserável entidade excrementícia chamada "homem". Tratamos aqui de algo a que podemos nos referir ironicamente como a posição proletária cósmico-teológica cujo "julgamento infinito" é a identidade do excesso e da universalidade: a merda da Terra é o sujeito universal. (Essa condição excrementícia do homem já é assinalada pelo papel do sacrifício nos Vedas originais: por meio da substituição dos seres humanos pela vítima sacrifical, o sacrifício comprova o papel excêntrico e excepcional do homem na grande cadeia alimentar. Parafraseando Lacan, podemos dizer que o objeto do sacrifício representa o homem para os outros integrantes "ordinários" da cadeia alimentar.) Há um trecho bastante surpreendente, para não dizer chocante, das *Memórias* de Pablo Neruda que trata exatamente do espaço excrementício invisível e do que podemos descobrir quando o sondamos. O evento descrito ocorreu quando ele era cônsul do Chile no Sri Lanka (Ceilão):

> Meu bangalô solitário ficava longe de qualquer construção urbana. Quando o aluguei, tentei descobrir onde ficava o banheiro; não o vi em lugar nenhum. Na verdade, ficava aqui perto do chuveiro, nos fundos da casa. Inspecionei-o com curiosidade. Era uma caixa de madeira com um buraco no meio, muito parecida com o artefato que conheci quando criança no interior do Chile. Mas nossos banheiros eram construídos em cima de um poço profundo ou de água corrente. Ali, o receptáculo era um simples balde de metal debaixo do buraco redondo.
> O balde aparecia limpo todas as manhãs, mas eu não fazia ideia de como o conteúdo sumia. Certa manhã, acordei mais cedo do que de costume e me espantei ao ver como acontecia.
> Dos fundos da casa, caminhando como uma estátua sombria, veio a mulher mais linda que eu já vira no Ceilão, uma tâmil da casta dos párias. Usava um sári vermelho e dourado do tipo mais barato de pano. Tinha pulseiras pesadas nos tornozelos nus. Dois minúsculos pontinhos vermelhos faiscavam de ambos os lados do nariz. Deviam ser de vidro comum, mas nela eram rubis.
> Ela andou solenemente até a latrina, sem me olhar nem uma vez sequer, sem se incomodar em reconhecer minha existência, e sumiu com o receptáculo nojento na cabeça, afastando-se com passos de uma deusa.
> Era tão adorável que, apesar do serviço humilde, não consegui tirá-la da cabeça. Como um tímido animal da selva, ela pertencia a outro tipo de existência, a um mundo diferente. Chamei-a, mas não adiantou. Depois disso, pus algumas vezes um presente no

seu caminho, um corte de seda ou algumas frutas. Ela passava sem olhar nem escutar. A rotina ignóbil fora transformada por sua beleza escura na cerimônia obrigatória de uma rainha indiferente.

Certa manhã, resolvi ir até o fim. Segurei o pulso dela com força e fitei seus olhos. Não havia idioma em que eu pudesse lhe falar. Sem sorrir, ela se deixou levar e logo estava nua na minha cama. A cintura finíssima, os lábios cheios, as taças transbordantes dos seios a faziam igual às esculturas de mil anos do sul da Índia. Foi a união entre um homem e uma estátua. Ela manteve os olhos bem abertos o tempo todo, completamente sem reação. Tinha razão em me desprezar. A experiência nunca se repetiu.[26]

Então Neruda simplesmente passa para outras coisas. Esse trecho é notável não só pelas razões óbvias: uma história descarada de estupro, cujos detalhes sujos foram discretamente omitidos ("Ela se deixou levar e logo estava nua na minha cama." Como ela ficou nua? É óbvio que ela mesma não se despiu...), a mistificação da passividade da vítima em indiferença divina, a falta elementar de decência e vergonha por parte do narrador (sentia-se atraído pela moça, mas não se envergonhava de saber que todas as manhãs ela cheirava, via e descartava sua merda?). A característica mais notável é a divinização do excremento: uma deusa sublime aparece no mesmo lugar onde os excrementos se escondem. Deveríamos levar a sério essa equação: elevar o Outro exótico a divindade indiferente é rigorosamente igual a tratá-lo como merda.

Sorte legal ou o circuito do ato

Então qual é a dimensão da lei que a lei não pode admitir publicamente? A melhor maneira de discerni-la é pelo paradoxo lógico que Jean-Pierre Dupuy explica num texto admirável sobre *Um corpo que cai*, de Hitchcock:

> Um objeto possui uma propriedade x até o instante i; depois de i, além de o objeto não ter mais a propriedade x, não é mais verdade que, em algum momento, tenha possuído x. Portanto, o valor-verdade da proposição "o objeto O tem a propriedade x no instante i" depende do momento em que ela é enunciada.[27]

É preciso dar aqui a formulação precisa: não é que o valor-verdade da proposição "o objeto O tem a propriedade x" dependa do momento a que se refere a proposição; *mesmo quando esse momento é especificado, o valor-verdade depende do momento em que a própria proposição é enunciada*. Ou, para citar o título do texto de Dupuy, "Quando eu morrer, nada do nosso amor terá existido". Tomemos

---

[26] Pablo Neruda, *Memoirs* (Nova York, Farrar, Strauss and Giroux, 2001), p. 99-100. Devo essa referência a S. Anand, de Nova Délhi.

[27] Jean-Pierre Dupuy, "Quand je mourrai, rien de notre amour n'aura jamais existé", manuscrito não publicado, apresentado no colóquio *Vertigo et la philosophie*, École Normale Supérieure, Paris, 14 out. 2005.

como exemplo o casamento e o divórcio: o argumento mais inteligente a favor do direito de se divorciar (proposto, entre outros, por ninguém menos que o jovem Marx) não se refere a lugares-comuns do tipo: "Assim como todas as coisas, os casos de amor também não são eternos e mudam com o tempo" etc. etc.; ao contrário, ele admite que a indissolubilidade é inerente à própria noção de casamento. A conclusão é que o divórcio tem um alcance retroativo: ele não significa apenas que o casamento foi anulado, mas algo muito mais radical: o casamento tem de ser anulado, porque *nunca foi um casamento de verdade*. E o mesmo se aplica ao comunismo soviético: é claramente insuficiente dizer que, nos anos de "estagnação" de Brejnev, ele "esgotou seu potencial, não se adaptava mais aos novos tempos". O que seu fim miserável mostra é que ele era um beco sem saída histórico *desde o princípio*.

Talvez esse paradoxo seja uma indicação dos rodeios e distorções do processo dialético hegeliano. Tomemos como exemplo a crítica de Hegel ao terror revolucionário jacobino como um exercício de negatividade abstrata da liberdade absoluta que não pode se estabilizar numa ordem social concreta de liberdade e, portanto, tem de acabar na fúria da autodestruição. Contudo, não devemos esquecer que, na medida em que tratamos aqui de uma escolha histórica (entre a opção "francesa" de seguir o catolicismo e assim ser obrigado a se envolver no Terror revolucionário autodestrutivo e a opção "alemã" da Reforma), essa escolha envolve exatamente o mesmo paradoxo dialético elementar da escolha entre as duas leituras de "o espírito é um osso", que Hegel ilustra na *Fenomenologia do espírito* com uma metáfora fálica: o falo como órgão de inseminação ou o falo como órgão de micção. O argumento de Hegel *não* é que a atitude especulativa apropriada tenha de escolher a inseminação, ao contrário da mente empírica vulgar, que só vê a micção. O paradoxo é que a escolha direta da inseminação é uma maneira infalível de deixá-la de fora: não podemos escolher diretamente o "verdadeiro significado", porque *temos de* começar pela escolha "errada" (a micção); o verdadeiro significado especulativo surge apenas da leitura repetida, como efeito secundário (ou subproduto) da primeira leitura "errada". E o mesmo acontece com a vida social, em que a escolha direta da "universalidade concreta" de um mundo-vida ético específico só pode terminar numa regressão à sociedade orgânica pré-moderna que nega o direito infinito à subjetividade como característica fundamental da modernidade. Uma vez que o cidadão-sujeito do Estado moderno não pode mais aceitar a imersão num papel social específico que lhe confira um lugar determinado dentro do todo social orgânico, a construção da totalidade racional do Estado moderno leva ao Terror revolucionário: é preciso destruir sem dó nem piedade as restrições da "universalidade concreta" orgânica e pré-moderna e afirmar integralmente o direito infinito à subjetividade em sua negatividade abstrata. Em outras palavras, o argumento da análise de Hegel do terror revolucionário não é a percepção óbvia de que o projeto revolucionário envolveu a afirmação direta e unilateral da razão universal abstrata e, como tal, foi condenado a perecer na fúria autodestrutiva, já que foi incapaz de canalizar a transposição da energia revolucionária para uma ordem social concreta, estável e diferenciada; o argumento de Hegel é antes o enigma do porquê de termos de passar pelo Terror revolucionário, apesar de ele ter sido um impasse histórico, para chegar ao Estado racional moderno[28].

É por isto que a dialética hegeliana não é um evolucionismo vulgar, que afirma que um fenômeno é justificado em seu tempo, mas merece desaparecer depois que esse tempo passa: a "eternidade" da dialética significa que a deslegitimação é sempre retroativa, o que desaparece "em si" sempre merece desaparecer. Tomemos também o paradoxo do processo de pedir desculpas: se ofendo alguém com uma observação grosseira, o apropriado no meu caso é pedir desculpas sinceras, e o apropriado no caso do outro é dizer algo como: "Obrigado, agradeço seu gesto, mas não me ofendi, sabia que não era aquilo que você queria dizer, logo você não me deve desculpas!". Naturalmente, o problema é que, embora o resultado seja que as desculpas não são necessárias, temos de passar pelo elaborado processo de pedi-las. O outro só pode dizer: "Você não me deve desculpas" depois que eu peço desculpas, de modo que, apesar de formalmente "nada acontecer" e o pedido de desculpas ser declarado desnecessário, há um ganho no fim do processo (talvez a amizade até se salve)[29].

Será que isso significa que, também nesse caso, é preciso fazer uma coisa (pedir desculpas, escolher o terror) para ver quão supérflua ela é? Esse paradoxo é sustentado pela distinção entre as dimensões "constativas" e "performativas", entre "sujeito do enunciado" e "sujeito da enunciação": no nível do conteúdo enunciado, a operação toda não significa nada (por que fazer – pedir desculpas, passar pelo terror – se é supérfluo?). Entretanto, o que essa noção tirada do senso comum esquece é que só o gesto supérfluo e "errado" cria as condições subjetivas que possibilitam ao sujeito ver *por que* seu gesto é supérfluo. O processo dialético é mais refinado, portanto, do que parece; a noção mais comum é que só se pode chegar à verdade final ao fim de uma sequência de erros, de modo que esses erros não são

---

[28] Ver Slavoj Žižek, *Em defesa das causas perdidas* (São Paulo, Boitempo, 2011).
[29] Numa cena do maravilhoso filme de Ernst Lubitsch *Ser ou não ser*, um curto diálogo entre dois famosos atores de teatro poloneses, Maria Tura e seu egocêntrico marido, Josef, subverte essa lógica de forma divertida. Josef diz à esposa: "Mandei que, nos cartazes da nova peça que vamos estrelar, seu nome fique em cima, antes do meu. Você merece, querida!". Ela responde gentilmente: "Obrigada, mas você não precisava ter feito isso, não era necessário!". A resposta dele é: "Eu sabia que você diria isso, por isso cancelei a ordem e pus meu nome em cima de novo...". Há uma velha piada sobre culinária que segue a mesma lógica: "Como fazer uma boa sopa em uma hora? Você separa todos os ingredientes, pica os legumes etc., deixa a água ferver, acrescenta os ingredientes, deixa cozinhar meia hora em fogo baixo, mexendo de vez em quando. Depois de 45 minutos, você descobre que a sopa está intragável, joga tudo fora, abre uma boa lata de sopa e esquenta rapidamente no micro-ondas. É assim que nós, seres humanos, fazemos sopa".

simplesmente eliminados, mas "suprassumidos" na verdade final, preservados nela como momentos dentro dela. O que essa noção não considera é que os momentos anteriores são preservados *exatamente como supérfluos*.

É por isso que a resposta óbvia ("Mas essa ideia de anular retroativamente as condições históricas contingentes, de transformar a contingência em destino, não é a ideologia em seu aspecto formalmente mais puro, a própria forma da ideologia?") deixa de lado a questão principal, ou seja, que essa retroatividade está inscrita na própria realidade: o que é verdadeiramente "ideológico" é a ideia de que, libertados das "ilusões ideológicas", podemos ir diretamente do momento A para o momento B, sem retroatividade. Digamos que, numa sociedade ideal e autêntica, eu posso pedir desculpas e o outro pode responder: "Fiquei magoado, sim. Suas desculpas eram necessárias, e eu as aceito", sem desrespeitar nenhuma regra implícita. Ou então podemos chegar ao Estado racional moderno sem ter de passar pelo desvio "supérfluo" do Terror.

Como esse círculo de mudança do passado é possível sem que seja necessário recorrer à viagem no tempo? A solução já foi proposta por Henri Bergson: é claro que não se pode mudar a realidade do passado, mas é possível mudar a dimensão virtual do passado; quando surge algo radicalmente novo, esse novo cria retroativamente sua própria possibilidade, suas próprias causas/condições[30]. Podemos inserir uma potencialidade na realidade passada (ou retirá-la dela). Apaixonar-se muda o passado: é como se eu *sempre-já* amasse você, nosso amor estava predestinado, é a "resposta do real". Meu amor presente causa o passado que lhe deu origem. O mesmo vale para o *poder da lei*: aqui também a sincronia precede a diacronia. Assim como, depois de me apaixonar contingentemente, esse amor passa a ser meu destino necessário, depois que a ordem jurídica se estabelece, sua origem contingente se apaga. Uma vez que *está* aqui, ela *sempre-já* esteve aqui, qualquer história a respeito de suas origens é mito, como a história de Swift sobre as origens da linguagem em *As viagens de Gulliver*: o resultado já é pressuposto.

Em *Um corpo que cai*, acontece o oposto: o passado muda e então perde o *objeto a*. O que Scottie experimenta primeiro é a *perda* de Madeleine, seu amor fatal; quando ele recria Madeleine em Judy e descobre que a Madeleine que ele conhecia era, na verdade, Judy já fingindo ser Madeleine, o que ele descobre não é que Judy era falsa (ele sabia que ela não era a verdadeira Madeleine, já que a usou para criar uma cópia de Madeleine), mas *porque ela não era falsa – ela é Madeleine – a própria Madeleine já era falsa* – o objeto a se desintegra, a própria perda se perde e temos uma "negação da negação". A descoberta de Scottie *muda o passado*, priva o objeto perdido do *objeto a*.

---

[30] Há uma elaboração detalhada dessa linha de pensamento de Bergson em Slavoj Žižek, *Em defesa das causas perdidas*, cit, cap. 9.

Os neoconservadores ético-legais de hoje não são um pouco como Scottie em *Um corpo que cai*, de Hitchcock? Querendo recriar a ordem perdida, ou fazer uma nova Madeleine requintada a partir de uma Judy promíscua e vulgar, eles serão forçados a admitir, mais cedo ou mais tarde, não que seja impossível recuperar a vida de Madeleine (os antigos costumes tradicionais), mas que Madeleine já *era* Judy: a corrupção que eles combatem na sociedade moderna permissiva, secular, egoísta etc. estava presente desde o princípio. Podemos fazer uma comparação com o zen-budismo: os que criticam a imagem da Nova Era e a prática do zen no Ocidente (reduzido a uma "técnica de relaxamento") como uma traição do autêntico zen japonês esquecem-se do fato de que as características que eles deploram no zen ocidentalizado já estavam no "verdadeiro" zen japonês: logo depois da Segunda Guerra Mundial, os zen-budistas japoneses começaram a realizar cursos de zen para administradores de empresas, embora durante a guerra a maioria tenha apoiado o militarismo japonês etc.

No caso do verdadeiro amor, será que depois de descobrir a verdade Scottie aceitaria Judy como "mais Madeleine do que a própria Madeleine"? (Na verdade, foi o que ele fez, pouco antes de a madre superiora aparecer...) Aqui, Dupuy teria de ser corrigido. Seu ponto de vista é que Scottie deveria ter deixado Madeleine no passado; é verdade, mas o que ele deveria ter feito quando descobriu que Judy era de fato Madeleine? A Madeleine do passado era um fascínio imaginário, fingindo ser o que não era (Judy representava Madeleine). O que Judy fazia ao representar Madeleine era um *amor verdadeiro*. Em *Um corpo que cai*, Scottie *não* ama Madeleine – prova disso é que ele tenta recriá-la em Judy, mudando as propriedades de Judy para que se pareça com Madeleine. Do mesmo modo, para pais enlutados a ideia de clonar o filho morto é uma abominação: se eles se contentassem com isso, provariam que seu amor não era genuíno. O amor não é o amor pelas propriedades do objeto, mas pelo X abissal, o *je ne sais quoi* do objeto.

Em *Wissen und Gewissen*, Viktor Frankl descreve um de seus pacientes após a Segunda Guerra Mundial, um sobrevivente dos campos de concentração que reencontrou a esposa depois da guerra; no entanto, ela morreu pouco tempo depois por causa de uma doença que havia contraído no campo. O paciente se desesperou completamente, e todas as tentativas de Frankl de tirá-lo da depressão fracassaram, até o dia em que lhe disse: "Imagine que Deus me desse o poder de criar uma mulher que tivesse todas as características de sua falecida esposa, de modo que elas fossem indistinguíveis. Você me pediria para criá-la?". O paciente ficou algum tempo em silêncio, depois se levantou e respondeu: "Não, obrigado, doutor!", apertou sua mão, saiu e começou a viver uma vida normal[31]. Nesse caso, o paciente fez o

---

[31] Viktor Frankl, *Wissen und Gewissen* (Frankfurt, Suhrkamp, 1966).

que Scottie, que tentou recriar a mesma mulher, não conseguiu: tomou consciência de que, embora seja possível encontrar a mesma mulher no que diz respeito a suas características concretas, é impossível recriar o insondável *objeto a* que existe nela.

Há uma história de ficção científica – que se passa daqui a duzentos anos, quando será possível viajar no tempo – sobre um crítico de arte que fica tão fascinado pelas obras de um pintor nova-iorquino de nossa era que viaja de volta no tempo para conhecê-lo. No entanto, ele descobre que o pintor é um bêbado inútil, que rouba dele a máquina do tempo e foge para o futuro; sozinho no mundo de hoje, o crítico de arte pinta todos os quadros que o fascinaram no futuro e o fizeram viajar para o passado. Surpreendentemente, ninguém menos que Henry James já usara essa mesma trama em *The Sense of the Past* [O sentido do passado], um manuscrito inacabado encontrado entre seus documentos e publicado em 1917, após sua morte. Ele conta uma história parecida, que, estranhamente, também se parece com *Um corpo que cai* e levou a interpretações penetrantes de Stephen Spender e Borges. (Dupuy observa que James era amigo de H. G. Wells: *The Sense of the Past* é sua versão de *A máquina do tempo*, de Wells*[32].) Depois da morte de James, o romance foi transformado numa peça de teatro de sucesso (*Berkeley Square*) e em filme, em 1933, com Leslie Howard como Ralph Pendrel, o jovem nova-iorquino que herda uma casa do século XVIII em Londres e encontra nela o retrato de um ancestral distante, também chamado Ralph Pendrel. Fascinado pelo retrato, cruza uma soleira misteriosa e volta ao século XVIII. Entre as pessoas que conhece no passado está o pintor que fez o retrato que o cativou – que, é claro, é um autorretrato. Em seu comentário, Borges faz uma formulação sucinta do paradoxo: "A causa é posterior ao efeito, o motivo da viagem é uma das consequências da viagem"[33]. James acrescentou um aspecto amoroso a essa viagem ao passado: no século XVIII, Ralph se apaixona por Nan, irmã de sua noiva (no século XVIII), Molly. Nan acaba descobrindo que Ralph veio do futuro e sacrifica a própria felicidade para ajudá-lo a voltar para sua época e para Aurora Coyne, mulher que rejeitou Ralph, mas agora o quer.

A história de James mistifica psicoticamente (no real) o círculo da economia simbólica, no qual o efeito precede a causa, isto é, cria-a retroativamente – e o mesmo vale para a condição jurídica da rebelião contra um poder (legal) em Kant: a proposição "o que os rebeldes fazem é um crime que merece punição" é verdade se pronunciada enquanto a rebelião ainda está em andamento; mas, assim que a rebelião vence e cria uma nova ordem legal, essa afirmação sobre a condição legal dos mesmos atos passados não se sustenta mais. Eis a resposta de Kant à pergunta

---

* São Paulo, Nova Alexandria, 1994. (N. E.)

[32] James estava mais interessado no contraste entre os costumes do passado recente e do presente: a mecânica das viagens no tempo lhe era estranha e, por isso, sabiamente deixou o romance inacabado.

[33] Citado em Jean-Pierre Dupuy, "Quand je mourrai...", cit.

"A rebelião é um meio legítimo que deve ser usado pelo povo para acabar com o jugo de um suposto tirano?":

> Os direitos do povo são feridos; nenhuma injustiça atinge o tirano quando é deposto. Não pode haver dúvida quanto a esse ponto. Não obstante, é altamente ilegítimo para os súditos procurar defender seus direitos dessa maneira. Se perdem a luta e são submetidos a severa punição, não podem se queixar de injustiça, tampouco o tirano, caso eles tivessem vencido. [...] Se a revolta do povo é bem-sucedida, o que foi dito ainda é compatível com o fato de que o chefe, ao recuar para a condição de súdito, não pode iniciar uma revolta para sua restauração, mas não precisa temer ser forçado a responder pelo domínio anterior do Estado.[34]

Kant não apresenta aqui sua versão do que Bernard Williams chamou de "sorte moral" (ou melhor, "sorte legal")? O status (não ético, mas legal) da rebelião é decidido de maneira retroativa: se tiver sucesso e criar uma nova ordem jurídica, a rebelião produz seu próprio *circulus vitiosus*, isto é, joga no vácuo ontológico suas origens ilegais, representa o paradoxo de fundamentar retroativamente a si mesma. Kant estabelece esse paradoxo de maneira ainda mais clara algumas páginas antes:

> Se uma revolução violenta, engendrada por uma constituição ruim, impõe por meios ilegais uma constituição mais conforme à lei, conduzir o povo de volta à constituição anterior não seria permitido; mas, enquanto a revolução durou, cada um que tivesse participado dela às claras ou secretamente estaria sujeito, com justiça, à punição devida aos que se rebelam.[35]

Ele não poderia ser mais claro: o status legal de um mesmo ato muda com o tempo. Aquilo que é crime sujeito a punição durante a rebelião torna-se o oposto – ou melhor, simplesmente desaparece como mediador evanescente que cancela/apaga retroativamente a si mesmo em seu resultado – depois que a nova ordem legal é estabelecida. O mesmo se aplica ao princípio, ao surgimento da ordem legal a partir do violento "estado de natureza" – Kant sabe muito bem que não há momento histórico do "contrato social": a unidade e a lei da sociedade civil se impõem ao povo por um ato de violência cujo agente não é motivado por considerações morais:

> já que uma causa unificadora deve se sobrepor à variedade de volições particulares para produzir uma vontade comum a partir delas, estabelecer esse todo é algo que nenhum indivíduo do grupo pode realizar; por isso, na execução prática dessa ideia, não se pode contar com nada além da força para estabelecer a condição jurídica sob cuja compulsão a lei pública será mais tarde estabelecida. Dificilmente se pode esperar que haja no legislador uma intenção moral suficiente para induzi-lo a apresentar

---

[34] Immanuel Kant, *Perpetual Peace*, cit., apêndice 2, p. 62-3.
[35] Ibidem, apêndice 1.

à vontade geral a criação de uma constituição legal depois de ter formado a nação a partir de uma horda de selvagens.[36]

Aquilo com que Kant luta aqui não é outra coisa senão a natureza paradoxal do *ato* político. Devemos lembrar que, na história do marxismo, Lenin guardou sua ironia mais ácida para os que se dedicaram à busca interminável de alguma "garantia" para a revolução. Essa garantia tem duas formas principais: a noção reificada de necessidade social (não podemos arriscar a revolução cedo demais, temos de aguardar o momento certo, quando a situação estiver "madura" em relação às leis do desenvolvimento histórico: "é cedo demais para a revolução socialista, a classe trabalhadora ainda não está madura") ou a concepção de legitimidade normativa ("democrática": "a maioria da população não está do nosso lado, logo a revolução não será de fato democrática"). Como diria um Lenin lacaniano, é como se, antes de se arriscar a tomar o poder, o agente revolucionário tivesse de obter permissão de alguma imagem do grande Outro, por exemplo realizando um plebiscito para garantir que a maioria apoia de fato a revolução[37]. Em Lenin, assim como em Lacan, a questão é que a revolução *ne s'autorise que d'elle-même*: devemos assumir a responsabilidade pelo *ato* revolucionário não coberto pelo grande Outro; o medo de tomar o poder "prematuramente", a busca de garantia é o medo do abismo do ato, e a conversa entre Lenin e Trotski pouco antes da Revolução de Outubro o descreve muito bem. Lenin teria perguntado: "O que acontecerá se fracassarmos?", e Trotski teria respondido: "E o que acontecerá se tivermos êxito?". *Se non è vero è ben trovato*... O inimaginável na visão positivista da história como processo "objetivo" que determina com antecedência as possíveis coordenadas das intervenções políticas é exatamente a intervenção política radical que muda essas mesmas coordenadas "objetivas" e, portanto, de certo modo cria as condições de seu sucesso. Um ato propriamente dito não é apenas uma intervenção estratégica numa situação, limitado por suas condições: ele cria retroativamente suas condições.

Podemos ver em que reside o ponto fraco de Kant: não há necessidade de evocar o "mal radical" na forma de um terrível crime primordial – essas sombrias fantasias têm de ser evocadas para obscurecer o ato propriamente dito. O paradoxo é claro: o próprio Kant, que tanto insiste no ato ético como autônomo, não patológico, irredutível a suas condições, é incapaz de reconhecê-lo quando ele

---

[36] Idem.
[37] Mesmo alguns lacanianos elogiam a democracia como "institucionalização da falta no outro": a premissa da democracia é que nenhum agente político tem legitimidade *a priori* para manter o poder, o lugar do poder é vazio, aberto à competição. No entanto, ao institucionalizar a falta, a democracia a neutraliza – normaliza –, de modo que o grande Outro está aqui de volta, disfarçado de legitimação/autorização democrática de nossos atos; numa democracia, meus atos são "cobertos" como atos legítimos que transmitem a vontade da maioria.

acontece, lendo-o como seu oposto, como um impensável "mal diabólico". Kant pertence à série de pensadores políticos conservadores (e não só conservadores), desde Pascal e Joseph de Maistre, que elaborou a noção da origem ilegítima do poder, de um "crime original" sobre o qual o poder do Estado se funda; para encobrir essa origem, é preciso oferecer às pessoas comuns "mentiras nobres" ou narrativas heroicas dessa origem. Não podemos fazer outra coisa senão respeitar a franqueza brutal da primeira geração de fundadores do Estado de Israel, que não ocultou o "crime original" da criação de um novo Estado: eles admitiram abertamente que não possuíam nenhum direito à terra da Palestina, que tinham apenas sua força contra a força dos palestinos. Em 29 de abril de 1956, um grupo de palestinos de Gaza atravessou a fronteira para saquear os campos do kibutz Nahal Oz; Roi, membro do kibutz que vigiava os campos, correu na direção deles com uma vara para expulsá-los, mas foi pego pelos palestinos e levado para a Faixa de Gaza. Quando a ONU devolveu aos israelenses o corpo de Roi, seus olhos tinham sido arrancados. No dia seguinte, durante o funeral, Moshe Dayan, chefe do Estado-Maior na época, fez um elogio fúnebre:

> Não lancemos a culpa sobre os assassinos. Que pretensão podemos ter contra seu ódio mortal de nós? Nos últimos oito anos, eles viveram nos campos de refugiados de Gaza, enquanto bem diante de seus olhos nós transformamos a terra e as aldeias onde eles e seus ancestrais viveram em nossa própria herança.
> Não é entre os árabes de Gaza, mas em nosso próprio meio que devemos buscar o sangue de Roi. Como podemos fechar os olhos e nos recusar a encarar o destino, a ver o destino de nossa geração com toda a sua brutalidade? Esquecemos que esse grupo de jovens que mora em Nahal Oz leva nos ombros o fardo dos portões de Gaza?[38]

Além do paralelo entre Roi e o cego Sansão (que tem papel fundamental na mitologia posterior das forças de defesa israelenses), o que espanta é o aparente *non sequitur*, a lacuna entre o primeiro e o segundo parágrafos. No primeiro parágrafo, Dayan admite claramente que os palestinos têm direito de odiar os judeus israelenses, já que estes tiraram a terra deles; entretanto, a conclusão de Dayan não é uma confissão óbvia de culpa, mas a aceitação total do "destino de nossa geração com toda a sua brutalidade", ou seja, a assunção do fardo não da culpa, mas da guerra na qual o poder tem razão, na qual o mais forte vence. A guerra não era por princípios ou justiça: era um exercício de "violência mítica" – um entendimento totalmente obliterado pela recente autolegitimação dos israelenses. (Como no caso do feminismo, que nos ensinou a descobrir vestígios de violência naquilo que aparece como autoridade natural – do pai – nas culturas patriarcais, devemos lembrar

---

[38] Citado na extraordinária análise de Udi Aloni sobre esse caso, "Samson the Non-European" (manuscrito não publicado).

a violência fundadora que foi obliterada pelo sionismo atual – os sionistas deveriam simplesmente ler Dayan e Ben Gurion.)

Isso nos leva à ideia liberal contemporânea de justiça global, cujo objetivo não é apenas caracterizar todos os atos passados como crimes coletivos, porque isso também envolve a utopia politicamente correta de "compensar" a violência coletiva passada (contra negros, americanos nativos, imigrantes chineses...) por meio de pagamento ou medidas legais. *Essa* é a verdadeira utopia, a ideia de que a ordem legal pode compensar os crimes originais, livrando retroativamente da culpa e recuperando a inocência. O que encontramos no fim dessa estrada é a utopia ecológica da humanidade em sua inteireza, pagando sua dívida com a natureza por toda a exploração do passado. E, de fato, a ideia da "reciclagem" não faz parte do mesmo padrão da ideia da compensação pelas injustiças do passado? A noção utópica básica é a mesma: o sistema que surgiu pela violência deveria pagar sua dívida e assim recuperar o equilíbrio ético-ecológico. O ideal de "reciclagem" envolve a utopia de um círculo fechado completo, em que todo descarte, todo resto inútil, é suprassumido: nada é perdido, todo lixo é reutilizado. É nesse nível que devemos realizar a passagem do círculo para a elipse: nem na própria natureza há círculo de reciclagem total, existe descarte inutilizável. Devemos lembrar aqui a loucura metódica do "pan-óptico" de Jeremy Bentham, no qual tudo, até as fezes e a urina dos prisioneiros, tem de ser reutilizado. Para a urina, Bentham propôs uma solução engenhosa: as paredes externas das celas não deveriam ser verticais, mas levemente curvas, de modo que, quando os prisioneiros urinassem na parede, o líquido escorreria para dentro e manteria as celas aquecidas no inverno... É por isso que a atitude propriamente estética do ecologista radical não é admirar e sonhar com uma natureza primitiva de florestas virginais e céu limpo, mas aceitar o lixo como tal, descobrir o potencial estético do lixo, da podridão, da inércia do material deteriorado que não serve para nada.

A utopia de uma raça de demônios

Isso, finalmente, isso nos leva ao cerne da utopia liberal. Para o liberalismo, ao menos em sua forma radical, o desejo de submeter o povo a um ideal ético que consideramos universal é "o crime que contém todos os crimes", a mãe de todos os crimes: equivale à imposição violenta aos outros de uma visão própria, à causa da desordem civil. E é por isso que, quando se quer estabelecer a tolerância e a paz civil, a primeira condição é livrar-se da "tentação moral": a política deveria ser meticulosamente expurgada das ideias morais e tornada "realista", para aceitar as pessoas como são, contar com sua verdadeira natureza e não com exortações morais. Aqui o mercado é exemplar: a natureza humana é egoísta, não há como mudá-la; o que é necessário é um mecanismo que faça os vícios privados trabalharem pelo bem comum (as "artimanhas da razão"). No ensaio *A paz perpétua*, Kant apresenta uma formulação precisa dessa característica fundamental:

> muitos dizem que a república teria de ser uma nação de anjos, porque os homens, com suas tendências egoístas, não são capazes de uma constituição de forma tão sublime. Mas, exatamente com essas tendências, a natureza auxilia a vontade geral baseada na razão, que é reverenciada, ainda que seja impotente na prática. Portanto, é apenas uma questão de boa organização do Estado (que está ao alcance do poder do homem), por meio da qual os poderes de cada tendência egoísta se arranjam em oposição, de modo que uma modera ou destrói o efeito ruinoso da outra. A consequência para a razão é a mesma, caso nenhuma delas existisse, e o homem é forçado a ser um bom cidadão, mesmo que não seja uma pessoa moralmente boa.
> O problema da organização do Estado, por mais difícil que pareça, pode ser resolvido até mesmo por uma raça de demônios, desde que inteligentes. O problema é: "Dada uma multidão de seres racionais que precisam de leis universais para sua preservação, mas na qual cada indivíduo tende secretamente a se eximir dos outros, criar uma constituição de maneira tal que, embora as intenções privadas sejam conflitantes, uns restrinjam os outros, levando a que a conduta pública seja a mesma, caso não houvesse tais intenções". Um problema desse tipo deve ser passível de solução; não exige que saibamos alcançar o aprimoramento moral dos homens, apenas que conheçamos o mecanismo da natureza para usá-lo nos homens, organizando o conflito de intenções hostis presente no povo de tal maneira que todos se obriguem a se submeter a leis coercitivas. Assim, estabelece-se um estado de paz no qual as leis têm força.[39]

Devemos seguir esta linha de argumentação até a conclusão: o liberal totalmente consciente de si mesmo deveria limitar intencionalmente sua disposição altruísta de sacrificar seu bem pessoal pelo bem dos outros, ciente de que a maneira mais eficaz de agir pelo bem comum é seguir o egoísmo privado. O anverso inevitável do tema das artimanhas da razão ("Vícios privados, bem comum") é: "Bens privados, desastre comum". Desde seu surgimento, há no liberalismo uma tensão entre a liberdade individual e os mecanismos objetivos que regulam o comportamento da multidão. Benjamin Constant formulou essa tensão de maneira clara: tudo é moral nos indivíduos, mas tudo é físico nas multidões; todos são livres como indivíduos, mas são apenas engrenagens de uma máquina quando estão na multidão. Em nenhum outro lugar o legado da religião é mais claro: esse é justamente o paradoxo da predestinação, do mecanismo insondável da Graça incorporado, entre outros, no sucesso do mercado. Os mecanismos que produzirão a paz social são independentes tanto da vontade dos indivíduos quanto de seus méritos.

A tensão interna desse projeto é perceptível em dois aspectos do liberalismo: o liberalismo de mercado e o liberalismo político. Jean-Claude Michéa vincula-os

---

[39] Immanuel Kant, *Perpetual Peace*, cit., p. 36.

claramente a dois significados do termo "direita": a direita política insiste na economia de mercado, a esquerda politicamente correta insiste na defesa dos direitos humanos – muitas vezes sua única *raison d'être* remanescente. Embora a tensão entre esses dois aspectos do liberalismo seja irredutível, eles são inextricavelmente ligados, como os dois lados de uma moeda.

Hoje, o significado de "liberalismo" desloca-se entre dois polos opostos: o liberalismo econômico (individualismo do livre-mercado, oposição à regulamentação forte do Estado etc.) e o liberalismo político (ênfase na igualdade, solidariedade social, permissividade etc.). Nos Estados Unidos, os republicanos são mais liberais no primeiro sentido e os democratas, no segundo. É claro que a questão é que, apesar de não podermos decidir por meio de uma análise minuciosa qual é o "verdadeiro" liberalismo, também não podemos resolver o impasse tentando propor uma espécie de síntese dialética "superior" ou "evitando a confusão" por meio de uma distinção clara entre os dois sentidos do termo: a tensão entre os dois significados é inerente ao próprio conteúdo que "liberalismo" procura designar, é constitutivo dessa noção, de modo que essa ambiguidade, longe de assinalar uma limitação de nosso conhecimento, mostra a "verdade" mais íntima da noção de liberalismo.

Tradicionalmente, cada forma básica de liberalismo aparece necessariamente como o oposto da outra: via de regra, os defensores liberais multiculturalistas da tolerância combatem o liberalismo econômico e tentam proteger os mais vulneráveis das forças desregradas do mercado, enquanto os liberais de mercado defendem os valores familiares conservadores e assim por diante. O que temos, portanto, é o duplo paradoxo do direitista tradicional, que apoia a economia de mercado e ao mesmo tempo combate com ferocidade a cultura e os costumes que ela engendra, e seu contraponto, o esquerdista multiculturalista, que combate o mercado (cada vez menos, é verdade, como observa Michéa) e ao mesmo tempo fortalece com entusiasmo a ideologia que ele engendra. (Há meio século, a exceção sintomática era a inigualável Ayn Rand, que defendia o liberalismo de mercado *e* o egoísmo individualista radical, destituído de todas as formas tradicionais de moralidade relativas aos valores familiares e ao sacrifício pelo bem comum.) Hoje, entretanto, parece que entramos numa nova era, em que ambos os aspectos podem se combinar: personagens como Bill Gates posam de radicais do mercado *e* filantropos multiculturalistas.

Encontramos aqui o paradoxo básico do liberalismo. A postura anti-ideológica e antiutópica insere-se no próprio cerne da visão liberal: o liberalismo concebe a si mesmo como "política do mal menor", sua ambição é produzir "a sociedade menos pior possível", evitando assim o mal maior, já que considera qualquer tentativa de impor diretamente um bem concreto a fonte suprema de todo mal. A piada de Churchill sobre a democracia como o pior de todos os sistemas políticos, com exceção de todos os outros, aplica-se mais ainda ao liberalismo. Essa visão é sustentada por um pessimismo profundo a respeito da natureza humana: o homem é um animal egoísta e invejoso e, se alguém criar um sistema político que apele para a bondade e o altruísmo, o resultado será o pior tipo de terror (tanto os jacobinos quanto os stalinistas pressupunham a virtude humana)[40]. No entanto, a crítica liberal da "tirania do bem" tem seu preço: quanto mais seu programa permeia a sociedade, mais ele se transforma em seu oposto. A pretensão de só querer o menor dos males, depois de afirmada como princípio da nova ordem global, repete pouco a pouco as mesmas características do inimigo que ela alega combater. A ordem liberal global afirma-se claramente como o melhor dos mundos possíveis; a modesta rejeição das utopias termina com a imposição de sua utopia liberal de mercado, que supostamente se tornará realidade quando nos submetermos de maneira apropriada aos mecanismos do mercado e dos direitos humanos. Por trás de tudo isso, esconde-se o supremo pesadelo totalitário, a visão de um novo homem que deixou para trás toda a velha bagagem ideológica.

Como sabe todo observador atento dos impasses da correção política, a separação entre justiça legal e bem moral – que deveria ser relativizada e historiada – leva a um moralismo sufocante e opressor, carregado de ressentimentos. Sem nenhuma substância social "orgânica" que fundamente os padrões do que Orwell chamou de "decência comum" (todos esses padrões são desprezados porque supostamente subordinam a liberdade individual a formas sociais orgânicas protofascistas), o programa minimalista de leis que deveria impedir os indivíduos de se impor uns aos outros (incomodando ou "assediando" uns aos outros) transforma-se numa explosão de regras jurídicas e morais, num processo interminável (no sentido hegeliano de "infinidade espúria") de legalização e moralização denominado "luta contra todas as formas de discriminação". Se não há costumes compartilhados que possam influenciar a lei, se há somente o fato de "assediar" outros sujeitos, quem, na ausência desses costumes, decidirá o que conta como "assédio"? Na França, há associações de obesos que exigem a suspensão de todas as campanhas públicas contra a obesidade e a favor de hábitos alimentares saudáveis, porque elas ferem a autoestima dos obesos. Os militantes do Vegan Pride [Orgulho Vegano] condenam o "especismo" dos carnívoros (que discriminam os animais, privilegiando o animal humano, o que, para eles, é uma forma particularmente repugnante de "fascismo") e exigem que a "vegetofobia" seja tratada como um tipo de xenofobia e declarada crime. E poderíamos estender a lista para os que lutam pelos direitos do casamento incestuoso, do homicídio consensual e do canibalismo...

---

[40] O argumento conservador-liberal contra o comunismo é que, visto que este quer impor um sonho utópico impossível à realidade, acabará necessariamente em terror fatal. Mas e se mesmo assim insistirmos em correr o risco de impor o impossível à realidade? Mesmo não conseguindo o que queremos e/ou esperamos, ainda assim mudamos as coordenadas do que parece "possível" e damos origem a algo genuinamente novo.

O problema aqui é a arbitrariedade óbvia das regras novas. Tomemos como exemplo a sexualidade infantil: podemos argumentar que sua criminalização é uma discriminação injustificada, mas também podemos argumentar que as crianças devem ser protegidas do molestamento sexual dos adultos. E poderíamos ir adiante: as mesmas pessoas que defendem a legalização das drogas leves costumam ser a favor da proibição de fumar em lugares públicos; as mesmas pessoas que protestam contra o abuso de poder dos pais temem que os membros de certas culturas que vivem em nossa sociedade sejam condenados por fazer exatamente isso (por exemplo, os romas, que não deixam os filhos frequentar escolas públicas), afirmando que isso é intromissão em outros "modos de vida". É então por razões estruturais necessárias que essa "luta contra a discriminação" é um processo sem fim, que adia para sempre o ponto final, qual seja, uma sociedade livre de todos os preconceitos morais, que, como explica Jean-Claude Michéa, "seria, por essa mesma razão, *uma sociedade condenada a ver crimes em tudo*"[41].

As coordenadas ideológicas desse multiculturalismo liberal são determinadas por duas características de nosso *zeitgeist* "pós-moderno": o historicismo multiculturalista universalizado (todos os valores e direitos são historicamente específicos, qualquer ascensão deles a noções universais que devem ser impostas aos outros é imperialismo cultural em seu aspecto mais violento[42]) e a "hermenêutica da suspeita" universalizada (todos os "nobres" motivos éticos são gerados e mantidos por "vis" motivos de ressentimento, inveja etc. – o chamado para sacrificarmos nossa vida por uma causa maior é uma máscara para nos manipular dos que precisam da guerra para manter seu poder e sua riqueza ou uma expressão patológica de masoquismo – e esse ou/ou é um *vel* inclusivo, isto é, ambos os termos podem ser verdadeiros ao mesmo tempo). Outra maneira de formular a ideia de Badiou de que vivemos num universo sem mundo é afirmar que o funcionamento da ideologia não se baseia mais no mecanismo da interpelação dos indivíduos como sujeitos: o que o liberalismo propõe é um mecanismo de direito neutro em termos de valor e assim por diante, um mecanismo "cujo funcionamento livre pode gerar automaticamente uma ordem política desejada sem, em nenhum momento, interpelar indivíduos como sujeitos"[43]. A *jouissance* sem nome não pode ser um título de interpelação propriamente dito; ela é mais um tipo de impulso cego sem forma-valor simbólica anexada a ele; todas

---

[41] Jean-Claude Michéa, *L'empire du moindre mal* (Paris, Climats, 2007), p. 145.
[42] O limite desse historicismo é perceptível na maneira como ele coincide com a avaliação impiedosa de todo o passado, segundo nossos padrões. É fácil imaginar uma pessoa que, de um lado, adverte contra a imposição dos nossos valores eurocêntricos a outras culturas e, de outro, defende que clássicos como *Tom Sawyer* e *Huck Finn*, de Mark Twain, sejam removidos das bibliotecas escolares, porque são racialmente insensíveis no retrato que fazem de negros e americanos nativos...
[43] Jean-Claude Michéa, *L'empire du moindre mal*, cit., p. 69.

essas características simbólicas são temporárias e flexíveis e, por isso, o indivíduo é constantemente chamado a "recriar-se".

Há um problema nessa visão liberal que todo bom antropólogo, psicanalista ou mesmo um crítico social perspicaz, como Francis Fukuyama, conhece bem: ela não se mantém de pé, tem de parasitar alguma forma precedente da chamada "socialização" que, ao mesmo tempo, ela corrói, serrando assim o galho em que está pousada. No mercado – e, em termos mais gerais, na troca social baseada no mercado –, os indivíduos se encontram como sujeitos racionais livres, mas esses sujeitos resultam de um processo anterior complexo relativo à dívida simbólica, à autoridade e, acima de tudo, à confiança (no grande Outro que regula as trocas). Em outras palavras, o domínio da troca nunca é puramente simétrico: uma condição *a priori* de cada participante é dar algo sem retorno para participar do jogo de dar e tomar. Para que a troca no mercado ocorra, é preciso haver sujeitos que participem do pacto simbólico básico e exibam a *confiança* elementar na palavra. É claro que o mercado é o domínio das mentiras e dos embustes egoístas; entretanto, como ensina Lacan, a mentira, para funcionar, tem de se apresentar e ser aceita como verdade, isto é, a dimensão da verdade já tem de estar estabelecida.

Kant não viu, em toda estrutura jurídica ou conjunto de regras sociais, a *necessidade* de regras desautorizadas e não escritas, mas necessárias – são apenas essas regras que formam a "substância" na qual as leis conseguem vicejar ou funcionar de modo apropriado. (Podemos imaginar nessa mesma linha mais uma versão da cláusula secreta kantiana que insta os Estados a levar em consideração as regras não escritas, sem, no entanto, admiti-lo publicamente.) O caso exemplar da eficácia dessas regras não escritas é o *potlatch*. A principal característica que opõe o *potlatch* à troca direta no mercado é a dimensão temporal. Na troca de mercado, os dois atos complementares ocorrem simultaneamente (eu pago e recebo aquilo por que paguei), de modo que o ato da troca não leva a um laço social permanente, apenas a um intercâmbio momentâneo entre indivíduos atomizados que, logo em seguida, voltam a sua solidão. No *potlatch*, ao contrário, o tempo decorrido entre eu dar um presente e o outro retribuí-lo cria um vínculo social que dura (pelo menos algum tempo): estamos todos interligados pelos laços da dívida. Desse ponto de vista, o dinheiro pode ser definido como o meio que nos permite ter contato com os outros sem estabelecer com eles relações propriamente ditas. (A função das práticas masoquistas de restringir e amarrar não completa (também) essa falta de amarra social propriamente dita, de modo que o foracluído retorna no real – a amarra simbólica suspensa retorna como amarra literal do corpo?[44])

---

[44] Há uma análise mais detalhada do *potlatch* no capítulo 1 de Slavoj Žižek, *Em defesa das causas perdidas*, cit.

Essa sociedade atomizada em que temos contato com os outros sem estabelecer com eles relações propriamente ditas é o pressuposto do liberalismo. Portanto, o problema da organização de um Estado não pode ser resolvido nem "por uma raça de demônios", como disse Kant – a ideia de que seja possível resolvê-lo é o momento fundamental da utopia liberal. Devemos vincular essa referência a uma raça de demônios a outro detalhe do pensamento ético kantiano. Segundo Kant, se alguém se vir sozinho no mar com outro sobrevivente de um naufrágio, ao lado de um pedaço de madeira capaz de manter uma única pessoa na superfície, as considerações morais não são mais válidas – não há lei moral que o impeça de lutar até a morte com o outro sobrevivente pela tábua, ele pode se envolver na luta com impunidade moral. Talvez aqui se encontre o limite da ética kantiana: e se esse alguém se sacrificasse voluntariamente para dar ao outro a chance de sobreviver e, além disso, fizesse isso sem nenhuma razão patológica? Como não há lei moral que o ordene a agir assim, isso significa que esse ato não tem status ético propriamente dito? Essa estranha exceção não mostra que o egoísmo impiedoso, o cuidado com o ganho e a sobrevivência pessoal, é o silencioso pressuposto "patológico" da ética kantiana, ou seja, que o edifício ético kantiano só se mantém quando se pressupõe em silêncio a imagem "patológica" do homem como egoísta, utilitarista e impiedoso? Exatamente da mesma maneira, a estrutura política kantiana, como em sua noção de poder jurídico ideal, só se mantém quando se pressupõe em silêncio a imagem "patológica" dos sujeitos desse poder como "uma raça de demônios".

De acordo com Kant, os mecanismos que produzirão a paz social independem tanto da vontade dos indivíduos quanto de seus méritos: "A garantia de paz perpétua é simplesmente aquele grande artista, a natureza (*natura daedala rerum*). Em seu curso mecânico, vemos que seu objetivo é produzir harmonia entre os homens contra a vontade deles e, na verdade, por meio de sua discordância". *Isso* é ideologia em seu aspecto mais puro. Podemos afirmar que a noção de ideologia foi postulada "por si" apenas no universo liberal, com a distinção básica entre pessoas comuns mergulhadas em seu universo de significado, de confusão (aparente, do ponto de vista propriamente moderno) entre fatos e valores e os observadores realistas, frios e racionais, capazes de perceber, sem preconceitos moralistas, o mundo como ele é, como um mecanismo regido por leis (de paixões) como qualquer outro mecanismo natural. Só nesse universo moderno a sociedade surge como objeto de um possível experimento, como campo caótico ao qual se pode (e se deve) aplicar uma teoria ou ciência sem valores (uma "geometria política de paixões", ou economia, ou ciência racista). Só essa posição moderna do cientista sem valores, que aborda a sociedade da mesma forma que o cientista natural aborda a natureza, é a ideologia propriamente dita, não a atitude espontânea da experiência de vida significativa, desprezada pelo cientista por ser um conjunto de preconceitos supersticiosos – isso é ideologia porque imita a forma das ciências naturais sem ser uma delas. Em sentido estrito, portanto, a "ideologia" é sempre reflexiva, dobrada sobre si mesma; é o nome do conhecimento neutro que se opõe à "ideologia" comum[45]. Portanto, há uma dualidade inserida na própria noção de ideologia: (1) "mera ideologia" como autoapreensão espontânea dos indivíduos com todos os seus preconceitos; (2) conhecimento neutro e "sem valores" que deve ser aplicado à sociedade para construir seu desenvolvimento. Em outras palavras, a ideologia sempre é (ou melhor, parece ser) como sua própria espécie.

Minha Áustria particular

Mas há algo mais na noção kantiana dos vícios privados que se anulam e, portanto, geram o bem comum: ainda podemos contar com esse mecanismo quando lidamos com o mal excessivo? Vejamos dois casos: Radovan Karadžić e Josef Fritzl.

Hegel sabia muito bem que o peso de um evento, dado por sua inscrição simbólica, "suprassume" a realidade imediata. Em sua *Filosofia da história**, ele faz uma caracterização maravilhosa da história de Tucídides da guerra do Peloponeso: "Na guerra do Peloponeso, a luta foi essencialmente entre Atenas e Esparta. Tucídides deixou a história da maior parte dela, e sua obra imortal é o ganho absoluto que a humanidade obteve com aquela disputa". Devemos ler essa avaliação em toda a sua inocência: de certa maneira, do ponto de vista da história mundial, a guerra do Peloponeso aconteceu para que Tucídides pudesse escrever um livro sobre ela. Aqui, a palavra "absoluto" também deve receber todo o seu peso: do ponto de vista relativo de nossos interesses humanos finitos, é claro que as muitas tragédias reais da guerra do Peloponeso (sofrimento, devastação) são infinitamente mais importantes do que um livro, mas, do ponto de vista do absoluto, o que importa é o livro.

Essa é a pergunta que devemos fazer quando falamos de Radovan Karadžić como poeta: por qual poema ele cometeu chacinas? Segundo a mídia sérvia, Karadžić (disfarçado de Dabić) costumava frequentar um bar onde a antiga poesia sérvia era regularmente recitada, com acompanhamento de *gusle* (instrumento musical tradicional de corda única que Karadžić tocava bem), e em cujas paredes eram orgulhosamente expostas fotos dele mesmo (como Karadžić

---

[45] Mesmo no marxismo stalinista, que, em oposição a Marx, usa a palavra "ideologia" em sentido positivo, a ideologia se opõe à ciência: em primeiro lugar, os marxistas analisam a sociedade de maneira neutra e científica; em segundo lugar, para mobilizar as massas, traduzem suas ideias em "ideologia". Temos apenas de acrescentar que essa "ciência marxista" oposta à ideologia é ideologia em seu aspecto mais puro.

* Brasília, UnB, 1995. (N. E.)

e de Ratko Mladić. Certa vez, ele recitou um poema épico sobre ele mesmo: Karadžić já se via como o herói de um poema épico que seria cantado por distantes gerações futuras. Ficamos tentados a dizer que milhares de pessoas tiveram de morrer e sofrer uma imensa dor para que um futuro poema épico sobre a guerra pudesse ser composto.

E, por mais blasfemo que pareça, temos vontade de dizer que o mesmo se aplica à realidade subterrânea da Áustria, da qual tivemos um vislumbre no caso de Josef Fritzl*: a obra de Elfriede Jelinek é "o ganho absoluto que a humanidade teve" com aquele crime medonho. Durante décadas, Jelinek descreveu sem nenhuma concessão a violência de homens contra mulheres em todas as suas modalidades, inclusive a cumplicidade libidinal das próprias mulheres em sua vitimação. Sem misericórdia, ela trouxe à luz as fantasias obscenas que se escondiam por trás da respeitabilidade centro-europeia, fantasias que rastejaram até o espaço público no caso Fritzl, que tem a "irrealidade de um conto 'mau' de fadas"[46]. Não admira que há décadas Jelinek seja um espinho no pé dos conservadores austríacos, que a consideram uma mulher degenerada, que publica suas fantasias depravadas: durante uma campanha eleitoral, o Partido da Liberdade de Jörg Haider exibiu cartazes com uma única pergunta: "Jelinek oder Kultur?" – vocês querem Jelinek ou cultura de verdade? A resposta é clara: o verdadeiro enunciado é "Jelinek oder das Unbehagen in der Kultur" ["Jelinek ou o desconforto na cultura"]. Jelinek representa o descontentamento obsceno que reside no próprio núcleo de nossa cultura; nesse aspecto, sua obra é semelhante à de Rammstein no rock.

É claro que há uma diferença óbvia entre Tucídides e Jelinek: Tucídides veio depois e escreveu a história da guerra, enquanto Jelinek é mais do que contemporânea: ela praticamente escreveu uma história do futuro, vendo no presente o potencial dos horrores vindouros. Essa inversão temporal – a descrição simbólica precede o fato que ela descreve, a história como "estória" precede a história como um processo na realidade – é uma indicação de nossa modernidade tardia, na qual o real da história assume o caráter de um trauma.

Quando pensamos conhecer realmente um parente ou amigo íntimo, é comum acontecer de essa pessoa íntima fazer de repente alguma coisa – uma observação inesperadamente vulgar ou cruel, um gesto obsceno, um olhar frio e indiferente, quando se esperava compaixão – que nos leva a perceber que, na verdade, não a conhecemos; tomamos consciência subitamente de que, diante de

---

* Josef Fritzl, nascido em 1935, manteve a filha Elisabeth em cárcere privado e a estuprou repetidas vezes de 1984 a 2008. Dos sete filhos assim gerados, um morreu logo depois de nascido, três foram criados no cárcere por Elizabeth e os outros três por Fritzl e pela esposa. Quando libertada pela polícia, Elisabeth tinha 42 anos. Fritzl foi julgado e condenado à prisão perpétua. (N. T.)
[46] Nicholas Spice, "Up from the Cellar", *Londres Review of Books*, 5 jun. 2008, p. 3.

nós, está um total desconhecido. Nesse momento, o semelhante se transforma em próximo. Foi o que aconteceu de forma devastadora no caso de Josef Fritzl: de camarada gentil e bem-educado, transformou-se de repente num próximo monstruoso – para grande surpresa dos que tinham contato diário com ele e simplesmente não conseguiram acreditar que se tratasse da mesma pessoa. Josef Fritzl, *mon prochain*...

A ideia do "pai primordial" (*Urvater*) que Freud desenvolveu em *Totem e tabu** costuma ser considerada ridícula – e com razão, se a tomarmos como uma hipótese antropológica realista que afirma que, na aurora da humanidade, os "homens-macaco" viviam em grupos dominados por um pai todo-poderoso, que reservava todas as mulheres para seu (ab)uso sexual exclusivo e que, depois que os filhos se reuniram e se revoltaram, matando-o, voltou para assombrá-los como figura totêmica de autoridade simbólica, dando origem a sentimentos de culpa e impondo a proibição do incesto. Mas e se a dualidade do pai "normal" e do pai primordial com acesso ilimitado ao gozo incestuoso fosse lida não como um fato do princípio da história da humanidade, mas como um fato libidinal, da "realidade psíquica", que acompanha como sombra obscena a autoridade paterna "normal" que prospera nas profundezas obscuras das fantasias inconscientes? Esse subterrâneo obsceno é perceptível em seus efeitos (em mitos, sonhos, lapsos, sintomas e, às vezes, ele impõe sua realização perversa direta; aliás, Freud observou que os pervertidos realizam o que histéricos apenas fantasiam): como já foi observado, a própria arquitetura da casa de Fritzl – o térreo e o andar superior "normais" são sustentados (literal e libidinalmente) pelo espaço subterrâneo fechado e sem janelas de dominação total e *jouissance* ilimitada – não materializa o espaço familiar "normal" intensificado pelo domínio secreto do "pai primordial" obsceno? Fritzl criou a própria utopia no porão de sua casa, um paraíso particular em que, como contou ao advogado, passava horas sem fim assistindo à TV e brincando com os filhos menores, enquanto Elisabeth preparava o jantar. Nesse espaço fechado, até a linguagem falada pelos habitantes não era o vernáculo comum, mas um tipo de linguagem privada: dizem que os dois filhos Stefan e Felix se comunicam num dialeto estranho, em que alguns sons "parecem de animais".

O caso de Fritzl valida o trocadilho de Lacan entre perversão e *père-version*, uma versão do pai. Não é fundamental notar que o apartamento subterrâneo materializa uma fantasia ideológico-libidinal muito precisa, uma versão extrema do prazer-dominação-pai? Um dos lemas de Maio de 1968 era "todo poder à imaginação"; nesse sentido, Fritzl também é um filho de 1968 que realizou impiedosamente sua fanta-

---

* Rio de Janeiro, Imago, 2005. (N. E.)

sia. Por isso, é enganoso, e até absolutamente errado, chamar Fritzl de "inumano"; no mínimo, para usar o título de Nietzsche, ele poderia ser chamado de "humano, demasiado humano". Não admira que Fritzl se queixasse de que sua vida foi "arruinada" pela descoberta de sua família secreta. O que torna seu reinado tão medonho é justamente que seu exercício de poder e seu *usufruit* da filha não eram apenas um ato frio de exploração, mas eram acompanhados de uma justificativa ideológico-familiar (ele fez o que todo pai deveria fazer, proteger os filhos das drogas e de outros perigos do mundo), além de demonstrações ocasionais de compaixão e consideração (ele levou a filha doente ao hospital, por exemplo). Esses atos não foram brechas de humanidade calorosa numa armadura de frieza e crueldade, mas partes da mesma atitude protetora que o levou a prender e violentar seus filhos.

Fritzl afirmou que havia notado que Elisabeth queria fugir de casa – ela voltava tarde, estava procurando emprego, tinha namorado, talvez usasse drogas, e ele queria protegê-la disso. Aqui, os contornos da estratégia obsessiva são claramente reconhecíveis: eu a protegerei dos perigos do mundo, mesmo que isso signifique destruí-la. Segundo a mídia, Fritzl se defendeu: "Se não fosse por mim, Kerstin não estaria viva hoje. Não sou nenhum monstro. Eu poderia ter matado todos. E não haveria vestígios. Ninguém me descobriria". O fundamental aqui é a premissa subjacente: como pai, ele tinha o direito de exercer poder total sobre os filhos, inclusive o *usufruit* sexual e a morte; graças a sua bondade, ele demonstrou certa consideração e não exerceu totalmente seu poder. E, como qualquer psicanalista pode confirmar, é comum encontrarmos vestígios de atitudes desse gênero até nos pais mais "normais" e carinhosos: de repente, o pai bondoso explode numa coisa-pai, convencido de que os filhos lhe devem tudo, a própria existência, que eles são seus devedores absolutos, que seu poder sobre eles é ilimitado e que tem o direito de fazer o que quiser para cuidar deles.

É claro que a explicação "psicológica" do próprio Fritzl (de que Elisabeth lembrava sua mãe, uma matriarca tirana) é um exemplo ridículo de imitação do jargão freudiano pelo senso comum. Devemos tomar cuidado para não cair nem na armadilha da culpa da autoridade patriarcal como tal, que vê na monstruosidade de Fritzl a derradeira consequência da lei paterna, nem na armadilha oposta, que culpa a desintegração da lei paterna. Essa atitude não é nem um componente da autoridade paterna "normal" (a medida de seu sucesso é exatamente a capacidade de libertar o filho, de deixá-lo sair para o mundo) nem um sinal de seu fracasso (no sentido de que o vácuo da autoridade paterna "normal" é complementado, preenchido, pela figura feroz do "pai primordial" todo-poderoso), mas ambos ao mesmo tempo: uma dimensão que, em circunstâncias "normais", permanece virtual foi concretizada no caso de Fritzl.

Os que tentam culpar o caráter austríaco cometem o mesmo erro ideológico dos que sonham com uma "modernidade alternativa" para a modernidade capitalista-

-liberal predominante: ao atribuir a culpa às circunstâncias contingentes particulares dos austríacos, eles querem manter a paternidade como tal sem culpa e inocente, isto é, recusam-se a ver o potencial de tais atos na própria noção de autoridade paterna. Aliás, é bastante cômico ver analistas atribuindo a culpa do caso Fritzl ao senso de ordem e aparência dos austríacos, à tendência a fechar os olhos e se recusar a prestar atenção, mesmo quando podem ver que obviamente alguma coisa está errada, e ao mesmo tempo insinuando o sombrio passado nazista da Áustria. Em geral, o nazismo não é associado à atitude oposta, isto é, à espionagem "totalitária" dos vizinhos para detectar atividades subversivas e denunciá-las à polícia[47]?

É claro que isso não significa que devemos rejeitar o debate sobre o caráter "austríaco" do crime de Fritzl: é preciso ter consciência apenas de que, em cada cultura específica, a violência excessiva do "pai primordial" assume certas características fantasmáticas. Em relação à Áustria, em vez da tola tentativa de jogar a culpa do crime terrível de Josef no passado nazista do país ou no senso excessivo de ordem e respeitabilidade, devemos associar a figura de Fritzl a um mito austríaco bem mais respeitado, o da família Von Trapp, imortalizado em *A noviça rebelde*: uma família que mora num castelo isolado, sob a benévola autoridade militar do pai, que protege os seus do mal nazista externo, e na qual as gerações são estranhamente misturadas (irmã Maria, assim como Elisabeth, é de uma geração intermediária entre pai e filhos). Aqui, o aspecto *kitsch* é relevante: *A noviça rebelde* é o fenômeno *kitsch* supremo, e o que Fritzl criou no porão de sua casa também exibe características de realização de uma vida familiar *kitsch*: a família feliz à espera do jantar, o pai assistindo à TV com os filhos e a mãe preparando a comida. No entanto, não devemos esquecer que as imagens *kitsch* de que se trata aqui não são austríacas, mas hollywoodianas e, mais em geral, da cultura popular ocidental: a Áustria de *A noviça rebelde* não é a Áustria dos austríacos, mas a imagem mítica hollywoodiana da Áustria. O paradoxo é que, nas últimas décadas, os próprios austríacos parecem ter começado a "representar os austríacos", a se identificar com a imagem hollywoodiana de seu próprio país.

Podemos estender esse paralelo para incluir a versão de Fritzl de algumas cenas famosas de *A noviça rebelde*. Podemos imaginar as crianças assustadas em volta da mãe Elisabeth, com medo da chegada iminente do pai, e a mãe tentando acalmá-los com uma canção sobre suas coisas favoritas, desde os brinquedos trazidos pelo pai até o programa de TV de que mais gostavam. E que tal uma festa

---

[47] É claro que fechar os olhos para o que não se quer ver fazia parte do universo nazista, mas num nível diferente: fingir não saber dos crimes horríveis cometidos pelo Estado, como o assassinato de judeus. O que é necessário aqui é uma análise mais precisa dos diferentes tipos de fingir não ver: não podemos pôr na mesma categoria a atitude de fingir não saber do Holocausto e a delicadeza básica de fingir não notar que o outro está com uma aparência horrível ou, sem querer, cometeu uma gafe.

no andar de cima da mansão Fritzl para a qual as crianças do subterrâneo fossem convidadas e, quando chegasse a hora de ir para a cama, elas cantassem para os convidados reunidos a canção obscena "Aufwiedersehen, Goodbye" e saíssem em fila. Mas, na casa dos Fritzl, seria o porão e não as colinas, como diz a letra, que ganharia vida ao som da música.

Por mais ridículo que seja *A noviça rebelde*, por mais que seja um dos piores exemplos do *kitsch* hollywoodiano, é preciso levar a sério a profundidade sagrada do universo do filme, sem a qual seu sucesso extraordinário é inexplicável: o poder do filme reside em sua representação obscenamente direta de fantasias íntimas embaraçosas. A narrativa gira em torno do problema apresentado pelo coro das freiras na primeira cena: "Como resolver um problema como Maria?". A solução proposta é aquela mencionada por Freud numa anedota: "Penis normalis, zwei mal taeglich..." ["*Penis normalis*, duas vezes por dia..."]. Devemos recordar aqui a cena mais forte de *A noviça rebelde*: depois que foge da família Von Trapp e volta para o convento, incapaz de lidar com a atração sexual que sente pelo barão Von Trapp, Maria não consegue encontrar a paz, porque ainda deseja o barão. Numa cena memorável, a madre superiora chama Maria e a aconselha a voltar para a família Von Trapp para tentar resolver sua relação com o barão. Ela transmite a mensagem com uma estranha canção, "Climb every mountain!" ["Escale todas as montanhas!"], cujo tema é: "Faça! Corra o risco e experimente tudo que seu coração desejar! Não deixe que considerações mesquinhas a atrapalhem!". O estranho poder dessa cena reside na exibição inesperada do espetáculo do desejo, um *eros energumenes* que torna a cena literalmente *embaraçosa*: aquela de quem se esperaria que pregasse a renúncia e a abstinência torna-se o agente da fidelidade ao desejo. Em outras palavras, a madre superiora é uma imagem do superego, mas no sentido de Lacan, para quem a verdadeira injunção do superego é "Goze!". Seguindo essa linha, podemos imaginar Josef Fritzl visitando um padre, confessando seu desejo apaixonado de prender a filha e estuprá-la, e o padre respondendo: "Escale todas as montanhas...". (Ou, bem mais próximo dos fatos, um jovem padre confessando ao seu superior a luxúria pedófila e recebendo como resposta a mesma: "Escale todas as montanhas"...)

A principal cena fantasmática do filme é aquela em que as crianças e Maria voltam sujas e molhadas da viagem a Salzburg e o barão, zangado, representa primeiro o pai disciplinador, que trata friamente as crianças e repreende Maria, mas depois, quando volta para casa e as ouve cantar em coro "The hills are alive" ["As colinas estão vivas"], ele cede e mostra sua natureza gentil: começa a cantarolar a música e depois se junta aos filhos; no fim, todos se abraçam, pai e filhos se unem. Então as ordens e os rituais de disciplina ridículos e teatrais do pai aparecem como são: uma máscara do próprio oposto, um coração brando e gentil. Mas o que isso tem a ver com Fritzl? Fritzl não era um disciplinador fanático e assustador, sem nenhuma brandura no coração? Isso não é exatamente verdade: o poder de Fritzl foi usado para realizar seu sonho, mas ele não era um disciplinador frio; ao contrário, ele era alguém que se tornou vivo demais com o som da música e que queria realizar seu sonho num espaço próprio e privado.

Nos últimos anos do regime comunista na Romênia, um jornalista estrangeiro perguntou a Nicolae Ceaușescu como ele justificava as restrições aos cidadãos romenos para viajar ao exterior – não eram uma violação dos direitos humanos? Ceaușescu respondeu que essas restrições serviam para proteger um direito humano ainda mais nobre e importante: o direito a uma pátria segura, que seria ameaçado se as viagens fossem liberadas. Seu raciocínio aqui não é semelhante ao de Fritzl, que também protegeu o direito "mais fundamental" dos filhos a um lar seguro, onde ficariam resguardados dos perigos do mundo? Ou, nas palavras de Peter Sloterdijk, Fritzl protegeu o direito dos filhos de viver numa esfera fechada e segura — enquanto reservava para si, é claro, o direito de transgredir as barreiras, inclusive fazendo turismo sexual em hotéis da Tailândia, a própria personificação do perigo do qual queria proteger os filhos. Lembramos que Ceaușescu também se via como uma carinhosa autoridade paternal, um pai que protegia a nação da decadência estrangeira; como em todos os regimes autoritários, a relação básica entre o governante e os súditos também era de amor incondicional. Além disso, tentando cuidar de seu lar, a cidade de Bucareste, Ceaușescu fez uma proposta que lembra estranhamente a arquitetura da casa de Fritzl: para resolver o problema de um rio poluído que corta a cidade, ele queria escavar por baixo dele *outro* canal subterrâneo, para o qual todo o lixo seria dirigido; desse modo, haveria dois rios: um rio profundo, com toda a poluição da cidade, e um de superfície, para que os felizes cidadãos o desfrutassem.

O ubuísmo do poder

O fato de eventos como o de Fritzl em suas diversas variações (inclusive a pedofilia na Igreja) estarem proliferando não indica um processo que só podemos designar à moda antiga como "apocalipse moral"? O que Badiou quis dizer quando afirmou em resposta a um jornalista que um dos problemas dos dias de hoje é haver liberdade demais? Talvez um exemplo extremo daquilo a que ele se referia seja o vazio moral retratado no documentário *Freemen: When Killers Make Movies* [Homens livres: quando assassinos fazem filmes][48], filmado em 2007 em Medan, na Indonésia. O documentário conta um caso de obscenidade que atinge proporções extremas: um filme, feito por Anwar Congo e seus amigos, que hoje são políticos respeitados, mas já foram bandidos e líderes de um esquadrão da morte e tiveram

---

[48] Final Cut Film Production, direção de Joshua Oppenheimer e Christine Cynn, Copenhague, 2009.

papel fundamental na morte de 2,5 milhões de supostos simpatizantes comunistas, a maioria de etnia chinesa, ocorrido em 1966. *Freemen* fala de "assassinos que venceram e o tipo de sociedade que construíram". Depois de vencer, eles não relegaram seus crimes à condição de "segredo sujo", de crime fundador cujos vestígios têm de ser apagados; ao contrário, eles se gabam dos detalhes dos massacres (como estrangular uma vítima com arame, cortar uma garganta ou estuprar uma mulher do modo mais prazeroso). Em outubro de 2007, a TV estatal indonésia apresentou um programa de entrevistas para elogiar Anwar e seus amigos; no meio do programa, depois de Anwar dizer que os assassinatos se inspiraram nos filmes de gângsteres, a sorridente apresentadora vira-se para as câmeras e diz: "Extraordinário! Vamos dar uma salva de palmas a Anwar Congo!". E pergunta a Anwar se teme a vingança dos parentes das vítimas. Ele responde: "Não podem. Se levantarem a cabeça, acabamos com eles!". Seu escudeiro acrescenta: "Exterminaremos todos eles!", e a plateia do estúdio explode em salvas exuberantes. É preciso ver para crer que é possível. Mas o que torna *Freemen* extraordinário é o nível de reflexividade entre documentário e ficção: de certo modo, o filme é um documentário sobre os efeitos reais de viver uma ficção:

> Para explorar a espantosa fanfarronice dos assassinos e testar os limites do orgulho que sentiam, começamos com um retrato documental e reencenações simples dos massacres. Mas quando percebemos o tipo de filme que Anwar e seus amigos queriam fazer sobre o genocídio, as reencenações se tornaram mais elaboradas. Então demos a eles a oportunidade de dramatizar os homicídios, usando o gênero que preferissem (filme de faroeste, gângsteres, musical). Isto é, demos a eles a oportunidade de roteirizar, dirigir e estrelar as cenas *que eles tinham na cabeça quando estavam matando*.[49]

Eles chegaram aos limites do "orgulho" dos assassinos? Mal tocaram nele quando propuseram a Anwar representar uma das vítimas de suas torturas: quando enrolaram um arame em seu pescoço, ele interrompe a encenação e diz: "Perdoem-me tudo que fiz". Mas isso é apenas um lapso, que não levou a crises de consciência mais profundas – seu orgulho heroico volta imediatamente a assumir o controle. É provável que a tela protetora que impediu uma crise moral mais profunda tenha sido a própria tela de cinema: como em seus homicídios e torturas reais, eles experimentaram essa atividade como uma encenação de seus modelos cinematográficos, o que lhes permitiu experimentar a própria realidade como ficção. Como grandes admiradores de Hollywood que eram (eles começaram a carreira como gerentes e controladores de cambistas em portas de cinema), representaram papéis em seus massacres, imitando um gângster, um caubói ou mesmo um dançarino de musicais hollywoodianos.

---

[49] Citado no material de divulgação da Final Cut Film Production.

Aqui entra o "grande Outro", não só com o fato de que os assassinos usaram o imaginário cinematográfico como modelo para seus crimes, mas também, e acima de tudo, com o fato muito mais importante do vácuo moral da sociedade: de que tipo de textura simbólica (o conjunto de regras que estabelece o limite entre o que é e o que não é publicamente aceitável) a sociedade deve se compor se até o mínimo de vergonha pública (que impeliria os criminosos a tratar seus atos como um "segredo sujo") é suspenso e a orgia monstruosa da tortura e da morte pode ser comemorada em público até décadas depois de ocorrer, não como um crime extraordinário e necessário para o bem público, mas como uma atividade prazerosa, aceitável e comum? É claro que a armadilha que devemos evitar aqui é jogar a culpa em Hollywood ou no "primitivismo ético" da Indonésia. O ponto de partida deveria ser o efeito deslocador da globalização capitalista, que, ao minar a "eficácia simbólica" das estruturas éticas tradicionais, cria esse vácuo moral.

Uma olhada na Itália de Berlusconi pode ser instrutiva nesse caso. É claro que estamos muito distante dos homens livres da Indonésia, mas os primeiros passos em sua direção já foram dados: exibição pública de obscenidades privadas, confissões indecentes em programas de TV, mistura descarada de política com interesses particulares, tudo isso cria aos poucos um perigoso vácuo moral. Em 4 de setembro de 2009, o advogado de Berlusconi, Niccolò Ghedini, disse que seu cliente "está disposto a ir aos tribunais para explicar que não só ele não é tarado, como também não é impotente"[50] – um passo adiante na obscenidade pública. Não dá calafrios imaginar como exatamente Berlusconi "explicaria" sua potência[51]? Vai longe o tempo em que a direita se distinguia pelos modos rígidos e altivos e a esquerda tinha ataques "vulgares"; hoje, a direita é cada vez mais vulgar e a tarefa (ou uma das tarefas) da esquerda talvez seja restaurar a decência dos bons modos. (E a França não vem logo atrás? Também não há um lado palhaço e berlusconiano em Sarkozy?)

O atual "ubuísmo" do poder (a palavra foi cunhada por Foucault, em referência a *Ubu Rei**, de Alfred Jarry, para caracterizar a obscena/louca soberania de um poder decadente) destaca-se de modo absolutamente contrastante dos dois "totalitarismos" do século XX, o fascismo e o stalinismo, que insistiam ambos na dignidade intocável da cúpula do poder: no regime stalinista, obcecado pelas aparências, era inimaginável zombar do líder ou o líder fazer pouco dele mesmo e de sua grande missão; se isso

---

[50] Disponível em: <http://www.telegraph.co.uk/news/worldnews/europe/italy/6143841/Berlusconi-to-give-evidence-in-court-against-impotency-claims.html>. [Acesso em 25 maio 2012.]
[51] Suspeitamos que, na exibição pública de sua potência, Berlusconi recorra ao antigo *topos* mítico pagão do vínculo entre a potência do rei e a saúde e a prosperidade do país: a virilidade do rei é a base da prosperidade da nação. Enquanto o Rei Pescador permanece incapacitado por causa de um ferimento, o país é atingido por pragas e outros desastres...
* São Paulo, Peixoto Neto, 2007. (N. E.)

acontecesse, seria vivido como uma catástrofe, haveria pânico. No poder "ubuizado" de hoje, o impossível se torna possível: esse tipo de zombaria de si mesmo ocorre a todo instante, enquanto o poder continua a funcionar como sempre.

A tarefa é recuperar a civilidade, não uma nova substância ética. Civilidade não é o mesmo que costumes (no sentido de *Sittlichkeit*, "mores", isto é, a base ética substancial de nossa atividade, com a qual podemos contar); ao contrário, a civilidade, para usarmos termos um tanto simplificados, *complementa a falta ou o colapso da substância dos costumes*. A civilidade substitui os costumes (ou melhor, o que resta dos costumes) depois da queda do grande Outro: ela assume o papel principal quando os sujeitos encontram um vazio de ética substancial, isto é, quando se veem em situações difíceis, que não podem ser resolvidas com base na substância ética existente. Nessas situações, devemos improvisar e inventar novas regras *ad hoc*, mas, para sermos capazes disso, para termos a nossa disposição o espaço intersubjetivo no qual, por meio de uma interação complexa, possamos concordar com uma solução, essa interação tem de ser regulada por um mínimo de civilidade – quanto menos fundo ético, substancial e "profundo", mais necessária é a civilidade "superficial".

Nessa mesma linha, não se deve desprezar, mas antes *respeitar* a rejeição das provocações artísticas da vanguarda elitista (que, de qualquer modo, hoje estão totalmente integradas à dinâmica do mercado de arte) pelas classes baixas. A retrospectiva "Andres Serrano: Obras 1983-93", no Novo Museu de Arte Contemporânea, em Nova York, causou escândalo: a fotografia "Piss Christ", que mostra um crucifixo mergulhado em urina, transformou a exposição num debate entre os congressistas para discutir se o Congresso deveria patrocinar artistas (como Serrano, grande beneficiário de patrocínios) cuja obra debocha dos padrões de decência que supostamente são comuns entre os contribuintes. Como era de esperar, os liberais de esquerda reagiram ao ataque. A defesa típica aparece na nota que Michael Benson publicou no *New York Times*:

> Como Robert Mapplethorpe, o sr. Serrano combate as inibições relativas ao corpo humano. O uso que ele faz dos fluidos corporais não pretende provocar nojo, mas desafiar a noção de nojo quando se trata do corpo humano. Podemos interpretar o uso de fluidos corporais no trabalho do sr. Serrano como pura provocação. Mas também podemos crer que o sr. Serrano vê esses fluidos como uma forma de purificação. Eles nos fazem olhar as imagens com mais atenção e refletir sobre a doutrina religiosa fundamental a respeito da matéria e do espírito.[52]

O problema dessa defesa é que ela funciona bem demais: sua lógica cobre quase tudo. Digamos que eu lançasse um vídeo que mostrasse em detalhes como eu de-

---

[52] "Andres Serrano: Provocation And Spirituality", *Review/Art, New York Times*, 8/12/1989.

feco, como o orifício anal se alarga aos poucos e o cilindro excrementício cai, e que mostrasse ao mesmo tempo a expressão estupidamente satisfeita/relaxada do meu rosto quando o excremento sai; alguém poderia dizer que "o sr. Žižek combate as inibições relativas ao corpo humano. O uso que ele faz dos excrementos corporais não pretende provocar nojo, mas desafiar a noção de nojo quando se trata do corpo humano. Podemos interpretar o uso de excrementos corporais no trabalho do sr. Žižek como pura provocação. Mas também podemos crer que o sr. Žižek vê esses excrementos como uma forma de purificação – o corpo se purifica com a expulsão dos excrementos. Eles nos fazem olhar as imagens com mais atenção e refletir sobre a doutrina religiosa fundamental a respeito da matéria e do espírito". Talvez – apenas talvez – Chávez estivesse certo quando proibiu que a TV venezuelana passasse certos seriados norte-americanos considerados moralmente problemáticos.

Na década de 1960, quando a Pepsi-Cola Company lançou a Pepsi Diet, a música que acompanhava o comercial do Super Bowl XL terminava com o refrão: "Marrom e borbulhante". Não admira que tenha sido tirado do ar: o comercial provocou associações imediatas com diarreia. Como a agência de publicidade não se deu conta dessa associação óbvia? Eles eram cegos a esse ponto ou – alternativa paranoica – acharam que a associação anal satisfaria os anseios coprofágicos secretos do público? Num futuro não muito distante, haverá referências diretas e de mau gosto aos excrementos – digamos, no mesmo anúncio de Pepsi, mas dessa vez ele será *não* retirado do ar.

O que falta ao liberalismo é o que, de acordo com Marx, podemos chamar de "base" de liberdade. No entanto, essa consciência da necessidade de uma "base" de liberdade não deve nos levar a confiar na substância ética tradicional da "decência comum": diante dos atuais desafios ecológicos, biogenéticos e outros, o campo dos costumes "orgânicos" tradicionais *perdeu* literalmente *a substância* – não podemos mais confiar nele como o fundo "espontâneo" e impenetrável do mundo-vida que permitirá certo "mapeamento ético", tornando-nos capazes de encontrar o caminho nos complexos problemas de hoje. Como funciona então o espaço político público num universo tão dessubstanciado?

Devemos recordar aqui a distinção psicanalítica entre *encenação* e *passage à l'acte*: a encenação é um espetáculo que se dirige à figura do grande Outro, deixando-o imperturbável em seu lugar; já a *passage à l'acte* é uma explosão violenta que destrói o próprio elo simbólico. Essa não é a nossa situação hoje? As grandes manifestações contra o ataque dos Estados Unidos ao Iraque alguns anos atrás são um caso exemplar de uma estranha relação simbiótica e até de parasitismo entre poder e manifestantes. O resultado paradoxal foi que ambos os lados ficaram satisfeitos. Os manifestantes salvaram sua bela alma: deixaram claro que não concordavam com a política do governo para o Iraque. Os que estavam no poder aceitaram tudo calmamente e até lucraram com os protestos: não só os manifestantes não impediram a decisão que já havia sido tomada de atacar o Iraque, como, paradoxalmente, deram ao ataque uma legitimidade adicional, muito bem descrita pelo próprio George Bush, cuja reação às manifestações contra sua presença em Londres foi: "Estão vendo, é por isso que estamos lutando: o que essas pessoas estão fazendo aqui, protestando contra a política do governo, também será possível no Iraque!".

Portanto, a exaltação do movimento pan-europeu contra a guerra no Iraque por pessoas como Habermas foi um tanto deslocada e superficial: o caso todo foi um exemplo de encenação totalmente cooptada – e nossa tragédia é que as explosões violentas parecem ser a única alternativa, como os carros incendiados nos subúrbios franceses alguns anos atrás: *l'action directe*, como uma das organizações terroristas de esquerda do pós-1968 se intitulava. O que necessitamos é do ato propriamente dito: uma intervenção simbólica que mine o grande Outro (o elo social hegemônico) e rearranje suas coordenadas.

2
Raiva: a realidade do político-teológico

O judeu está dentro de ti, mas tu, tu estás no judeu.

O status fantasmático do antissemitismo é designado claramente pela declaração atribuída a Hitler: "Temos de matar o judeu dentro de nós". Comentário pertinente de A. B. Yehoshua:

> Esse retrato devastador do judeu como uma espécie de entidade amorfa, que pode invadir a identidade do não judeu sem que este seja capaz de perceber ou controlar isso, nasce da sensação de que a identidade judaica é extremamente flexível, exatamente por ser estruturada como um átomo cujo núcleo é cercado de elétrons virtuais numa órbita mutável.[1]

Nesse sentido, os judeus são de fato o *objet petit a* dos gentios: o que existe "nos gentios mais do que os próprios gentios" não é outro sujeito que encontro diante de mim, mas um alienígena, um intruso *dentro de mim*, que Lacan chamou de *lamela*, o intruso amorfo com plasticidade infinita, um monstro "alienígena" não morto que não pode jamais ser obrigado a assumir uma forma determinada. Nesse sentido, a declaração de Hitler diz mais do que pretende: contra suas intenções, confirma que os gentios precisam do personagem antissemita do "judeu" para manter a própria identidade[2]. Portanto, não é apenas que "o judeu está dentro de

---

[1] A. B. Yehoshua, "An Attempt to Identify the Root Cause of Antisemitism", *Azure*, n. 32, 2008. Disponível em: <http://www.azure.org.il/article.php?id=18&page=all>. [Acesso em 25 maio 2012.]

[2] Uma pergunta tabu deve ser feita: o que significa a fixação dos países árabes e das comunidades muçulmanas de todo o mundo com o Estado de Israel? Ela não pode ser explicada em termos de ameaça real às nações árabes (afinal de contas, Israel ocupa um território minúsculo), sendo assim seu papel é obviamente sintomático: quando forças tão díspares como a absolutamente corrupta monarquia saudita e os movimentos populistas contra o *establishment* concentram-se no mesmo inimigo, um intruso, isso não é prova de uma estratégia para evitar o verdadeiro antagonismo interno? (De fato, os judeus funcionam como sintoma dos árabes, isto é, como personificação da recusa de enfrentar

nós" – o que Hitler se esqueceu fatidicamente de acrescentar é que *ele, o antissemita, sua identidade, também está no judeu*[3]. O que significa esse entrelaçamento paradoxal para o destino do antissemitismo?

Um sinal perturbador do fracasso de certos elementos da esquerda radical é seu mal-estar em condenar o antissemitismo de modo inequívoco, como se, ao fazer isso, desse vantagem aos sionistas. Não deveria haver concessões nesse caso: o antissemitismo não é apenas uma ideologia entre muitas, mas é ideologia como tal, *kat'exohen*. Ele encarna o nível zero (ou forma pura) da ideologia e fornece suas coordenadas elementares: o antagonismo social ("luta de classes") é mistificado/deslocado para que a causa se projete no intruso. A fórmula de Lacan "1 + 1 + a" é mais bem exemplificada pela luta de classes: as duas classes, mais o excesso do "judeu", o *objeto a*, o complemento do par antagônico. A função desse elemento complementar é dupla: é uma negação fetichista do antagonismo de classe, mas, precisamente como tal, representa esse antagonismo e impede para sempre a "paz entre as classes". Em outras palavras, se tivéssemos apenas as duas classes, apenas 1 + 1, sem o complemento, não teríamos antagonismo de classes "puro", mas, ao contrário, paz entre as classes: duas classes que se completam num todo harmonioso. O paradoxo então é que o próprio elemento que esconde/desloca a "pureza" da luta de classes é sua força motivadora. Os críticos do marxismo que ressaltam que nunca há apenas duas classes opostas na vida social esquecem-se da questão principal: *justamente porque nunca há apenas duas classes opostas é que há luta de classes*. Essa complicação explica o paradoxo da luta de classes que serve para ofuscá-la. Walter Benn Michaels observou com uma clareza brutal:

> a resposta à pergunta "Por que os liberais norte-americanos continuam a falar de racismo e sexismo quando deveriam falar de capitalismo?" é óbvia: eles falam de racismo e sexismo para evitar falar de capitalismo – seja porque acreditam sinceramente que a desigualdade é boa, desde que não seja por discriminação (e nesse caso eles seriam neoliberais de direita), seja porque acreditam que combater a desigualdade racial e sexual é ao menos um passo na direção da igualdade real (e nesse caso eles seriam neoliberais de esquerda). Dadas essas opções, talvez os neoliberais de direita levem vantagem – a história econômica dos últimos trinta anos indica que elites diversificadas funcionam melhor do que as não diversificadas.[4]

Um partidário da teoria do discurso que enfatize a contingência radical faria a seguinte pergunta: "A diferença entre o significado 'apropriado' do antirracismo

---

o impasse imanente de sua própria sociedade, a corrupção, a incapacidade de lidar com o choque de modernidade. Quanto aos israelenses, sua situação é, em última análise, a de colonizadores: não há nada de excepcional em seus apuros na Palestina.)

[3] É claro que parafraseio aqui a famosa afirmação de Lacan: "A imagem está em meu olho, mas eu estou na imagem".
[4] Walter Benn Michaels, "Against Diversity", *New Left Review*, n. 52, p. 36.

e sua torção ideológica não é problemática? Toda noção de luta antirracista não envolve certa torção como resultado da luta pela hegemonia? No caso do antirracismo, afirmar que o foco deveria ser os direitos jurídicos e a justiça econômica não é mais 'verdadeiro' do que privilegiar a tolerância – a diferença de foco apenas reflete um contexto diferente de lutas ideológicas...". A resposta é que há um erro inerente em concentrar a luta antirracista na tolerância, não porque ela não se encaixe em certo estado de coisas objetivo e preexistente, mas *porque, em sua própria estrutura discursiva, ela envolve a "repressão" de um discurso diferente ao qual ela continua a se referir.* Assim, quando nos dizem que os problemas que enfrentamos – no mundo desenvolvido ao menos – não são mais socioeconômicos, mas predominantemente ético-culturais (direito ao aborto, casamento gay etc.), não devemos esquecer que isso é em si o resultado da luta ideológica, da repressão pós-política da dimensão socioeconômica.

O preço que alguns membros da esquerda pagam por ignorar essa "complicação" da luta de classes é, entre outras coisas, a aceitação acrítica e demasiado superficial dos grupos muçulmanos antiamericanos e antiocidentais como forma "progressista" de luta, como aliados automáticos: de um dia para o outro, grupos como o Hamás e o Hezbolá aparecem como agentes revolucionários, embora sua ideologia seja explicitamente antimoderna e rejeite o legado igualitário da Revolução Francesa. (A situação chegou a tal ponto que, na esquerda contemporânea, alguns consideram a própria ênfase no ateísmo um complô ocidental anticolonialista.) Contra essa tentação, é preciso insistir no direito incondicional à análise crítica e pública de todas as religiões, inclusive do islamismo – e o mais triste é que seja preciso mencionar isso. Embora aceitem esse ponto, muitos esquerdistas logo acrescentarão que uma crítica desse tipo tem de ser feita de modo respeitoso para não ser condescendente com o imperialismo cultural – o que significa, de fato, que toda crítica real deve ser abandonada, já que a crítica da religião, por definição, "desrespeita" seu caráter sagrado e sua pretensão à verdade.

Em 2009, a comunidade gay holandesa voltou-se cada vez mais para os partidos nacionalistas anti-imigrantes. A razão era simples: os muçulmanos, um grupo imigrante forte e organizado, vociferava cada vez mais sua homofobia, chegando a cometer atos violentos. Como reagir a essa tensão? Quem apoiar? A linha de tolerância liberal-multiculturalista pura tem uma resposta clara: tolerância e simetria. É injusto exigir dos gays que se esforcem para convencer os outros (imigrantes muçulmanos) de que eles não são pessoas más: eles são o que são, ninguém deveria ser obrigado a justificar o que é. O primeiro passo, portanto, deveria ser dado pelos imigrantes muçulmanos: eles têm de aceitar a multiplicidade dos modos de vida (religioso, sexual...), isto é, eles têm de aceitar que a luta política propriamente dita não deveria se preocupar com modos de vida específicos. Além disso, há a assimetria óbvia: quando, em novembro de 2009, a Suíça decidiu por plebiscito proibir a construção de minaretes em seu território; a Turquia (juntamente com outros países muçulmanos) protestou com todo o vigor – houve conclamação a boicote de bancos suíços etc. Mas como se explica que a própria Turquia, país que se considera moderno e quer entrar para a União Europeia, proíba a construção de qualquer objeto sagrado, com exceção das mesquitas? Então que tal uma nova igreja católica na Turquia (e não apenas uma torre) ou, melhor ainda, não apenas uma igreja ou sinagoga, mas um centro de estudos ateus em Riad?

O que complica a simplicidade dessa posição é a lacuna subjacente no poder político e econômico: em última análise, a tensão é entre os gays holandeses de classe média alta e os imigrantes muçulmanos pobres e explorados. Em outras palavras, o que alimenta de fato a animosidade dos imigrantes muçulmanos contra os gays holandeses é também sua percepção dos gays como parte da elite privilegiada, que os explora e trata como excluídos. Portanto, nossa mensagem aos gays deveria ser: "O que vocês fizeram para ajudar socialmente os imigrantes? Vão lá, ajam como comunistas, organizem a luta com eles, trabalhem juntos!". A solução da tensão entre os gays holandeses e os imigrantes muçulmanos não é o entendimento e a tolerância multicultural, mas uma luta comum, em nome de uma universalidade que corta diagonalmente ambas as comunidades, dividindo cada uma delas contra si mesma, unindo os marginalizados/desprivilegiados de ambos os campos. Aconteceu algo desse tipo em 2009, na aldeia palestina de Bilin, na Cisjordânia, onde um grupo de lésbicas judias, com *piercings* nos lábios, tatuagens etc., ia toda semana até lá para se manifestar contra a divisão e a demolição da aldeia, cerrando fileiras com as conservadores palestinas e criando respeito mútuo. É em eventos desse tipo, por mais raros que sejam, que o conflito entre fundamentalistas e gays é exposto como é: uma pseudoluta, um conflito falso, que esconde a verdadeira questão.

A verdadeira luta gay não é travada na Holanda, mas em países árabes e outros, onde a homofobia é parte explícita da ideologia hegemônica: está ligada à luta contra a opressão das mulheres, aos "homicídios em nome da honra" etc. Ela deve ser travada pelo povo nativo, não por liberais ocidentais. A comunidade muçulmana europeia está diante de uma escolha difícil, que envolve sua posição paradoxal: a única força política que não os reduz a cidadãos de segunda classe e dá espaço para sua identidade religiosa são os liberais ateus "sem deus", as minorias sexuais etc., enquanto os que se aproximam mais de sua prática social religiosa, seu reflexo no espelho cristão, são seus maiores inimigos políticos.

Antissemitismo sionista

Uma das grandes ironias da história do antissemitismo é que os judeus podem representar os dois polos de uma oposição: são estigmatizados como classe tanto superior (comerciantes ricos) quanto inferior (imundos), intelectuais demais e mundanos demais (tarados), vagabundos e viciados em trabalho. Ora representam o apego obstinado a uma maneira de viver específica, que os impede de se tornar cidadãos plenos do Estado em que vivem, ora representam um cosmopolitismo universal, "sem teto" e sem raízes, indiferente a qualquer forma étnica em particular. O foco muda conforme as diferentes épocas históricas. Na época da Revolução Francesa, os judeus eram condenados por serem particularistas demais: continuavam agarrados a sua identidade e rejeitavam a possibilidade de se tornarem cidadãos abstratos como todo mundo. No fim do século XIX, com o surgimento do patriotismo imperialista, a acusação se inverteu: os judeus eram "cosmopolitas" demais e não tinham raízes.

A principal mudança na história do antissemitismo ocidental ocorreu com a emancipação política dos judeus (concessão de direitos civis), logo depois da Revolução Francesa. No início da modernidade, a pressão era para que os judeus se convertessem ao cristianismo, e o problema era: "Podemos confiar neles? Eles se converteram de verdade ou continuam a praticar seus rituais em segredo?". No entanto, no fim do século XIX houve uma mudança que culminou com o antissemitismo nazista: a conversão estava fora de questão, não significava mais nada. Para os nazistas, a culpa dos judeus está enraizada diretamente em sua constituição biológica: não é necessário provar que eles são culpados, porque eles são culpados apenas pelo fato de serem judeus. A solução é dada pelo súbito surgimento da imagem do "eterno judeu" errante no imaginário ideológico ocidental durante o romantismo, ou seja, exatamente quando, na vida real, o capitalismo explodiu e as características atribuídas aos judeus estenderam-se a toda a sociedade (já que a troca de mercadorias se tornou hegemônica). Portanto, no mesmo momento em que os judeus foram privados de suas propriedades específicas, tornou-se fácil distingui-los do resto da população, e quando a "questão judaica" foi "resolvida" no nível político pela emancipação formal dos judeus, pela concessão a eles dos mesmos direitos dos cidadãos cristãos "normais", sua "maldição" se introduziu em seu próprio ser – eles não eram mais avarentos e usurários ridículos, mas heróis demoníacos da danação eterna, perseguidos por uma culpa indeterminada e indizível, condenados a vaguear e ansiosos por encontrar a redenção na morte. Assim, foi exatamente quando a imagem específica do judeu desapareceu que surgiu o judeu *absoluto*, e essa transformação condicionou a passagem do antissemitismo da teologia para a raça: a danação dos judeus era sua raça, eles não eram culpados pelo que haviam feito (exploraram os cristãos, assassinaram seus filhos, estupraram suas mulheres ou, em última análise, traíram e assassinaram Cristo), mas pelo que *eram*. É necessário acrescentar que essa mudança lançou as bases do Holocausto, da destruição física dos judeus como única solução adequada para o "problema" deles? Enquanto os judeus foram identificados por uma série de propriedades, o objetivo era convertê-los, transformá-los em cristãos; a partir do momento em que a judeidade passou a pertencer ao próprio ser dos judeus, só a aniquilação poderia resolver a "questão judaica".

No entanto, o verdadeiro mistério do antissemitismo é sua constância: por que ele persiste em todas as mutações históricas? É preciso lembrar o que Marx disse sobre a poesia de Homero: o verdadeiro mistério que deve ser explicado não é sua origem, sua forma original (como ele se enraíza na sociedade grega antiga), mas por que ele continua a exercer seu encanto artístico, muito depois de as condições sociais que lhe deram origem terem desaparecido. É fácil datar a origem do antissemitismo europeu: ele não nasceu na Roma Antiga, mas na Europa dos séculos XI e XII, quando ela despertou da inércia da "idade das trevas" e experimentou o desenvolvimento rápido das trocas comerciais e o papel do dinheiro. Nesse exato momento, "o judeu" surgiu como o inimigo: o usurpador, o intruso parasita que perturba o harmonioso edifício social. Teologicamente, esse também foi o momento do "nascimento do Purgatório", como disse Jacques Le Goff: a ideia de que a escolha não era só entre o Céu e o Inferno; era preciso haver um terceiro lugar, um lugar intermediário, onde fosse possível negociar, pagar pelos pecados – se não fossem grandes demais – com uma quantia determinada de arrependimento – dinheiro mais uma vez!

Quando perguntado sobre seu antissemitismo, o roqueiro e nacionalista croata Marko Perković Thompson disse: "Não tenho nada contra eles e não fiz nada contra eles. Sei que Jesus Cristo também não fez nada contra eles, mas mesmo assim foi pregado na cruz por eles". É assim que o antissemitismo funciona hoje: não somos nós que temos alguma coisa contra os judeus, é só o jeito de ser dos próprios judeus. Além disso, estamos assistindo à última versão do antissemitismo que chegou ao extremo da autorreferência. Como já escrevi:

> O papel privilegiado dos judeus no estabelecimento da esfera do "uso público da razão" baseia-se em sua subtração de todo poder estatal; essa posição de "parte de uma não parte" de toda comunidade orgânica de Estado-nação, e não a natureza universal-abstrata de seu monoteísmo, torna-os a encarnação imediata da universalidade. Não admira, portanto, que com o estabelecimento do Estado-nação judaico surgisse uma nova imagem do judeu: um judeu que resiste à identificação com o Estado de Israel, que se recusa a aceitar o Estado de Israel como seu verdadeiro lar, o judaico que se "subtrai" desse Estado e que o inclui entre os Estados dos quais insiste em manter distância, vivendo em seus interstícios; e é *esse* estranho judeu que é o objeto do que só se pode chamar de "antissemitismo sionista", um excesso estrangeiro que perturba a comunidade do Estado-nação. Esses judeus, os "judeus dos próprios judeus", dignos sucessores de Espinosa, são hoje os únicos judeus que continuam a insistir no "uso público da razão", recusando-se a submeter seu raciocínio ao domínio "privado" do Estado-nação.[5]

Para os que quiserem se convencer de que a expressão "antissemitismo sionista" é plenamente justificada, basta visitar um dos *sites* mais deprimentes que

---

[5] Slavoj Žižek, *Em defesa das causas perdidas*, cit., p. 24.

conheço: o www.masada2000.org/list-A.html, uma "lista negra" com mais de 7 mil nomes de judeus SHIT (Self-Hating Israel-Threatening)*. Muitos desses nomes são acompanhados de descrições detalhadas e extremamente agressivas, com fotos que mostram as pessoas sob a pior luz possível, e endereços de e-mail (obviamente para o envio de mensagens de ódio). Se existe antissemitismo invertido, é este: o *site* mais parece uma lista de monstros judeus feita por nazistas. Assim, quem quiser ver o brutal antissemitismo dos tempos atuais não precisa procurar a propaganda árabe, porque os próprios fanáticos sionistas dão perfeitamente conta do recado. São eles os verdadeiros detratores dos judeus: aquilo de que zombam brutalmente em seus ataques aos judeus que se obstinam no "uso público da razão" é a dimensão mais preciosa de ser judeu. E que tal o contra--argumento óbvio de que o masada2000.org é um grupo de extremistas lunáticos que podem ser encontrados em qualquer país, sem ligação com a orientação política predominante, algo como um equivalente israelense dos sobrevivencialistas norte-americanos, que acreditam que Eva fez sexo com o Diabo e seus filhos deram origem aos negros e aos judeus? Infelizmente, essa saída fácil não convence: o masada2000.org apenas expõe de modo extremo a desconfiança em relação aos judeus que criticam as políticas israelenses, tão presentes na mídia norte--americana, mais do que em Israel.

Esse fato nos permite resolver outro enigma: como os fundamentalistas cristãos dos Estados Unidos, que, por assim dizer, são antissemitas por natureza, podem apoiar de maneira tão apaixonada as políticas sionistas do Estado de Israel? Só há uma solução para esse enigma: o antissemitismo sionista. Isto é, não que os fundamentalistas norte-americanos tenham mudado, mas o próprio sionismo, em seu ódio contra os judeus que não se identificam plenamente com a política do Estado de Israel, é que se tornou paradoxalmente antissemita, ou seja, construiu em linhas antissemitas a imagem do judeu que duvida do projeto sionista.

O argumento sionista contra os críticos das políticas do Estado de Israel é que, como qualquer outro Estado, o de Israel pode e deve ser julgado e até criticado, mas os críticos de Israel aproveitam a crítica justificada a suas políticas com propósitos antissemitas. A linha de argumentação dos fundamentalistas cristãos quando rejeitam as críticas da esquerda às políticas israelenses, mesmo sendo defensores incondicionais das políticas israelenses, foi muito bem representada por uma charge genial, publicada em julho de 2008 pelo jornal vienense *Die Presse*: ela mostra dois austríacos atarracados, de aparência nazista; um deles está com um jornal na mão

---

* Judeus que ameaçam Israel por causa do ódio que sentem de si mesmos. "Shit", em inglês, significa "merda". (N. T.)

e comenta com o amigo: "Aqui você pode ver de novo como um antissemitismo totalmente justificado é mal empregado numa crítica barata a Israel!".

A tese de Bernard-Henri Lévy em *Left in Dark Times* [A esquerda em tempos sombrios] de que o antissemitismo do século XXI será "progressista" lembra a tese de Milner sobre as "tendências criminosas da Europa democrática": a Europa "progressista" representa a fluidificação universal, o fim de todos os limites, e os judeus, com sua fidelidade a um modo de vida baseado na Lei e na tradição, são um obstáculo a esse processo. Mas a lógica do antissemitismo não é o exato oposto? A perspectiva antissemita não vê os judeus precisamente como os agentes da fluidificação global, do fim da identidade étnica ou outras? Aí reside a ironia da argumentação de Milner: ela beira perigosamente o antissemitismo sionista, já que aquilo que ele ataca de fato – a fluidificação "universalista" – é o outro lado da própria identidade judaica. Em outras palavras, o que Milner ataca como o coração "antissemita" da Europa baseia-se na contribuição judaica para a identidade europeia: os judeus "sem raízes" foram os primeiros e mais radicais universalistas europeus[6].

Isso nos leva às apostas e consequências políticas do antissemitismo sionista. Em 2 de agosto de 2009, após isolar parte de Sheikh Jarrah, bairro árabe de Jerusalém Leste, a polícia israelense expulsou duas famílias palestinas de suas casas (mais de cinquenta pessoas) e permitiu que colonos judeus se mudassem imediatamente para os imóveis vazios. Embora a polícia israelense tenha se valido de uma decisão do Supremo Tribunal israelense, aquelas famílias moravam ali havia mais de cinquenta anos. O fato – que excepcionalmente atraiu a atenção da mídia internacional – fazia parte de um processo muito maior e ignorado em geral. Cinco meses antes, em 1º de março de 2009, foi noticiado[7] que o governo israelense planejava construir mais de 70 mil residências nas colônias judias da Cisjordânia ocupada; caso se concretizasse, esse plano aumentaria para cerca de 300 mil o número de colonos em território palestino – uma mudança que não só minaria seriamente a possibilidade de um Estado palestino viável, como também atrapalharia ainda mais a vida dos palestinos. Um porta-voz do governo fez pouco caso da notícia, afirmando

---

[6] George Steiner afirmou que o propósito dos judeus é serem nômades, eternos guardiões da alienação e do estrangeirismo no mundo burguês nacionalista, revigorando terapeuticamente os valores petrificados. Então deveríamos interpretar o cristianismo como um reenraizamento do universo do Antigo Testamento, sua reinserção num mundo hierárquico estável? Mas e se for o contrário? E se, do ponto de vista propriamente cristão, a experiência de ser um nômade sem raízes não for suficientemente radical, já que a volta para casa se mantém como o derradeiro horizonte ("Ano que vem em Jerusalém!")? E se, para passar do judaísmo para o cristianismo, for necessário abandonar esse horizonte de anseio por um retorno ao lar e aceitar a própria situação de ser um "nômade" como primordial? Nesse sentido, o judaísmo é uma "negação" ainda presa ao horizonte daquilo que ela nega, e o cristianismo é a "negação da negação".

[7] Ver Tobias Duck, "Israel Drafts West Bank Expansion Plans", *Financial Times*, 2 mar. 2009.

que o plano tinha relevância limitada: a construção de novas residências nas colônias exigiria a aprovação do ministro da Defesa e do primeiro-ministro. No entanto, 15 mil residências já foram aprovadas. Além disso, quase 20 mil das residências planejadas ficam em colônias afastadas da "linha verde" que separa Israel da Cisjordânia, ou seja, em áreas que Israel não poderá manter num futuro acordo de paz com os palestinos. A conclusão é óbvia: Israel finge aderir à solução dos dois Estados, enquanto trata de criar uma situação concreta que torne essa solução impossível *de facto*. O sonho por trás dessas políticas está bem representado pelo muro que separa uma cidade de colonos de uma cidade palestina situada numa colina vizinha, em algum ponto da Cisjordânia. O lado israelense do muro foi pintado com a imagem do campo além dele, mas sem a cidade palestina, apenas com a natureza, o capim e as árvores. Imaginar o outro lado do muro como deveria ser, limpo, virginal, à espera de ser povoado, não é a mais pura limpeza étnica?

Às vezes o processo é disfarçado de enobrecimento cultural. Em 28 de outubro de 2008, o Supremo Tribunal israelense decidiu que o Centro Simon Wiesenthal poderia construir o Centro de Dignidade Humana – Museu da Tolerância num terreno disputado no meio de Jerusalém. Quem mais, senão Frank Gehry, projetaria o vasto complexo composto de um museu geral, um museu para crianças, um teatro, um centro de convenções, uma biblioteca, uma galeria de arte, salas para palestras, lanchonetes etc.? A missão declarada do museu é a promoção da civilidade e do respeito entre os diversos segmentos da comunidade judaica e entre pessoas de todas as crenças; o único obstáculo (resolvido com a decisão do Supremo Tribunal) é que o terreno onde o museu será construído serviu até 1948 como o principal cemitério muçulmano de Jerusalém (a comunidade muçulmana recorreu ao Supremo Tribunal, alegando que a construção do museu seria uma profanação, já que supostamente o cemitério guarda restos de muçulmanos mortos nas Cruzadas, durante os séculos XII e XIII)[8]. Esse ponto sombrio representa à maravilha a verdade por trás desse projeto multiconfessional: é um lugar que homenageia a tolerância, aberto a todos, mas protegido pela cúpula israelense, que ignora as vítimas subterrâneas da tolerância – como se fosse necessário um pequeno bocado de intolerância para criar espaço para a verdadeira tolerância.

E, como se não bastasse, como se fosse preciso repetir o gesto para tornar a mensagem clara, um projeto ainda maior está em andamento em Jerusalém:

> Israel executa em silêncio um plano de desenvolvimento plurianual de 100 milhões de dólares na chamada "bacia sagrada", um dos sítios mais importantes do patrimônio nacional e religioso, junto da muralha da Cidade Velha, como parte do esforço para forta-

---

[8] Ver Tom Tugend, "Israel Supreme Court OKs Museum of Tolerance Jerusalem project", *The Observer*, 29 out. 2008.

lecer o status de Jerusalém como capital. Esse plano, do qual partes foram terceirizadas para um grupo privado que tem comprado propriedades palestinas para assentamento de judeus em Jerusalém Leste, atraiu pouca análise pública ou internacional. [...] Como parte do plano, aterros sanitários e terrenos baldios estão sendo limpos e transformados em parques e jardins exuberantes, já acessíveis aos visitantes, que podem caminhar pelos novos passeios e apreciar a vista majestosa, onde novas placas e exposições indicam pontos significativos da história judia [...].[9]

Convenientemente, muitas residências palestinas "não autorizadas" têm de ser demolidas para dar espaço para o desenvolvimento da área. "A 'bacia sagrada' é uma paisagem extremamente complicada, pontilhada de santuários e tesouros ainda escondidos das três maiores religiões monoteístas", de modo que o argumento oficial é que as melhorias são para o bem de todos – judeus, muçulmanos e cristãos –, pois envolve uma recuperação que atrairá mais visitantes para uma área de interesse excepcional para o mundo que há tanto tempo sofre com o abandono. No entanto, como observou Hagit Ofran, da Peace Now, o plano visava a criar "um parque turístico ideológico, que determinará o domínio dos judeus na região". Raphael Greenberg, da Universidade de Tel-Aviv, deu uma explicação ainda mais direta: "A santidade da cidade de Davi foi fabricada recentemente e é uma mistura grosseira de história, nacionalismo e peregrinação semirreligiosa [...] o passado é usado para privar de direitos civis e deslocar pessoas no presente"[10]. Mais um grande empreendimento religioso, um espaço "público" de múltiplas crenças sob claro domínio e controle protetor de Israel.

O que isso significa? Para chegar à verdadeira dimensão de uma notícia, às vezes basta ler duas notícias díspares: o significado surge do vínculo, como a faísca que nasce de um curto-circuito elétrico. Em 13 de outubro de 2007, Federico Lombardi, assessor de imprensa do Vaticano, confirmou que o Vaticano suspendera um padre que ocupava um alto cargo e que, numa entrevista à televisão italiana, admitira publicamente sua homossexualidade e insistira que não se sentia culpado por praticá-la. Ele foi suspenso por desrespeito à lei da Igreja. A obscenidade dessa mensagem se torna clara quando é justaposta ao fato de que centenas de padres pedófilos nunca foram suspensos – mas um único padre sim, se admitir publicamente sua orientação sexual. A mensagem é inequívoca: o que importa é a aparência, não a realidade.

No mesmo dia que essa notícia chegou à mídia (2 de março), Hillary Clinton chamou os disparos de foguetes em Gaza de "cínicos" e afirmou: "Não há dúvida de que nenhuma nação, inclusive Israel, pode ficar de braços cruzados, enquanto

---

[9] Ethan Bronner e Isabel Kershner, "Parks Fortify Israel's Claim to Jerusalem", *The New York Times*, 8 maio 2009. Disponível em: <http://www.nytimes.com/2009/05/10/world/middleeast/10jerusalem.html?-r=1>. [Acesso em 25 maio 2012.]
[10] Idem.

seu território e seu povo são submetidos a ataques de foguetes". Mas os palestinos deveriam ficar de braços cruzados, enquanto as terras da Cisjordânia são tiradas deles dia após dia? Quando os liberais israelenses, que tanto amam a paz, apresentam o conflito com os palestinos em termos "simétricos" neutros, admitindo que em ambos os lados há extremistas que rejeitam a paz e assim por diante, deveríamos fazer uma pergunta simples: o que acontece no Oriente Médio quando *nada acontece* no nível político-militar (quando não há ataques, negociações, conflitos)? O que acontece é apenas o lento e incessante trabalho de expropriação dos palestinos na Cisjordânia, o estrangulamento gradual da economia palestina, a construção de novos assentamentos, a pressão para que os agricultores palestinos abandonem suas terras (desde o incêndio de plantações e profanações até assassinatos), tudo apoiado por uma rede kafkiana de regulações legais. Em *Palestine Inside Out: An Everyday Occupation*[11] [A Palestina pelo avesso: uma ocupação cotidiana], Saree Makdisi descreve como a ocupação israelense da Cisjordânia, embora imposta, em última análise, pelas Forças Armadas, é uma "ocupação pela burocracia": suas formas primárias são os formulários, os títulos de propriedade, os documentos de residência e outros alvarás. É esse microgerenciamento da vida cotidiana que cumpre a tarefa de assegurar a lenta e constante expansão de Israel: é preciso pedir permissão para ir embora com a própria família, para cultivar a própria terra, cavar um poço, ir para o trabalho, para a escola, para o hospital. Um a um, portanto, os palestinos nascidos em Jerusalém são privados do direito de morar ali, de ganhar a vida, de fixar residência etc. Os palestinos costumam citar um clichê problemático: a Faixa de Gaza como "o maior campo de concentração do mundo"; no último ano, porém, essa designação chegou muito perto da verdade. Essa é a realidade fundamental que torna obscenas e hipócritas todas as abstratas "orações pela paz". O Estado de Israel está claramente engajado num processo lento, invisível, ignorado pela mídia, uma espécie de escavação subterrânea, para que um dia o mundo acorde e veja que não existe mais Cisjordânia palestina, que a terra é *Palestinian-frei* [livre de palestinos] e que não podemos fazer nada, a não ser aceitar o fato. O mapa da Cisjordânia palestina já parece um arquipélago fragmentado.

Nos últimos meses de 2008, quando os ataques de colonos ilegais da Cisjordânia a agricultores palestinos se tornaram cotidianos, o Estado de Israel tentou conter esses excessos (o Supremo Tribunal ordenou a evacuação de alguns assentamentos etc.), mas, como notaram muitos observadores, essas medidas pareceram mornas, contrabalançando uma política que, em nível mais profundo, *é* a estratégia de longo prazo de Israel e viola descaradamente os tratados internacionais assinados pelo próprio Estado de Israel. A resposta dos colonos ilegais às autoridades israelenses é: "Fa-

---

[11] Ver Saree Makdisi, *Palestine Inside Out: an Everyday Occupation* (Nova York, Norton, 2008).

zemos o mesmo que vocês, só que às claras. Portanto, que direito vocês têm de nos condenar?". E a resposta do Estado é: "Tenham paciência, não se apressem, estamos fazendo o que vocês querem, só que de maneira mais moderada e aceitável".

A mesma história parece repetir-se desde a fundação de Israel: enquanto aceita as condições de paz propostas pela comunidade internacional, o país aposta que o plano de paz não dará certo. Os colonos enlouquecidos soam às vezes como Brunhilde no último ato das *Valquírias*, de Wagner, quando retruca a Wotan que, contrariando sua ordem explícita e protegendo Siegmund, ela apenas realizava o desejo ao qual Wotan foi forçado a renunciar. Da mesma maneira, os colonos ilegais simplesmente realizam o desejo do Estado, ao qual ele foi forçado a renunciar por pressão da comunidade internacional. Enquanto condena os excessos visíveis e violentos dos assentamentos "ilegais", o Estado de Israel promove novos assentamentos "legais" na Cisjordânia, continua a estrangular a economia palestina etc. Uma olhada nas mudanças contínuas no mapa de Jerusalém Leste, onde os palestinos são cercados pouco a pouco e o espaço é dividido em fatias, diz tudo. A condenação da violência não estatal contra os palestinos encobre o verdadeiro problema da violência *estatal*; a condenação dos assentamentos "ilegais" encobre a ilegalidade dos "legais". Aí reside a dubiedade da tão louvada "retidão" do Supremo Tribunal israelense: com decisões ocasionais a favor de palestinos desalojados que declaram que sua expulsão é ilegal, ele garante a legalidade da vasta maioria dos casos.

Em consequência, também no conflito entre Israel e palestinos, *soyons réalistes, demandons l'impossible*: se existe lição a aprender com as negociações continuamente postergadas é que o principal obstáculo à paz é exatamente o que se oferece como solução realista, ou seja, dois Estados separados. Embora nenhum dos dois queira realmente essa solução (é provável que Israel prefira um pouco mais da Cisjordânia do que se dispõe a ceder e os palestinos considerem terra sua uma parte de Israel pré-1967), de certo modo ela é aceita por ambos como a única solução viável. O que os dois excluem como sonho impossível é a solução mais simples e óbvia: um Estado secular binacional, que reúna Israel, os territórios ocupados e Gaza. Para os que consideram o Estado binacional um sonho utópico, desqualificado pela longa história de ódio e violência, a resposta é que, longe de ser utópico, *o Estado binacional já é um fato*: hoje, a realidade de Israel e da Cisjordânia é que eles *são* um só Estado (isto é, todo o território é controlado de fato por um único poder soberano, o Estado de Israel), dividido por fronteiras internas. Sendo assim, a tarefa deveria ser acabar com o *apartheid* e transformá-lo num Estado democrático secular[12].

E, para evitar mal-entendidos, levar isso em conta não significa de modo algum ser "compreensivo" com os atos terroristas; ao contrário, essa é a única base para

---

[12] Devo essa linha de pensamento a Udi Aloni.

condenar os ataques terroristas sem hipocrisia. Além disso, quando os liberais ocidentais que defendem a paz no Oriente Médio contrapõem, entre os palestinos, os democratas comprometidos com os acordos e com a paz e os fundamentalistas radicais do Hamás, eles não veem a gênese desses dois polos, ou seja, o longo e sistemático esforço de Israel e dos Estados Unidos para enfraquecer os palestinos, minando a posição de liderança do Fatah, esforço que, há cinco ou seis anos, incluía apoio financeiro ao Hamás. O triste resultado é que hoje os palestinos se dividem entre os fundamentalistas do Hamás e o corrupto Fatah. O enfraquecido Fatah não é mais a força hegemônica que representa os verdadeiros anseios dos palestinos (e, como tal, em condições de estabelecer a paz); ele é percebido cada vez mais pela maioria dos palestinos como um fantoche aleijado, apoiado pelos Estados Unidos como representante dos palestinos "democráticos". Do mesmo modo, embora os Estados Unidos temessem o regime secular de Saddam no Iraque, a "talibanização" do aliado Paquistão avançou de modo lento, mas inexorável: de acordo com certas fontes, o controle dos talibãs atingiu partes de Karachi, a maior cidade do Paquistão.

Ambos os lados do conflito têm interesse em pintar o quadro dos "fundamentalistas no controle" em Gaza: essa caracterização permite ao Hamás monopolizar a luta e aos israelenses conquistar a simpatia internacional. Consequentemente, embora todos lamentem o crescimento do fundamentalismo, ninguém deseja uma resistência secular a Israel entre os palestinos. Mas será verdade que ela não existe? E se houvesse dois segredos no conflito do Oriente Médio: palestinos seculares e fundamentalistas sionistas? Há fundamentalistas árabes que argumentam em termos seculares e judeus seculares que se baseiam em raciocínios teológicos:

> O estranho é que foi o sionismo secular que aplicou Deus a tantas ideias religiosas. De certa maneira, os verdadeiros crentes em Israel são os não religiosos. E isso porque, na vida religiosa de um judeu ortodoxo, Deus é, na verdade, bastante marginal. Houve épocas em que, para os integrantes da elite intelectual ortodoxa, era "cafona" referir-se demais a Deus: era sinal de não ser muito dedicado à nobre causa do estudo do Talmude (o movimento contínuo de expansão e de evasão da lei). Apenas o olhar grosseiro do sionismo secular levou Deus tão a sério, como uma espécie de álibi. O triste é que, hoje, cada vez mais judeus ortodoxos parecem convencidos de que acreditam realmente em Deus.[13]

A consequência dessa situação ideológica incomum é o paradoxo de ateus que defendem pretensões sionistas em termos teológicos. Um bom exemplo é *L'arrogance du présent* [A arrogância do presente][14], a análise de Milner do legado

---

[13] Noam Yuran, comunicação pessoal.
[14] Jean-Claude Milner, *L'arrogance du present: regards sur une décennie: 1965-1975* (Paris, Grasset 2009).

de 1968, que também pode ser lida como uma resposta a *O século*, de Alain Badiou*, assim como ao estudo deste sobre as consequências político-ideológicas do "nome do judeu". Num diálogo implícito com Badiou, mas por isso mesmo bem mais intenso, Milner propõe um diagnóstico radicalmente diferente do século XX. O ponto de partida é o mesmo de Badiou: "o nome vale apenas até onde vão as divisões que ele provoca". Os significantes-mestres que interessam são os que esclarecem seu campo pela simplificação da situação complexa numa divisão clara: sim ou não, a favor ou contra. Milner continua: "Mas eis o que aconteceu: certo dia, tornou-se óbvio que os nomes considerados geradores de futuro (glorioso ou sinistro) não dividem mais ninguém; e nomes considerados totalmente obsoletos começam a provocar divisões intransponíveis"[15]. Os nomes que hoje não dividem mais, não provocam mais um apego apaixonado e nos deixam indiferentes são aqueles que, tradicionalmente, deveriam ser os mais mobilizadores ("trabalhadores", "luta de classes"), enquanto os que pareciam desprovidos da capacidade de dividir ressurgem violentamente em seu papel disjuntivo [*diremptive*]; hoje, o nome "judeu" "divide mais profundamente os seres falantes":

> Ao contrário do que previa o conhecimento, o auge do século [XX] não assumiu a forma de uma revolução social: ele assumiu a forma de um extermínio. Ao contrário do que a revolução prometia, o extermínio ignorou classes e fixou-se num nome sem nenhum significado de classe. Nem mesmo significado econômico. Nem sombra de significado objetivo.[16]

A conclusão de Milner é que "o único evento verdadeiro do século XX foi o retorno do nome judeu"[17] – e esse retorno foi uma surpresa funesta também para os judeus. Com a emancipação política dos judeus na Europa moderna, surgiu uma nova imagem do judeu: o "judeu do conhecimento" (*le juif du savoir*), que substituiu o estudo (do Talmude, isto é, de suas raízes teológicas) pelo conhecimento (científico) universal. Houve judeus que se destacaram nas ciências seculares, e por isso o marxismo foi tão popular entre os intelectuais judeus: ele se apresentava como um "socialismo *científico*", que unia conhecimento e revolução (ao contrário dos jacobinos, que diziam com orgulho, a respeito de Laplace, que "a República não precisa de cientistas", ou dos milenaristas, que desprezavam o conhecimento porque o consideravam pecaminoso). Com o marxismo, a desigualdade, a injustiça e a superação de uma e outra tornaram-se objetos de conhecimento[18]. O Iluminismo ofereceu aos judeus europeus a oportunidade de encontrar um lugar para eles

---

* Aparecida, Ideias e Letras, 2007. (N. E.)
[15] Jean-Claude Milner, *L'arrogance du present*, cit., p. 21-2.
[16] Ibidem, p. 135.
[17] Ibidem, p. 212.
[18] Ibidem, p. 201.

na universalidade do conhecimento científico, ignorando seu nome, sua tradição e suas raízes. No entanto, esse sonho terminou de maneira violenta com o Holocausto: o "judeu do conhecimento" não conseguiu sobreviver ao extermínio nazista; o trauma foi que o conhecimento permitiu que ele acontecesse, não foi capaz de resistir, foi impotente diante dele. (Já se percebem vestígios dessa impotência no famoso debate de 1929, em Davos, entre Ernst Cassirer e Heidegger, quando Heidegger tratou Cassirer de maneira rude e recusou-se a apertar sua mão.)

Como a esquerda europeia reagiu a essa ruptura? O centro do livro de Milner é a análise minuciosa da organização maoísta La Gauche Prolétarienne [A Esquerda Proletária], a principal organização política que surgiu de Maio de 1968. Quando ela se dispersou, alguns de seus membros (como Benny Lévy) optaram pela fidelidade ao nome de judeu, enquanto outros escolheram a espiritualidade cristã. Para Milner, toda a atividade da Gauche Prolétarienne baseava-se em certa negação, na recusa de pronunciar um nome. Milner propôs uma bela imagem magrittiana: uma sala com uma janela no meio e um quadro que cobre e impede a vista da janela; a cena do quadro reproduz exatamente o que se veria pela janela. Essa é a função do reconhecimento ideológico errôneo: ele encobre a verdadeira dimensão do que vemos[19]. No caso da Gauche Prolétarienne, essa dimensão não vista era o nome do judeu. Ou seja, a Gauche Prolétarienne legitimou sua oposição radical ao *establishment* político francês como prolongamento da Resistência contra a ocupação fascista: seu diagnóstico era que a vida política francesa ainda era dominada por quem permanecia em continuidade direta com o regime colaboracionista de Pétain. No entanto, embora tenha designado o inimigo errado, calou-se quanto ao fato de que o principal alvo desse regime não era a esquerda, mas os judeus. Em resumo, usaram o próprio evento para encobrir sua verdadeira dimensão, de maneira semelhante ao "judeu do conhecimento", que tenta redefinir sua judeidade para conseguir apagar o núcleo real do ser judeu.

Portanto, a transformação de Benny Lévy de maoísta em sionista indica uma tendência mais ampla. A conclusão que muitos tiram do "desastre obscuro" das tentativas de emancipação universal do século XX é que grupos específicos não deveriam mais aceitar a "suprassunção" de sua própria emancipação na forma universal ("Nós, minorias oprimidas, mulheres etc., só alcançaremos nossa liberdade pela emancipação universal", isto é, a revolução comunista): a fidelidade à causa universal é substituída pela fidelidade a identidades específicas (judeu, gay etc.), e o máximo que podemos cogitar é uma "aliança estratégica" entre lutas específicas.

No entanto, talvez tenha chegado a hora de retornar à noção de emancipação universal, e é daí que deveria começar a análise crítica. Quando afirma que luta

---

[19] Ibidem, p. 183.

de classes e outros não são mais nomes divisivos, que eles foram substituídos pela palavra "judeu" como verdadeiro nome divisivo, Milner descreve um fato (parcialmente verdadeiro), mas qual é seu significado? Ele não poderia ser interpretado também nos termos da teoria marxista clássica do antissemitismo, que vê na figura antissemita do "judeu" o representante metafórico da luta de classes? O desaparecimento da luta de classes e o (re)aparecimento do antissemitismo são, portanto, dois lados da mesma moeda, já que a *presença* da imagem antissemita do "judeu" só é compreensível contra o pano de fundo da *ausência* da luta de classes. Walter Benjamin (a quem o próprio Milner se refere como autoridade e que representa justamente o judeu marxista que permanece fiel à dimensão religiosa da judeidade e, portanto, não é um "judeu do conhecimento") disse, há muito tempo, que o surgimento do fascismo comprova a revolução fracassada; essa tese, além de ainda se sustentar, talvez seja mais pertinente do que nunca nos dias de hoje. Os liberais gostam de apontar as semelhanças entre os "extremismos" de direita e de esquerda: o terror e os campos de Hitler imitaram o terror bolchevique, o partido leninista está vivo na Al-Qaeda. Mesmo que aceitemos essa ideia, o que ela significa? Ela também pode ser lida como indicação de que o fascismo substitui literalmente a revolução esquerdista (isto é, ocupa seu lugar): seu surgimento é o fracasso da esquerda, mas é ao mesmo tempo a prova de que houve de fato um potencial revolucionário, uma insatisfação que a esquerda não foi capaz de mobilizar.

Como entender essa transformação da força emancipatória em populismo fundamentalista? Como já escrevi:

> É aqui que a passagem dialético-materialista do Dois para o Três ganha todo o seu peso: o axioma da política comunista não é simplesmente a "luta de classes" dualista, mas antes, mais precisamente, o Terceiro momento, como subtração do Dois da política hegemônica. Ou seja, o campo ideológico hegemônico impõe um campo de visibilidade (ideológica) com a sua própria "contradição principal" (isso, hoje, é a oposição entre mercado-liberdade-democracia e fundamentalismo-terrorismo-totalitarismo – "islamofascismo" etc.), e a primeira coisa que devemos fazer é rejeitar essa oposição (nos subtrairmos dela) para percebê-la como oposição falsa, destinada a ocultar a verdadeira linha divisória. A fórmula de Lacan para esse redobrar é 1 + 1 + a: o antagonismo "oficial" (o Dois) é sempre complementado por um "resto indivisível" que indica sua dimensão foracluída. Em outras palavras, o *verdadeiro* antagonismo é sempre reflexivo, é o antagonismo entre o antagonismo "oficial" e o foracluído por ele (é por isso que, na matemática de Lacan, 1 + 1 = 3). Hoje, por exemplo, o verdadeiro antagonismo não é entre o multiculturalismo liberal e o fundamentalismo, mas entre o próprio campo de sua oposição e o Terceiro excluído (a política emancipatória radical).[20]

---

[20] Slavoj Žižek, *Em defesa das causas perdidas*, cit., p. 381-2.

Badiou mostrou os contornos dessa passagem de dois para três na leitura da passagem da Lei do Amor de são Paulo[21]. Em ambos os casos (na Lei e no amor), tratamos da divisão com um "sujeito dividido"; no entanto, a modalidade de divisão é totalmente diferente. O sujeito da Lei é "descentrado", no sentido em que está preso no círculo vicioso autodestrutivo de pecado e Lei no qual um polo gera seu oposto; são Paulo faz uma descrição insuperável desse emaranhamento em Romanos 7:

> Sabemos que a Lei é espiritual, mas eu sou carnal, vendido ao pecado. Não entendo absolutamente o que faço, pois não faço o que quero, faço o que detesto. E, se faço o que não quero, reconheço que a Lei é boa. Mas então não sou eu que faço, mas o pecado que habita em mim. Eu sei que o bem não habita em mim, isto é, na minha carne. Pois o querer o bem está ao meu alcance, porém não o praticá-lo. De fato, não faço o bem que eu quero, mas o mal que eu não quero. Ora, se faço o que não quero, já não sou eu que faço, mas sim o pecado que habita em mim. Então descubro em mim esta lei: quando quero fazer o bem, o que se me apresenta é o mal. Deleito-me na lei de Deus, no íntimo do meu ser. Mas sinto outra lei em meus membros, que luta contra a lei do meu espírito e me prende à lei do pecado, que está em meus membros. Homem infeliz que sou!

Portanto, o problema não é que eu fique dividido entre dois opostos, lei e pecado, mas que eu não consiga sequer distingui-los com clareza: eu quero seguir a lei e termino no pecado. Esse círculo vicioso é menos superado do que rompido: nós o rompemos com a experiência do amor, ou mais exatamente, com a experiência da lacuna radical que separa o amor da Lei. Aí reside a diferença radical entre o par lei/pecado e o par lei/amor. A lacuna que separa lei e pecado não é uma diferença real: sua verdade é sua implicação ou confusão mútua – a lei gera o pecado e alimenta-se dele, não podemos nem sequer estabelecer uma linha clara de separação entre os dois. Só no par lei/amor é que obtemos uma diferença real: esses dois momentos são radicalmente separados, não são "mediados", um não é a forma de surgimento de seu oposto. Em outras palavras, a diferença entre os dois pares (lei/pecado e lei/amor) não é substancial, mas puramente formal: tratamos do mesmo conteúdo em suas duas modalidades. Em sua mediação-indistinção, o par é lei/pecado; na distinção radical dos dois, é lei/amor. Portanto, é errado perguntar: "Estamos condenados para sempre à separação entre Lei e amor? E a síntese entre Lei e amor?". A separação entre Lei e pecado é de natureza radicalmente diferente da separação entre Lei e amor: em vez do círculo vicioso de reforço mútuo, temos uma distinção clara de dois domínios diferentes. Quando tomamos consciência da dimensão do amor em sua diferença radical da Lei, de certo modo o amor já venceu, uma vez que essa diferença só é visível quando já se habita o amor, do ponto de vista do amor.

---

[21] Ver Alain Badiou, *São Paulo: a fundação do universalismo* (São Paulo, Boitempo, 2009).

China, Haiti, Congo

No marxismo autêntico, a totalidade não é um ideal, mas uma noção crítica; localizar um fenômeno em sua totalidade não significa ver a harmonia oculta do Todo, mas incorporar a um sistema todos os seus "sintomas", antagonismos e incoerências como suas partes integrantes. Tomemos um exemplo contemporâneo. Nesse sentido, liberalismo e fundamentalismo formam uma "totalidade": a oposição entre liberalismo e fundamentalismo se estrutura exatamente da mesma maneira que a oposição entre Lei e pecado em são Paulo, isto é, o próprio liberalismo gera seu oposto. Mas e os valores centrais do liberalismo: liberdade, igualdade etc.? O paradoxo é que o próprio liberalismo não é forte o suficiente para salvá-los – a saber, seu próprio cerne – do ataque fundamentalista. O problema do liberalismo é que ele não se mantém sozinho: falta alguma coisa no edifício liberal, e o liberalismo é, em sua própria noção, "parasitário" – baseia-se numa rede pressuposta de valores comunitários que ele mesmo destrói com seu desenvolvimento. O fundamentalismo é uma reação – falsa e enganadora, é claro – a uma falha real do liberalismo e por isso, mais uma vez, gerado pelo liberalismo. Deixado por conta própria, o liberalismo se corroerá lentamente – a única coisa que pode salvar seu núcleo é uma esquerda renovada. Ou, para usar os famosos termos de 1968, para que sua herança mais importante sobreviva, o liberalismo precisa da ajuda fraterna da esquerda radical.

Essa fragilidade do liberalismo aparece claramente no que vem acontecendo na China. Em vez de perceber a China contemporânea como uma distorção despótica do capitalismo, devemos vê-la como a repetição do desenvolvimento do capitalismo na própria Europa. No início da modernidade, a maioria dos Estados europeus estava distante da democracia – os que eram democráticos (como a Holanda), eram-no apenas para a elite liberal, não para as classes populares. As condições do capitalismo foram criadas e mantidas por uma violenta ditadura estatal, muito parecida com a da China atual: o Estado legalizou a expropriação brutal das pessoas comuns, transformando-as em proletários e disciplinando-as em seus novos papéis. Portanto, não há nada exótico na China: o que vem acontecendo lá apenas repete nosso próprio passado. E as declarações de alguns críticos liberais do Ocidente de que o desenvolvimento da China seria muito mais rápido se fosse combinado com a democracia política?

Há alguns anos, numa entrevista para a televisão, Ralf Dahrendorf associou a crescente desconfiança contra a democracia ao fato de que, depois de qualquer mudança revolucionária, o caminho da nova prosperidade passa por um "vale de lágrimas": depois do colapso do socialismo, não poderíamos passar diretamente para a abundância de uma economia de mercado bem-sucedida; a segurança e o bem-estar socialistas – limitados, porém reais – tiveram de ser desmantelados e esses primeiros passos são necessariamente dolorosos[22]. O mesmo acontece na Europa ocidental, onde a passagem do Estado de bem-estar social para a nova economia global envolve renúncias dolorosas, menos segurança e menos garantia de assistência social. Para Dahrendorf, o problema pode ser resumido no simples fato de que essa dolorosa passagem pelo "vale de lágrimas" dura mais do que o período médio entre uma eleição (democrática) e outra, de modo que é grande a tentação de adiar as mudanças difíceis em troca de um ganho eleitoral de curto prazo. Nesse sentido, é paradigmática a decepção de grandes estratos dos países pós-comunistas com o resultado econômico da nova ordem democrática: nos dias gloriosos de 1989, eles compararam a democracia à abundância das sociedades consumistas do Ocidente; e agora, dez anos depois, como a abundância demora a chegar, eles culpam a própria democracia. Infelizmente, Dahrendorf se dedicou muito menos à tentação oposta: se a maioria resistir às necessárias mudanças estruturais da economia, uma das conclusões lógicas não seria que, durante cerca de uma década, uma elite esclarecida deveria tomar o poder, ainda que por meios não democráticos, para impor essas medidas e assim lançar as bases de uma democracia verdadeiramente estável? Nessa linha, Fareed Zakaria ressalta que a democracia só "pega" em países economicamente desenvolvidos; se os países em desenvolvimento forem "prematuramente democratizados", o resultado é um populismo fadado à catástrofe econômica e ao despotismo político[23]; não admira que, hoje, os países do Terceiro Mundo mais bem-sucedidos economicamente (Taiwan, Coreia do Sul e Chile) só adotaram a democracia plena depois de um período de governo autoritário.

Essa linha de raciocínio não é o melhor argumento a favor da via chinesa para o capitalismo, em oposição à via russa? Depois do colapso do comunismo, a Rússia adotou uma "terapia de choque" e lançou-se diretamente na democracia e numa via rápida para o capitalismo – e o resultado foi a falência econômica. (Há boas razões para sermos modestamente paranoicos: os assessores econômicos de Ieltsin, que propuseram essa via, eram realmente tão inocentes quanto pareciam ou serviam ao interesse dos Estados Unidos de aleijar economicamente a Rússia?) A China, ao contrário, seguiu a via do Chile e da Coreia do Sul e usou o poder autoritário e irrestrito do Estado para controlar o custo social da passagem para o capitalismo, evitando assim o caos. Em resumo, a estranha combinação de capitalismo e governo comunista, longe de ser uma anomalia ridícula, mostrou-se uma bênção (nem sequer) disfarçada; a China não se desenvolveu tão rápido, apesar do governo comunista autoritário, mas por causa dele. Assim, para concluir com uma observação de suspeita com ares stalinistas: e se os que se preocupam com a falta de

---

[22] Ver <http://conversations.berkeley.edu/content/sir-ralf-dahrendorf>. [Acesso em 25 maio 2012.]
[23] Ver Fareed Zakaria, *The Future of Freedom* (Nova York, Norton, 2003).

democracia na China temem, na verdade, que o país se torne a próxima superpotência mundial, ameaçando a primazia ocidental?

Mudemos de ponto de vista: o que dizer da defesa quase leninista do desenvolvimento capitalista chinês como um caso grandioso e prolongado de NEP (Nova Política Econômica, que permitia a propriedade privada e as trocas de mercado e durou mais ou menos até 1928 na Rússia soviética, que, em 1921, saiu destruída da Guerra Civil), em que o Partido Comunista exerce com firmeza o controle político, é capaz de se adiantar a qualquer situação e embargar as concessões ao inimigo de classe? Devemos levar essa lógica ao extremo: na medida em que, nas democracias capitalistas, há uma tensão entre a soberania igualitário-democrática do povo e as divisões de classe da esfera econômica, e na medida em que, em princípio, o Estado pode impor expropriações etc., o próprio capitalismo não seria de certo modo um grande desvio da NEP para uma via que deveria passar diretamente das relações de dominação escravistas ou feudais à justiça igualitária comunista? Na medida em que a modernidade costuma se caracterizar pelo governo democrático do povo, podemos dizer que, num gesto de concessão temporária, o povo pode permitir a exploração capitalista, sabendo que essa é a única maneira de gerar progresso material, mas ainda assim mantendo o direito de limitar ou até retirar essa permissão a qualquer momento.

Então a China atual seria o país capitalista ideal, em que a principal tarefa do Partido Comunista é controlar os trabalhadores e impedir sua organização e mobilização contra a exploração, de modo que seu poder é legitimado por um acordo secreto com os novos capitalistas, do tipo "Vocês ficam fora da política e deixam o poder conosco, e nós mantemos os trabalhadores sob controle para vocês"? Há bons argumentos a favor dessa visão da China; os poderes estabelecidos são tão sensíveis a qualquer menção à auto-organização dos trabalhadores que até os livros oficiais a respeito do passado do Partido Comunista Chinês e do movimento de trabalhadores na China silenciam sobre a história dos sindicatos e outras formas de resistência, mesmo quando foram apoiadas ou diretamente organizadas pelos comunistas – existe o medo de que a lembrança do passado possa levar a associações perigosas com o presente.

Por outro lado, por mais cínico que seja seu funcionamento, toda ideologia se impõe, de modo que não devem causar surpresa histórias como a que John Thornhill, jornalista do *Financial Times*, me contou: durante uma visita recente à China, ele quis conhecer o lugar mais pobre e menos desenvolvido do país. Ele o localizou (de acordo com as estatísticas oficiais, é claro): trata-se de uma cidadezinha no norte da China, no meio do nada, perto da fronteira mongol. Teve permissão para visitá-la e ficou surpreso quando descobriu que a vida lá era bastante normal: a cidade era povoada apenas por velhos e crianças, o resto dos habitantes trabalhava nas grandes cidades e mandava dinheiro para sustentar os parentes, que podiam comprar televisões, aparelhos de DVD etc. Além disso, as autoridades locais atendiam às necessidades básicas da vida: assistência médica, educação e tudo mais. Quando Thornhill perguntou a um funcionário local por que o poder central se dava ao trabalho de manter a cidade, por que não deixava simplesmente a cidade vegetar ou acabar, ele respondeu: "Não podemos fazer isso! Somos comunistas, temos de cuidar do povo!". Seria muito fácil, como faz o marxismo tradicional, considerar essa atitude uma máscara ideológica que esconde a realidade da exploração. Mas, justamente porque não são democraticamente legitimadas, as autoridades comunistas sabem que têm de atender o povo, contrabalançar os efeitos mais desastrosos do rápido desenvolvimento capitalista com um mínimo de medidas sociais. Por isso, paradoxalmente, é importante para o Estado chinês se manter como uma força poderosa, que controla a esfera privada do capitalismo selvagem; na verdade, nesse nível, o que os chineses estão fazendo é semelhante à NEP imaginada por Lenin: um Estado soviético forte, que usa o capitalismo com sabedoria, regulando seu curso e contrabalançando seus efeitos destrutivos.

Diante da explosão capitalista da China, os analistas costumam perguntar quando a democracia política, como acompanhamento político "natural" do capitalismo, se afirmará. No entanto, uma análise mais atenta acaba logo com essa esperança: e se o prometido segundo estágio democrático que se segue ao vale de lágrimas autoritário nunca chegar? Talvez isso é que seja tão perturbador na China hoje: a desconfiança de que seu capitalismo autoritário não é mera lembrança de nosso passado, uma repetição do processo de acumulação capitalista que ocorreu na Europa entre os séculos XVI e XVIII, mas um sinal do futuro. E se a "combinação cruel de cnute asiático com bolsa de valores europeia" se mostrar economicamente mais eficiente do que o capitalismo liberal? E se assinalar que a democracia como a entendemos não é mais a condição e o motor do desenvolvimento econômico, mas um obstáculo?

O contra-argumento óbvio é: "Por que não ter as duas coisas: um governo democraticamente eleito controlado por movimentos sociais?". O problema é que as eleições democráticas dão a esse tipo de governo uma legitimação que o torna muito mais impermeável às críticas dos movimentos: ele pode vê-los como a voz de uma minoria "extremista", fora de sincronia com a maioria que o elegeu. Um governo que não é coberto por "eleições livres" sofre uma pressão muito maior: seus atos não são mais cobertos pela legitimidade democrática e os que estão no poder são privados da possibilidade de dizer aos que protestam contra eles: "Quem são vocês para nos criticar? Somos um governo eleito, podemos fazer o que quisermos!". Sem essa legitimidade, eles têm de conquistá-la do modo mais difícil, por seus atos. Lembro-me dos últimos anos do governo comunista na Eslovênia: não havia governo mais ansioso para conquistar legitimidade e fazer algo pelo povo, tentando agradar a todos, exatamente porque os comunistas possuíam um poder que, como todos sabiam, inclusive eles mesmos, não era democraticamente justificado. Como os comunistas sabiam que seu fim estava próximo, tinham medo de ser julgados com severidade[24].

Então onde essa limitação da democracia se torna palpável? O caso do Haiti nas últimas duas décadas é exemplar. Como escreveu Peter Hallward em *Damming the Flood* [Contendo a enchente][25], uma análise detalhada da "contenção democrática" da política radical do Haiti, "a desgastada tática de 'promoção da democracia' nunca foi aplicada com efeitos mais devastadores do que no Haiti entre 2000 e 2004"[26]. Não podemos deixar de ver a ironia do fato de que o nome do movimento político que sofreu essa pressão internacional é *Lavalas* – "enchente" em crioulo: é a enchente dos expropriados que transbordam das comunidades embarreiradas. Por isso o título do livro de Hallward é tão apropriado e insere os eventos haitianos na tendência mundial de novos diques e muros construídos por toda parte desde o 11 de Setembro, fazendo-nos confrontar a verdade da "globalização", ou seja, as linhas de divisão que a sustentam.

O Haiti foi uma exceção desde o princípio, desde a luta revolucionária contra a escravidão que levou à independência, em janeiro de 1804: "Só no Haiti a declaração de liberdade humana foi universalmente coerente. Só no Haiti essa declaração foi mantida a todo custo, em oposição direta com a ordem social e a lógica econômica da época"[27]. Por essa razão, "não houve um só evento em toda a história moderna cujas consequências fossem mais ameaçadoras para a dominante ordem mundial das coisas"[28]. Como escrevi:

> Recordemos aquela que merece realmente o título de *repetição* da Revolução Francesa: a Revolução Haitiana, liderada por Toussaint L'Ouverture; ela estava claramente "à frente do seu tempo", foi "prematura" e, como tal, estava fadada ao fracasso, mas, exatamente como tal, talvez tenha sido um Evento, mais ainda do que a própria Revolução Francesa.[29]

Por essa razão, a ameaça residia na "simples existência de um Haiti independente"[30] e já havia sido descrita por Talleyrand como "um espetáculo horrível para

---

[24] E se, para a China, uma solução muito melhor do que um sistema multipartidário fosse o Partido Comunista dominar uma sociedade civil forte (movimentos sociais), que tivesse controle independente sobre a ecologia, as condições de vida dos trabalhadores etc.? Nesta época pós-política que vivemos hoje, os movimentos que mantêm o poder do Estado sob pressão constante costumam ser muito mais importantes do que aqueles democraticamente eleitos para manter o poder.
[25] Peter Hallward, *Damming the Flood* (Londres, Verso, 2007).
[26] Ibidem, p. xxxiii.
[27] Ibidem, p. 11.
[28] Idem.
[29] Slavoj Žižek, *Em defesa das causas perdidas*, cit., p. 389.
[30] Peter Hallward, *Damming the Flood*, cit., p. 11.

todas as nações brancas"³¹. Portanto, o Haiti *tinha* de ser transformado num caso exemplar de fracasso econômico para dissuadir outros países a seguir o mesmo caminho. O preço – o preço *literal* – da independência "prematura" foi horrível: depois de duas décadas de embargo, a França, ex-metrópole, só restabeleceu as relações comerciais e diplomáticas em 1825, e o Haiti teve de concordar em pagar 150 milhões de francos como "indenização" pela perda dos escravos. Esse valor, mais ou menos igual ao orçamento anual da França na época, foi reduzido mais tarde para 90 milhões, mas continuou a ser um fardo, que impedia o crescimento econômico: no fim do século XIX, os pagamentos do Haiti à França consumiam cerca de 80% do orçamento nacional, e a última parcela foi paga em 1947. Em 2004, durante a comemoração do bicentenário da independência, Jean-Baptiste Aristide, presidente do Lavalas, exigiu que a França devolvesse essa quantia extorquida, mas a exigência foi rejeitada por unanimidade por uma comissão francesa (entre cujos integrantes estava Régis Debray). Enquanto os liberais norte-americanos consideram a possibilidade de indenizar os negros norte-americanos pela escravidão, a exigência de reembolso do Haiti pela tremenda quantia que os ex-escravos tiveram de pagar para que sua liberdade fosse reconhecida foi ignorada pela opinião liberal, muito embora a extorsão fosse dupla: primeiro, os escravos foram explorados; segundo, eles tiveram de pagar pelo reconhecimento de uma liberdade conquistada a duras penas.

A história continua: o que para a maioria de nós é uma gostosa lembrança de infância – fazer bolos de lama – é uma realidade sem esperança em favelas do Haiti como Cité Soleil. De acordo com uma notícia recente da Associated Press, a alta do preço dos alimentos deu novo impulso a um tradicional remédio haitiano para as agruras da fome: biscoitos de terra amarela. "A lama, há muito valorizada como antiácido e fonte de cálcio por grávidas e crianças", é considerada mais barata do que comida de verdade: terra para fazer 100 biscoitos custa 5 dólares. Os comerciantes levam terra do planalto central do país para as feiras, onde as mulheres compram-na, transformam-na em biscoitos de lama e deixam secar sob o sol escaldante; o produto final é levado em baldes para as feiras ou vendido nas ruas³².

O movimento Lavalas, cujos governos foram duas vezes interrompidos nas últimas duas décadas por golpes militares patrocinados pelos Estados Unidos, é uma combinação única de um agente político que conquistou o poder do Estado por meio de eleições livres, mas que *manteve suas raízes nos órgãos da democracia popular local, da organização direta do povo*. Assim, embora a "imprensa livre" – dominada pelos inimigos do movimento – nunca tenha sido censurada e os protestos violentos que ameaçavam constantemente à estabilidade do governo legal tenham sido tolera-

---

³¹ Ibidem, p. 12.
³² Jonathan M. Katz, "Poor Haitians Resort to Eating Dirt", *Associated Press*, 9 jan. 2008.

dos, estava claro em nome de quem o governo agia. O objetivo dos Estados Unidos e da França era impor uma democracia "normal" no Haiti, uma democracia que não tocasse no poder econômico da pequena elite, e sabiam muito bem que, para funcionar assim, a democracia teria de cortar os laços com a organização popular direta.

É interessante observar que essa cooperação franco-americana ocorreu pouco depois da discordância pública sobre o ataque ao Iraque e foi celebrada de modo bastante apropriado como a reafirmação da aliança básica entre França e Estados Unidos que subjaz aos eventuais desacordos; até o Brasil de Lula, o herói de Toni Negri, perdoou a derrubada de Aristide em 2004. Criou-se assim uma aliança espúria para desacreditar o governo do Lavalas, uma corja que violava os direitos humanos, e o presidente Aristide, um ditador fundamentalista louco pelo poder – uma aliança que incluía desde esquadrões da morte formados por mercenários e "frentes democráticas" patrocinadas pelos Estados Unidos até ONGs humanitárias e certas organizações da "esquerda radical" que, financiadas pelos norte-americanos, denunciaram a "capitulação" de Aristide diante do FMI. O próprio Aristide descreveu de maneira perspicaz essa superposição entre a esquerda radical e a direita liberal: "em algum lugar, há de certo modo uma satisfaçãozinha secreta, talvez uma satisfação inconsciente, de dizer coisas que os brancos poderosos querem que sejam ditas"[33].

A luta do Lavalas é um exemplo perfeito de heroísmo com princípios e de limitações do que se pode fazer hoje: o Lavalas não se retirou para os interstícios do poder do Estado para daí "resistir"; ao contrário, assumiu heroicamente o poder do Estado, sabendo muito bem que assumia o poder nas circunstâncias mais desfavoráveis, quando todas as tendências de "modernização" capitalista e "reajuste estrutural", assim como da esquerda pós-moderna, estavam contra ele – quando se ouviu, por exemplo, a voz de Negri, ocupada em elogiar o governo de Lula no Brasil? Restringido pelas medidas impostas pelos Estados Unidos e pelo FMI para realizar os "ajustes estruturais necessários", Aristide combinou uma política de pequenas medidas pragmáticas (construir escolas e hospitais, criar infraestrutura, elevar o salário mínimo) com ações de violência popular contra as gangues de militares. Apesar dos erros óbvios – e, como disse o próprio Aristide, o primeiro a admitir os erros do Lavalas, é melhor errar com o povo do que acertar contra ele –, o regime do Lavalas foi realmente uma das encarnações daquilo que seria hoje a "ditadura do proletariado". Embora tenha feito todas as inevitáveis concessões, continuou fiel à "base", à multidão dos despossuídos, falando em seu nome, não os "representando", mas baseando-se diretamente em sua auto-organização local. Embora tenha respeitado as regras democráticas, o Lavalas deixou claro que não era na luta eleitoral que tudo se decidia: muito mais importante era complementar a democracia com a organização política espontânea dos oprimidos. Ou, para

---

[33] Peter Hallward, *Damming the Flood*, cit., p. 338.

usar os termos "pós-modernos", a luta entre o Lavalas e a elite militar-capitalista do Haiti é um caso de antagonismo que não cabe no arcabouço do "pluralismo agonista" democrático-parlamentar.

O caso do Haiti deixa claro que, sempre que nos sentimos tentados pelo espetáculo fascinante da violência do Terceiro Mundo, deveríamos fazer uma autorreflexão e nos perguntar como nos incluímos nela. Há uma velha anedota sobre um grupo de antropólogos que penetrou nas profundezas da Nova Zelândia em busca de uma misteriosa tribo que fazia uma arrepiante dança da morte com máscaras de madeira e barro. Certo dia, ao anoitecer, eles finalmente encontraram a tribo, conseguiram explicar o que queriam e foram dormir; na manhã seguinte, a tribo fez uma dança que atendeu a todas as expectativas; os antropólogos voltaram satisfeitos para a "civilização" e escreveram um relatório sobre a descoberta. Infelizmente, outra expedição visitou a mesma tribo alguns anos depois, fez um esforço mais sério para se comunicar e descobriu a verdade: os indígenas tinham entendido que seus hóspedes queriam ver uma dança da morte assustadora e, por senso de hospitalidade, para não desapontá-los, trabalharam a noite toda para confeccionar as máscaras e fazer uma dança qualquer que satisfizesse os hóspedes; os antropólogos que acreditaram assistir a um estranho ritual exótico presenciaram, na verdade, uma encenação inventada às pressas de seu próprio desejo.

Não está acontecendo algo muito parecido no Congo, que ressurgiu como o "coração das trevas"* africano? A reportagem de capa da revista *Time* de 5 de junho de 2006 era "The Deadliest War In the World" ["A guerra mais mortal do mundo"], um documento detalhado sobre como cerca de 4 milhões de pessoas morreram no Congo em consequência da violência política na década passada. Não houve a costumeira revolta humanitária, apenas duas cartas de leitores, como se mecanismo de filtragem qualquer tivesse impedido a notícia de causar todo o seu impacto. Cinicamente, a *Time* escolheu a vítima errada na luta pela hegemonia do sofrimento: deveria ter ficado com a lista de suspeitos de sempre (as mulheres muçulmanas e sua luta, a opressão no Tibete etc.). Hoje, o Congo ressurge de fato como uma zona conradiana: ninguém ousa enfrentá-lo. Na mídia, a morte de uma criança palestina na Cisjordânia, sem falar de um israelense ou de um norte-americano, vale mil vezes mais do que a morte de um congolês anônimo. Mas por que essa ignorância?

Em 30 de outubro de 2008, a Associated Press noticiou que Laurent Nkunda, general rebelde que sitiou Goma, capital de uma província localizada no extremo leste do Congo, disse que queria conversar diretamente com o governo sobre suas

---

* Referência ao livro *Coração das trevas*, de Joseph Conrad (São Paulo, Companhia das Letras, 2008). (N. T.)

objeções a um acordo de 1 bilhão de dólares que liberava à China o acesso às riquezas minerais do país em troca de rodovias e de uma ferrovia. Por mais problemática e neocolonialista que seja[34], essa transação era uma ameaça aos interesses dos chefes guerreiros, porque, se fosse bem-sucedida, criaria uma infraestrutura básica para que a República Democrática do Congo funcionasse como um Estado unido. Em 2001, uma investigação da ONU sobre a exploração ilegal dos recursos naturais do Congo descobriu que o conflito se deve sobretudo ao acesso, controle e comércio de cinco recursos minerais principais: coltan [columbita-tantalita], diamante, cobre, cobalto e ouro. De acordo com essa investigação, a exploração dos recursos naturais do Congo por chefes guerreiros e exércitos estrangeiros é "sistêmica e sistemática"; os líderes ugandenses e ruandeses em particular (seguidos de perto por zimbabuanos e angolanos), transformaram a soldadesca em exército comercial: o exército de Ruanda ganhou no mínimo 250 milhões de dólares em 18 meses com a venda de coltan, usado em celulares e laptops. O relatório concluiu que a guerra civil e a desintegração do Congo "criaram uma situação em que todos os beligerantes ganham. O único perdedor nesse imenso empreendimento comercial é o povo congolês". Não devemos esquecer o velho pano de fundo "reducionista econômico", quando ouvimos a mídia falar de paixões étnicas primitivas que ainda irrompem na selva africana.

Por trás da fachada de guerra étnica, discernimos, portanto, os contornos do capitalismo global. Depois da queda de Mobutu, o Congo não existe mais como Estado unido; sobretudo a banda oriental é uma multiplicidade de territórios dominados por chefes guerreiros que controlam a região com um exército que, via de regra, inclui crianças drogadas. Cada chefe tem vínculos comerciais com alguma empresa estrangeira que explora as riquezas da região, principalmente minerais. Esse sistema é bom para os dois lados: a empresa consegue os direitos de mineração, livres de impostos e outras complicações, os chefes guerreiros enriquecem. A ironia é que muitos desses minerais são usados em produtos de alta tecnologia, como celulares e laptops. Em resumo: esqueça os costumes selvagens da população local; basta que as empresas estrangeiras de alta tecnologia se retirem para que todo o edifício da guerra étnica, alimentada por antigas paixões, desmorone.

Uma das principais ironias aqui é que os tutsis de Ruanda, vítimas de um terrível genocídio há uma década, estão entre os maiores exploradores. Em 2008, o governo de Ruanda apresentou numerosos documentos que mostram a cumplicidade do presidente Mitterrand e de seu governo no genocídio dos tutsis: a França apoiou

---

[34] Para acabar com todas as ilusões sobre a China, uma rápida olhada em Mianmar é suficiente. Mianmar é de fato uma (pós-)colônia chinesa, em que a China pratica a estratégia pós-colonial de apoiar um regime militar corrupto (nos grandes protestos liderados pelos monges budistas alguns anos atrás, o regime militar foi salvo com a discreta ajuda de assessores de segurança chineses) em troca da liberdade de explorar vastos recursos naturais.

o plano de tomada do poder, chegando ao ponto de armar os hutus para recuperar sua influência nessa parte da África à custa dos tutsis anglófonos. No mínimo, a declaração da França de que as acusações eram totalmente infundadas foi um tanto frouxa. Levar Mitterrand ao Tribunal de Haia, ainda que postumamente, teria sido um ato verdadeiro: o máximo a que o sistema jurídico ocidental conseguiu chegar foi a prisão de Pinochet, visto como um estadista trapaceiro; a condenação de Mitterrand cruzaria uma linha fatídica e, pela primeira vez, levaria a julgamento um político ocidental importante, que fingia agir como protetor da liberdade, da democracia e dos direitos humanos. A lição desse julgamento seria a cumplicidade das potências liberais ocidentais e aquilo que a mídia apresenta como explosão do barbarismo no Terceiro Mundo.

Não há dúvida de que a densa selva congolesa é profunda, mas seu coração está em outro lugar: nos iluminados escritórios de nossos bancos e empresas de alta tecnologia. Para acordar realmente do "sonho dogmático" capitalista (como diria Kant) e ver esse outro verdadeiro coração das trevas, teríamos de aplicar a nossa situação a velha frase de Brecht em *A ópera dos mendigos*: "O que é um roubo de banco comparado à fundação de um novo banco?". O que é roubar alguns milhares de dólares e ir para a cadeia, em comparação com a especulação financeira que priva milhões de pessoas de suas casas e de suas economias e depois é recompensada pela generosidade sublime da ajuda estatal? O que é um chefe guerreiro congolês, em comparação com o presidente-executivo de uma empresa ocidental esclarecido e sensível ao problema do meio ambiente? Talvez José Saramago estivesse certo quando propôs numa coluna de jornal que executivos de grandes bancos e outros responsáveis pela crise financeira fossem considerados culpados de crimes contra a humanidade, cujo lugar certo é o Tribunal de Haia. Talvez não devêssemos tratar essa proposta apenas como um exagero poético ao estilo de Jonathan Swift, mas levá-la muito a sério.

Pensar para trás

Como tornar *invisível* a escuridão que nos cerca? A ideologia recorre a toda uma série de procedimentos. Comecemos com *O mundo sem nós*, de Alan Weisman*, um livro que apresenta uma visão do que aconteceria se a humanidade (e *só* a humanidade) desaparecesse subitamente da Terra: a diversidade natural voltaria a crescer e a natureza colonizaria aos poucos os artefatos humanos. Nós, seres humanos, somos reduzidos a um puro olhar sem corpo, que observa nossa própria ausência. Como ressaltou Lacan, essa é a posição subjetiva fundamental da fantasia: reduzir-se ao

---

* São Paulo, Planeta, 2007. (N. E.)

olhar que observa o mundo na condição de não existência do sujeito – como a fantasia de assistir ao ato de nossa própria concepção, à cópula de nossos pais ou ao nosso próprio funeral, como Tom Sawyer e Huck Finn. Portanto, *O mundo sem nós* é a fantasia em seu aspecto mais puro: ver a própria Terra mantendo seu estado de inocência pré-castrado, antes que nós, seres humanos, a saqueássemos com nosso *húbris*. A ironia é que o exemplo mais óbvio vem da tragédia de Chernobyl: a natureza vicejante ocupou as ruínas da cidade vizinha de Pripyat, que foi abandonada. Um bom contraponto a essas fantasias, baseadas na ideia de que a natureza é um ciclo equilibrado e harmonioso deturpado pela intervenção humana, é a tese de um cientista ambiental de que, apesar de não podermos ter certeza do resultado da intervenção humana na geosfera, uma coisa é certa: se a humanidade interrompesse de repente a atividade industrial e deixasse a natureza retomar seu curso equilibrado, o resultado seria o colapso total, uma catástrofe inimaginável. A "natureza" já está a tal ponto "adaptada" às intervenções humanas, a "poluição" humana já está a tal ponto incluída no equilíbrio frágil e incerto da reprodução "natural" da Terra que sua interrupção provocaria um desequilíbrio cataclísmico.

Encontramos exatamente a mesma estrutura no próprio cerne da utopia. Em "Frenesi", conto publicado no livro *Her Body Knows* [O corpo dela sabe], David Grossman faz pelo ciúme na literatura o que Louis Buñuel fez no cinema com *O alucinado*: uma obra-prima que mostra as coordenadas fantasmáticas básicas dessa noção. Por ciúmes, o sujeito *cria/imagina um paraíso* (uma utopia da *jouissance* total) *do qual ele é excluído*. A mesma definição se aplica ao que podemos chamar de ciúme político, desde as fantasias antissemitas sobre o gozo excessivo dos judeus até as fantasias dos fundamentalistas cristãos sobre as estranhas práticas sexuais de gays e lésbicas. Como ressaltou Klaus Theweleit, é muito fácil ler esses fenômenos como simples "projeções": o ciúme pode ser real e fundamentado, outros têm e podem ter uma vida sexual muito mais intensa do que o sujeito ciumento – fato que, como observou Lacan, não torna o ciúme menos patológico. E isso não revela alguma coisa sobre a posição do espectador no cinema? Por definição, ele não é um *sujeito ciumento* que se exclui da utopia observada na tela? Encontramos essa postura até onde não esperamos. Gerard Wajcman começa seu ensaio memorável sobre "os animais que nos tratam mal" contando uma experiência que teve durante uma viagem a um parque africano de vida selvagem:

> Todo um time de turistas atravessa a savana de um lado para o outro, chega à cena com uma máquina à explosão e uma nuvem de poeira para se plantar a vinte metros de três grandes leões malvados... e nada. Como se não existíssemos. Essa foi minha experiência definitiva com o mundo animal. Um desencantamento absoluto. Um encontro do tipo zero. Não dividimos o espaço com os animais. Invadimos ou cruzamos seu território, mas nunca encontramos com eles. Zoológicos, circos (cada vez menos), parques públicos (cada vez mais), zonas de caça, canais de televisão dedicados aos animais, sociedades

de proteção, museus naturais, lares para animais de todos os tipos, multiplicamos os lugares, as ocasiões e os modos do encontro. A humanidade gasta seu tempo observando os animais. Inventamos todos os tipos de aparelhos expressamente com esse propósito. Nunca nos cansamos. Não há dúvida de que eles representam para nós um mundo perfeito. Algo estranho, diferente de nós, de nosso mundo bagunçado, caótico, incerto e ferrado. Isso faz o mundo animal parecer muito melhor. Às vezes, ele parece tão estranho que estacamos diante da sua perfeição e ficamos mudos e pasmos, e, apesar do nosso desejo sincero, perguntamos a nós mesmos se conseguiríamos ser como eles, nos tornar tão maravilhosos como uma sociedade de formigas ou pinguins, em que cada um tem seu lugar, em que cada um está em seu lugar e em que todos sabem e fazem exatamente o que precisam para que tudo continue em seu lugar, de modo que a sociedade possa se perpetuar, imutável, indefinidamente a mesma e infinitamente perfeita. Temos muita dificuldade com esse negócio de achar nosso lugar. Depois dos desastres do século XX, as sociedades animais parecem ter se tornado o ideal.[35]

O fato de os animais ignorarem os turistas intrusos é fundamental: indica o movimento duplo de despercepção que caracteriza as fantasias utópicas, isto é, a cena apresentada é uma fantasia (ainda que tenha "realmente acontecido", como é o caso aqui), o que a transforma em fantasia é o investimento libidinal que determina seu significado; nós (os participantes) nos despercebemos, reduzimo-nos ao puro olhar dessubstancializado e ignorado pelos objetos do olhar, como se não fizéssemos parte da realidade que observamos (apesar de perturbar o ritmo do parque natural com nossos veículos) e fôssemos uma presença espectral, invisível para os seres vivos; nós nos reduzimos a entidades espectrais que observam "o mundo sem nós". Como observadores externos do paraíso a nós proibido, assumimos a mesma posição da infeliz Stella Dallas na cena final do melodrama hollywoodiano de mesmo nome: fora da mansão onde acontece a cerimônia, Stella observa pela janela o casamento da filha com seu noivo rico – o paraíso de uma família rica e feliz do qual ela está excluída.

Essa utopia explica dois outros fenômenos da cultura contemporânea: primeiro, a popularidade das reduções darwinistas das sociedades humanas a sociedades animais, a explicação das conquistas humanas em termos de adaptação evolucionária. Os textos de divulgação científica abundam em jornais e revistas que contam como os cientistas conseguiram explicar hábitos humanos aparentemente malucos ou inúteis com base em estratégias adaptativas. (Por que o luxo inútil? Para impressionar uma possível parceira sexual com nossa capacidade de gastar com esse luxo excessivo e inútil, e assim por diante.) Dessa maneira, os cientistas sugerem que:

> podemos ainda ter uma chance de nos orientar, de sermos levados acima e além de nossa animalidade. Se alguém tem o péssimo hábito de se enganar o tempo todo, não devemos

---

[35] Gerard Wajcman, "The Animals that Treat Us Badly", *lacanian ink*, n. 33, p. 128-9.

esquecer que a natureza nunca se engana. A salvação virá de nosso ser animal – corpo, genes, neurônios e todo o resto. Assim, o cognitivista sussurra no ouvido dos políticos para ajudá-los a encontrar o caminho. Siga o corpo, mais picaretagem![36]

Esses "relatos", portanto, são sonhos de como se contrapor à crescente disfuncionalização e reflexividade de nossas sociedades "pós-modernas", nas quais podemos esperar cada vez menos que as tradições herdadas sirvam de modelo para o nosso comportamento: os animais não precisam de treinamento, apenas fazem... Em segundo lugar, podemos explicar por que achamos tão prazeroso assistir a documentários intermináveis sobre animais em canais especializados (*Nature*, *Animal Kingdom*, *National Geographic*): eles nos permitem entrever um mundo utópico, em que não há necessidade de linguagem nem treinamento, em outras palavras, uma "sociedade harmoniosa" (como se diz na China hoje) em que todos conhecem naturalmente seu papel:

> O homem é um animal desnaturado. Somos animais que adoeceram com a linguagem. E como ansiamos às vezes pela cura! Mas só calar a boca não adianta. Não se pode apenas desejar o caminho para a animalidade. E é então que, como consolo, assistimos aos canais sobre animais e nos maravilhamos com um mundo não domado pela linguagem. Os animais nos fazem ouvir uma voz de puro silêncio. Saudade da vida de peixe. A humanidade parece sofrer da síndrome de [Jacques] Cousteau.[37]

Por isso o caso da *National Geographic* (mais a revista do que o canal de TV) é tão interessante: embora combine reportagens sobre a natureza e a sociedade humana, o truque é que ela trata a sociedade humana (desde uma tribo no meio do Saara até uma cidadezinha nos Estados Unidos) como uma comunidade animal em que as coisas funcionam de algum jeito, em que "cada um tem seu lugar, em que cada um está em seu lugar e em que todos sabem e fazem exatamente o que precisam para que tudo continue em seu lugar". E, como a incoerência constitutiva básica do ser humano é a discórdia ("impossibilidade") da relação sexual, não admira que um dos elementos principais do nosso fascínio pelo reino animal seja representado por rituais de acasalamento perfeitamente regulados; os animais não têm de se preocupar com fantasias complexas e estimulantes para manter a luxúria: são capazes de "fazer sexo a-historicamente", como explicou Wajcman com uma frase maravilhosa:

> Entre homens e mulheres é sempre uma bagunça, uma grande desordem. Não necessariamente desagradável, é claro; não é guerra, não é um "foda-se" permanente, mas uma espécie de confusão e arrumação [...]. Não há nenhuma regra determinada, nenhuma rima nem razão. Não tem nada a ver com os animais, que parecem saber perfeitamente bem como fazer. Como, com quem e quando. [...] O mundo animal realizou o sonho

---

[36] Ibidem, p. 130.
[37] Ibidem, p. 131.

humano do sexo sem história pregressa, sexo sem história, exatamente quando nós, seres humanos, fomos lá e inventamos a literatura para contar histórias de amor em que nunca acontece nada, a não ser uma história. [...] Ficamos contentes de largar o livro e ir direto ao ponto do que, exatamente, é fazer sexo a-historicamente.[38]

Exemplos como esse indicam uma abordagem das utopias que abandona o foco habitual no conteúdo (a estrutura da sociedade proposta numa visão utópica). Talvez esteja na hora de renunciar ao fascínio do conteúdo e refletir sobre a posição subjetiva em que esse conteúdo parece utópico. Por conta de seu laço temporal, a narrativa fantasmática sempre envolve um *olhar impossível*, o olhar por meio do qual o sujeito já está presente na cena de sua ausência. Quando o sujeito identifica seu olhar diretamente com o *objeto a*, a consequência paradoxal dessa identificação é que o *objeto a* some do campo de visão. Isso nos leva ao cerne da ideia lacaniana de utopia: uma visão do desejo que funciona sem um *objeto a*, suas voltas e torções. Não só é utópico pensar que podemos alcançar o gozo "incestuoso" total sem nenhum obstáculo, como é igualmente utópico pensar que podemos renunciar/sacrificar o gozo sem que essa renúncia gere seu próprio gozo excedente.

No entanto, o modo de evitar essa redução utópica do sujeito ao olhar impossível que assiste a uma realidade alternativa da qual ele está ausente não é abandonar o *topos* da realidade alternativa como tal. Devemos recordar aqui a noção de Walter Benjamin da revolução como redenção pela repetição do passado: a respeito da Revolução Francesa, a tarefa de uma historiografia marxista genuína não é descrever os eventos como eles realmente foram (e explicar como esses eventos geraram as ilusões ideológicas que os acompanharam), mas, ao contrário, desenterrar a potencialidade oculta (o potencial utópico emancipador) que foi traída na realidade da revolução e em seu resultado final (o surgimento do capitalismo utilitário de mercado). O objetivo de Marx não é rir das loucas esperanças do entusiasmo revolucionário dos jacobinos, mostrar que sua retórica emancipatória foi apenas um meio empregado pela "artimanha da razão" para estabelecer a realidade capitalista vulgar, mas é explicar como esses potenciaia emancipatório-radicais traídos continuam a "insistir" como uma espécie de fantasma histórico que assombra a memória revolucionária, exigindo sua representação, de modo que a revolução proletária posterior também redima todos esses fantasmas do passado (ou lhes dê descanso). Essas versões alternativas do passado que persistem numa forma espectral constituem a "abertura" ontológica do processo histórico, como estava claro – mais uma vez – para Chesterton:

> As coisas que podem ter sido nem sequer se apresentam à imaginação. Se alguém diz que o mundo seria melhor se Napoleão não tivesse caído, mas tivesse criado uma dinas-

---
[38] Ibidem, p. 132-3.

tia imperial, deveríamos corrigir sua mente com um safanão. A própria noção é nova. Mas evitaria a reação prussiana; salvaria a igualdade e o iluminismo sem uma briga mortal com a religião; uniria os europeus e talvez impedisse a corrupção parlamentar e as vinganças fascista e bolchevique. Mas, nessa era de livres-pensadores, a mente dos homens não é realmente livre para pensar esse tipo de pensamento.

Queixo-me porque os que aceitam o veredito do destino aceitam-no sem saber por quê. Por um estranho paradoxo, portanto, os que supõem que a história sempre seguiu o rumo certo são em geral os mesmos que não acreditam que existisse uma providência especial para guiá-la. Na verdade, os mesmos racionalistas que fazem pouco do julgamento pelo combate, como no velho sistema medieval, aceitam que um julgamento pelo combate decida toda a história humana.[39]

Então por que o próspero gênero das histórias "e se" é dominado por historiadores conservadores? A introdução típica dessas histórias é um ataque aos marxistas, que supostamente acreditam no determinismo histórico. A tendência conservadora fica clara assim que se consulta o sumário dos principais livros do gênero "e se": os tópicos prediletos oscilam entre a "premissa maior" – como a história seria *melhor*, se um evento revolucionário ou "radical" tivesse sido evitado (se o rei Carlos tivesse vencido o Parlamento inglês; se a Coroa inglesa tivesse vencido a guerra de independência contra as colônias americanas; se os confederados tivessem vencido a guerra civil norte-americana com o auxílio da Grã-Bretanha; se a Alemanha tivesse vencido a Primeira Guerra Mundial; se Lenin tivesse sido assassinado na estação Finlândia...) – e a "premissa menor" – como a história seria *pior*, se tivesse seguido uma tendência mais "progressista" (se Thatcher tivesse morrido no atentado do IRA em Brighton, em 1984; se Gore tivesse vencido Bush e fosse o presidente no 11 de Setembro...). Qual deveria ser a resposta do marxista? É claro que não o velho e cansativo raciocínio de Georgi Plekhanov sobre o "papel do indivíduo na história" (a lógica de que, "mesmo que Napoleão não houvesse existido, outro indivíduo teria tido um papel similar, porque a necessidade histórica mais profunda exigia a passagem pelo bonapartismo"). Em vez disso, ele deveria questionar a própria premissa de que os marxistas (e os esquerdistas em geral) são deterministas burros, refratários a roteiros alternativos.

A primeira coisa que devemos observar é que as histórias "e se" fazem parte de uma tendência ideológica mais geral, de uma percepção da vida que refuta a forma da narrativa centrada e linear e a apresentam como um fluxo multiforme; até no campo das ciências "duras" (a física quântica e sua interpretação da realidade múltipla, o neodarwinismo etc.), parece que somos perseguidos pela ocasionalidade da vida e por versões alternativas da realidade; como explicou Stephen Jay Gould, um

---

[39] G. K. Chesterton, "The Slavery of the Mind"; disponível em: <http://www.gkc.org.uk/gkc/books/The_Thing.txt>. [Acesso em 25 maio 2012.]

biólogo marxista (se é que isso existe): "Rebobine o filme da vida e passe de novo. A história da evolução será totalmente diferente". Essa percepção de nossa realidade como um dos resultados possíveis de uma situação "aberta", muitas vezes nem mesmo o mais provável, a ideia de que outros resultados possíveis não são simplesmente eliminados, mas continuam assombrando nossa realidade "verdadeira" como espectros daquilo que poderia ter sido, dando a nossa realidade um status de extrema fragilidade e contingência, não é de modo algum estranha ao marxismo; na verdade, baseia-se nessa percepção a sensação de *urgência* do ato revolucionário.

Como a não ocorrência da Revolução de Outubro é um dos tópicos favoritos dos historiadores conservadores do "e se", vejamos como o próprio Lenin se relacionava com isso. Ele estava tão longe quanto possível de qualquer tipo de confiança na "necessidade histórica" (eram seus adversários mencheviques que insistiam que é possível pular a sucessão de estágios prescritos pelo determinismo histórico: primeiro o democrático-burguês, depois a revolução proletária...). Nas "Teses de abril" de 1917, quando Lenin discerniu o *Augenblick*, a oportunidade única de revolução, suas propostas foram a princípio recebidas com estupor ou desprezo pela maioria de seus próprios colegas de partido. Dentro do partido bolchevique, nenhum líder importante apoiou seu chamado à revolução, e o *Pravda* deu um passo extraordinário, desassociando o partido e o conselho editorial das "Teses de abril" de Lenin; longe de ser uma bajulação oportunista, e de aproveitar o clima predominante no partido, as opiniões de Lenin eram altamente idiossincrásicas. Bogdanov qualificou as "Teses de abril" de "delírio de louco", e mesmo Nadejda Krupskaia concluiu: "temo que pareça que Lenin enlouqueceu". Lenin percebeu imediatamente a oportunidade revolucionária que surgiu de circunstâncias contingentes únicas: se o momento não fosse aproveitado, a oportunidade de fazer a revolução se perderia, talvez durante décadas. Temos então o próprio Lenin imaginando um roteiro alternativo: "*E se* não agirmos agora?" – e foi exatamente a consciência das consequências catastróficas de não agir que o levou a agir...

Mas há um compromisso muito mais profundo com histórias alternativas de um ponto de vista marxista radical: ele leva a lógica do "e se" à sua inversão autorreflexiva. Para o marxista radical, *a história real que vivemos é em si um tipo de história alternativa realizada*, a realidade em que temos de viver, porque não aproveitamos o momento no passado e não agimos. Historiadores mostraram que, na Guerra de Secessão, os confederados perderam a batalha de Gettysburg porque o general Lee cometeu uma série de erros atípicos: "Gettysburg foi a única batalha travada por Lee que é lida como ficção. Em outras palavras, se houve uma batalha em que Lee não se comportou como Lee foi no sul da Pensilvânia"[40].

---

[40] Bill Fawcett, *How to Lose a Battle* (Nova York, Harper, 2006), p. 148.

Para cada passo errado, podemos jogar o jogo: "O que Lee teria feito nessa situação?"; em outras palavras, é como se, na batalha de Gettysburg, a história alternativa tivesse se concretizado. No pouco conhecido *O homem eterno*, Chesterton faz uma experiência mental maravilhosa, imaginando o monstro que o homem deve parecer a princípio aos olhos dos animais a sua volta:

> A verdade mais simples sobre o homem é que ele é um ser estranhíssimo, quase no sentido de ser um estranho na Terra. Com toda a sobriedade, ele tem muito mais a aparência externa de quem traz hábitos de outra terra do que de um simples desenvolvimento dela. Ele tem uma vantagem injusta e uma desvantagem injusta. Não pode dormir na própria pele; não pode confiar nos próprios instintos. É ao mesmo tempo um criador que move mãos e dedos milagrosos e quase um aleijado. Envolve-se em ataduras artificiais chamadas roupas; apoia-se em muletas artificiais chamadas mobília. Sua mente tem as mesmas liberdades duvidosas e as mesmas limitações selvagens. Único entre os animais, é sacudido pela bela loucura chamada riso, como se entrevisse um segredo na forma mesma do universo, oculta do próprio universo. Único entre os animais, sente a necessidade de desviar o pensamento das realidades básicas de seu ser corporal, de escondê-las como na presença de alguma possibilidade mais elevada que cria o mistério da vergonha. Quer louvemos essas coisas como naturais ao homem, quer as vilipendiemos como artificiais na natureza, elas continuam, no mesmo sentido, únicas.[41]

É isso que Chesterton chamou de "pensar para trás": temos de recuar no tempo, antes que as decisões fatídicas sejam tomadas ou antes que ocorram os acidentes que geraram o estado que hoje nos parece normal, e o meio de fazer isso, de tornar palpável esse momento aberto da decisão, é imaginar como, naquele momento, a história poderia ter seguido um curso diferente.

No entanto, isso não significa que, numa repetição histórica no sentido benjaminiano radical, nós simplesmente possamos voltar no tempo até o momento aberto da decisão e, dessa vez, fazer a escolha certa. Ao contrário, a lição da repetição é que nossa primeira escolha é necessariamente errada, e por uma razão muito precisa: a "escolha certa" só é possível da segunda vez, depois da escolha errada, ou seja, a escolha errada é que cria as condições para a escolha certa. A ideia de que podemos fazer a escolha certa já da primeira vez, e só por acaso damos sorte, é uma ilusão retroativa. Para esclarecer essa questão, tomemos um exemplo da historiografia recente.

A queda de Roma, de Bryan Ward-Perkins[42], descreve a desintegração gradual do Império Romano nos séculos IV a VII d.C., enfatizando o retrocesso econômico e civilizador ou mesmo a catástrofe que essa desintegração provocou: num curto

---

[41] G. K. Chesterton, *The Everlasting Man*; disponível em: <http://gutenberg.net.au/ebooks01/0100311.txt>. [Acesso em 25 maio 2012.]

[42] Ver Bryan Ward-Perkins, *The Fall of Rome* (Oxford, Oxford University Press, 2005). [Ed. port.: *A queda de Roma e o fim da civilização*, Braga, Aletheia, 2006.]

período, a grande maioria das terras do Império caiu a um nível mais baixo do que aquele antes da ocupação romana. Os alvos polêmicos e explícitos do livro são as recentes tentativas "revisionistas" de retratar a Antiguidade tardia não como um retrocesso traumático para a "Idade das Trevas" do início da Idade Média, mas como uma transformação gradual (em geral pacífica) do Império Romano unido em múltiplos Estados novos, um processo em que os grupos étnicos, livres da violenta dominação romana, amadureceram numa coexistência tolerante. Em vez de colapso, poderíamos dizer que houve progresso... Contra essa nova doxa, Ward demonstra de modo convincente o extraordinário declínio da complexidade social e econômica (o declínio da alfabetização, o desaparecimento quase total das rotas comerciais e, portanto, da produção em grande escala de objetos de uso cotidiano etc.). Sua ênfase na vida econômica e cotidiana é uma correção bem-vinda das análises foucaultianas, que se concentram nas mudanças espirituais da Antiguidade tardia e descrevem o surgimento das novas formas de subjetividade. O livro de Ward confirma duas ideias antigas: primeiro, toda história é história do presente; segundo, nosso entendimento da história real sempre implica uma referência (oculta ou não) à história alternativa – o que "realmente aconteceu" é percebido contra o pano de fundo do que *poderia ter* acontecido, e essa possibilidade alternativa é apresentada como o caminho que deveríamos seguir hoje. As duas ideias estão intimamente ligadas, portanto; como dissemos, foi Walter Benjamin que conceituou a revolução social dessa forma (ela redimirá o passado pela repetição das tentativas passadas, concretizando finalmente a possibilidade perdida da revolução). Aqui, entretanto, temos um caso mais conservador. A "lição de hoje" é explicada no último parágrafo do livro:

> há um perigo real para os dias atuais na visão do passado que se dispõe explicitamente a eliminar qualquer crise e qualquer declínio. O fim do Ocidente romano assistiu a horrores e deslocamentos de um tipo que, sinceramente, espero nunca viver; e destruiu uma civilização complexa, jogando os habitantes do Ocidente de volta num padrão de vida típico dos tempos pré-históricos. Antes da queda, os romanos tinham tanta certeza quanto nós, hoje, de que seu mundo sobreviveria para sempre, praticamente sem mudanças. Estavam errados. Seríamos sábios se não imitássemos sua complacência.[43]

Os ecos da ideia de um Ocidente secular desenvolvido, ameaçado por novos fundamentalismos, são inconfundíveis aqui: não podemos repetir o erro dos romanos e minimizar o perigo mortal que os novos bárbaros representam, senão cairemos numa nova Idade das Trevas... Mas ainda mais interessante para uma análise crítico-ideológica é a história alternativa que sustenta essa visão: a possibilidade de que os ostrogodos que dominaram Roma de meados do século V a meados do VI permanecessem no poder, derrotando o exército invasor bizantino:

---

[43] Ibidem, p. 183.

se os eventos tivessem acontecido de forma diferente, seria possível cogitar um império ocidental ressurgente sob uma dinastia germânica bem-sucedida. Teodorico, o Ostrogodo, dominou a Itália e partes das províncias do Danúbio e dos Bálcãs a partir de 493; de 511 em diante, controlou também o reino visigodo da Espanha e muitos dos antigos territórios dos visigodos no sul da Gália, onde restabeleceu o tradicional cargo romano de "prefeito pretoriano das Gálias", instalado em Arles. Isso parece o início de um império ocidental ressuscitado pelos reis germânicos. No fim das contas, tudo isso acabou durante a invasão da Itália por Justiniano, em 535. Mas, se tivessem tido mais sorte, os reis ostrogodos posteriores talvez tivessem conseguido expandir esse sucesso inicial e – quem sabe? – teriam ressuscitado o título imperial no Ocidente séculos antes de Carlos Magno, em 800.[44]

Entre os historiadores, Peter Heather desenvolveu essa hipótese com vigor[45]. Aliás, há um romance histórico alternativo – *Lest Darkness Falls* [Para que não caia a escuridão], escrito em 1941 por L. Sprague de Camp – que adota essa versão: um arqueólogo volta no tempo até a Itália ostrogoda, ajuda a estabilizá-la depois da morte de Teodorico e impede sua conquista por Justiniano. Aqui a visão subjacente é a síntese produtiva entre a civilização romana e a força e a vitalidade góticas: os godos, que se consideravam protetores da civilização romana, poderiam ter tirado a moribunda civilização romana da inércia em que se encontrava e lhe dar novo vigor. Desse modo, a Idade das Trevas não teria existido e teríamos saltado diretamente do Império Romano para Carlos Magno, para uma Europa forte e civilizada.

Infelizmente, há obscuros investimentos ideológicos em ação aqui, investimentos que encontraram sua expressão num romance de Felix Dahn, *Ein Kampf um Rom* [Uma luta por Roma], de 1876 (em 1968, de volta à Alemanha, Robert Siodmak montou um grande espetáculo histórico baseado nesse romance, com Orson Welles como Justiniano; foi seu último filme)[46]. Dahn era membro honorário da associação Germania, entidade nacionalista e antissemita, e sua obra contribuiu para a base ideológica do nacional-socialismo. A história começa com a morte de Teodorico, o Grande, quando seus sucessores tentam manter seu legado: um reino ostrogodo independente. Eles são combatidos pelo Império Bizantino, governado pelo poderoso imperador Justiniano, que tenta restaurar o Império Romano em sua antiga grandeza dominando a península italiana. Witiges, Totila e Teia, que sucederam nessa ordem a Teodorico no trono, esforçam-se para defender o reino com a ajuda de Hildebrando, fiel escudeiro de Teodorico. Enquanto isso, Cethegus, um prefeito romano (fictício) que representa a maioria da população de Roma, tem planos para reerguer o império: tenta se livrar dos godos, mas ao mesmo tempo

---

[44] Ibidem, p. 58.
[45] Ver Peter Heather, *The Goths* (Oxford, Oxford University Press, 1996).
[46] Ver Felix Dahn, *Struggle for Rome* (Twickenham, Athena Press, 2005).

está decidido a manter os bizantinos longe da Itália. No fim, os bizantinos vencem e recuperam a Itália e Cethegus morre num duelo com Teia, o último rei godo: a luta por Roma termina numa batalha perto do monte Vesúvio, onde os ostrogodos ainda se defendem num desfiladeiro estreito (essa cena lembra as Termópilas); derrotados, retiram-se para a ilha de Tule, onde criam raízes... O tema principal do livro aparece no poema que comenta a partida dos ostrogodos: "Abri caminho, ó povo, para nossos passos./ Somos os últimos godos./ Não levamos coroa conosco,/ Apenas um cadáver". Esse cadáver é o de Teia, homem sombrio e abatido que pressente o fim do reino; embora saiba que esse fim está predestinado, adota uma postura germânica e enfrenta o destino com coragem para ser lembrado (é impossível não ver ecos do soturno Hagen, dos *Nibelungos*, na figura de Teia).

Embora esteja longe desse fascínio heroico, fatalista e mórbido, Ward-Perkins apresenta uma série de teses que (apesar de historicamente exatas, como costumam ser) apoia a visão contemporânea de que o Ocidente secular e civilizado precisa ser defendido do ataque bárbaro do Terceiro Mundo e alerta para a ilusão de uma integração pacífica. Por exemplo, não há como não se espantar com a insistência de Ward-Perkins de que o Ocidente romano caiu por razões estritamente externas (as invasões bárbaras), e não por antagonismos e fraquezas internas – tese que pode ganhar várias versões, da acusação nietzschiana de que o cristianismo é degenerado à ênfase marxista de que a diminuição gradual dos agricultores/soldados livres e sua substituição por exércitos mercenários desestabilizaram o império (os irmãos Gracos, heróis de Marx, podem ser considerados, portanto, os últimos defensores da verdadeira força de Roma). A mudança na apreciação popular de Roma nas duas últimas décadas baseia-se em repercussões semelhantes: na década de 1990, quando a Guerra Fria terminou e os Estados Unidos surgiram como única superpotência global, Roma era festejada como um império poderoso, com um exército forte; hoje, a passagem para um mundo com múltiplos centros (ao qual a catastrófica política externa do presidente Bush deu uma boa ajuda) provoca certa obsessão com o Império Romano em declínio.

A questão da Antiguidade tardia é cheia de armadilhas ideológicas, como o enaltecimento ingênuo do raciocínio empírico-secular aristotélico, que foi violentamente suprimido na Idade das Trevas, quando a fé tachou a curiosidade intelectual de perigosa, e que retornou com Tomás de Aquino, embora ainda formalmente submetido à religião[47]. No entanto, a razão aristotélica é teleológico-orgânica, em contraste visível com a contingência radical da ciência moderna. Não admira que hoje a Igreja Católica tache o darwinismo de "irracional" em nome da noção

---

[47] Ver Charles Freeman, *The Closing of the Western Mind: the Rise of Faith and the Fall of Reason* (Nova York, Vintage, 2005).

aristotélica da razão: a "razão" de que fala o papa é a razão pela qual a teoria da evolução de Darwin (e, em última análise, a própria ciência moderna, para a qual a afirmação da contingência do universo, o rompimento com a teleologia aristotélica, é um axioma constitutivo) é "irracional". A "razão" de que fala o papa é a razão teológica pré-moderna, a visão do universo como um todo harmonioso, em que tudo serve a um propósito mais elevado. Por isso, paradoxalmente, as observações do papa escondem o papel fundamental da teleologia cristã no nascimento da ciência moderna: o que abriu caminho para a ciência moderna foi exatamente a ideia "voluntarista" – elaborada, entre outros, por Duns Scotus e Descartes – de que Deus não está preso a nenhuma verdade racional eterna. Embora a percepção ilusória do discurso científico seja que ele é um discurso de pura descrição da facticidade, o paradoxo reside na coincidência entre facticidade nua e voluntarismo radical: a facticidade só pode ser sustentada como sem significado, como algo que "é o que é", apenas se for secretamente sustentada por uma vontade divina arbitrária. É por isso que Descartes é o fundador da ciência moderna, exatamente porque tornou os fatos matemáticos mais elementares, como 2 + 2 = 4, dependentes da vontade divina arbitrária: dois mais dois são quatro porque Deus quis assim, e não há nenhuma rede de razões obscura e oculta por trás disso. Até na matemática, esse voluntarismo incondicional é perceptível em seu caráter axiomático: começa-se postulando arbitrariamente uma série de axiomas a partir da qual tudo deve se seguir. O paradoxo, portanto, é que foi a Idade das Trevas cristã que criou condições para a racionalidade específica da ciência moderna, em oposição à ciência dos antigos. A lição é clara: a utopia de uma passagem direta da Roma tardia para a "alta" Idade Média é falsa, porque ignora a necessidade da queda no início da Idade Média das "trevas", que criou as condições para a racionalidade moderna.

Mas esse fato justifica a Idade das Trevas? Em termos teológicos, tropeçamos aqui no principal impasse da religião: como lidar com a queda? Por que a queda tem de preceder a salvação? A resposta mais radical e coerentemente perversa foi dada por Nicolas Malebranche, o grande católico cartesiano que foi excomungado depois que morreu e cujos livros foram destruídos por conta de sua ortodoxia excessiva. (É provável que Lacan tivesse em mente personagens como Malebranche, quando afirmou que os teólogos são os únicos verdadeiros ateus.) Na melhor tradição pascaliana, Malebranche pôs as cartas na mesa e "revelou o segredo" (o núcleo perverso) do cristianismo: sua cristologia se baseia numa resposta proto-hegeliana original à pergunta: "Por que Deus criou o mundo?". Para que Ele pudesse se regozijar na glória de ser louvado por Sua criação. Deus queria reconhecimento e sabia que, para isso, precisava de outro sujeito que O reconhecesse; sendo assim, Ele criou o mundo por pura vaidade egoísta. Em consequência, Cristo não veio ao mundo para libertar as pessoas do pecado, do legado da queda de Adão, mas, ao contrário, *Adão teve de cair para permitir que Cristo viesse ao mundo e dis-*

tribuísse a salvação. Malebranche aplica ao próprio Deus a ideia "psicológica" que diz que a figura santa que se sacrifica para o benefício dos outros, para livrá-los de seus sofrimentos, *quer* secretamente que os outros sofram *para que ele possa ajudá--los* – como o marido que trabalha o dia inteiro pela pobre esposa aleijada, mas que provavelmente a abandonaria, caso ela recuperasse a saúde e se transformasse numa mulher de negócios bem-sucedida. É muito mais satisfatório nos sacrificar pela pobre vítima do que tornar o outro capaz de se livrar da condição de vítima e talvez ser mais bem-sucedido do que nós.

Malebranche força o paralelo até a sua conclusão, para horror dos jesuítas, que prepararam sua excomunhão: da mesma maneira que o santo usa o sofrimento dos outros para provocar sua própria satisfação narcisista de ajudar quem sofre, Deus também, em última análise, *só ama a Si mesmo*, e usa o homem apenas para promulgar Sua própria glória. Dessa inversão, Malebranche chega a uma consequência digna da inversão de Dostoiévski por Lacan ("Se Deus não existe, então nada é permitido"): não é verdade que, se Cristo não viesse ao mundo para libertar a humanidade, todos se perderiam; ao contrário, *ninguém* se perderia, porque *todos* tiveram de cair para que Cristo pudesse vir e libertar *alguns*. A conclusão de Malebranche é terrível: já que a morte de Cristo é um passo fundamental na realização do objetivo da criação, em tempo algum Deus (Pai) foi mais feliz do que quando assistiu ao sofrimento e à morte de seu filho na cruz.

A única maneira de evitar essa perversão, e não apenas dissimulá-la, é aceitar plenamente a queda como o ponto de partida que cria as condições da salvação: antes da queda, não há de onde cair, a própria queda cria aquilo a partir do qual ela é queda – ou, em termos teológicos, Deus não é o início. Se isso parece um emaranhado dialético tipicamente hegeliano, devemos desenredá-lo traçando a linha de separação entre o verdadeiro processo dialético hegeliano e sua caricatura. Nessa caricatura, temos Deus (ou uma essência interior) exteriorizando-se no domínio das aparências contingentes e, depois, reapropriando-se pouco a pouco de seu conteúdo alienado, reconhecendo-se em sua alteridade – "primeiro temos de perder Deus para depois encontrá-lo", temos de cair para sermos salvos. Essa posição abre espaço para a justificação do mal: se, como agentes da razão histórica, sabemos que o mal é apenas um desvio necessário do caminho para o triunfo final do bem, então é claro que temos justificação por nos dedicar ao mal como meio de conseguir o bem. No entanto, dentro do verdadeiro espírito hegeliano, deveríamos insistir que esse tipo de justificação é sempre e *a priori* retroativo: não há na história razão cujo plano divino possa justificar o mal; o bem que pode surgir do mal é seu subproduto contingente. Podemos dizer que o resultado definitivo da Alemanha nazista e de sua derrota foi o surgimento de padrões éticos muito mais elevados de direitos humanos e justiça internacional; no entanto, afirmar que, em certo sentido, esse resultado "justifica" o nazismo é uma obscenidade. Só dessa maneira podemos evitar verdadeiramente as consequências perversas do fundamentalismo religioso. Tomemos esse fundamentalismo em seu aspecto mais sombrio: o estranho caso do doutor Radovan Karadžić.

"Nada é proibido em minha fé"

Em termos heideggerianos, qual é o significado exato de "é" quando lemos em anúncios de filmes de sucesso afirmações do tipo: "Sean Connery *é* James Bond em...", ou: "Matt Damon *é* Bourne em..."? Não é apenas uma identificação íntima do ator com o herói, de modo que "não conseguimos imaginar outro para representá-lo". A primeira coisa que devemos notar é que essa pretensão de identidade sempre se refere a uma personagem em série; assim, para percebermos a identificação que está em jogo aqui, devemos introduzir um terceiro termo, além do ator e do herói: a imagem do ator na tela (John Wayne como um sujeito durão do Velho Oeste etc.). É *essa* imagem, não o ator real, que se identifica com o herói da tela.

Mas e aquele papel único (não em série) que se confunde com o ator? Que tal um anúncio que certamente nunca veremos: "Anthony Perkins *é* Norman Bates"? Como era de esperar, isso arruinou a carreira do ator... Quando Radovan Karadžić, líder dos sérvios da Bósnia acusados de limpeza ética, foi preso, descobriu-se que, em seus últimos anos como fugitivo, ele se "escondia à vista de todos", como curandeiro espiritual, participava de palestras e mesas-redondas que reuniam centenas de pessoas, e era colaborador da revista *Zdrav Život* [Vida saudável]. Podemos dizer que "Radovan Karadžić *é* Dragan Dabić"? Este não é apenas uma máscara daquele, mas sua "verdade íntima". Em outras palavras, a relação entre os dois é de genuína *paralaxe*. Goran Kojić, editor da *Zdrav Život*, disse: "Ele me apresentou um artigo que fala das semelhanças e das diferenças entre a meditação e a *tihovanje* [quietude]. Achei muito bom e publiquei o texto em várias partes na nossa revista". Eis um trecho:

> Não se trata apenas do tempo que passamos em oração ou da posição que adotamos, mas de uma série de momentos em que mergulhamos em nós mesmos (que podemos descrever como recompor a si mesmo), em que acalmamos o reviver apaixonado e obsessivo da vida cotidiana. Para as donas de casa, é aquele café solitário de manhã cedo, quando a família ainda não acordou.

"Dragan Dabić" não é apenas uma máscara, uma ficção inventada para esconder a verdadeira identidade de Karadžić. É claro que "Dragan Dabić" é uma ficção, uma *persona* falsa, mas é aí que a tese de Lacan que diz que "a verdade tem a estrutura de uma ficção" adquire todo o seu peso: a pessoa fictícia "Dabić" é a chave ideológica do "real" criminoso de guerra Karadžić. Segundo o curandeiro psicológico Dabić, cujo tratamento visava libertar o "quantum de energia humana" que liga todos nós ao cosmo (estamos firmemente instalados nas águas da libido junguiana): "A base de qualquer religião é a ideia da vida como algo sagrado (o que separa a religião das seitas)". Mais uma vez, somos lançados no universo pagão (pré-cristão) da vida cósmica e sua santidade – e, como nos ensina a experiência (e como já nos alertou Walter Benjamin), sempre que a santidade da vida é proclamada, o cheiro de sangue real sendo derramado não tarda a aparecer.

A reputação de Platão sofre por ele ter afirmado que os poetas deveriam ser expulsos da cidade – um conselho bastante sensato, a julgar pela experiência pós-iugoslava, já que a limpeza étnica foi preparada por sonhos perigosos de poetas. É verdade que Milošević manipulou as paixões nacionalistas – mas foram os poetas que lhe forneceram o material que se prestava à manipulação. Eles – os poetas sinceros, não os políticos corruptos – deram origem a tudo isso, quando começaram a lançar as sementes do nacionalismo agressivo na década de 1970 e início da de 1980, não só na Sérvia, mas também em outras repúblicas ex-iugoslavas. Em vez do complexo industrial-militar, nós, na pós-Iugoslávia, tivemos o complexo *poético-militar*, personificado pelas figuras gêmeas de Radovan Karadžić e Ratko Mladić. Radovan Karadžić, psiquiatra de profissão, não era apenas um líder político e militar impiedoso, era também um poeta. Sua poesia não deveria ser considerada ridícula – ela merece uma leitura atenta, porque tem a chave do funcionamento da limpeza étnica. Entre os antigos provérbios chineses escolhidos pessoalmente pelo "dr. Dabić", há um que diz o seguinte: "Quem não consegue concordar com os inimigos é controlado por eles". Isso se encaixa perfeitamente na relação de Karadžić com os muçulmanos bósnios. Estes são os primeiros versos de um poema sem título, identificado pela dedicatória: "...Para Izlet Sarajlic":

> Convertei-vos a minha nova fé multidão
> Ofereço-vos o que ninguém jamais teve
> Ofereço-vos inclemência e vinho
> Quem não tiver pão será alimentado pela luz do meu sol
> Povo nada é proibido em minha fé
> Há amor e bebida
> E olhar o Sol pelo tempo desejado
> E esse deus nada vos proíbe
> Oh, atendei ao meu chamado irmãos povo multidão.[48]

A suspensão de proibições morais do superego é a característica mais importante do nacionalismo "pós-moderno". Aqui, o clichê de que a identificação étnica apaixonada restaura um conjunto firme de valores e crenças na insegurança confusa de

---

[48] Disponível em inglês em: <http://www.pbs.org/wgbh/pages/frontline/shows/karadzic/radovan/poems.html>. [Acesso em 25 maio 2012.]

uma sociedade global, secular e moderna tem de ser virado do avesso: o "fundamentalismo" nacionalista é que serve de operador de um "Podes!" secreto e mal dissimulado. Sem o reconhecimento total desse efeito perverso e pseudolibertador do nacionalismo contemporâneo, do modo como o superego obscenamente permissivo complementa a textura explícita da lei social simbólica, condenamo-nos a não perceber sua verdadeira dinâmica.

Na *Fenomenologia do espírito*, Hegel menciona o "tecer silencioso do espírito": o trabalho subterrâneo de mudança das coordenadas ideológicas, praticamente invisível aos olhos do público, que explode de repente e pega todos de surpresa. Era o que acontecia na ex-Iugoslávia nas décadas de 1970 e 1980; quando a coisa explodiu no fim da década de 1980, já era tarde demais, o antigo consenso ideológico estava completamente podre e desmoronou sozinho.

Para não deixar a impressão de que o complexo poético-militar é especialidade balcânica, podemos mencionar Hassan Ngeze, o Karadžić de Ruanda, que, em sua revista *Kangura*, disseminava o ódio aos tutsis e incitava os leitores ao genocídio. É muito fácil tachar Karadžić e companhia de maus poetas: outras nações ex-iugoslavas (e a própria Sérvia) tiveram poetas e escritores reconhecidos como "grandes" e "autênticos" que também se envolveram em projetos nacionalistas. Que tal o austríaco Peter Handke, grande figura da literatura europeia contemporânea, que compareceu ao funeral de Slobodan Milošević? Há quase um século, ao se referir à ascensão do nazismo, Karl Kraus brincou que a Alemanha, um país de *Dichter und Denker* (poetas e pensadores), havia se tornado um país de *Richter und Henker* (juízes e carrascos) – talvez essa inversão não devesse nos surpreender...

Mas por que essa ascensão da violência religiosamente (ou etnicamente) justificada hoje em dia? Porque vivemos numa época que percebe a si mesma como pós-ideológica. Como as grandes causas públicas não podem mais ser mobilizadas, como nossa ideologia hegemônica nos conclama a gozar a vida para nos realizarmos, é difícil para a maioria dos seres humanos vencer a repulsa contra a tortura e morte de outros seres humanos. A grande maioria das pessoas é espontaneamente "moral": para elas, matar outro ser humano é profundamente traumático. Assim, para levá-las a isso, é preciso uma causa "sagrada", que faça o mesquinho temor de matar parecer trivial. A religião e o pertencimento étnico se encaixam perfeitamente nesse papel. É claro que há casos de ateus patológicos, que são capazes de cometer assassinatos em massa apenas pelo prazer, apenas por cometer, mas são exceções raras. A maioria precisa ser "anestesiada" contra a sensibilidade elementar ao sofrimento dos outros. Para isso, é preciso uma causa sagrada. Os ideólogos religiosos costumam afirmar que, verdadeira ou não, a religião leva pessoas más a fazer coisas boas; a experiência recente mostra que seria melhor ficarmos com a afirmação de Steve Weinberg de que, se sem religião as pessoas boas fazem coisas boas e as pessoas más fazem coisas más, só a religião consegue levar as pessoas boas a fazer coisas más.

"Não vim trazer a paz, mas a espada"

Mas esse é só um lado da história; por definição, a religião é um fenômeno multifacetado, que se presta a diversos usos. Recentemente, no Reino Unido, ateus exibiram cartazes com a mensagem: "Deus não existe, então não se preocupe e aproveite a vida!". Os representantes da Igreja Ortodoxa russa iniciaram uma contracampanha que dizia: "Deus existe, então não se preocupe e aproveite a vida!". O aspecto interessante aqui é que ambas as proposições parecem convincentes de certo modo: se Deus não existe, estamos livres para fazer o que quisermos, então vamos aproveitar a vida; se Deus existe, ele cuidará de tudo com sua onipotência benevolente, então não temos com que nos preocupar e podemos aproveitar a vida. Essa complementaridade mostra que há algo errado nessas duas afirmações, ou seja, ambas partilham a mesma premissa secreta: "Podemos agir como se Deus não existisse e ser felizes, porque podemos confiar que o bom Deus (o destino ou...) olha por nós e nos protege!". A contraproposição óbvia a ambas as afirmações e à premissa subjacente é: "Quer Deus exista, quer não, a vida é uma merda, então não podemos aproveitá-la!". É por isso que é fácil imaginar o par (não menos convincente) dessas proposições opostas: "Deus não existe, então tudo depende de nós e devemos nos preocupar sempre!" e "Deus existe e vê tudo que fazemos, então devemos estar continuamente angustiados e preocupados!".

Sendo assim, a questão com que nos deparamos aqui é precisamente como podemos distinguir entre a fusão fundamentalista de teologia e política e sua versão emancipatória. Ambas representam a unidade do amor e da violência, e justificam a violência com o amor: podemos matar por amor. Talvez devêssemos tomar o amor como ponto de partida, não o amor erótico íntimo, mas o amor político, cujo nome cristão é *ágape*. "Se tudo mais perecer e ele ficar, ainda continuarei a ser; e se tudo mais permanecer e ele for aniquilado, o universo se transformaria num poderoso estranho: eu não faria parte dele." É assim que Cathy caracteriza sua relação com Heathcliff em *O morro dos ventos uivantes*, e dá uma breve definição ontológica do amor erótico incondicional. O que está em ação aqui é uma dimensão inconfundível de terror – como o transe extático de Tristão e Isolda, prestes a eliminar a realidade social em sua imersão na noite da *jouissance* fatal. É por isso que a dialética do amor erótico propriamente dita consiste na tensão entre contração e expansão, entre a autoimersão erótica e o longo trabalho de criação de um espaço social marcado pelo amor do casal (filhos, trabalho em comum...). O *ágape* funciona de modo totalmente diferente. Como? Pode parecer que, em contraste com o *eros*, com sua subtração violenta do espaço coletivo, o amor pelo coletivo consiga se livrar do excesso de violência aterrorizante: o *ágape* não implica um *sim* enfático ao coletivo amado, em última análise, a toda a humanidade ou, como no budismo, a todo o domínio da vida (sofredora)? O objeto é amado incondicionalmente, não por conta de algumas de suas qualidades, mas com todas as suas fraquezas e imperfeições.

O primeiro contra-argumento é dado pela resposta à simples pergunta: que regimes políticos do século XX legitimaram seu poder evocando o amor dos súditos por seu líder? Os chamados "totalitários". Hoje, apenas o regime norte-coreano evoca continuamente o amor infinito do povo coreano por Kim Il-Sung e Kim Jong-Il e, vice-versa, o amor radiante do líder por seu povo, amor expresso em atos contínuos de bondade. Kim Jong-Il escreveu um breve poema nessa linha: "Da mesma maneira que o girassol só viceja quando se vira para o Sol, o povo coreano só viceja quando seus olhos se erguem para seu líder", isto é, ele... Terror e misericórdia, portanto, estão intimamente ligados, são a frente e as costas da mesma estrutura de poder: somente um poder que afirme seu pleno direito ou capacidade terrorista de destruir tudo e todos a sua vontade pode, simetricamente, universalizar a misericórdia; como esse poder poderia ter destruído a todos, os que ainda estão vivos só sobreviveram por misericórdia dos que estão no poder. Em consequência, o próprio fato de que nós, súditos do poder, estamos vivos é prova da infinita misericórdia do poder. É por isso que, quanto mais "terrorista" é um regime, mais seus líderes são exaltados por seu amor, bondade e misericórdia infinitos. Adorno estava certo quando ressaltou que, na política, o amor é evocado justamente quando falta outra legitimação (democrática): amar um líder significa amá-lo pelo que ele é, não pelo que faz.

Assim, que tal como próximo candidato ao amor como categoria política a espiritualidade oriental (budismo), com sua abordagem mais "gentil", equilibrada, holística e ecológica (ver, por exemplo, as histórias de que, ao escavar a terra para construir os alicerces de uma casa, os budistas tibetanos tomam cuidado para não matar nenhuma minhoca)? Durante os 150 anos de rápida industrialização e militarização do Japão, com sua ética de disciplina e sacrifício, o processo teve o apoio da grande maioria dos pensadores zen. Hoje, quem sabe que, na juventude, o próprio D. T. Suzuki, guru máximo do zen-budismo nos Estados Unidos na década de 1960, apoiou o espírito de disciplina total e expansão militarista no Japão na década de 1930? Não há aqui nenhuma contradição, nenhuma perversão manipuladora da ideia autêntica de compaixão: a atitude de imersão total no "agora" abnegado da iluminação instantânea, em que perdemos qualquer distanciamento reflexivo e "eu sou o que faço", como disse C. S. Lewis, em resumo, em que a disciplina absoluta coincide com a espontaneidade total, legitima a subordinação à máquina social militarista.

Isso significa que a compaixão budista (ou hindu, aliás) abrangente deve se opor ao amor cristão intolerante e violento. Em última análise, a atitude budista é de indiferença, de extinção de todas as paixões que lutam para estabelecer diferenças, enquanto o amor cristão é a paixão violenta de criar uma diferença, uma lacuna na ordem do ser, de privilegiar e elevar um objeto à custa dos outros. O amor é violência não (só) no sentido vulgar do provérbio balcânico: "Se ele não me surra, ele não me ama!"; a violência já é a escolha do amor como tal, que dilacera seu objeto fora de contexto, elevando-o a coisa. No folclore montenegrino, a origem do mal é uma linda mulher: ela faz os homens à sua volta perderem o equilíbrio, desestabiliza literalmente o universo, colore tudo com um tom de parcialidade.

Para entender de maneira apropriada o triângulo composto de amor, ódio e indiferença, devemos nos basear na lógica do universal e de sua exceção constitutiva, que apenas introduz a existência. A verdade da proposição universal "O homem é mortal" não implica a existência de um homem sequer, enquanto a proposição "menos forte" "Há pelo menos um homem que existe (isto é, alguns homens existem)" implica sua existência. Lacan conclui daí que só passamos de uma proposição universal (que define o conteúdo de uma noção) para a existência por meio de uma proposição que afirme a existência, não do elemento singular do gênero universal que existe, mas de pelo menos um que é uma *exceção* da universalidade em questão. Em relação ao amor, isso significa que a proposição universal "eu amo a todos" só adquire o nível de existência real se "há pelo menos alguém que eu odeio" – tese abundantemente confirmada pelo fato de que o amor universal pela humanidade sempre levou ao ódio violento à exceção (realmente existente), aos inimigos da humanidade. Esse ódio à exceção é a "verdade" do amor universal, em contraste com o verdadeiro amor, que só pode surgir contra o pano de fundo *não* do ódio universal, mas da indiferença universal: sou indiferente em relação a tudo, à totalidade do universo, e, como tal, amo realmente a *você*, o indivíduo único que se destaca contra esse pano de fundo indiferente. Portanto, amor e ódio não são simétricos: o amor surge da indiferença universal, enquanto o ódio surge do amor universal. Em resumo, estamos novamente diante das fórmulas da sexuação: "Eu não amo a todos" é o único fundamento de "Não há ninguém que eu não ame", enquanto "Eu amo a todos" baseia-se necessariamente em "Eu realmente odeio alguns". "Mas eu amo a todos!" – foi assim que Erich Mielke, chefe da polícia secreta da Alemanha Oriental, se defendeu; seu amor universal se baseava obviamente em sua exceção constitutiva, o ódio aos inimigos do socialismo...

Mas como distinguir *essa* violência da violência insinuada pelo autêntico amor cristão, a grande violência que reside no próprio cerne da noção cristã de amor ao próximo, a violência que encontra sua mais direta expressão numa série de declarações perturbadoras de Cristo? Eis as versões principais:

> Não julgueis que vim trazer a paz à Terra. Vim trazer não a paz, mas a espada. Vim trazer a divisão entre o filho e o pai, entre a filha e a mãe, entre a nora e a sogra, e os inimigos do homem serão os membros da sua própria casa. Aquele que ama pai ou mãe mais que a mim não é digno de mim. Aquele que ama filho ou filha mais que a mim não é digno de mim. Aquele que não toma sua cruz e não me segue não é digno

de mim. Aquele que tentar salvar sua vida vai perdê-la. Aquele que a perder por minha causa vai encontrá-la.[49]

Eu vim trazer fogo à Terra, e como eu desejaria que já estivesse aceso! Mas devo receber um batismo, e como anseio até que esteja consumado! Julgais que vim trazer paz à Terra? Não, eu vos digo, mas a divisão. Pois de agora em diante haverá numa mesma casa cinco pessoas divididas, três contra duas e duas contra três; estarão divididos pai contra filho e filho contra pai, mãe contra filha e filha contra mãe, sogra contra nora e nora contra sogra.[50]

Se alguém vem a mim e não odeia seu próprio pai e mãe, mulher, filhos, irmãos, irmãs e até a própria vida, não pode ser meu discípulo.[51]

Talvez pensem que vim trazer paz ao mundo. Não sabem que vim trazer conflitos à Terra: fogo, espada, guerra. Pois haverá cinco numa casa: serão três contra dois e dois contra três, pai contra filho e filho contra pai, e sozinhos ficarão.[52]

Como não reconhecer aqui a "violência divina", abertamente proclamada no "eu trago a espada, não a paz" de Jesus? Como devemos ler essas afirmações? A ideologia cristã recorre a cinco estratégias para abordá-las. Afora aceitar heroicamente a mensagem imposta por uma leitura literal e afirmar que o próprio Cristo defende a violência para destruir seus inimigos, as duas primeiras leituras são negações totais do problema: uma se livra dele questionando a tradição e sugerindo uma correção modesta (transforma "aquele que não odeia pai etc." em "aquele que não *prefere* a mim ao seu pai", de modo que temos apenas uma graduação do amor imposta por um Deus ciumento: "Ama teu pai, mas ama-me mais") ou uma correção radical, como no caso do Livro de Kells, cópia celta dos Evangelhos, manuscrita e iluminada, que troca a palavra *gladium* (espada) por *gaudium* (alegria) e traduz o versículo como: "Vim trazer não [só] a paz, mas a alegria". (Ficamos tentados a ler a tradução errada com a correta, compondo, portanto, a mensagem completa: "Vim trazer não a paz, mas a alegria da espada, da luta".) Seguem-se então três estratégias mais sofisticadas: a primeira (possivelmente a mais repulsiva e politicamente perigosa) afirma que a mensagem de Cristo ("Eu trago a espada") deve ser lida com seu aparente oposto, o alerta "pacifista" de Mateus 26,52: "Todos os que pegam a espada pela espada morrerão". A espada a que Cristo se refere quando anuncia: "Eu trago a espada" é a *segunda* espada, a de "todos os que pegam a espada pela espada morrerão" – são os outros que pegam primeiro a espada ou atacam os cristãos, e os cristãos têm todo o direito de se defender com a espada, se necessário. Também é assim que deve

---

[49] Mateus 10,34-9.
[50] Lucas 12,49-53.
[51] Lucas 14,26.
[52] Tomé 16, livro apócrifo.

ser lido Lucas 22,36 ("e quem não tiver uma espada, venda a veste para comprar uma"): comprar uma espada para acabar com os que começaram a usá-la. É claro que o problema dessa leitura é que ela flerta com o perigo de sancionar a violência mais brutal como defesa contra quem nos atacou, dando-lhe força para cumprir a injunção/profecia divina ("Todos os que pegam a espada pela espada morrerão"). Hitler afirmava exatamente a mesma coisa: ele só usava a espada para destruir os que já tinham tomado a espada contra a Alemanha...

A estratégia seguinte é ler as palavras de Cristo não como injunção ou ameaça, mas como simples previsão e advertência aos seus seguidores. "Eu trago a espada" significa: "Quando disseminardes minha mensagem, deveis estar preparados para o ódio daqueles que se oporão ferozmente a ela e usarão a espada contra ela" – previsão totalmente confirmada pelos muitos massacres de cristãos no Império Romano. É nesse sentido que Cristo joga marido contra esposa etc.: se a esposa aceita o cristianismo antes do marido, é claro que isso pode gerar animosidade da parte dele contra ela. O problema dessa leitura é que ele não leva em conta a injunção muito mais forte de odiar (ativamente) o pai etc., e não apenas se preparar para suportar (passivamente) seu ódio: quando Cristo ordena a seus seguidores que odeiem seus pais, não há restrição para que os odeiem apenas no caso de se oporem a sua fé em Cristo; a injunção impõe claramente um ódio que dá o primeiro passo, por assim dizer, e não apenas reage ao ódio dos outros.

Como era de esperar, a última estratégia é a da leitura *metafórica*: a "espada" não é a arma usada para ferir os outros, mas *a própria palavra de Deus, que separa a verdade do erro*; assim, a violência que ela representa é violência da limpeza espiritual. Por melhor que soe, essa leitura esconde ambiguidades e perigos.

Em *Der geteilte Himmel* [O céu dividido]*, um romance clássico de Christa Wolf sobre o impacto subjetivo da divisão da Alemanha, Manfred (que escolheu o Ocidente) diz à sua amada Rita, quando se encontram pela última vez: "Mesmo que a nossa terra esteja dividida, ainda dividimos o mesmo céu". Rita (que preferiu ficar no Oriente) responde amargamente: "Não, eles dividiram o céu primeiro". Por mais que defenda a Alemanha Oriental, o romance dá uma visão correta de como nossas divisões e lutas "terrenas" sempre acabam baseadas num "céu dividido", numa divisão muito mais radical e exclusiva do próprio universo (simbólico) em que vivemos. O portador e instrumento dessa "divisão do céu" é a linguagem como "casa do ser", como meio que sustenta nossa visão do mundo, o modo como vivenciamos a realidade: a linguagem, e não os interesses egoístas primitivos, é o primeiro e maior divisor, e é por causa da linguagem que nós e nossos próximos (podemos) "viver em mundos diferentes", mesmo quando somos vizinhos. Isso

---

* Halle, Mitteldeutscher, 1963. (N. E.)

significa que a violência verbal não é uma distorção secundária e sim o recurso definitivo de toda forma de violência especificamente humana.

Voltando a Cristo: mesmo que a espada que divide seja espiritual, sua "divisão do céu" é ontologicamente mais violenta do que qualquer violência "ôntica" e pode facilmente fundamentar e justificar esta última. Para explicar o "problemático" aval de Cristo à violência, devemos enfrentá-lo com a tradicional sabedoria pagã. Embora a ascensão da democracia e da filosofia da Grécia Antiga anuncie um mundo diferente, essa sabedoria ainda é afirmada exemplarmente no poema político-ético sobre a eunomia – a bela ordem – de Sólon, o fundador da democracia ateniense:

> Essas coisas meu espírito me ordena
> ensinar aos homens de Atenas:
> que a Disnomia
> traz à cidade males incontáveis,
> mas a Eunomia traz a ordem
> e torna tudo adequado,
> ao pôr os injustos em peias,
> ao aplainar tudo o que é áspero,
> ao impedir a ganância,
> ao condenar a húbris à escuridão
> ao fazer murchar as flores da cizânia
> e ao endireitar os maus juízos.
> Acalma os atos de arrogância
> e detém a raiva biliosa da luta acirrada.
> Sob seu controle, tudo é justeza
> e a prudência reina sobre as questões humanas.[53]

Não admira que o mesmo princípio seja afirmado no famoso coro sobre a dimensão estranha/demoníaca do homem na *Antígona* de Sófocles:

> Se o homem honra as leis da terra e reverencia os deuses do Estado, orgulhosa será sua cidade; mas um desterrado sem cidade considero quem tão ousado em seu orgulho se afasta do caminho da justiça; que eu nunca me sente ao seu lado nem divida os pensamentos de seu coração.[54]

(Alguns propõem uma tradução mais radical do trecho final, como A. Oksenberg Rorty: "uma pessoa sem cidade, além do limite humano, um horror, uma abominação que deve ser evitada"). É preciso lembrar que esse coro reage à notícia de que alguém (nesse momento ainda não se sabe quem) violou a proibição de Creonte

---

[53] Elizabeth Irwing, *Solon and Early Greek Poetry: the Politics of Exhortation* (Nova York, Cambridge University Press, 2005), p. 184.
[54] Sophocles, "Antigone", em *Oedipus Trilogy* (Charleston, Biblio Bazaar, 2007). [Ed. bras.: Porto Alegre, L&PM, 1999.]

e realizou os rituais fúnebres sobre o corpo de Polinice; a própria Antígona, que é implicitamente castigada a ser a "desterrada sem cidade", envolveu-se em atos demoníacos excessivos que perturbaram a eunomia do Estado (totalmente reafirmada nos últimos versos da peça):

> A parte mais importante da felicidade
> é, pois, a sabedoria – não agir com impiedade
> para com os deuses, pois a vanglória dos arrogantes
> traz castigo a grandes golpes
> e assim, na velhice, os homens descobrem a sabedoria.[55]

Do ponto de vista da eunomia, Antígona é definitivamente misteriosa e demoníaca: seu ato desafiador exprime uma atitude de insistência excessiva que perturba a "bela ordem" da cidade; sua ética incondicional viola a harmonia da *pólis* e, como tal, está "além do limite humano". A ironia é que, embora se apresente como a guardiã das leis imemoriais que sustentam a ordem humana, Antígona age como uma abominação assustadora e impiedosa; sem dúvida alguma, há nela algo frio e monstruoso, como mostra o contraste entre ela e sua afável e humana irmã Ismene. Essa dimensão misteriosa é assinalada pela ambiguidade do nome "Antígona": pode significar "inflexível" ("anti" e "gona/gonia" – canto, dobra ou ângulo), mas também "contra a maternidade" ou "no lugar da mãe" (pela raiz *gone*, "aquilo que gera" – *gonos*, "gonia", como em "teogonia"). É difícil resistir à tentação de propor um vínculo entre os dois significados: ser mãe não é a forma básica de um "dobrar-se", de uma subordinação da mulher, de modo que a atitude inflexível de Antígona tem de provocar a rejeição da maternidade? Ironicamente, no mito original (contado por Higino em suas *Fabulae* 72), Antígona *era* mãe: quando foi pega realizando os ritos fúnebres de seu irmão Polinice, Creonte a entregou a seu filho Hêmon, a quem ela fora prometida. Mas Hêmon, enquanto fingia matá-la, ajudou-a a fugir, casou-se e teve um filho com ela. Com o tempo, o filho cresceu e foi para Tebas, onde Creonte o identificou pela marca que todos os descendentes dos espartos ou homens-dragão tinham no corpo. Creonte não teve misericórdia; assim, Hêmon matou sua esposa Antígona e suicidou-se. Há indícios de que Higino se inspirou em Eurípides, que também escreveu uma *Antígona*, da qual sobreviveram alguns fragmentos, entre eles: "A melhor posse do homem é uma esposa solidária" – sem dúvida não é a Antígona de Sófocles[56].

---

[55] Idem.
[56] Ficamos tentados a reescrever *Antígona* na linha das três versões da mesma história de Brecht (*Jasager, Neinsager, Jasager 2*). A primeira versão segue o desfecho de Sófocles. Na segunda, Antígona convence Creonte a permitir um sepultamento adequado de Polinice; no entanto, a multidão patriótica e populista insiste em se vingar dos traidores, há uma nova guerra civil, Creonte é linchado pela turba, o caos se instala na cidade e, na última cena, Antígona, em transe, anda entre as

Os que entendem Antígona como uma figura protocristã estão certos: em sua dedicação incondicional, ela segue uma ética diferente, que aponta para o cristianismo (e só pode ser lida "anacronicamente", a partir da perspectiva cristã posterior). Por quê? O cristianismo introduz na ordem equilibrada da eunomia um princípio totalmente estranho a ela, um princípio que, medido pelos padrões da cosmologia pagã, só pode parecer uma distorção monstruosa. Segundo esse princípio, todo indivíduo tem acesso imediato à universalidade (do Espírito Santo ou, hoje, das liberdades e dos direitos humanos): eu posso participar dessa dimensão universal diretamente, seja qual for meu lugar dentro da ordem social global. As palavras "escandalosas" de Cristo, citadas em Lucas, não indicam o mesmo rumo? É claro que *não* estamos lidando com um simples ódio brutal, exigido por um Deus cruel e ciumento; aqui, as relações familiares representam metaforicamente toda a rede sociossimbólica, qualquer "substância" étnica específica que determine nosso lugar na ordem global das coisas. O "ódio" injungido por Cristo, portanto, não é um oposto pseudodialético do amor, mas expressão direta do que são Paulo, em 1 Coríntios 13, desenvolveu como *ágape*, palavra-chave intermediária entre fé e esperança: é o próprio amor que nos injunge a nos "desligar" da comunidade orgânica em que nascemos ou, como explica são Paulo, para o cristão não há homens nem mulheres, judeus nem gregos. Não admira que, para os que se identificam com a "substância nacional" judaica, assim como para os filósofos gregos e os proponentes de um Império Romano global, o surgimento de Cristo foi entendido como um escândalo ridículo e/ou traumático.

Assim, quando Paulo escreve que "a sabedoria do mundo é tolice para Deus"[57], seu alvo é a característica mais fundamental da sabedoria pagã. É por isso que devemos reabilitar o famoso (e infame) *credo quia absurdum* ("creio porque é absurdo") de Tertuliano, que é uma citação malfeita de um trecho importante de *Da carne de Cristo*: "O Filho de Deus foi crucificado: não me envergonho – porque é vergonhoso./ O Filho de Deus morreu: é imediatamente crível – porque é tolo./ Foi sepultado e voltou a se erguer: isso é certo – porque é impossível"[58]. A primeira coisa que não devemos esquecer aqui é que Tertuliano não era adversário da razão: em *Do arrependimento* (I, 2-3), ele enfatiza que tudo deve ser entendido pela razão:

---

ruínas em chamas, gritando: "Mas fui criada para o amor, não para a guerra". Na terceira versão "esquilianizada", o coro não é mais o arauto de mensagens de bom-senso estúpidas e torna-se um agente ativo: castiga Antígona e Creonte pela luta que travam entre eles e que ameaça a cidade; Creonte é deposto, ambos são presos e o coro assume o poder como órgão coletivo, impondo uma nova Lei e introduzindo uma democracia popular em Tebas.

[57] 1 Coríntios 25.
[58] A. Cleveland Coxe, "'On the flesh of Christ' of *Tertullian*" em *The Ante-Nicene Fathers, Translation of the Writings of the Fathers Down to A. D. 325*, v. III (Nova York, Charles Scribrer's Sons, 1903), parte II, capítulo 5, p. 525. "Crucifixus est dei filius; non pudet, quia pudendum est./ Et mortuus est dei filius; credibile prorsus est, quia ineptum est./ Et sepultus resurrexit; certum est, quia impossibile."

A razão, de fato, é coisa de Deus, na medida em que não há nada que Deus, o Criador de tudo, não tenha provido, disposto, ordenado pela razão – nada que Ele tenha ordenado que não deva ser tratado e entendido pela razão. Todos, portanto, que são ignorantes de Deus devem necessariamente ser ignorantes também das coisas que são Dele, pois não há tesouro que esteja ao alcance de estrangeiros. E assim, ao viajar por todo o curso universal da vida sem o leme da razão, não sabem evitar o furacão que é iminente no mundo.[59]

Não admira que Tertuliano demonstre profundo respeito pelos grandes filósofos pagãos ("É claro que não negaremos que às vezes os filósofos pensaram as mesmas coisas que nós") chama Sêneca de "saepe noster" (quase um de nós)[60]. Devemos rejeitar, portanto, a leitura popular segundo a qual Tertuliano defendia uma crença louca e irracional no que é claramente absurdo, no que vai contra a razão e a evidência dos sentidos. O trecho de *Da carne de Cristo* que citamos acima faz parte de uma polêmica contra Marcião, que considerava absurda a ideia de que Deus podia encarnar, fazer-se carne humana, e por isso reduzia o Cristo encarnado a um simples fantasma – Cristo não tinha um corpo real, não sofreu de verdade. Portanto, a medida que faz a crença na reencarnação parecer absurda não é a lógica, mas o costume e a convenção; não é a razão como tal, mas a "sabedoria" comum, o espaço do que é convencionalmente aceitável; quando são medidas por esse padrão é que a morte e a ressurreição de Cristo parecem "impossíveis". Aqui, a "impossibilidade" é entendida mais no sentido de: "Impossível! Como você pôde fazer uma coisa tão terrível! Você não tem vergonha?". A ideia de que o próprio Deus poderia morrer em agonia na cruz, humilhado e punido como um criminoso comum, é "impossível" – perigosa, vergonhosa, absurda – e viola a expectativa convencional do que é adequado a um deus.

No entanto, a ressurreição de Cristo não é "impossível" num sentido mais forte: embora não seja logicamente impossível, ela não viola claramente as leis básicas do que percebemos como realidade (material)? Devemos insistir aqui na lacuna que separa o universo da ciência moderna de nosso entendimento cotidiano da realidade; essa lacuna chega a seu apogeu na física quântica, cuja imagem da realidade simplesmente não faz sentido dentro do horizonte do senso comum da realidade. É por isso que, muito mais do que o senso comum, a visão antiaristotélica voluntarista/decisionista acha fácil aceitar os resultados paradoxais da física moderna: a noção de uma ordem racional abrangente que vai contra nosso senso comum. A razão científica e a "absurda" teologia cristã estão do mesmo lado contra o senso comum (aristotélico). Recordamos que Einstein deu sua versão científica do "certum est, quia impossibile" de Tertuliano: "Se, a princípio, uma

---

[59] A. Cleveland Coxe, "On Repetance" em *Tertullian*, cit., parte III, cap. 1, p. 657.
[60] Tertullian, *A Treatise on the Soul* (Whitefish, Kessinger, 2004), p. 7.

ideia não parece absurda, então não ela tem esperança". Esperança de quê? De que será cientificamente provada como verdadeira!

Aqui, a noção lacaniana do real como impossível pode ajudar; para tornar muito mais claro o "certum est, quia impossibile" de Tertuliano, basta substituir "impossível" por "real": "É certo, porque é real". A impossibilidade do real se refere ao fracasso de sua simbolização: o real é o núcleo duro e virtual em torno do qual flutuam as simbolizações; estas são sempre provisórias e instáveis por definição; a única certeza que existe é o vácuo do real que elas (pres)supõem.

Guevara, leitor de Rousseau

É contra esse pano de fundo cristão que se leem as conhecidas declarações de Che Guevara sobre o amor revolucionário:

> Permitam-me dizer, com o risco de parecer ridículo, que o verdadeiro revolucionário é guiado por fortes sentimentos de amor. É impossível pensar num revolucionário autêntico sem essa qualidade. Talvez esse seja um dos grandes dramas do líder, que tem de combinar o espírito apaixonado com a inteligência fria e tomar decisões dolorosas, sem mover um músculo. Nossos revolucionários de vanguarda devem idealizar esse amor ao povo, às causas mais sagradas, e torná-lo uno e indivisível. Não podem descer, com pequenas doses de afeição diária, ao nível em que as pessoas comuns põem em prática seu amor.
> Os líderes da revolução têm filhos que mal começaram a falar, que não aprenderam a dizer "papai"; suas esposas também têm de participar do sacrifício geral de suas vidas para levar a revolução a seu destino. O círculo de amigos se limita estritamente ao círculo de camaradas da revolução. Não há vida fora dele.
> Nessas circunstâncias, é preciso ter uma grande dose de humanidade, uma grande dose de senso de justiça e verdade para evitar os extremos dogmáticos, o escolasticismo frio e o isolamento das massas. Temos de lutar a cada dia para que esse amor pela humanidade viva se transforme em ações reais, em atos que sirvam de exemplo, como força motriz.[61]

Aqui, Guevara luta exatamente com a relação entre *eros* (amor pessoal) e *ágape* (amor político). Ele propõe sua mútua exclusão: os revolucionários "não podem descer, com pequenas doses de afeição diária, ao nível em que as pessoas comuns põem em prática seu amor"; em outras palavras, seu amor tem de permanecer "uno e indivisível", amor ao povo, com exclusão de todos os apegos "patológicos". Embora pareça a própria fórmula da catástrofe "totalitária" (o revolucionário que mata indivíduos reais em nome da abstração do "povo"), há uma maneira muito mais refinada de ler a posição de Guevara. Devemos começar pelo paradoxo de que o amor erótico singular, assim como o absoluto, não deve ser colocado como

---

[61] Ernesto Che Guevara, *Socialism and Man in Cuba* (Nova York, Ocean, 1965).

objetivo direto – ele deve manter a condição de subproduto, de algo que obtemos como uma espécie de graça imerecida. A questão não é que existem "coisas mais importantes do que o amor" – um autêntico encontro amoroso permanece como uma espécie de referência absoluta na vida (em termos tradicionais, "dá sentido à vida"). Mas a lição mais difícil de aprender é que, exatamente como tal, o amor (o relacionamento amoroso) não deveria ser o objetivo imediato da vida – quando enfrentamos a escolha entre amor e dever, o dever deveria predominar. O verdadeiro amor é modesto, como o dos casais dos romances de Marguerite Duras: embora os dois amantes se deem as mãos, não olham nos olhos um do outro; juntos, olham para fora, para um terceiro ponto, para sua causa comum. Talvez não haja amor maior do que o do casal revolucionário, em que cada um dos amantes se dispõe a abandonar o outro a qualquer momento, se a revolução assim exigir. Eles não se amam menos do que o casal amoroso que se dispõe a romper com todos os vínculos e obrigações terrenas para arder numa noite de paixão incondicional – no mínimo, eles se amam mais.

A pergunta, portanto, é: como o coletivo revolucionário emancipatório que encarna a "vontade geral" afeta a paixão erótica intensa? Não é de admirar que encontremos a resposta em Rousseau, o teórico da vontade geral. Seu *Júlia, ou a nova Heloísa* transmite uma mensagem parecida. Como o extraordinário romance de Rousseau não tem mais o status de clássico (um sinal lamentável de nosso barbarismo contemporâneo), podemos supor que o público instruído o conhece tão pouco quanto as obras-primas de Sófocles ou Shakespeare, portanto eis um breve resumo da história. O romance se passa principalmente às margens do lago Genebra e fala de um jovem tutor, Saint-Preux, e de Júlia, sua pupila, que se apaixonam. Mas ele é plebeu, e o pai de Júlia, de origem nobre, jamais aceitará a ligação dos dois. Forçados a manter sua paixão como um segredo vergonhoso, acabam sucumbindo a ela e tornam-se amantes. Júlia espera conseguir o consentimento do pai quando engravida, mas sofre um aborto. Nesse momento, surge lorde Eduard Bomston, um nobre inglês riquíssimo e amigo do pai de Júlia. Ele aprecia muito Saint-Preux, mas este suspeita que o outro tem planos para Júlia. Num acesso de ciúme, desafia lorde Eduard para um duelo. Afinal, o desastre é evitado e lorde Eduard prova sua generosidade, esforçando-se para convencer o barão D'Étange a permitir o casamento. Mas Eduard também fracassa: o pai de Júlia exige que a filha renuncie a Saint-Preux e aceite o marido que ele escolheu, seu velho amigo Wolmar.

Nesse momento de desespero, outra pessoa intervém para resolver o impasse: Claire, a prima sensata de Júlia, conquista a confiança de todos e age como uma espécie de coro de uma mulher só, observando, prevendo e lamentando. Para salvar a reputação de Júlia, Claire manda o tutor embora; seu amigo Eduard o leva para Paris. Enquanto eles estão fora, a mãe de Júlia descobre a correspondência entre eles e fica nervosíssima; logo depois, adoece e morre. Embora os dois fatos não estejam relacionados, Júlia se sente culpada pela morte da mãe. Nesse estado de espírito, consente em renunciar ao amante e casar-se com Wolmar. Durante o casamento, sofre uma mudança profunda, uma conversão à virtude. Sente-se disposta a aceitar seu dever de esposa e mãe. Em sua busca da virtude, é auxiliada a cada passo pelo marido, um homem extraordinário, tão sábio quanto bondoso. Embora não consiga se decidir a lhe falar de sua relação com Saint-Preux, ele sabe e perdoa tudo. Em troca, Júlia aceita seu novo estado e rompe totalmente com o amante, que acaba fugindo da Europa.

Mas a história continua, ou melhor, recomeça: dez anos depois, Saint-Preux volta e é bem recebido por Wolmar e pela esposa. Júlia tem dois filhos e sua vida é inteiramente dedicada a eles e à administração, com Wolmar, da propriedade-modelo de Clarens. O resto do livro descreve esse esforço, a virtude de Júlia, a sabedoria de Wolmar, a beleza de seu jardim inglês e a prosperidade de suas terras[62]. A única tristeza de Júlia parece ser o fato de Wolmar ser ateu. Ele nunca fala a respeito disso, frequenta a igreja para manter as aparências, mas é um descrente convicto. Isso perturba Júlia, embora Wolmar não tente mudar sua fé. Quanto maior a bondade de Wolmar, quanto mais ele se empenha em curar Saint-Preux de sua antiga paixão, mais religiosa e sofredora se torna sua esposa. Mas por quê? Como era claro para Rousseau, o excesso de dedicação religiosa é um retorno deslocado da paixão sexual reprimida: o verdadeiro fator de dessexualização não é a espiritualidade religiosa, mas o Iluminismo ateu, que dissolve a paixão com um frio entendimento utilitário, reduzindo-a a um excesso patológico que deve ser curado. Não admira que, nessas condições, a paixão sexual só possa retornar sob um disfarce religioso, como a consciência "irracional" da miséria e do pecado.

No fim, como parece certo que Saint-Preux se casará com Claire e se estabelecerá em Clarens como tutor dos filhos de Wolmar, Júlia lhe fala de seu tédio e mal-estar profundos. O romance termina com um acidente inesperado, que revela um impasse mais profundo: depois de mergulhar no lago para salvar seu filho mais novo, Júlia se resfria, adoece e tem uma morte exemplar. Ela não se "curou" de fato do amor que sentia por seu ex-amante e o único modo de sair dessa situação é a morte. Portanto, ela fica muito feliz em morrer, porque sabe que toda a sua virtude não a ajudou a esquecer Saint-Preux: ela o ama tanto quanto antes. Com sua morte, ela dá testemunho de suas crenças tolerantes e amorosas, mas sua maior esperança é se unir a Saint-Preux no céu.

---

[62] Essa lacuna de dez anos não é semelhante à lacuna que separa a primeira e a segunda partes do sonho freudiano da injeção de Irma? Em ambos os casos, ocorre a mesma inversão de tragédia em comédia: inexplicavelmente, mudamos de campo; o desespero total dos amantes abandonados é substituído pela felicidade ridícula da bem organizada vida coletiva de Clarens.

Embora o subtítulo do romance faça um paralelo com a história de Heloísa e Abelardo, uma mocinha e seu tutor que também sucumbem à paixão, devemos nos concentrar na diferença entre as duas histórias. Rousseau descreve a época do Iluminismo, quando a renúncia após a transgressão sexual não é mais a castração para o homem e o convento para a mulher: a nova Heloísa assume virtuosamente seus deveres de esposa, mãe e, ao lado de Wolmar, protetora dos que vivem em sua propriedade-modelo; o tutor, ao invés de ser cruelmente castrado, é convidado pelo marido compreensivo a participar dessa família ideal para ser curado de sua paixão patológica. A mensagem não poderia ser mais clara: o casamento é a forma contemporânea da renúncia sexual. Numa primeira abordagem, o movimento interno de *Júlia* parece "um tipo de negação em dois estágios", em que "a rejeição apaixonada de desejos falsos e convencionais" é "seguida da rejeição virtuosa ou racional das próprias paixões não convencionais"[63]: *Júlia* é "a história de dois amantes [...] cujo amor apaixonado primeiro rejeita a falsidade das convenções, mas que depois – por pertencerem a uma comunidade formada pelo marido de Júlia, Wolmar – passam por uma segunda evolução, em que se abstêm virtuosamente dessas paixões"[64].

O problema é como ler a volta da paixão no fim do romance, quando Júlia confessa sua incapacidade de abrir mão de seu desejo e opta por um (mal disfarçado) suicídio como única forma de fuga. Esse complemento perturbador é o sinal do fracasso da "negação da negação" hegeliana que constitui o arcabouço básico do romance ou é sua consumação inerente? Em outras palavras, a lacuna entre a leitura hegeliana "oficial" de *Júlia* (a "suprassunção" do amor apaixonado na nova comunidade virtuosa que nos cura do amor) e a lição implícita da própria história (o fracasso dessa suprassunção, o retorno fatal do amor) não deveria ser lida como uma crítica de Hegel, como uma indicação do limite da *Aufhebung*, como a persistência do real da paixão obscena "não morta", cuja singularidade foge à compreensão da universalização nocional? Ficamos tentados a concordar com essa leitura: o que caracteriza o rompimento pós-hegeliano não é exatamente o surgimento da repetição que não pode ser suprassumida, de um impulso que persiste além (ou melhor, debaixo) do movimento de idealização? E as frases memoráveis da última carta de Júlia ao amante, antes de morrer (sexta parte, carta VIII) não apontam exatamente essa direção? Não que a satisfação (bem-estar, felicidade) esteja fora de seu alcance; ela é real, e esse mesmo fato, "ce dégout du bien-être" ["essa repulsa do bem-estar"], é o que ela considera insuportavelmente sufocante: "Je suis trop heureuse: le bonheur m'ennuie" ["Sou

---

[63] Allen Speight, *Hegel, Literature and the Problem of Agency* (Cambridge, Cambridge University Press, 2001), p. 92.
[64] Ibidem, p. 91.

feliz demais: a felicidade me aborrece"][65]. Quando um crítico contemporâneo de *Júlia* escreveu que, "depois de ler esse livro, morremos de prazer [...] ou melhor, vivemos para lê-lo mais e mais vezes"[66], essa superposição da morte e do excesso repetitivo da vida não é a descrição mais sucinta do impulso de morte freudiano, uma dimensão que foge à mediação dialética hegeliana?

Mas e se invertermos o ponto de vista? Só depois de passar pela dolorosa "suprassunção" destinada a nos curar da paixão do amor é que essa paixão surge "como tal", em sua forma pura, livre da máscara ingênua e heroica da oposição à moral paterna tradicional e opressora que caracteriza seu primeiro surgimento. Em termos hegelianos, se a primeira negação (paixão contra opressão social) é uma "negação abstrata", a segunda negação é "concreta", real. Só então, quando não é mais opressora e sim a ordem da felicidade e do bem-estar, essa ordem pode ser propriamente negada. Portanto, à "negação da negação" segue-se necessariamente uma "volta do parafuso" adicional: a paixão absoluta/não morta é o que produz a "negação da negação", o que leva do em-si para o para-si. Portanto, a explosão de paixão de Júlia no fim do romance é estranhamente parecida com o "não" de Sygne em *L'otage*, de Claudel, o resto que surge após o movimento duplo de *Versagung*, o excesso gerado pelo sacrifício negado: depois de sacrificar tudo (conteúdo social) pela paixão, temos de renunciar à própria paixão – e, ainda assim, *eppur si muove*, a paixão persiste.

Aqui há outra questão a acrescentar: um modo de *não* ler o fim de *Júlia* é ver nele a afirmação da lacuna "ontológica" entre o desejo e as restrições da realidade (social), como o fracasso necessário de uma utopia impossível, na linha do: "O desejo nunca pode ser totalmente satisfeito e é melhor que não seja". Devemos arriscar aqui uma solução marxista-historicista um tanto ingênua para o impasse final de *Júlia*: e se a cura/suprassunção de Clarens fracassasse não por uma incompatibilidade ontológica entre o amor e a ordem social virtuosa, mas porque a ordem social de Clarens é um pesadelo pedagógico-hierárquico prototototalitário, a realização da fantasia propriamente dita de um Iluminismo despótico e pré-revolucionário? Clarens é cuidadosamente construída e estritamente ordenada, completa em si mesma e imutável, uma utopia do Iluminismo numa nova versão íntima: para que a felicidade seja completa, todos têm de se dedicar ao bem coletivo. A manipulação institucional dos trabalhadores (que endossam com alegria sua exploração, sem necessidade de repressão declarada), assim como a estranha "cura" da doença amorosa de Saint-Preux,

---

[65] Jean-Jacques Rousseau, *Julie ou la nouvelle Heloise* (Paris, Le Livre de Poche, 2002), p. 757. [Ed. bras.: *Júlia, ou a nova Heloísa*, 2. ed., São Paulo, Hucitec, 2006.]

[66] Citado em Robert Darnton, *The Great Cat Massacre and Other Episodes from the French Cultural History* (Nova York, Basic, 1999), p. 286. [Ed. bras.: *O grande massacre de gatos e outros episódios da história cultural francesa*, Rio de Janeiro, Graal, 2001.]

parecem sair diretamente de um universo foucaultiano de controle e regulação biopolíticos: a opressão do poder proibitivo é substituída pelo governo benevolente. Esse novo modo de exercício do poder é personificado por Wolmar: embora seja imposto a Júlia pelo pai dela, ele não é uma figura de autoridade paterna, mas uma autoridade pós-patriarcal, um regulador/coordenador de bom coração, que domina com transparência, é despojado de qualquer mística do poder e espera a mesma abertura de seus súditos. É fundamental saber que, no fundo, ele é ateu e participa dos ritos religiosos sem convicção: ele não precisa de transcendência superior para sustentar seu poder. Em termos lacanianos, a passagem do pai de Júlia para Wolmar é a passagem do discurso do mestre para o discurso da universidade: privado da autoridade do significante-mestre, Wolmar é o conhecimento encarnado: ele sabe tudo, todos os segredos íntimos dos que o cercam, e a única atitude subjetiva que pode manter esse excesso de conhecimento é o perdão sereno; ele sabe tudo sobre o caso de Júlia e o aborto, e não há inveja nem ciúme em sua reação, ele aceita tudo. É claro que o outro lado dessa generosidade incondicional é uma forma de controle e dominação muito mais poderosa do que o usual exercício de poder opressor: este permanece como pressão externa, permitindo, portanto, que o sujeito resista a ele de dentro para fora, enquanto o poder de Wolmar aceita ternamente esse mesmo núcleo íntimo de resistência, sem acusar ou culpar o sujeito, apenas propondo curá-lo pela reeducação, com toda a cooperação do sujeito.

É por isso que a comunidade de Clarens, presidida por Wolmar e pela Júlia renascida, não é a comunidade transparente que finge ser: sua "transparência" é falsa, é uma ilusão que encobre uma manipulação absoluta. A "vontade geral" que parece surgir em Clarens priva os sujeitos do próprio núcleo de sua subjetividade – e a resistência "irracional" de Júlia é a prova, uma tentativa desesperada de reafirmar o direito infinito de sua subjetividade. Por isso é muito fácil ver Claire como superior a Júlia (como algumas intérpretes feministas ficam tentadas a fazer), ou seja, opor Júlia, ainda presa à cisão entre dever e paixão que caracteriza a identidade feminina tradicional, a Claire, mulher livre e independente, que foi capaz de se elevar acima dos papéis sexuais tradicionais e valoriza a liberdade e a amizade. Aqui, Claire é apresentada como o personagem sábio de um romance de Jane Austen, ao contrário de Júlia, cuja paixão insaciável prefigura o universo das irmãs Brontë. Como tal, Claire pode se elevar muito acima do papel feminino tradicional – mas, exatamente como tal, ela é a garantia suprema da ordem e de sua estabilidade, uma contrarregra que intervém sabiamente e manipula as explosões excessivas, de modo a manter a harmonia social. Como tal, Claire se encaixa perfeitamente na ordem existente, ao contrário da inquietação e da negatividade encarnadas por Júlia.

Mas o fato de Clarens ser uma comunidade orgânica pré-revolucionária não permite outra forma de coletividade, algo como um coletivo revolucionário emancipatório que encarne de modo muito mais autêntico a "vontade geral"? A pergunta é: como esse coletivo afeta a paixão erótica intensa? Pelo que sabemos do amor entre os revolucionários bolcheviques, aconteceu uma coisa única ali, uma nova forma de casal amoroso: o casal que vive em permanente estado de emergência, totalmente dedicado à causa revolucionária, disposto a sacrificar por ela sua satisfação sexual pessoal, e abandonar o outro e traí-lo, caso a revolução exija, mas, ao mesmo tempo, totalmente dedicado ao outro, gozando juntos de raros momentos de extrema intensidade. A paixão dos amantes era tolerada, e até respeitada em silêncio, mas ignorada no discurso público como algo sem importância para os outros. (Há sinais disso até no que se sabe a respeito do caso de Lenin com Inessa Armand.) Em todas as três formas prévias ilustradas em *Júlia*, temos uma tentativa violenta de *Gleichschaltung*, de imposição de uma unidade entre a paixão íntima e a vida social (o pai de Júlia quer que ela sufoque sua paixão; em seu caso com o tutor, os dois querem obliterar a realidade social; Wolmar quer curar os amantes da doença da paixão e integrá-los inteiramente ao novo espaço social), enquanto aqui a *disjunção* radical entre paixão sexual e atividade sociorrevolucionária é totalmente reconhecida. As duas dimensões são aceitas como heterogêneas, irredutíveis uma à outra, não há harmonia entre elas, mas é esse mesmo reconhecimento da lacuna que torna a relação não antagônica.

No entanto, devemos dar mais um passo aqui: a declaração de Guevara de que "o verdadeiro revolucionário é guiado por fortes sentimentos de amor" deveria ser lida em conjunto com a declaração mais "problemática" sobre os revolucionários como "máquinas de matar":

> O ódio é um elemento da luta; o ódio incansável pelo inimigo que nos impele acima e além das limitações naturais do homem e nos transforma em máquinas de matar eficientes, violentas, seletivas e frias. Nossos soldados têm de ser assim; um povo sem ódio não consegue vencer um inimigo brutal.[67]

Por isso, temos de ir até o fim e aplicar as palavras de Cristo – "quem não odeia seu pai não é meu seguidor" – *a ele mesmo*, a sua própria atitude na cruz: no momento da morte, Cristo "odeia seu pai por amor". Elie Wiesel fala de um rabino que, mesmo estando em Auschwitz, continuou jejuando no Yom Kippur, embora soubesse que aquilo era morte certa (por causa do jejum, ele enfraqueceu, não passou na "seleção" seguinte e foi para a câmara de gás). O rabino explicou que jejuava "não por obediência, mas por desafio":

> Antes da guerra, alguns judeus se rebelaram contra a vontade divina indo a restaurantes no Dia da Expiação; aqui, é observando o jejum que podemos fazer com que nossa indignação seja ouvida. Sim, meu discípulo e professor, saiba que jejuei. Não por amor a Deus, mas contra Deus.[68]

---

[67] Che Guevara, *Socialism and Man in Cuba*, cit.
[68] Elie Wiesel, *Legends of Our Time* (Nova York, Chocken, 1982), p. 37.

Quando lhe perguntaram por que agia assim, se não acreditava mais, o rabino respondeu: "Vocês não veem o xis da questão. Aqui e agora, a única maneira de acusá-lo é louvando-o"[69]. Do ponto de vista cristão, louvar Cristo *é* o ato de acusar Deus o Pai.

Portanto, devemos rejeitar a leitura padrão das palavras "escandalosas" de Cristo que as interpreta como simples chamado à moderação, num movimento que lembra uma cópia falsa da "negação da negação" hegeliana: depois de rejeitarmos todos os apegos mundanos em nome de nosso amor incondicional a Deus, podemos voltar aos seres humanos ordinários – podemos amar mais uma vez nossa esposa, nossos pais e assim por diante, mas com moderação, já que só se deve amar incondicionalmente a Deus. Essa leitura é uma blasfêmia, que não entende nada do cristianismo: quando Cristo diz que, onde quer que haja amor entre dois de seus discípulos, ele estará entre eles, devemos entendê-lo literalmente: Cristo não é (só) amado, ele *é* amor, nosso amor ao próximo. Por isso o "ódio" que ele menciona não é o ódio pelos seres humanos "inferiores", que deveriam provar de algum modo que só amam "realmente" a Deus, mas o ódio aos próximos *em nome* de nosso amor por eles.

Amada, de Toni Morrison*, leva esse paradoxo a seu doloroso clímax e deveria ser contraposto aqui à *Volta à velha mansão*, de Evelyn Waugh** – devemos recordar a reviravolta final do romance: Júlia se recusa a se casar com Ryder (embora ambos tenham se divorciado para isso) como parte do que chama, ironicamente, de seu "acordo particular" com Deus – apesar de depravada e promíscua, talvez ainda tenha alguma chance, se sacrificar o que mais lhe importa, seu amor por Ryder. Como deixa claro em suas palavras finais a Ryder, Júlia sabe muito bem que, depois de deixá-lo, terá inúmeros casos insignificantes; no entanto, isso não importa, porque eles não a condenarão irrevogavelmente aos olhos de Deus. O que a condenaria seria privilegiar seu único amor verdadeiro, em vez de se dedicar a Deus, já que não deve haver competição entre bens supremos. Isso não é *ágape*, mas perversão blasfema.

Em "The Intellectual Beast is Dangerous" ["A fera intelectual é perigosa"], Brecht afirma que "a fera é forte, terrível, devastadora; a palavra emite um som bárbaro". Surpreendentemente, ele continua: "A pergunta fundamental, de fato, é esta: como podemos nos tornar *feras*, feras em tal sentido que os fascistas temam sua dominação?". Portanto, está claro que, para Brecht, essa pergunta designa uma tarefa positiva, não o lamento de sempre sobre como os alemães, uma nação de

---

[69] Ibidem, p. 38.
* São Paulo, Companhia das Letras, 2007. (N. E.)
** Rio de Janeiro, Agir, 1965. (N. E.)

cultura tão elevada, puderam se transformar em feras nazistas: "Temos de entender que a bondade também tem de ser capaz de ferir – de ferir selvagemente"[70]. Só contra esse pano de fundo podemos formular a lacuna que separa a sabedoria oriental da lógica emancipatória cristã. A lógica oriental aceita o vácuo ou o caos primordial como realidade suprema e, paradoxalmente, por essa mesma razão, prefere a ordem social orgânica, com cada elemento em seu lugar. No núcleo mesmo do cristianismo, há um projeto radicalmente diferente: o de uma negatividade destrutiva que não termina num vácuo caótico, mas transforma-se (organiza-se) numa nova ordem, impondo-se à realidade. Por essa razão, o cristianismo é a antissabedoria: a sabedoria nos diz que nosso esforço é em vão, que tudo termina em caos, enquanto o cristianismo insiste insanamente no impossível. É óbvio que o amor, sobretudo na forma cristã, não é sábio. Por isso Paulo disse: "destruirei a sabedoria do sábio" (ou, como a frase é mais conhecida em latim, "sapientiam sapientum perdam"). Devemos entender a palavra "sabedoria" literalmente: é a sabedoria (no sentido de sábia aceitação "realista" de como são as coisas) que Paulo questiona, não o conhecimento como tal.

Em relação à ordem social, isso significa que a autêntica tradição apocalíptica cristã rejeita a sabedoria de que a ordem hierárquica é nosso destino, que tudo que tente desafiá-la e criar outra ordem igualitária tem de acabar em horror destrutivo. *Ágape* como amor político significa que o amor igualitário incondicional pelo próximo *pode* servir de base para uma nova ordem. A forma de surgimento desse amor é o chamado milenarismo apocalíptico ou ideia de comunismo: o impulso de realizar uma ordem social igualitária de solidariedade. O amor é a força desse elo universal que, num coletivo emancipatório, liga diretamente as pessoas em sua singularidade, contornando as determinações hierárquicas específicas. O terror é o terror saído do amor pelos outros singulares-universais e contra o específico. Esse terror nomeia exatamente o mesmo que a obra do amor. Portanto, nossa objeção aos terroristas fundamentalistas, cristãos ou muçulmanos, deveria ser justamente que eles não são terroristas como deveriam, porque se esquivam do terror autêntico como obra do amor. Na verdade, Dostoiévski estava certo quando escreveu: "O socialista cristão deve ser mais temido do que o socialista ateu" – sim, temido pelo inimigo.

Entre as alternativas a esse terror está a caridade, um dos nomes (e práticas) do *não amor* nos dias de hoje. Quando vemos uma campanha com crianças famintas da África e um apelo para ajudá-las ("Pelo preço de dois *cappuccinos*, você pode salvar a vida delas!"), a verdadeira mensagem é algo do tipo: "Não pense, não politize, esqueça as verdadeiras causas da pobreza, apenas aja, dê dinheiro, assim não terá de pensar!". Em resumo, a verdadeira mensagem é: "Pelo preço de dois *cappuccinos*,

---

[70] Citado em Jean-Michel Palmier, *Weimar in Exile* (Londres, Verso, 2006), p. iii.

você pode continuar levando sua vida ignorante e prazerosa, não só não sentindo nenhuma culpa, como até se sentindo bem porque participa da luta contra o sofrimento!". Hoje, os versos de "Badener Lehrstueck vom Einverstaendnis" ["A lição de Baden-Baden sobre o acordo"], de Brecht, são mais atuais do que nunca:

> Quando não há mais violência, não há mais necessidade de ajuda
> Portanto, não peça ajuda, mas elimine a violência.
> Ajuda e violência formam um todo
> E o todo tem de ser mudado.[71]

Oscar Wilde não disse o mesmo nas primeiras linhas de *A alma do homem sob o socialismo**, quando ressaltou que "é muito mais fácil ser solidário com o sofrimento do que com o pensamento"?

> [Todos] se veem cercados de horrenda pobreza, de horrenda feiura, de horrenda fome. É inevitável que se comovam profundamente com tudo isso. [...] Do mesmo modo, com intenções admiráveis, apesar de mal dirigidas, dispõem-se com muita seriedade e sentimento à tarefa de remediar os males que veem. Mas os remédios não curam a doença, apenas a prolongam. Na verdade, os remédios fazem parte da doença. Eles tentam resolver o problema da pobreza, por exemplo, mantendo vivos os pobres, ou, no caso de uma escola muito avançada, divertindo os pobres. Mas isso não é solução: é o agravamento da dificuldade. O objetivo apropriado é tentar reconstruir a sociedade em bases tais que a pobreza se torne impossível. Mas as virtudes altruístas impediram a realização desse objetivo. [...] Os piores senhores de escravos eram gentis com seus escravos, e assim impediam que o horror do sistema fosse percebido pelos que sofriam com ele e entendido pelos que o observavam. [...] A caridade degrada e desmoraliza. [...] É imoral usar a propriedade privada para aliviar os males horríveis que resultam da instituição da propriedade privada.[72]

Mas aqui não confundimos o materialismo ateu com a atitude cristã apocalíptica radical, confirmando, portanto, a afirmação frequentemente repetida de que o ateísmo não se sustenta, somente pode vegetar à sombra do monoteísmo cristão? Em outras palavras, como responder à objeção óbvia de que o "materialismo cristão" não passa de uma crença "barrada": como não tenho coragem suficiente para dar o "salto de fé", retenho a forma cristã do compromisso religioso, mas sem seu conteúdo? A resposta é que esse "esvaziar a forma de seu conteúdo" ocorre no próprio cristianismo, em seu próprio núcleo; o nome desse esvaziar é *kenósis* [cenose]: Deus morre e ressuscita como Espírito Santo, como a *forma* da crença coletiva. É

---

[71] Bertolt Brecht, *Gesammelte Werke* (Frankfurt, Suhrkamp, 1967), v. 2, p. 599.
* Porto Alegre, L&PM, 1983. (N. E.)
[72] Oscar Wild, *The Soul of Man Under Socialism* (Nova York, Max. N. Maisel, 1915), p. 43.

um erro fetichista procurar o apoio material (Cristo ressuscitado) dessa forma; o Espírito Santo é o próprio coletivo de fiéis, o que eles buscam do lado de fora já está ali na forma do amor que os une.

O pensamento contemporâneo (pós-)político está preso no espaço determinado por dois polos: ética e jurisprudência. De um lado, a política – tanto na versão liberal tolerante como na "fundamentalista" – é concebida como concretização de posturas éticas (direitos humanos, aborto, liberdade...) que precedem a política; de outro (e de modo complementar), é formulada na linguagem da jurisprudência (como encontrar o equilíbrio apropriado entre os direitos do indivíduo e da comunidade etc.)[73]. É aqui que a referência à religião pode desempenhar um papel positivo de ressuscitação da dimensão própria do político, de repolitização da política: ela pode permitir que os agentes políticos se soltem do emaranhado ético-jurídico. O velho sintagma "político-teológico" adquire uma nova importância: não só toda política se baseia numa visão "teológica" da realidade, como toda teologia é inerentemente política, uma ideologia do novo espaço coletivo (à semelhança das comunidades de fiéis como nova forma de coletividade no início do cristianismo, ou da *umma* no início do islamismo). Parafraseando Kierkegaard, podemos dizer que precisamos hoje de uma suspensão *político-teológica* do ético-jurídico.

Estapeia teu próximo!

Como essa suspensão afeta o modo como nos relacionamos com o próximo? Como mostra Robert Pippin em sua perspicaz leitura de *Rastros de ódio*, de John Ford, é isso que acontece numa cena crucial no fim do filme, quando Ethan finalmente encontra Debbie (que passou anos cativa dos índios) e corre atrás dela. Sua intenção explícita ao longo do filme não é salvá-la e levá-la para casa, mas matá-la; em outras palavras, ele era movido pela ideia racista de que uma moça branca que é feita prisioneira merece morrer. Com Debbie diante dele, ele a pega, abraça e decide

---

[73] "A duplicidade da política em relação à moralidade, ao usar para seus fins um ramo desta e depois o outro, promove essas máximas sofistas. Esses ramos são a filantropia e o respeito aos direitos do homem, e ambos são deveres. O primeiro é um dever condicional, e o segundo é um dever incondicional e absolutamente obrigatório. Quem quiser se entregar ao sentimento doce da benevolência deve se certificar de não ter transgredido esse dever absoluto. A política concorda prontamente com a moralidade do primeiro ramo (como ética) para entregar os direitos dos homens a seus superiores. Mas em relação à moralidade do segundo ramo (como ciência do direito), ao qual ela deve se curvar, a política acha aconselhável não ter nenhum acordo; ao contrário, nega-lhe toda realidade, preferindo reduzir todos os deveres a mera benevolência." Hoje, essas linhas de *Perpetual Peace* [*A paz perpétua*], cit., p. 66, de Kant, são mais verdadeiras do que nunca: vivemos numa época em que a filantropia (humanitarismo, preocupação com o sofrimento etc.) é usada sistematicamente como desculpa para renunciar aos direitos do homem.

levá-la para casa. De onde veio essa mudança? A explicação usual é que, no último momento, a profunda bondade de Ethan assume o comando. Pippin rejeita essa leitura: ele se concentra num estranho *close* de Ethan (John Wayne), pouco antes de ele encontrar Debbie: ele a vê fugindo e seu olhar exprime nem afeto nem simpatia:

> a expressão original é de perplexidade, uma indicação de que Ethan não conhece sua própria mente e, de repente, ele percebe que não conhece sua própria mente. [...] O que precisamos saber é que ele não conhecia bem sua própria mente e afirmava princípios que eram em parte invenções e fantasia. Nós (e ele) só descobrimos a profundidade e a extensão de seu compromisso real quando ele finalmente deve agir.[74]

Podemos dizer, portanto, que, no momento do estranho *close* de Ethan, este se descobre como o próximo no abismo impenetrável de sua subjetividade. Quando finalmente se viu em condições de agir baseado nessa identificação, Ethan enfrentou o enigma indecifrável de sua personalidade que abalou a identidade de "Ethan" no que ele (e nós, espectadores do filme) se fixara: um homem obcecado pelo compromisso homicida de redimir Debbie, matando-a. (Para Pippin, como hegeliano, é fácil perceber essa característica: a noção de que só descobrimos nossa verdadeira intenção quando temos de agir com base nela é o grande tema da dialética do ato de Hegel.) É depois dessa conversão em "próximo" inumano que ele se torna literalmente invisível para a comunidade "humana" em volta dele. Na cena final do filme, quando ele devolve Debbie à família, a comunidade "*não* rejeita Ethan. Ao contrário, *ignora-o* cerimoniosamente. Finge que ele não existe; ninguém fala com ele, cumprimenta-o ou diz se pode ou não entrar. Ele é esquecido instantaneamente, como se fosse invisível"[75].

Esse ignorar pode ser comprovado de maneira surpreendentemente clara: quem assiste ao último minuto do filme pode ver que tudo, todos os movimentos e palavras das personagens funcionariam de maneira significativamente normal se Ethan fosse apagado da cena, deixando todas as outras personagens agindo como agem. Esse ignorar é uma estratégia desesperada para evitar a superproximidade invasiva do próximo – muito bem ilustrada pelo estranho incidente que aconteceu quando visitei alguns *campi* nos Estados Unidos e fiz palestras com Mladen Dolar. O incidente (para nós dois, pelo menos) aconteceu durante um jantar, depois que nos apresentamos. O professor que presidia informalmente o evento propôs que todos os presentes (mais ou menos uma dúzia de pessoas) se apresentassem brevemente, dizendo seu cargo, seu campo de pesquisa e sua orientação sexual. Nossos colegas norte-americanos fizeram isso como se fosse a coisa mais natural e óbvia do mundo,

---

[74] Robert Pippin, "What Is a Western? Politics and Self-Knowledge in John Ford's *The Searchers*", *Critical Inquiry*, v. 35, n. 2, 2009, p. 240-1.
[75] Ibidem, p. 245.

já Dolar e eu simplesmente pulamos o último item. Fiquei tentado a fazer duas coisas, mas não fiz nenhuma: dar uma resposta vulgar e provocadora: "Bem, gosto de penetrar meninos de menos de 5 anos e depois lamber seu sangue..." (mas nunca se sabe o que pode acontecer no ambiente politicamente correto dos Estados Unidos) ou propor outra revelação às apresentações: quanto cada um ganha por ano e qual é seu patrimônio (tenho certeza de que meus amigos norte-americanos achariam isso muito mais invasivo do que a pergunta sobre sua orientação sexual...). Num comentário maravilhoso sobre esse incidente, Dolar o compara a dois outros acontecimentos: a elegante demonstração de discrição de Gore Vidal e um incidente numa praia eslovena em que os hóspedes norte-americanos demonstraram um recato inesperado. Eis o comentário:

> Nós nos sentimos muito europeus quando deparamos com as numerosas circunstâncias em que os norte-americanos falam com grande facilidade e sem reserva ou inibição sobre suas experiências mais íntimas diante de estranhos, como se lhes faltasse senso de recato e discrição, provocando assim, sem querer, embaraço nos ouvintes europeus. Parece que os norte-americanos continuam a sair do armário em todos os sentidos. Seria difícil definir onde se situa a linha divisória, mas há uma linha, e, quando ultrapassada, é sentida como uma reação fisiológica, muitas vezes como um ataque de vergonha.
> Como digressão, devo citar outro caso que se conta a respeito sobre Gore Vidal. Numa entrevista na TV, perguntaram a ele: "Sua primeira experiência sexual foi com um homem ou com uma mulher?". Ele respondeu: "Eu era educado demais para perguntar". É uma réplica maravilhosa que lembra ao entrevistador, da maneira mais simples, que existe um código de discrição a ser observado no discurso público (e em particular, mas existe aí uma ramificação diferente), que nada tem a ver com timidez e dissimulação. Essa linha frágil não é privilégio europeu.
> Permito-me outro exemplo. Alguns anos atrás, quando alguns amigos norte-americanos estavam de visita na Eslovênia, levei-os a uma praia no litoral do Adriático. Era uma praia pública e muito frequentada, e meus amigos ficaram bastante perplexos ao ver que a maioria das mulheres tirava o sutiã, como se costuma fazer nessa parte do mundo, perambulando de seios nus, e ninguém ligava. Meus amigos disseram que isso nunca aconteceria numa praia pública dos Estados Unidos (nunca estive em nenhuma, logo acredito em suas palavras); ficaram muito sem graça, apesar de suas convicções liberais de esquerda, sentindo certo desconforto diante do que viam como exibição pública e provocação sexual – como falta de recato e discrição. Foi quase como invocar um fantasma caricato do puritanismo numa era de permissividade. Isso levou a algumas ponderações sobre o próximo, essa estranha criatura que vive ao nosso lado e que deveríamos amar, mas que provoca embaraço e vergonha quando chega perto demais, invadindo nosso espaço privado, cruzando o limite da discrição, expondo-nos, por assim dizer, ao se expor, expondo sua privacidade invasiva, que, portanto, não pode ser mantida a uma distância apropriada.[76]

---

[76] Mladen Dolar, "The Art of the Unsaid" (artigo não publicado).

Longe de serem opostos ou incompatíveis, os dois elementos (declarar sua orientação sexual e cobrir o corpo) completam-se no universo do puritanismo norte-americano, que, como podemos notar, ainda é muito vivo. Ou seja, para explicar tais paradoxos, não devemos esquecer que a própria indiscrição e franqueza podem funcionar como ferramentas de discrição ou afastamento: se uma mulher se oferece prontamente para o ato sexual quando um homem tenta seduzi-la, em geral isso significa afastamento, rejeição de contato pessoal mais profundo; a mensagem é: "Você quer? Tudo bem, vamos fazer depressa e acabar logo com isso; para mim não significa nada, na verdade nem acho graça!". Nesse sentido, a pornografia explícita moderna é marcada por uma profunda discrição: a ridícula estupidez da narrativa passa a mensagem inequívoca de que não há um envolvimento subjetivo profundo naquilo que está acontecendo, ainda que estejamos vendo pessoas realizando atos íntimos.

Até pouco tempo atrás, a pornografia explícita respeitava certas proibições: embora mostrasse "tudo" (sexo real), a narrativa que fornecia o quadro para os encontros sexuais era, em geral, ridiculamente irreal, estereotipada, estupidamente cômica, uma espécie de retorno à *commedia del'arte* do século XVIII, em que os atores não representam indivíduos "reais", mas tipos unidimensionais (o avarento, o marido traído, a esposa promíscua...). Essa estranha compulsão de transformar a narrativa em algo ridículo não seria um gesto negativo de respeito ("Sim, mostramos tudo, mas justamente por isso queremos deixar claro que é tudo uma grande piada, os atores não estão realmente envolvidos")? Embora nos últimos anos tenha havido uma tendência a minar essa proibição com pornografia séria, isto é, pornografia combinada com uma história (que tenta ser) envolvente – como o trabalho de Catherine Breillat, na França –, a censura se reafirmou com o surgimento simultâneo da chamada pornografia gonzo. Há gonzo quando o autor não consegue – ou não quer – se afastar do tema que ele investiga: o repórter faz parte do fato. Em alguns casos – como perseguição de tornados, em que a maior parte do registro é feita por uma pessoa que dirige o carro e segura a câmera – o elemento gonzo é inerente; na pornografia gonzo, porém, essa escolha é deliberada e voluntária: a pornografia gonzo é o explícito incorporado, e equivale ao jornalismo engajado. Caracteriza-se por um estilo de filmagem que tenta pôr o espectador em cena: ela põe a câmera dentro da ação, muitas vezes com um ou mais participantes filmando e realizando o ato sexual, eliminando assim a separação típica de cinema e pornografia convencional. Influenciado pela pornografia amadora, o pornô gonzo tende a usar bem menos planos de corpo inteiro e mais *closes*. No entanto, o mais importante é que os próprios atores falam constantemente com a câmera, piscam, comentam o que está acontecendo num estilo leve, irônico e zombeteiro. Assim, o realismo reflexivo da pornografia gonzo marca um nível mais elevado de repressão: enquanto na pornografia clássica a estupidez da conversa se restringia à narrativa ficcional, na pornografia gonzo a própria ficção narrativa é abalada, o espectador é continuamente lembrado que está assistindo a uma encenação – como se quisessem nos proteger do perigo de nos envolvermos demais com o que estamos vendo[77].

Por que a superproximidade do próximo nos traumatiza tanto? A principal maneira de manter distância da proximidade invasiva do próximo "inumano" são os costumes, os hábitos, mas estamos assistindo a um declínio dos hábitos: em nossa cultura de exposição e "sinceridade", eles não são mais um anteparo contra o próximo. (Um sinal revelador dessa falha é a correção política, que tenta regular e até legislar o que deveria ser uma questão de hábito "espontâneo".) No entanto, o próximo não universalizável não é o horizonte definitivo de nossa atividade ético-política? A norma mais elevada não é a injunção de respeitar a alteridade do próximo? Não admira que Levinas seja tão popular entre os liberais multiculturalistas de esquerda, que variam infinitamente o tema da universalidade impossível – toda universalidade é exclusiva, impõe como universal um padrão particular...

Aqui a pergunta é: toda universalidade ética se baseia na exclusão do abismo do próximo ou há uma universalidade que *não* exclui o próximo? A resposta é: sim, a universalidade baseada na "parte de parte alguma", a universalidade singular ilustrada por aqueles que não têm um lugar determinado na totalidade social, que estão "fora do lugar" e, como tal, representam a dimensão universal. Essa identificação com os excluídos deve ser estritamente oposta à solidariedade liberal, à compreensão de seu sofrimento e ao esforço subsequente de incluí-los na estrutura social. A multidão das favelas é um grande reservatório de mobilização política: se a esquerda não a mobilizar, quem a mobilizará? Os fundamentalistas religiosos? Ela permanecerá indefinidamente fora do espaço civil, como uma ameaça de violência

---

[77] Acontece um problema semelhante (evitar a sobreproximidade do próximo) na tortura. Segundo Lacan, os que praticam a tortura, "quaisquer que sejam suas razões, fazem-no porque sua *jouissance* está envolvida. Independentemente das boas razões – é para o bem, o belo, o verdadeiro –, na prática os sádicos tentam arrancar do sujeito sua *fides*, o pacto do discurso, com base no qual ele entrou em certo número de relacionamentos". Portanto, o objetivo supremo da tortura nunca é apenas a informação necessária; seu pressuposto é que o sujeito torturado está preso por outro pacto simbólico (secreto), e o objetivo é fazê-lo revelar esse pacto ("Você afirma ser um bom bolchevique, mas na verdade você é trotskista!"). A tortura visa a dimensão mais básica da relação do sujeito com a ordem simbólica, o pacto que o vincula a uma comunidade e faz dele o que ele é, explica sua identidade. Na tortura, o sujeito não é forçado a revelar apenas o que sabe, mas também o que é. Por isso, na Roma antiga, a confissão do escravo só tinha validade jurídica quando obtida sob tortura, para nós uma estranha idiossincrasia contraintuitiva (não é verdade que, sob tortura, estamos prontos a admitir qualquer coisa, o que significa que a tortura torna sem valor qualquer confissão obtida desse modo?). Podemos entender essa regra como expressão da noção de que o escravo, embora seja um ser falante, não está sujeito ao vínculo social da linguagem, pronto a se ater a sua palavra, ciente da honra e da dignidade da "palavra dada".

politicamente desarticulada[78]? No verão de 1846, quando Thoreau foi preso por se recusar a pagar impostos (para financiar a guerra mexicana), Emerson o visitou na cadeia e perguntou: "O que está fazendo aí dentro?". Thoreau respondeu: "O que está fazendo aí fora?"[79]. Esta é a resposta apropriada à preocupação solidária dos liberais com os excluídos ("Como é que você está aí fora, excluído do espaço público?"): "Como é que você está aí dentro, incluído nele?".

A distinção entre os incluídos na ordem jurídica e o *homo sacer* não é simplesmente horizontal, uma distinção entre dois grupos de pessoas, mas cada vez mais também a distinção "vertical" entre os dois modos (superpostos) de tratar *as mesmas pessoas* – para resumir: no nível da lei, somos tratados como cidadãos, sujeitos legais; no nível de seu complemento obsceno, do superego, dessa lei incondicional e vazia, somos tratados como *homo sacer*. O verdadeiro problema não é a condição frágil dos excluídos, mas o fato de que, no nível mais elementar, somos *todos* "excluídos", no sentido de que nossa posição mais elementar, nossa posição "zero", é a de objeto da biopolítica, e possíveis direitos políticos e de cidadania nos são concedidos como um gesto secundário, segundo considerações estratégicas biopolíticas – *essa* é a consequência derradeira da noção de "pós-política". Por isso, para Agamben, a implicação de sua análise do *homo sacer* não é que devemos lutar pela inclusão, mas que o *homo sacer* é a "verdade" de todos nós, e representa a posição zero de todos nós. É por essa razão que a "parte de parte alguma", a singularidade universal do *homo sacer*, não é a exceção constitutiva da universalidade: não é que, uma vez excluído do espaço público de cidadania, esse espaço se constitua como universal. Em termos ético-religiosos, a universalidade exclusiva (isto é, a universalidade que exclui o próximo) é a universalidade jurídica da *lex talionis*, dos direitos iguais universais e da reciprocidade universal, enquanto a universalidade cristã não excludente é "dar a outra face":

> Ouvistes que foi dito: "Olho por olho e dente por dente". Eu, porém, vos digo: não resistais ao mau. Se alguém te fere na face direita, oferece-lhe também a esquerda. Se alguém te cita em justiça para tomar-te a túnica, cede-lhe também a capa. Se alguém te obriga a andar uma milha, caminha com ele duas mil. Dá a quem te pede e não te desvies daquele que te quer pedir emprestado.[80]

Esse excesso além da reciprocidade simétrica é um passo que vai da "universalidade abstrata" (igualdade) à "universalidade concreta", do cálculo utilitário de

---

[78] Não admira que o terreno dos excluídos esteja se tornando alvo de turismo: já temos turismo em favelas (visitas organizadas no Brasil), turismo de catástrofes ecológicas (passeios ao reator de Chernobyl, com medidores que zumbem para provar que estamos mesmo na zona de radiação; visitas aos arredores de Murmansk, onde os rejeitos minerais geraram excrescências assustadoras...).

[79] Citado em Howard Zinn, *A People's History of the United States* (Nova York, HarperCollins, 2001), p. 156.

[80] Mateus 5,38-42.

ganho recíproco ao compromisso ético incondicional: é o compromisso excessivo que transforma seu agente numa universalidade singular. Parafraseando o início do *Manifesto Comunista*, não admira que a história do cristianismo seja a história da "luta de classes", uma longa série de esforços desesperados para domar o caráter escandaloso das palavras citadas por meio de sua contextualização historicista – o que não significa que não podemos aprender muito com a análise histórica desses trechos "excessivos":

> Normalmente, associamos esses versículos ao pacifismo, mas há mais do que isso neles. Esses versículos foram ditos numa cultura em que honra e vergonha tinham um significado cultural. Um tapa na cara era considerado degradante, uma tentativa de rebaixar alguém, humilhando-o publicamente. O que isso tem a ver com a face direita e a face esquerda? Para responder, temos de recorrer à Mishná, que é uma coletânea de regulamentos legais do judaísmo rabínico do século III d.C. Na Mishná estão especificadas as penas e as indenizações devidas como punição para vários tipos de infrações. Havia uma diferença entre estapear alguém com as costas ou com a palma da mão. Quando diz: "Se alguém te fere a face direita", Jesus se refere a um tapa com as costas da mão, já que a maioria das pessoas é destra. A Mishná determina uma indenização para quem sofre uma ação tão vergonhosa: o tapa com a palma da mão dava direito ao dobro da indenização do tapa com as costas da mão. Por que a multa era mais alta? Porque ser atingido na face direita com as costas da mão era mais degradante e vergonhoso do que ser atingido na face esquerda com a palma da mão. De fato, Jesus diz: se alguém o rebaixa ou humilha com um tapa com as costas da mão na face direita, vire-lhe a face esquerda e veja se ele está disposto a dizer que você está mais perto de ser igual a ele do que indicava o primeiro tapa. É claro que isso levaria a uma pena maior para quem estapeasse. Esse versículo diz mais sobre a cultura de honra e vergonha da época do que sobre o pacifismo. Eles entendiam essas palavras de um modo totalmente diferente de nós.[81]

Por trás da máscara de não resistência submissa, o gesto de "oferecer a outra face" desafia o outro a me tratar como um igual, um igual que, como igual, tem o direito de se defender e de bater também. *A ira está solta*, com Jean-Claude van Damme, conta um caso sombrio que aconteceu numa corrupta prisão da Rússia pós-soviética e contém um elemento cristológico surpreendentemente acurado. Van Damme é um norte-americano que trabalha em Moscou e foi condenado a uma longa pena de prisão por ter matado o assassino de sua esposa; ele precisa travar duelos violentos com os outros presos para satisfazer os guardas, que apostam alto nas lutas. Incapaz de matar o adversário derrotado, Van Damme se recusa a lutar e é punido de maneira cruel, acorrentado ao alto de um mastro, de onde pende durante dias, sem água

---

[81] Matt Dabbs, "What Does it Mean to turn the Other Cheek?". Disponível em: <http://mattdabbs.wordpress.com/2007/11/05/what-does-it-mean-to-turn-the-other-cheek>. [Acesso em 25 maio 2012.]

ou comida, até aceitar lutar novamente. Um dos presos que observa de sua cela o sofrimento de Van Damme reclama com os companheiros: "Por que ele se recusa a lutar? Além de perder e morrer, ele ainda vai criar problema para todos nós!". Um colega mais sábio responde: "Não! Você não vê que ele está lutando por todos nós?". E é claro que ele está certo: a recusa de Van Damme é, em si, uma luta muito mais perigosa para mudar regras de toda uma vida na prisão, para que os prisioneiros não sejam mais forçados a realizar combates cruéis para a diversão obscena dos carcereiros. Esse é um caso paradigmático do versículo de Jesus em Mateus: "Se alguém te fere a face direita, oferece-lhe também a esquerda". Às vezes, recusar-se a lutar é um gesto muito mais violento de recusar todo o campo que determina as condições da luta; às vezes, devolver o golpe é o sinal mais seguro de concordância.

Portanto, é fundamental ler o trecho citado *juntamente* com o trecho "excessivo" oposto e não menos embaraçoso de Cristo trazer a espada e não a paz. Encontrar-se na posição daquele que devolve o ato ético "excessivo" de agressão com gentileza pode ser uma experiência traumática, como Victor Hugo mostra claramente em *Os miseráveis**: a diferença entre Jean Valjean e Javert é precisamente a diferença entre os dois modos de reação do ser humano ao gesto traumático da graça (bondade inesperada), de "oferecer a outra face". No começo do romance, o bondoso bispo Myriel acolhe e abriga Valjean; no meio da noite, Valjean rouba a prataria do bispo e foge. Ele é pego e levado de volta, mas o bispo diz que a prataria é um presente e, nesse momento, ainda lhe entrega dois castiçais de prata, repreendendo-o diante da polícia por sair com tanta pressa que se esqueceu daquelas peças tão valiosas. Então o bispo o "lembra" da promessa – que Valjean não se recorda de ter feito – de usar a prata para se tornar um homem honesto. Devastado por esse ato excessivo de responder ao mal com bondade, Valjean começa o longo caminho da recuperação ética, seguido caninamente por Javert, um policial obcecado pela ideia de levar o fugitivo Valjean ao tribunal. Mais tarde, em meio à agitação revolucionária de 1832, Valjean salva Javert, que foi desmascarado pelos revolucionários como espião da polícia e condenado à morte: ele se apresenta como voluntário para executar Javert, leva-o para longe e atira para o ar, enquanto Javert foge. Quando eles voltam a se encontrar, Javert percebe que está dividido entre a crença na lei e a misericórdia que Valjean teve com ele. Sente que não pode entregá-lo às autoridades e permite que parta. Incapaz de lidar com essa cisão entre sua dedicação à lei e sua consciência, Javert se suicida, jogando-se no Sena. O ponto crucial aqui é que Valjean, o criminoso empedernido por tantos anos de cadeia, aceita a graça e se lança numa recuperação moral, enquanto Javert, a personificação da lei, não consegue suportar a

---

* 3. ed., São Paulo, Cosac Naify, 2009. (N. E.)

bondade e é levado ao suicídio quando é exposto a ela: prova definitiva de que a lei, longe de apenas se opor ao crime, é o crime universalizado, um crime elevado ao nível de princípio incondicional.

O sujeito suposto não *saber*

Não deveríamos ter medo de extrair todas as consequências dessa afirmação do político-teológico, massacrando sem piedade muitas vacas sagradas do liberalismo. Nessa linha, Badiou propôs recentemente[82] a reabilitação do "culto da personalidade" comunista revolucionário: o real do evento-verdade se insere no espaço da ficção simbólica por intermédio do nome próprio (do líder): Lenin, Stalin, Mao, Che Guevara. Longe de marcar a corrupção do processo revolucionário, o louvor ao nome do líder é imanente ao processo. Em outras palavras, sem o papel mobilizador do nome próprio, o movimento político permanece preso à ordem positiva do ser descrita pelas categorias conceituais; é somente pela intervenção de um nome próprio que a dimensão do "exigir o impossível", de mudança dos próprios contornos, parece possível. É nessa linha que devemos ler o fato "excêntrico" de que Hugo Chávez tentou primeiro conquistar o poder com um golpe militar; só depois que a tentativa de golpe fracassou (e, hoje, o aniversário dessa tentativa não é omitido, mas comemorado como feriado na Venezuela), ele concorreu às eleições como segunda opção e venceu. Em contraste com a velha história do político ambicioso que, depois de perder as eleições, tenta tomar o poder com um golpe, no caso de Chávez as eleições substituíram o golpe.

Todos conhecemos a resposta de Aristóteles à acusação de que, ao criticar a filosofia de Platão, ele traiu seu bom amigo: "Sou amigo de Platão, mas sou muito mais amigo da verdade". Se entendermos verdade no sentido de Aristóteles, como simples verdade factual, isto é, a *adequatio* de nossas palavras (afirmações) às coisas (que elas designam), não deveríamos ter vergonha de inverter a resposta de Aristóteles; na política emancipatória radical, devemos dizer: "Sou amigo da verdade, mas sou muito mais amigo de [inserir aqui o nome do líder: Lenin, Trotsky, Mao etc.]". É claro que isso não significa que, em nome de uma submissão cega ao líder, devemos negar fatos óbvios; isso significa que a fidelidade à verdade no sentido de Badiou (como oposta ao conhecimento factual) é marcada pela referência ao *nome* (do líder): é esse nome que nos empurra para um engajamento que vai além dos limites da "política do possível" estratégica pragmática.

Em meados do século IV d.C., quando o cristianismo conseguiu se impor como religião de Estado e foi reconhecido pelo imperador, o bispo de Poitiers, Hilário, avi-

---

[82] Em sua participação na conferência "A ideia do comunismo", organizada pela Escola de Direito do Birkbeck College, Londres, de 13 a 15 de março de 2009. [A fala de Badiou foi publicada no Brasil em "A ideia do comunismo", em *A hipótese comunista*, São Paulo, Boitempo, 2012.]

sou a seus colegas bispos: "Ele [o imperador] não vos trouxe a liberdade, lançando-vos à prisão, mas trata-vos com respeito em seu palácio e, portanto, transforma-vos em escravos"[83]. Uma advertência que conserva sua atualidade nos tempos atuais, quando o pensador "radical" costuma ser convocado para o papel de *guarda escarlate*. Durante a Revolução Cultural, quando as guardas vermelhas levaram a sério a injunção de organização popular fora do âmbito do Estado-partido, o Partido Comunista reagiu e organizou as guardas escarlates, que pretendiam ser ainda "mais vermelhas que as guardas vermelhas", mas a serviço do partido, é claro. É assim que o poder estabelecido reage quando é ameaçado com instabilidade: criando sua própria ala "pseudossubversiva"[84]. Foi esse o caso, por exemplo, dos *nouveaux philosophes* na França: a "guarda escarlate" que foi criada contra a "guarda vermelha" maoísta do núcleo radical de 1968.

Entre os teólogos contemporâneos, John Howard Yoder condenou em *The Politics of Jesus* [A política de Jesus] (1972) o acordo da Igreja com o imperador Constantino no século IV como um afastamento fatídico do pacifismo e da desconfiança contra a riqueza presentes no Novo Testamento, em troca de uma ética "responsável", adequada às classes dominantes e governantes que não reconheciam Jesus como o Senhor. Yoder chamou de "constantinismo" esse arranjo pelo qual Igreja e Estado apoiavam os objetivos um do outro e considerou-o uma tentação perigosa e constante. Ele não rejeitou o constantinismo em nome de um afastamento ascético dos fiéis em relação à vida social: ciente das limitações da democracia, entendia "ser cristão" como uma atitude *política* não conciliada. A responsabilidade primeira dos cristãos não é assumir a sociedade e impor suas convicções e seus valores a quem não tem sua fé, mas "ser a Igreja". Recusando-se a responder ao mal com o mal, vivendo em paz e dividindo bens, a Igreja comprova que há uma alternativa à sociedade baseada na violência ou na ameaça de violência[85].

---

[83] Citado em Charles Freeman, *The Closing of the Western Mind*, cit., p. 202.
[84] Devo essa informação a Alessandro Russo.
[85] A atitude dos primeiros cristãos em relação à escravidão era totalmente ambígua: por um lado, eles enfatizavam que somos todos iguais aos olhos de Deus (à lista de Paulo – "nem judeus nem gregos, nem homens nem mulheres" – podemos acrescentar "nem escravos nem cidadãos livres"), e as consequências dessa igualdade vão da injunção estoica de tratar os escravos de forma humana até a exigência mais radical de abolir a escravatura; por outro lado, a escravidão humana reflete nossa situação básica: somos todos escravos de Cristo, logo os escravos reais devem ser obedientes e trabalhar por seu senhor, porque desse modo cumprem a vontade de Deus. A ambiguidade é sustentada pela diferença na condição lógica de nossa suprema escravidão a Deus: essa escravidão mais elevada é imanente à estrutura social, a seu supremo princípio estrutural, de modo que a escravidão deveria se espalhar a partir dela, permeando todo o edifício, ou é sua exceção constitutiva e, como tal, a garantia de nossa liberdade na realidade social ("Sou escravo apenas de Deus, e essa obediência me dá liberdade em relação a todas as outras autoridades terrenas!")? A diferença *não* é a diferença entre as lógicas feminina e masculina da sexuação, já que ambas as versões se baseiam numa "universalidade singular" que totaliza o campo inteiro; a diferença é que, no primeiro caso,

Aqui a questão não é opor o político-teológico ao ateísmo secular; ao contrário, é a partir desse ponto de vista político-teológico que podemos discernir o núcleo teológico oculto do ateísmo secular. A conhecida piada crítico-ideológica sobre a fé religiosa que se transforma cada vez mais em empresa capitalista (a venda organizada da fé) também deve ser invertida: não só a fé religiosa é capitalismo, como o capitalismo é uma religião e baseia-se na fé (na instituição do dinheiro, entre outras coisas)[86]. Essa questão é fundamental para entender o funcionamento cínico da ideologia: ao contrário do período em que o sentimentalismo ideológico-religioso encobria a violenta realidade econômica, hoje o violento cinismo ideológico é que encobre o núcleo religioso das crenças capitalistas.

Em 1945, aconteceu uma coisa estranha no Brasil: em agosto, quando a mídia noticiou a rendição do Japão, foi criada em São Paulo a Shindo Remnei, uma organização secreta japonesa. Para seus membros, a notícia sobre a rendição era uma fraude, um golpe de propaganda inventado pelas potências ocidentais para abalar o orgulho japonês. Como o Japão poderia ter sido derrotado se, em toda a sua longa história de 2.600 anos, ele jamais perdera uma guerra? Em poucos meses, a comunidade de imigrantes japoneses do Brasil (cerca de 200 mil pessoas) dividiu-se entre os *kachigumi*, os "vitoristas" da Shindo Remnei, e os *makegumi*, os "derrotistas", que reconheciam a rendição japonesa. Uma verdadeira guerra civil explodiu entre os dois grupos quando os *tokkotai*, os matadores da Shindo Remnei, começaram a exterminar sem piedade os principais "derrotistas", considerados traidores da nação; a guerra só acabou quando, depois de milhares de mortos, o Estado interveio e deportou para o Japão os principais "vitoristas". O que torna esse incidente estranho são as medidas tomadas pela Shindo Remnei para manter a ilusão da vitória japonesa: ela chegou ao ponto de produzir exemplares falsos da revista *Life* com reportagens e fotos falsas da rendição das tropas norte-americanas do Pacífico, com o general MacArthur curvando-se diante dos oficiais japoneses e assim por diante[87]. Temos aqui a negação fetichista levada ao extremo: os próprios responsáveis pela fraude apegaram-se fanaticamente a ela, e estavam dispostos a sacrificar sua vida por ela. *Sabiam* que a negação da rendição japonesa era falsa, mas ainda assim se recusaram a *acreditar* na rendição japonesa.

---

o modo exemplar de ser escravo de Cristo é inerente à totalidade, é o ápice de escravidão universal, ao passo que, no segundo caso, ser escravo de Cristo é a exceção que fundamenta nossa liberdade nas questões mundanas; e essa passagem do primeiro caso para o segundo combina perfeitamente com a passagem do catolicismo para o protestantismo.

[86] Ver Thomas Assheuer, "Der Wahnsinn des Kapitalismus" (uma resenha de *There Will Be Blood*, de Paul Anderson), *Die Zeit*, julho de 2008, p. 38.

[87] Ver Fernando Morais, *Corações sujos: a história de Shindo Remnei* (São Paulo, Companhia das Letras, 2001). Agradeço a Nuno Ramos de Almeida, de Lisboa, por chamar minha atenção para esse livro.

A primeira lição que devemos aprender com esse paradoxo é evitar a confusão entre convicções individuais e crenças inscritas na própria lógica do sistema do qual participamos. Quando o papa disse, na mensagem de Natal de 25 de dezembro de 2008, que, se a humanidade não aprendesse a dominar seu egoísmo, a história da humanidade acabaria em autodestruição, ele não só repetiu um lugar-comum moralista, como fez uma declaração falsa. Admitimos que os dois principais perigos hoje são o capitalismo desenfreado e o fundamentalismo religioso, mas, como mesmo uma análise superficial da subjetividade "fundamentalista" deixa claro, os fundamentalistas não são egoístas, muito pelo contrário: eles se dedicam impiedosamente a um objetivo transcendental e estão dispostos a sacrificar tudo por ela, inclusive a própria vida. Quanto ao capitalismo, é possível demonstrar que não se pode reduzir sua circulação sempre em expansão à luta egoísta dos capitalistas por mais e mais lucros. Aqui, um paralelo entre a estrutura do capital e a noção de "memes" de Dawkins pode ajudar. O "meme" se espalha não por seus efeitos benéficos sobre seu portador (digamos que aquele que o adota tem mais sucesso na vida, portanto tem vantagem na luta pela sobrevivência) ou pelas características que o tornam subjetivamente atraente a seu portador (que tenderia naturalmente a privilegiar a ideia que prometesse felicidade, em vez da ideia que só promete sofrimento e renúncia). Como um vírus de computador, o meme prolifera simplesmente programando sua própria retransmissão. Recordamos aqui o exemplo clássico dos dois missionários que trabalham num país rico e politicamente estável; um diz: "O fim está próximo; arrependam-se, senão sofrerão imensamente", enquanto a mensagem do outro é apenas para que todos gozem uma vida feliz. Embora a mensagem do segundo seja muito mais atraente e benéfica, a do primeiro vencerá. Por quê? Porque quem realmente acredita que o fim está próximo fará um enorme esforço para converter o máximo possível de pessoas, enquanto a segunda crença não exige tanta dedicação ao proselitismo. O que é inquietante nessa ideia é que nós, seres humanos dotados de pensamento, vontade e experiência do significado, ainda assim somos vítimas involuntárias do "contágio do pensamento", que funciona às cegas e espalha-se como um vírus de computador. Não admira que, ao falar de memes, Dennett recorra às mesmas metáforas de Lacan a respeito da linguagem: em ambos os casos, lidamos com um parasita que penetra, toma conta e usa o indivíduo humano para seus propósitos. E, de fato, a "memética" não (re)descobre a ideia de um nível simbólico específico que funciona do lado de fora do (e, consequentemente, não pode ser reduzido ao) par padrão formado por fatos biológicos objetivos (efeitos "reais" benéficos) e experiência subjetiva (a atração do significado do meme)? Num caso limítrofe, a ideia pode se espalhar, ainda que, no longo prazo, só traga destruição a seus portadores e seja vivenciada como não atraente.

Mas onde está o paralelo com o capital? Da mesma maneira que os memes – percebidos erroneamente por nós, sujeitos, como meios para nossa comunicação – controlam o espetáculo (eles *nos* usam para se reproduzir e multiplicar), as forças produtivas que nos parecem meios para satisfazer nossos desejos e necessidades controlam tudo: o verdadeiro objetivo do processo, seu fim em si mesmo, é o desenvolvimento das forças produtivas, e a satisfação de nossos desejos e necessidades (que erroneamente nos parecem o objetivo) são, de fato, apenas um meio para o desenvolvimento das forças produtivas. Em consequência, não deveríamos dizer que o capitalismo é sustentado pela ganância egoísta de capitalistas de mais poder e riqueza; essa mesma ganância é subordinada à luta impessoal do próprio capital para se reproduzir e expandir. Portanto, ficamos quase tentados a dizer que realmente precisamos de mais, e não menos, egoísmo esclarecido. Tomemos a ameaça ecológica: nesse caso, não necessitamos de um amor pseudoanimista pela natureza para agir, apenas de um interesse egoísta de longo prazo. Em termos lacanianos, podemos distinguir entre ganância individual e luta do próprio capital para se reproduzir e expandir como a diferença entre desejo e impulso. Krugman fez uma observação perspicaz a respeito da crise financeira: "Se pudéssemos inventar uma máquina do tempo para voltar a 2004, de modo que todos pudessem se perguntar se seriam cautelosos ou seguiriam a manada, a maioria seguiria a manada, apesar de saber que haveria uma crise"[88]. É assim que funciona o capitalismo, essa é a eficiência material da ideologia capitalista: mesmo sabendo como são as coisas, continuamos a agir com base em falsas crenças. Foi aqui que Deleuze errou, quando zombou da resposta psicanalítica padrão à objeção óbvia à "inveja do pênis" ("Quem realmente acredita que sua mãe tinha um pênis e foi castrada?"): é claro que ninguém acredita nisso diretamente, é o nosso inconsciente que acredita.

A última década de vida do presidente Tito na ex-Iugoslávia comprova as possíveis consequências catastróficas de manter crenças desautorizadas. Arquivos e memórias mostram que, já em meados da década de 1970, as principais figuras em torno de Tito sabiam que a situação econômica da Iugoslávia era catastrófica; no entanto, como Tito se aproximava da morte, decidiram adiar a explosão da crise até que ele morresse; o preço dessa decisão foi o rápido crescimento da dívida externa nos últimos anos da vida de Tito, enquanto a Iugoslávia – como disse o cliente rico do banco em *Psicose*, de Hitchcock – pagava para manter sua infelicidade. Em 1980, quando Tito finalmente morreu, a crise econômica veio com tudo, provocando uma queda de 40% no padrão de vida, tensões étnicas e, por último, uma guerra étnica e civil que arrasou o país – o momento de confronto adequado com a crise fora perdido. Podemos dizer, portanto, que o último prego

---

[88] Paul Krugman, "The true risk is the repetition of the Japanese lost decade", *Delo*, 19 set. 2009. Entrevista em esloveno.

do caixão da Iugoslávia foi a própria tentativa do círculo dominante de proteger a ignorância do líder, de preservar sua visão cor-de-rosa[89].

Em última análise, a cultura não é isso? Uma das regras elementares da cultura é saber quando (e como) fingir *não* saber (ou notar), ir em frente e agir como se o que aconteceu não tivesse acontecido de fato. Quando alguém perto de mim produz por acidente um ruído vulgar e desagradável, como um peido ou um arroto, o mais adequado é ignorar e não consolar: "Sei que foi um acidente, não se preocupe, não tem problema!". Quando pais que têm filhos pequenos mantêm um caso, brigam e gritam um com o outro, em geral (caso ainda tenham um mínimo de decência) tentam evitar que a criança perceba, porque sabem que o conhecimento do fato teria um efeito devastador sobre os filhos. (É claro que, em muitos casos, a criança sabe de tudo, mas finge não ver nada de errado, porque tem consciência de que desse modo a vida dos pais fica um pouquinho mais fácil.) Ou, num nível menos vulgar, um pai ou uma mãe em situação difícil (com câncer ou com dificuldades financeiras) que tenta guardar segredo das pessoas mais íntimas e queridos[90]. Hoje, a figura suprema do sujeito suposto *não* saber é a criança pequena, e, como observou com perspicácia Gerard Wajcman, é por isso que, numa era que divulga a si mesma como permissiva, transgressora de todos os tipos de tabus e repressões sexuais, que portanto torna a psicanálise obsoleta, a visão fundamental de Freud sobre a sexualidade infantil é estranhamente ignorada; para nos entregarmos a orgias sem pudor, a criança deve permanecer inocente:

> A única proibição remanescente, o único valor sagrado de nossa sociedade que parece restar, tem a ver com as crianças. É proibido tocar num fio de cabelo de suas cabecinhas louras, como se as crianças tivessem redescoberto aquela pureza angelical sobre a qual Freud conseguiu lançar alguma dúvida. E, sem dúvida, é a figura diabólica de Freud que condenamos hoje, vendo-o como aquele que, ao revelar a relação da infância com a sexualidade, simplesmente corrompeu nossa infância virginal. Numa época em que a sexualidade é exibida em cada esquina, é estranho que a imagem da criança inocente tenha voltado com toda a força.[91]

---

[89] Um caso menos fatal de covarde que não tinha permissão de saber aconteceu em Portugal, nos últimos anos da ditadura de Salazar, que governou o país durante décadas. Ele estava senil, era incapaz de manter uma conversa significativa, mas ainda assim o conselho de ministros se reunia regularmente com ele, examinava debates e decisões do governo, fazendo Salazar acreditar que ainda administrava o Estado; quando o ditador saía, os ministros se punham a trabalhar e tomavam as reais decisões. A razão desse ritual era que todo o grupo dominante em torno de Salazar temia o momento em que o público percebesse que o ditador não administrava mais o Estado, o momento que poderia – como realmente aconteceu – dar início a um período de incerteza e busca de alternativas políticas.

[90] É por isso também que a cultura se opõe à ciência: a ciência é sustentada pelo impulso impiedoso em direção ao conhecimento, enquanto a cultura é uma atitude de fingir não saber/notar. A entidade cuja ignorância deve ser mantida é o grande Outro como agência da aparência inocente.

[91] Gerard Wajcman, "Intimate Extorted, Intimate Exposed", *Umbr(a)*, 2007, p. 47.

Paradoxalmente, a queda desse grande Outro que é suposto não saber não é a mesma coisa que o desaparecimento da crença; de certo modo, ela abre espaço para a crença autêntica, a crença que sustenta o *ato*, a crença que não é mais transposta, sustentada ou encoberta pela imagem do grande Outro. No risco do ato, assumo inteiramente a crença em mim, aceito que não há Outro que acredite por mim, em meu lugar. Essa é a crença propriamente cristã, a mensagem da morte de Deus: a comunidade cristã está sozinha com sua crença, assumindo livremente toda a responsabilidade por si mesma, não confiando mais numa autoridade transcendental que a garanta. Em sua "peça didática" *Der Ozeanflug* [O voo sobre o oceano], Brecht não só dá bons exemplos de prosopopeia (o piloto conversa com a neblina, com a nevasca e com o sono, e até a cidade de Nova York fala – "aqui fala a cidade de Nova York"), como também faz uma declaração de "materialismo praticante", em oposição ao "idealismo praticante" de nossa ideologia cotidiana, virando do avesso o "eu sei, mas...", no qual *eu ajo como se acreditasse mesmo que não acredite*: "Seja eu o que for, seja qual for a estupidez em que acredito,/ Quando voo, sou/ Um ateu de verdade"[92].

---

[92] Bertolt Brecht, *Gesammelte Werke* 2 (Frankfurt, Suhrkamp, 1967), p. 176. Peter Sloterdijk indica a mesma direção em *Du must dein Leben aendern!* [Você tem de mudar sua vida!], no qual apresenta elementos de uma teoria materialista da religião, concebida como efeito de práticas materiais de treinamento e mudança pessoal; podemos afirmar que, com isso, ele contribui para uma teoria comunista da cultura.

3
Barganha: o retorno da crítica da economia política

"Ousar vencer!"

Alain Badiou descreveu três maneiras distintas de um movimento revolucionário (isto é, emancipatório radical) fracassar. A primeira, é claro, é a derrota direta: o movimento revolucionário é simplesmente esmagado pelas forças inimigas. A segunda é a derrota na própria vitória: o movimento revolucionário vence o inimigo (ao menos temporariamente) quando conquista a agenda principal do adversário (tomando o poder estatal, seja pela via democrático-parlamentar, seja por identificação direta do partido com o Estado). Além dessas duas maneiras, há talvez a mais autêntica, mas também a mais terrível: guiado pelo instinto correto de que toda consolidação da revolução em um novo poder de Estado resulta em sua traição, mas incapaz de inventar e impor à realidade social uma ordem verdadeiramente alternativa, o movimento revolucionário se entrega à estratégia desesperada de proteger sua pureza pelo recurso "ultraesquerdista" ao terror destrutivo. Badiou chama apropriadamente essa última versão de "tentação sacrifical do vácuo":

> Uma grande palavra de ordem maoísta dos anos vermelhos dizia: "Ousar lutar, ousar vencer". Mas sabemos que, se não é fácil obedecer a essa palavra de ordem, se a subjetividade receia não tanto lutar, mas vencer, é porque a luta expõe à forma simples do fracasso (o ataque não deu certo), enquanto a vitória expõe a sua forma mais temível: perceber que vencemos em vão, que a vitória prepara a repetição, a restauração. Que uma revolução nunca é mais do que um entremeio do Estado. Daí a tentação sacrifical do nada. O inimigo mais temível da política de emancipação não é a repressão pela ordem estabelecida. É a interioridade do niilismo, e a crueldade sem limites que pode acompanhar seu vazio.[1]

---
[1] Alain Badiou, *A hipótese comunista*, cit., p. 22.

O que Badiou diz efetivamente aqui é o exato oposto do "Ousar vencer!" de Mao: *é preciso* ter medo de vencer (de tomar o poder, criar uma nova realidade político-social), porque a lição do século XX é que a vitória termina em restauração (volta à lógica do poder de Estado) ou se enreda no círculo infernal da purificação autodestrutiva. É por isso que Badiou propõe substituir a purificação pela subtração: em vez de "vencer" (tomar o poder), manter distância do poder do Estado, criar espaços subtraídos do Estado. Essa conclusão radical se baseia na rejeição de Badiou do ponto de vista marxista "ortodoxo" do século XX, segundo o qual "há um agente 'objetivo' inserido na realidade social que traz a possibilidade de emancipação"; segundo ele, aí reside a diferença entre a grande sequência revolucionária do século XX e a época atual.

> [No século passado,] supunha-se que a política de emancipação não era pura ideia, uma vontade, uma prescrição, mas estava inserida, e quase programada, na realidade histórica e social. Uma das consequências dessa convicção é a de que esse agente objetivo deve ser transformado em força subjetiva, essa entidade social deve se tornar um ator subjetivo.[2]

A primeira coisa que devemos notar aqui é que a alternativa pressuposta por Badiou – a política de emancipação inscrita na realidade social, gerada pelo processo social "objetivo", ou a pureza da Ideia comunista – não é exaustiva. Tomemos *História e consciência de classe*, de Lukács: essa obra se opõe radicalmente a todo tipo de objetivismo, de referência direta às "circunstâncias objetivas"; em outras palavras, para Lukács a luta de classes é o fato primordial, o que significa que todo fato social "objetivo" já é "mediado" pela subjetividade combatente (o principal exemplo de Lukács é que não se espera pelas circunstâncias objetivas "maduras" para fazer a revolução; as circunstâncias se tornam "maduras" para a revolução por meio da própria luta política). Embora Lukács empregasse o famoso par hegeliano em-si e para-si para descrever o tornar-se proletariado da classe trabalhadora "empírica" como parte da realidade social, isso não significa que a consciência de classe surja do processo social "objetivo", que esteja "inscrita, quase programada, na e pela realidade social e histórica": a própria ausência de consciência de classe já é resultado da luta ideológico-política. Em outras palavras, Lukács não distingue a realidade social objetiva e neutra do compromisso político subjetivo, não porque, para ele, a subjetivação política seja determinada pelo processo social "objetivo", mas porque não há "realidade social objetiva" que já não seja mediada pela subjetividade política.

Isso nos leva à rejeição de Badiou da crítica da economia política; porque concebe a economia como uma esfera específica do ser social positivo, ele a exclui como local possível de um evento-verdade. Mas se aceitarmos que a economia é sempre

---

[2] Ibidem, p. 34.

uma economia *política*, um lugar de luta política, ou que sua despolitização, seu status de esfera neutra de "serviço de bens" é em si sempre-já o resultado de uma luta política, abre-se a possibilidade da repolitização da economia e, portanto, de sua reafirmação como lugar possível de um evento-verdade. A oposição exclusiva de Badiou entre a força "corruptora" da economia e a pureza da Ideia comunista como dois domínios incompatíveis dá um tom quase gnóstico a seu trabalho: de um lado, o nobre *citoyen* que luta em nome do axioma da igualdade; de outro, o *bourgeois* "decaído", um miserável "animal humano" que se esforça para ter lucro e prazer. O resultado necessário dessa lacuna é o terror: é por causa da própria pureza da Ideia comunista que motiva o processo revolucionário, da falta de "mediação" entre essa Ideia e a realidade social, que essa Ideia só pode intervir na realidade histórica sem trair seu caráter radical disfarçada de terror autodestrutivo. Essa "pureza" da Ideia comunista significa que o comunismo não deveria servir de predicado (designar uma política ou ideologia como "comunista"): no instante em que usamos o comunismo como predicado, envolvemo-nos na inscrição do comunismo na ordem positiva do ser. E, como esperado, o grande responsável por esse curto--circuito entre o real de um evento-verdade político e a História no marxismo é "a origem hegeliana do marxismo":

> Para Hegel, a exposição histórica das políticas não é uma subjetivação imaginária, mas o real em pessoa. Porque o axioma crucial da dialética tal como ele a concebe é que "o Verdadeiro é o devir dele mesmo" ou, o que dá no mesmo, "o Tempo é o ser-aqui do Conceito". Consequentemente, segundo o legado especulativo hegeliano, temos boas razões para pensar que a marca histórica, sob o nome de "comunismo", das sequências políticas revolucionárias, ou dos fragmentos díspares da emancipação coletiva, revela a sua verdade, que é progredir de acordo com o sentido da História. Essa subordinação latente das verdades ao seu sentido histórico implica que podemos falar "em verdade" de políticas comunistas, partidos comunistas e militantes comunistas. Mas vemos que, hoje, é preciso evitar essa adjetivação. Para combatê-la, tive de afirmar inúmeras vezes que a História não existe, o que concorda com minha concepção das verdades, ou seja, que elas não têm nenhum sentido, sobretudo no sentido de uma História. Mas hoje devo precisar esse veredito. Não há dúvida de que não existe nenhum real da História, portanto é verdade, transcendentalmente verdade, que ela não pode existir. O descontínuo dos mundos é a lei do aparecer e, portanto, da existência. Contudo, o que existe, sob a condição real da ação política organizada, é a Ideia comunista, operação que está ligada à subjetivação intelectual e que integra, no nível individual, o real, o simbólico e o ideológico. Devemos restituir essa Ideia, dissociando-a de qualquer uso predicativo. Devemos salvar a Ideia, mas também libertar o real de qualquer coalescência imediata com ela. Só podem ser destacadas pela Ideia comunista, como força possível do devir Sujeito dos indivíduos, políticas das quais, em última análise, seria absurdo dizer que são comunistas.[3]

---

[3] Alain Badiou, *A hipótese comunista*, cit., p. 137-8.

Nos termos antiquados do debate pós-modernista, "a História não existe" significa que não há nenhuma grande narrativa abrangente que garanta o sentido de história (em ambos os sentidos da palavra: significado e direção) Aqui, Badiou chega muito perto da tese pós-moderna de Lyotard sobre o fim das narrativas grandiosas: as intervenções políticas são sempre locais, elas intervêm numa situação específica ("um mundo"). No entanto, isso não significa que possamos simplesmente renunciar às narrativas simbólicas e aderir à Ideia comunista no real de sua pureza:

> Se, para um indivíduo, uma Ideia é a operação subjetiva pela qual uma verdade real particular é imaginariamente projetada no movimento simbólico de uma História, podemos dizer que uma Ideia apresenta a verdade como se ela fosse um fato. Ou ainda, que a Ideia apresenta certos fatos como símbolos do real da verdade.[4]

O que se esconde por trás dessas descrições é a velha noção kantiana de uma ilusão transcendental necessária: a verdade é rara, frágil e fugidia, um evento que só é perceptível em seus traços ambíguos, um evento cuja realidade não pode ser demonstrada pela análise da realidade histórica, mas, ao contrário, uma espécie de "Ideia reguladora". É por isso que "é preciso que o símbolo confirme imaginariamente a fuga [*fuite*] criadora do real"[5]: a pura Ideia comunista só pode se tornar uma força material, mobilizar sujeitos a serviço da fidelidade, se estiver inserida numa grande narrativa histórica, projetada na realidade histórica como parte do processo histórico. Portanto, Badiou sustenta basicamente a *necessidade* da ilusão ideológica imaginária, isto é, de um curto-circuito transcendental "ilegítimo" por meio do qual o real frágil se insere na ficção simbólica e ganha assim a consistência de uma parte da realidade social positiva. Podemos dizer também que a Ideia de comunismo esquematiza o real do evento político, dando-lhe um envelope narrativo e tornando-o assim uma parte de nossa experiência da realidade histórica – outra indicação do kantismo oculto de Badiou.

Badiou considera ficção ideológica qualquer História que vá além de um mundo específico e, como o nome marxista da teoria geral da história é materialismo histórico, não podemos ignorar a consequência da tese de Badiou de que não há teoria geral da História: isso não é nem mais, nem menos do que o total abandono do materialismo histórico marxista. A ironia é que, embora os marxistas "criativos" do século XX defendessem o materialismo histórico sem o materialismo dialético (desprezando este último por considerá-lo uma regressão do marxismo a uma "visão de mundo materialista", uma nova ontologia geral), Badiou visa um materialismo dialético (ou, mais exatamente, uma dialética materialista) sem materialismo histórico. No edifício teórico de Badiou não há lugar para o materialismo histórico, que não é uma narrativa imaginária da História nem uma ciência positiva da história como domínio do ser

---

[4] Ibidem, p. 10.
[5] Ibidem, p. 145.

(realidade social), mas a ciência do real da história, assim como a crítica da economia política como ciência do real do capitalismo.

A ressuscitação da "crítica da economia política" é a condição *sine qua non* da política comunista contemporânea. O "real duro" da "lógica do capital" é o que falta no universo historicista dos estudos culturais, não só no nível do conteúdo (a análise e a crítica da economia política), como também no nível mais formal da diferença entre historicismo e historicidade propriamente dita. Entre os raros teóricos em busca da "crítica da economia política" está Moishe Postone, que tenta repensar a realidade de Marx nas condições após a desintegração dos regimes comunistas em 1990[6].

Em defesa de um Marx não marxista

Embora Postone seja extremamente crítico a Althusser, ele, assim como o filósofo francês, considera que o jovem Marx "humanista" têm falhas profundas e postula o "rompimento epistemológico" fundamental ainda mais tarde do que Althusser, com o retorno de Marx à "crítica da economia política" por meio de uma nova leitura da *Ciência da lógica*, de Hegel*, a partir de meados da década de 1850. Só a partir desse momento, Marx superou de fato sua primeira formulação do (que depois foi codificado como forma predominante do) "marxismo", com sua dicotomia crua (ainda que superficialmente "dialetizada") de "base econômica" e "superestruturas" legal e ideológica, além do ingênuo evolucionismo historicista, baseado secretamente na absolutização a-histórica do trabalho (processo de produção e reprodução material da vida) como "chave" de todos os outros fenômenos, um evolucionismo historicista que encontra sua expressão canônica definitiva no texto que é um retorno do jovem Marx, o famoso "Prefácio" a *Uma contribuição à crítica da economia política* (1859)[7]. Depois disso, somem todas as inversões simétricas feuerbachianas ("os mortos dominam os vivos, em vez de..."), a oposição ingênua entre o "processo real da vida" e a "mera especulação"[8]. A principal objeção de Postone à teoria marxista "tradicional" é que, no fundo, ela se baseia em:

---

[6] Ver Moishe Postone, "Rethinking Marx (in a Post-Marxist World)". Disponível em: <http://platypus1917.home.comcast.net/~platypus1917/postonemoishe_rethinkingmarx1995.htm>. [Acesso em 25 maio 2012.]

* São Paulo, Barcarolla, 2011. (N. E.)

[7] [2. ed., São Paulo, Expressão Popular, 2008.] Nesse sentido, podemos dizer que, depois de 1860, Marx não era mais marxista, embora haja, é claro, uma leitura mais refinada de sua famosa declaração: "Uma coisa é certa, não sou marxista" – o criador original de uma doutrina estabelece com ela uma relação direta e substancial e, portanto, não pode ser seu "seguidor": Cristo não era cristão, Hegel não era hegeliano.

[8] O texto da Wikipédia sobre Marx afirma, como se fosse evidente: "O fetichismo da mercadoria é um exemplo do que Engels chamava de *falsa consciência*, intimamente relacionado com o entendi-

um entendimento trans-histórico – e de senso comum – do trabalho como uma atividade que serve de intermediação entre os seres humanos e a natureza, transforma a matéria em função de metas e é uma condição da vida social. Assim entendido, o trabalho é postulado como a fonte da riqueza em todas as sociedades e como aquilo que sustenta os processos de constituição social; ele constitui o que é universal e verdadeiramente social. No capitalismo, no entanto, o trabalho é impedido, por relações particularistas e fragmentadoras, de se realizar totalmente. Então a emancipação se realiza numa forma social em que o "trabalho" trans-histórico, livre dos grilhões do mercado e da propriedade privada, surge claramente como o princípio regulador da sociedade. (É claro que essa noção está ligada àquela da revolução socialista como "autorrealização" do proletariado.)[9]

É especialmente digna de nota a análise de Postone do fato de que até os "marxistas ocidentais" mais críticos, que viam com clareza a necessidade de repensar criticamente o marxismo para entender o capitalismo do século XX, ainda assim mantiveram o núcleo do marxismo tradicional, a noção a-histórica evolucionista do trabalho e do processo produtivo:

> em face de evoluções históricas como o triunfo do nacional-socialismo, a vitória do stalinismo e o aumento geral do controle estatal no Ocidente, Max Horkheimer chegou à conclusão, na década de 1930, de que o que antes caracterizara o capitalismo – o mercado e a propriedade privada – não era mais seu princípio organizador essencial. [...] Horkheimer defendia que a contradição estrutural do capitalismo fora superada; a sociedade constituía-se agora de trabalho. No entanto, longe de significar emancipação, essa evolução levara a um grau ainda maior de falta de liberdade, sob a forma de um novo modo tecnocrático de dominação. Contudo, isso indicava, de acordo com Horkheimer, que o trabalho (que ele continuava a conceituar em termos tradicionais e trans-históricos) não poderia ser considerado a base da emancipação, mas antes entendido como fonte da dominação tecnocrática. Em sua análise, a sociedade capitalista não possuía mais uma contradição estrutural; tornara-se unidimensional: uma sociedade governada pela racionalidade instrumental, sem nenhuma possibilidade de crítica e transformação fundamentais.[10]

Isso significa que a questão da dialética heideggeriana do esclarecimento da "razão instrumental" tecnocrática, da dominação baseada na própria noção de trabalho, da regra pós-política do trabalho ("administração das coisas") e assim por diante deveria ser totalmente rejeitada, porque é um nome falso para o problema de como pensar o fracasso da revolução marxista, que não trouxe a liberdade. Dividir

---

mento da *ideologia*". Mas Marx *nunca* se referiu ao fetichismo da mercadoria como ideologia, pela simples razão de que ele é uma "ilusão" que não faz parte de nenhuma "superestrutura ideológica" e baseia-se no próprio núcleo da base "econômica" capitalista.

[9] Moishe Postone, "Rethinking Marx (in a Post-Marxist World)", cit.
[10] Idem.

com o marxismo a premissa de que a sociedade pós-capitalista é "uma forma social em que o 'trabalho' trans-histórico, livre dos grilhões do mercado e da propriedade privada, surgiu claramente como o princípio regulador da sociedade" é apenas lê-la como catástrofe, em vez de emancipação: "Vocês não queriam abolir o capitalismo e instalar o domínio direto do trabalho? Então não se queixem do totalitarismo; vocês conseguiram o que queriam!". Essa questão, portanto, é um falso biombo, uma solução direta e demasiado fácil que encobre o verdadeiro problema: as novas formas *sociais* de dominação e a falta de liberdade no capitalismo moderno, mas também nos "totalitarismos" – o "totalitarismo" *não* é o domínio da "razão instrumental". Aqui, é preciso corrigir o próprio Postone, quando ele escreve:

> a ascensão e a queda da URSS estavam intrinsecamente relacionadas à ascensão e à queda do capitalismo centrado no Estado. As transformações históricas das décadas recentes indicam que a União Soviética fazia parte de uma configuração histórica mais ampla da formação social capitalista, por maior que fosse a hostilidade entre a URSS e os países capitalistas ocidentais.[11]

Um dos jogos de salão mais populares entre os ex-esquerdistas convertidos é procurar o ponto de partida que abriu caminho para os totalitarismos do século XX: Marx, os jacobinos, Rousseau, o cristianismo, Platão ("de Platão à Otan...")? Na *Dialética do esclarecimento**, Adorno e Horkheimer dão a resposta mais radical (autorreferente) a essa pergunta e identificam esse momento em que as coisas tomaram o rumo errado com o surgimento da humanidade, da própria civilização humana: já no pensamento mágico "primitivo" é possível reconhecer os contornos elementares da "razão instrumental" que culmina com os totalitarismos do século XX. Devemos ser precisos aqui e insistir no predicado "capitalista": não é que capitalismo e comunismo sejam "metafisicamente os mesmos", expressões da razão instrumental, do domínio do trabalho e assim por diante; é que, na totalidade concreta da sociedade global de hoje, o capitalismo é o fator determinante, de modo que até sua negação historicamente específica no "socialismo real" faz parte da dinâmica propriamente capitalista. Em outras palavras, de onde vem o esforço de expansão do stalinismo, o impulso constante de aumento da produtividade para "desenvolver" ainda mais o alcance e a qualidade da produção? Aqui devemos corrigir Heidegger: não de uma vontade geral de poder ou de uma vontade de dominação tecnológica, mas da estrutura inerente de reprodução capitalista, que só pode sobreviver por sua expansão incessante, e na qual essa reprodução incessantemente em expansão, e não um

---

[11] Idem, "History and Helplessness: Mass Mobilization and Contemporary Forms of Anticapitalism", *Public Culture*, v. 18, n. 1, 2006. Disponível em: <http://publicculture.org/articles/view/18/1/history-and-helplessness-mass-mobilization-and-co/>. [Acesso em 25 maio 2012.]

* Rio de Janeiro, Zahar, 2006. (N. E.)

estado final, é o único objetivo verdadeiro de todo o movimento. Quando descreve a dinâmica capitalista de reprodução expansiva, Marx localiza as raízes do próprio "progressivismo", do qual ele mesmo é tantas vezes vítima (como quando define o comunismo como a sociedade na qual o desenvolvimento infinito do potencial humano será um fim em si mesmo).

Em que consiste então o "rompimento epistemológico" de Marx, que começa com os manuscritos dos *Grundrisse* e encontra sua expressão suprema em *O capital*? Comparemos o ponto de partida de *O capital* com o ponto de partida da apresentação detalhada de Marx de sua opinião anterior na primeira parte de *A ideologia alemã*. Numa referência direta, apresentada como evidente por si só, ao "processo real da vida", em oposição às fantasmagorias ideológicas, a ideologia a-histórica reina em seu aspecto mais puro:

> Os pressupostos de que partimos não são pressupostos arbitrários, dogmas, mas pressupostos reais, de que só se pode abstrair na imaginação. São os indivíduos reais, sua ação e suas condições materiais de vida, tanto aquelas por eles já encontradas como as produzidas por sua própria ação. Esses pressupostos são, portanto, constatáveis por via puramente empírica. [...] Pode-se distinguir os homens dos animais pela consciência, pela religião ou pelo que se queira. Mas eles mesmos começam a se distinguir dos animais tão logo começam a *produzir* seus meios de vida, passo que é condicionado por sua organização corporal. Ao produzir seus meios de vida, os homens produzem, indiretamente, sua própria vida material.[12]

Essa abordagem materialista é então agressivamente contraposta à mistificação idealista:

> Totalmente ao contrário da filosofia alemã, que desce do céu à terra, aqui se eleva da terra ao céu. Quer dizer, não se parte daquilo que os homens dizem, imaginam ou representam, tampouco dos homens pensados, imaginados e representados para, a partir daí, chegar aos homens de carne e osso; parte-se dos homens realmente ativos e, a partir de seu processo de vida real, expõe-se também o desenvolvimento dos reflexos ideológicos e dos ecos desse processo de vida. Também as formações nebulosas na cabeça dos homens são sublimações necessárias de seu processo de vida material, processo empiricamente constatável e ligado a pressupostos materiais. A moral, a religião, a metafísica e qualquer outra ideologia, bem como as formas de consciência a elas correspondentes, são privadas, aqui, da aparência de autonomia que até então possuíam. Não têm história, nem desenvolvimento; mas os homens, ao desenvolverem sua produção e seu intercâmbio materiais, transformam também, com esta sua realidade, seu pensar e os produtos de seu pensar. Não é a consciência que determina a vida, mas a vida que determina a consciência.[13]

---

[12] Karl Marx e Friedrich Engels, *A ideologia alemã* (São Paulo, Boitempo, 2007), p. 86-7.
[13] Ibidem, p. 94.

Essa atitude culmina com uma comparação hilariantemente agressiva: a filosofia é vista como se tivesse a mesma relação com o estudo da vida real que a masturbação tem com o ato sexual real. Mas aqui começam os problemas: o que Marx descobriu com sua problemática do "fetichismo da mercadoria" é uma fantasmagoria ou uma ilusão que não pode ser considerada simplesmente um reflexo secundário, porque funciona no próprio âmago do "processo real de produção". Notemos que, no início do subitem sobre o fetichismo da mercadoria em *O capital*, Marx diz: "A mercadoria parece, à primeira vista, uma coisa extremamente óbvia e trivial. Mas sua análise revela que ela é uma coisa estranhíssima, cheia de sutilezas metafísicas e minúcias teológicas"[14]. Ele não afirma, à maneira supostamente "marxista" de *A ideologia alemã*, que a análise crítica deveria demonstrar que a mercadoria – que aparece como uma misteriosa entidade teológica – surgiu do processo "ordinário" da vida real; ao contrário, ele afirma que a tarefa da análise crítica é desenterrar as "sutilezas metafísicas e minúcias teológicas" daquilo que, à primeira vista, parece apenas um objeto comum. O fetichismo da mercadoria (a crença de que as mercadorias são objetos mágicos, dotados de poderes metafísicos inerentes) não está em nossa mente, no modo como percebemos (mal) a realidade, mas em nossa própria realidade social[15]. Como Kojin Karatani observou de maneira perspicaz, o círculo se fecha: se Marx partiu da premissa de que a crítica da religião é o começo de toda crítica e então passou para a crítica da filosofia, do Estado etc., terminando com a crítica da economia política, essa última crítica o levou de volta ao ponto de partida, ao momento metafísico "religioso" que está em ação no próprio âmago da atividade econômica mais "terrena". É contra o pano de fundo dessa mudança que se deve ler o começo do volume 1 de *O capital*: "A riqueza das sociedades em que predomina o modo de produção capitalista aparece como uma 'imensa acumulação de mercadorias', e sua unidade é uma única mercadoria. Nossa investigação deve começar, portanto, com a análise de uma mercadoria"[16].

Marx passa então para a natureza dupla da mercadoria (valor de uso e valor de troca) etc., revelando aos poucos a complexa rede síncrona da sociedade capitalista. No entanto, mesmo aqui há regressões ocasionais ao "marxismo" anterior, mais explicitamente (como notaram alguns críticos perspicazes) nas definições

---

[14] Karl Marx, *Capital*, v. 1 (Chicago, Charles H. Kerr, 1909). [Ed. bras.: *O capital*, São Paulo, Boitempo, no prelo).

[15] Devemos notar também a homologia estrita com a noção de Lacan da fantasia como constitutiva de todo ato sexual "real": para Lacan, o ato sexual "normal" *é* precisamente um ato de "masturbação com um parceiro real", isto é, não nos relacionamos com o Outro real, mas com o Outro reduzido a objeto da fantasia – nós desejamos o Outro na medida em que ele ou ela se encaixa nas coordenadas da fantasia que estruturam nosso desejo.

[16] Marx, *Capital*, cit.

de trabalho (ilusoriamente baseadas no senso comum), tais como a do início do capítulo 7 de *O capital*:

> O processo de trabalho, decomposto como acima em seus fatores elementares simples, é a ação humana dirigida para a produção de valores de uso, uma apropriação de substâncias naturais para atender às exigências humanas; é a condição necessária para efetuar a troca de matéria entre o homem e a natureza; é a condição duradoura da existência humana, imposta pela natureza e, portanto, independente de qualquer fase social daquela existência, ou melhor, é comum a todas essas fases. Portanto, não foi necessário representar nosso trabalhador em conexão com outros trabalhadores; bastaram o homem e seu trabalho de um lado, a natureza e suas matérias-primas de outro. Assim como o sabor do mingau não nos diz quem plantou a aveia, esse simples processo não revela por si só as condições sociais em que ocorre, se sob o cruel açoite do senhor de escravos ou sob o olho ansioso do capitalista, se Cincinato o realiza arando sua modesta plantação ou se é um selvagem que mata animais selvagens com pedras.[17]

Há algo errado com o processo de abstração: "Portanto, não foi necessário representar nosso trabalhador em conexão com outros trabalhadores; bastaram o homem e seu trabalho de um lado, a natureza e suas matérias-primas de outro". É mesmo? Por definição, *todo* processo de produção não é social? Se quisermos compreender o processo de trabalho em geral, não devemos associá-lo à "sociedade *em geral*"? Talvez a chave do que está certo e errado em *O capital* resida na relação entre duas abstrações "erradas": do valor de uso para o valor de troca, da forma social de produção para o trabalho não social. A abstração do trabalho numa forma não social é ideológica em sentido estrito: ela não reconhece suas próprias condições sócio-históricas: é só com a sociedade capitalista que surge a categoria robinsoniana do trabalho não social abstrato. Essa abstração do trabalho não é um erro conceitual inocente, mas tem um conteúdo social decisivo: ela fundamenta diretamente a tendência tecnocrata da visão de Marx do comunismo como uma sociedade em que o processo de produção é dominado pelo "intelecto geral"[18].

---

[17] Idem.
[18] Ver a discussão sobre os *Grundrisse* e a noção de "intelecto geral" em *Em defesa das causas perdidas*, cit., p. 351 ss. Devo apenas acrescentar que um aspecto frequentemente negligenciado é que todo o desenvolvimento sobre o "intelecto geral" nos *Grundrisse* faz parte de um manuscrito incompleto e não publicado; trata-se de uma linha experimental de raciocínio que Marx logo descartou, já que viu que ela era incompatível, em última análise, com seu novo ponto de partida, a análise da mercadoria, que toma a mercadoria como fenômeno social: "Aquele novo início era a categoria da mercadoria. Em suas obras posteriores, Marx não analisa as mercadorias que podem existir em muitas sociedades ou um hipotético estágio pré-capitalista da 'simples produção de mercadorias'. Ao contrário, ele analisa a mercadoria que existe na sociedade capitalista. Marx agora analisava a mercadoria não apenas como objeto, mas como a forma mais fundamental e historicamente específica das relações sociais que caracterizam aquela sociedade. [...] Com base nisso, Marx passou a analisar criticamente as teorias que projetam na história ou na sociedade em geral categorias que,

Talvez o exemplo mais claro da lacuna que separa *O capital* de *A ideologia alemã* seja o dinheiro. Em *O capital*, Marx analisa o dinheiro em três estágios: começa com o desenvolvimento da forma valor, isto é, com a análise das determinações formais do valor como relação entre mercadorias; só então, depois que o conceito de dinheiro é desdobrado "em si", ele passa para o dinheiro no processo de troca, isto é, à atividade dos donos das mercadorias. Por último, ele apresenta as três funções do dinheiro: como medida de valor, como meio de circulação, como dinheiro real (que, mais uma vez, funciona de três maneiras: como tesouro, meio de pagamento e moeda mundial). A lógica interna das três funções do dinheiro é a da tríade lacaniana de imaginário, simbólico e real: Marx começa com o dinheiro "ideal" (para medir o valor da mercadoria, não é necessário dinheiro, basta imaginar determinada quantia que exprima o valor da mercadoria em questão); depois, passa para o dinheiro simbólico (como meio de circulação, isto é, para comprar e vender não é necessário dinheiro com valor real – ouro –, porque seus representantes – notas de papel – já bastam); mas para entesourar etc., é preciso dinheiro real. O contraste com a metodologia de *A ideologia alemã* não poderia ser mais claro: Marx não começa com "homens ativos reais" e "seu processo de vida real", mas com a análise pura das determinações formais; só no fim ele chega ao que as "pessoas reais" fazem com o dinheiro[19].

No entanto, Marx não desenvolveu de modo explícito e sistemático esse papel estruturador fundamental da forma mercadoria como o princípio transcendental e histórico da totalidade social; podemos argumentar que Marx nem sequer tinha total consciência dessa inovação decisiva de sua obra da maturidade; ele fez algo

---

segundo ele, só são válidas na época capitalista. Essa crítica também se aplica implicitamente aos textos anteriores de Marx, com suas projeções trans-históricas, como a noção de que a luta de classes estava no centro de toda a história, por exemplo, ou a noção de uma lógica intrínseca a toda a história, ou, é claro, a noção de que o trabalho é o principal elemento constitutivo da vida social. [...] Marx tomou a palavra 'mercadoria' e usou-a para designar uma forma de relação social historicamente específica, constituída como forma estruturada de prática social que, ao mesmo tempo, é um princípio estruturador das ações, das visões de mundo e das disposições dos indivíduos. Como categoria de prática, é uma forma tanto de subjetividade quanto de objetividade social. Sob certos aspectos, ela ocupa na análise da modernidade de Marx um lugar semelhante ao do parentesco na análise de um antropólogo de outras formas de sociedade", Moishe Postone, "Rethinking Marx (in a Post-Marxist World)", cit.

[19] Podemos dizer que Marx faz com a mercadoria o que Claude Lévi-Strauss faz com o parentesco em *Estruturas elementares do parentesco* [5. ed., Petrópolis, Vozes, 2009]: mostra as determinações formais elementares das relações de parentesco. A interessante diferença metodológica é que, no caso das mercadorias, partimos de seu papel no capitalismo (no qual predomina a produção de mercadorias), isto é, com a forma mais desenvolvida, enquanto no caso do parentesco devemos partir das sociedades "primitivas" (nas quais as relações de parentesco funcionavam como o princípio estruturador de todo o organismo social).

novo e inaudito em sua teoria, ao passo que sua consciência do que ele estava fazendo continuava provavelmente no nível "marxista". Aqui, devemos mencionar como uma curiosidade interessante, a tentativa de Engels de historicizar/relativizar a centralidade do processo de produção material por meio da complementação do trabalho (produção de coisas) com o parentesco (forma de organização social da produção de seres humanos):

> De acordo com a concepção materialista, o fator determinante da história é, em último caso, a produção e reprodução do que é imediatamente essencial à vida. Mais uma vez, isso tem caráter duplo: de um lado, a produção dos meios de subsistência, alimentos, roupas, moradia e ferramentas necessárias para essa produção; de outro, a produção dos próprios seres humanos, a propagação da espécie. A organização social sob a qual vive o povo de uma época histórica específica e de um país específico é determinada por ambos os tipos de produção: pelo estágio de desenvolvimento do trabalho, de um lado, e da família, de outro. [...] Quanto menor o desenvolvimento do trabalho e mais limitada a quantidade de seus produtos – e, consequentemente, mais limitada também a riqueza da sociedade –, mais a ordem social é dominada por grupos de parentes.[20]

Aqui, Engels desenvolve um tema já encontrado em *A ideologia alemã*, em que ele e Marx afirmam:

> os homens, que renovam diariamente sua própria vida, começam a criar outros homens, a procriar – a relação entre homem e mulher, entre pais e filhos, a *família*. [...] A produção da vida, tanto da própria, no trabalho, quanto da alheia, na procriação, aparece desde já como uma relação dupla – de um lado, como relação natural, de outro como relação social –, social no sentido de que por ela se entende a cooperação de vários indivíduos, sejam quais forem as condições, o modo e a finalidade. Segue-se daí que um determinado modo de produção ou uma determinada fase industrial estão sempre ligados a um determinado modo de cooperação ou a uma determinada fase social – modo de cooperação que é, ele próprio, uma "força produtiva".[21]

É preciso notar também o trecho estranhamente parecido de *O mal-estar da civilização**, em que Freud afirma que a civilização compreende dois aspectos fundamentais: todo o conhecimento e as forças produtivas que desenvolvemos para dominar a natureza externa e tirar dela produtos materiais adequados a nossa subsistência *e* a rede de relações que regulam o modo como as pessoas se relacionam umas com as

---

[20] Friedrich Engels, *Origins of the Family, Private Property, and the State*, prefácio da primeira edição (1884) (Nova York, Pathfinder, 1972), p. 27. [Ed. bras.: *A origem da família, da propriedade privada e do Estado*, São Paulo, Expressão Popular, 2010.]
[21] Karl Marx e Friedrich Engels, *A ideologia alemã*, cit., p. 33-4.
* Rio de Janeiro, Imago, 1997. (N. E.)

outras – ou, como resumiu um escritor norte-americano de maneira hilariantemente ideológica: "São dois negócios: o de fazer dinheiro e o de fazer amor".

Tanto a ortodoxia stalinista quanto as críticas feministas reconheceram de imediato o potencial explosivo dessas linhas de Engels. Nas décadas de 1970 e 1980, muitas feministas tentaram identificar a família como parte do modo de produção e mostrar que a produção do gênero mesma deveria ser entendida como parte da "produção dos próprios seres humanos", de acordo com normas que reproduziam a família heterossexualmente normativa. Muito menos conhecida, mas não menos importante, é a reação do stalinismo a essa passagem: no breve prefácio oficial de todas as edições stalinistas, há um aviso aos leitores de que, no trecho supracitado, Engels "permite uma incorreção" e faz uma afirmação que contradiz não só a tese marxista fundamental do papel determinante do modo de produção (material), como o próprio corpo do livro (*A origem da família, da propriedade privada e do Estado*). É fácil rir do "dogmatismo" stalinista, mas o problema é que há de fato um problema nesse trecho – não admira que nem Lukács nem os marxistas hegelianos "não dogmáticos" souberam o que fazer com ele. Engels vê o problema, mas *dá uma pseudossolução nos mesmos termos que criaram o problema* – a "produção de pessoas" reduz sua especificidade a outra espécie de produção[22].

Aqui, deveríamos acrescentar que, além de haver "regressões" ao "marxismo" no Marx maduro, há também, em seus textos anteriores ao fim da década de 1850, trechos que apontam para a frente, para o Marx pós-marxista. Acima e além dos casos óbvios, como as soberbas análises de Marx das revoluções do século XIX (*O 18 de brumário** etc.), há também algumas pérolas em *A miséria da filosofia*, em que Marx faz um retrato hilariantemente malicioso da especulação idealista hegeliana:

> A razão impessoal, não tendo fora dela base em que possa se fundar, objeto a que se opor nem sujeito com que se compor, é forçada a virar de cabeça para baixo, pôr-se, opor-se e

---

[22] Aliás, deveríamos fazer exatamente a mesma objeção aos defensores da "análise do discurso" que consideram representantes do "marxismo vulgar" (ou do "essencialismo econômico", outra expressão muito usada) os que continuam a enfatizar o papel estrutural fundamental do modo econômico de produção: a insinuação é que esse ponto de vista reduz a linguagem a instrumento secundário e situa a eficiência histórica real apenas na "realidade" da produção material. Entretanto, há uma simplificação simétrica igualmente "vulgar": propor um paralelo direto entre a linguagem e a produção, isto é, conceber – no estilo de Paul de Man – a própria linguagem como outro modo de produção, a "produção de sentido". Segundo essa abordagem, em paralelo à "reificação" do trabalho produtivo em seu resultado, a noção do discurso como mera expressão de um sentido preexistente também "reifica" o sentido, ignorando que este não é apenas refletido no discurso, mas gerado por ele; ele é o resultado da "prática significante", como já foi moda dizer. Deveríamos rejeitar essa abordagem como o pior caso de *formalismo* não dialético: ela envolve a hipóstase da "produção" numa noção universal abstrata que engloba a produção "simbólica" e econômica como suas duas espécies, negligenciando a condição radicalmente diferente de ambas.

* São Paulo, Boitempo, 2011. (N. E.)

compor-se consigo mesma – posição, oposição, composição. Ou, para falar grego, temos tese, antítese e síntese. Para os que não conhecem a fórmula hegeliana: afirmação, negação e negação da negação. Eis o que significa a linguagem. [...] é a linguagem dessa razão pura, separada do indivíduo. Em vez do indivíduo comum, com sua maneira comum de falar e pensar, não temos nada, senão essa maneira comum em si, sem o indivíduo.²³

Embora esse trecho seja do jovem Marx "marxista", a última proposição anuncia uma lógica diferente, totalmente discordante da lógica (ou melhor, retórica) das inversões simétricas do jovem Marx: em vez de inverter simetricamente a primeira tese, a segunda parte a repete, reduzindo-a: "Em vez do indivíduo comum, com sua maneira comum de falar e pensar, não temos nada – e *não* (como esperado) um indivíduo extraordinário (digamos, o Sujeito transcendental ou o Espírito hegeliano), mas – senão essa maneira comum em si, sem o indivíduo".

Mas voltemos a Postone: ele revela o que tem de melhor quando demonstra, contra o formalismo da "produção", que o ponto de vista da "totalidade" histórico-concreta capitalista é o que escapa a essas teorias que tentam captar a característica determinante de nosso mundo com noções como "risco" e "indeterminação":

> Se escolhermos usar "indeterminação" como categoria social crítica, deveria ser como meta de ação social e política e não como característica ontológica da vida social. (É como esta última que tende a ser apresentada no pensamento pós-estruturalista, que pode ser considerado uma reação reificada ao entendimento reificado da necessidade histórica.) As posições que ontologizam a indeterminação histórica enfatizam que liberdade e contingência estão relacionadas. No entanto, elas deixam de lado as restrições à contingência impostas pelo capital como forma estruturadora da vida social e, por essa razão, são, em última análise, inadequadas como teorias críticas do presente.²⁴

Talvez uma formulação mais precisa fosse mais adequada aqui: a experiência de contingência ou indeterminação como característica fundamental da vida é a própria forma de dominação capitalista, o efeito social do domínio global do capital. A preponderância da indeterminação é condicionada pelo novo terceiro estágio do "capitalismo pós-fordista". No entanto, devemos corrigir Postone em dois pontos. Em primeiro lugar, às vezes ele parece regredir da história para o historicismo. No pensamento propriamente histórico, ao contrário do historicismo, não há contradição entre a afirmação de que "toda história até aqui é a história da luta de classes" e a de que "a burguesia é a primeira classe da história". Todas as sociedades civilizadas são sociedades de classes, mas, antes do capitalismo, sua estrutura de classes era distorcida pelas outras ordens hierárquicas (castas, estados etc.); só com o capitalismo, em que os indivíduos são formalmente livres e iguais, destituídos de

---

[23] Karl Marx, *The Poverty of Philosophy* (Chicago, Adamant Media Corporation, 2005), p. 115. [Ed. bras.: *A miséria da filosofia*, São Paulo, Expressão Popular, 2009.]
[24] Moishe Postone, "History and Helplessness", cit.

qualquer vínculo hierárquico tradicional, a estrutura de classes aparece "como tal". É nesse sentido (não teleológico) que, para Marx, a anatomia do homem é a chave da anatomia do macaco:

> A sociedade burguesa é a mais desenvolvida e diversificada organização histórica da produção. Por essa razão, as categorias que expressam suas relações e a compreensão de sua estrutura permitem simultaneamente compreender a organização e as relações de produção de todas as formas de sociedade desaparecidas, com cujos escombros e elementos edificou-se, parte dos quais ainda carrega consigo como resíduos não superados, parte [que] nela se desenvolvem de meros indícios em significações plenas etc. A anatomia do ser humano é uma chave para a anatomia do macaco. Por outro lado, os indícios de formas superiores nas espécies animais inferiores só podem ser compreendidos quando a própria forma superior já é conhecida.[25]

Como na abstração de classe, o mesmo vale para a abstração do trabalho, cuja condição também é histórica:

> O trabalho parece uma categoria muito simples. A representação do trabalho nessa universalidade – como trabalho em geral – também é muito antiga. Contudo, concebido economicamente nessa simplicidade, o "trabalho" é uma categoria tão moderna quanto as relações que geram essa simples abstração. [...] A indiferença diante de um determinado tipo de trabalho pressupõe uma totalidade muito desenvolvida de tipos efetivos de trabalho, nenhum dos quais predomina sobre os demais. Portanto, as abstrações mais gerais surgem unicamente com o desenvolvimento concreto mais rico, ali onde um aspecto aparece como comum a muitos, comum a todos. Nesse caso, deixa de poder ser pensado exclusivamente em uma forma particular. Por outro lado, essa abstração do trabalho em geral não é apenas o resultado mental de uma totalidade concreta de trabalhos. A indiferença em relação ao trabalho determinado corresponde a uma forma de sociedade em que os indivíduos passam com facilidade de um trabalho a outro, e em que o tipo determinado do trabalho é para eles contingente e, por conseguinte, indiferente. Nesse caso, o trabalho deveio, não somente enquanto categoria, mas na efetividade, meio para a criação da riqueza em geral e, como determinação, deixou de estar ligado aos indivíduos em uma particularidade. Um tal estado de coisas encontra-se no mais alto grau de desenvolvimento na mais moderna forma de existência da sociedade burguesa – os Estados Unidos. Logo, só nos Estados Unidos a abstração da categoria "trabalho", "trabalho em geral", trabalho puro e simples, o ponto de partida da Economia moderna, devém verdadeira na prática.[26]

Aqui Marx não escorrega para o historicismo superficial que relativiza todas as categorias universais, mas faz uma pergunta hegeliana muito mais precisa: quando "as abstrações mais gerais", que, como tais, são válidas para todos os tempos, "sur-

---

[25] Karl Marx, *Grundrisse: manuscritos econômicos de 1857-1858 – Esboços da crítica da economia política* (São Paulo, Boitempo, 2011), p. 58.
[26] Ibidem, p. 57-8.

gem", quando passam do em-si para o para-si, quando "se tornam verdadeiras na prática"? Não há teleologia aqui, o efeito da teleologia é estritamente retroativo: assim que surge (de maneira totalmente contingente), o capitalismo fornece a chave universal de todas as outras formações.

O segundo ponto crítico a respeito de Postone é que ele rejeita com muita rapidez a luta de classes como um componente da visão evolucionário-determinista "marxista" (ridicularizada no stalinismo): o significado social de cada posição nas superestruturas (Estado, lei, arte, filosofia...) depende da posição de classe que elas "refletem". Mas, no jovem Lukács, a "luta de classes" é exatamente a transversal que abala o determinismo econômico: ela representa a dimensão da política no âmago do econômico. Quando interpreta a forma mercadoria como uma espécie de *a priori* transcendental e historicamente específico, que estrutura o todo da vida social, inclusive a ideologia, marcando-a em todos os seus aspectos com a "oposição antinômica" entre "o indivíduo livremente autodeterminado e a sociedade como esfera extrínseca da necessidade objetiva", Postone reduz muito prontamente a dimensão da luta de classes (antagonismo social) a um fenômeno ôntico secundário em relação à forma mercadoria. Portanto, ele não vê que a luta de classes não é um fenômeno social positivo, um componente ôntico da realidade social objetiva: ela designa o próprio limite da objetividade social, o ponto em que o engajamento subjetivo codetermina aquilo que parece realidade social.

Por que as massas não se dividem em classes

Recentemente, Badiou definiu o núcleo do marxismo que deveria ser deixado para trás como "as massas são divididas em classes, as classes são representadas por partidos e os partidos são dirigidos por líderes"[27]. Aqui, Badiou reduz as classes a partes do organismo social, esquecendo a lição de Louis Althusser de que a "luta de classes" *precede* paradoxalmente as classes como grupos sociais determinados, isto é, toda posição e determinação de classe já é um efeito da "luta de classes". (É por isso que "luta de classes" é outro nome para o fato de que "a sociedade não existe" – não existe como uma ordem positiva do ser.)

Também é por isso que é fundamental insistir no papel central da crítica da economia *política*: a "economia" não pode ser reduzida a uma esfera da "ordem positiva do ser", exatamente porque é sempre-já política, porque a luta política ("de classes") está em seu próprio âmago. Em outras palavras, não devemos nunca

---

[27] Filippo Del Lucchese e Jason Smith, "We Need a Popular Discipline: Contemporary Politics and the Crisis of the Negative", entrevista com Alain Badiou, Los Angeles, 2 jul. 2007. (As citações a seguir são da transcrição dessa entrevista.) [Disponível em: <http://www.lacan.com/baddiscipline.html>. Acesso em 25 maio 2012.]

esquecer que, para o verdadeiro marxista, as "classes" *não* são categorias da realidade social positiva, ou partes do organismo social, mas categorias do real de uma luta política que atravessa todo o organismo social, impedindo sua "totalização". É verdade que, hoje, não existe um lado de fora do capitalismo; mas isso não deveria encobrir o fato de que o próprio capitalismo é "antagônico", conta com medidas opostas para continuar viável – e esses antagonismos imanentes abrem espaço para a ação radical. Se, digamos, um movimento cooperativo de agricultores pobres de algum país do Terceiro Mundo conseguir criar uma próspera rede alternativa, isso deveria ser elogiado como um genuíno *evento político*.

Bernard-Henri Lévy defende um liberalismo ativista e universalista, opondo-se tanto ao liberalismo politicamente correto da tolerância, que proíbe a crítica do novo fundamentalismo religioso não ocidental (acusando-o de imposição imperialista-cultural de noções eurocêntricas), quanto à crítica de esquerda do liberalismo: como explica Damian da Costa, Lévy quer separar a esquerda "de uma vez por todas do que ele acredita ser o liberalismo pouco inteligente da 'tolerância', de um lado, e, de outro, do radicalismo protofascista e do antissemitismo incipiente de pensadores como Slavoj Žižek"[28]. O problema dessa posição foi sucintamente elaborado por Scott McLemee em sua crítica ao livro recente de Bernard-Henri Lévy:

> Lévy vê o futuro ameaçado pela possibilidade do barbarismo. Ele tem razão em se preocupar. Mas, entre seus solilóquios, faz advertências na direção errada. Há alguns anos, Terry Eagleton escreveu que seria necessária uma transformação da economia política de todo o planeta só para garantir que todos tenham acesso à água potável. Ouso dizer que essa ideia ou algo semelhante (ao contrário, por exemplo, do desejo irresistível de adotar o caminho do Ano Zero no Camboja) é o que move a maioria na esquerda.[29]

Em última análise, portanto, deveríamos abandonar também a distinção proposta por Rancière entre a política propriamente dita (a ascensão à universalida-

---

[28] Damian da Costa, "Le Rêve Gauche", *New York Observer*, 1º out. 2008. Disponível em: <http://philosophysother.blogspot.com/2008/10/da-costa-damian-le-reve-gauche-new-york.html>. [Acesso em 25 maio 2012.] Devemos notar o distanciamento duplo que permite a Costa assoviar e chupar cana ao mesmo tempo: ele não afirma que sou um fascista antissemita, apenas que sou um "protofascista" cujo radicalismo (anticapitalista) é *incipientemente* antissemita. O problema dessa dupla delimitação é que ela desqualifica qualquer questionamento radical do capitalismo, tachando-o de "radicalismo protofascista, incipientemente antissemita" – e isso nos leva à premissa subjacente da tese de Lévy de que o antissemitismo do século XXI será o dos progressistas, o que não deveria surpreender Lévy, que se afirma partidário do livre mercado ("Acredito no livre mercado", declarou enfaticamente numa entrevista à C-SPAN em setembro de 2008): *de acordo com essa posição, hoje todo anticapitalismo é "incipientemente" antissemita*. Não é difícil perceber a extraordinária função ideológica e legitimadora dessa equação: ela desqualifica de antemão qualquer crítica radical da ordem capitalista hegemônica, associando-a ao pior crime político do século XX.

[29] Scott McLemee, "Darkness Becomes Him", *The Nation*, 23 set. 2008.

de da singular "parte de parte alguma") e a polícia (a administração dos assuntos sociais) ou a distinção equivalente de Badiou entre a política como fidelidade ao evento e a polícia como "serviço dos bens" da sociedade: a política propriamente dita só conta de fato na medida em que afeta a própria polícia, transformando radicalmente seu modo. Talvez devêssemos então retornar ao começo, à cisão da escola hegeliana em "jovens hegelianos" revolucionários e "velhos hegelianos" conservadores? E se localizássemos o "pecado original" dos movimentos emancipatórios modernos na rejeição dos "jovens hegelianos" à autoridade e à alienação do Estado? E se – como sugere Domenico Losurdo – a esquerda contemporânea se reapropriasse do *tópos* "velho hegeliano" de um Estado forte baseado numa substância ética compartilhada?

A rejeição de Badiou da economia como mera parte da "situação" (o "mundo" dado ou o estado de coisas) baseia-se em sua orientação jacobino-rousseauística que o prende à dualidade entre o *citoyen* e o *bourgeois*: o *bourgeois*, que persegue seus interesses, isto é, o "animal humano" que se restringe ao "serviço dos bens" – contra o *citoyen* – que se dedica à universalidade de uma verdade política[30]. Em Badiou, como observamos, essa dualidade assume aspectos quase gnósticos, como oposição entre o "mundo decaído" e corrupto da economia e a verdade espiritual. O que falta aqui é a ideia propriamente marxista de *comunismo*, cujo núcleo é precisamente que esse status da economia não é um destino eterno, uma condição ontológica universal do homem, isto é, podemos mudar radicalmente o funcionamento da economia de modo que ela não se reduza mais à interação dos interesses privados; mas, como ignora essa dimensão, Badiou tem de reduzir a Ideia de comunismo a um projeto político-igualitário[31]. Onde reside a causa fundamental desse grave desvio gnóstico, um desvio esquerdista cujas consequências políticas reais são, é claro, direitistas? Eu diria que reside na noção da relação entre Ser e Evento sobre a qual ela se baseia implicitamente. Badiou, como materialista dialético que é, conhece o perigo idealista que se esconde na afirmação da irredutibilidade do Evento à ordem do Ser:

> Devemos ressaltar que, no que diz respeito à sua matéria, o evento não é um milagre. Quero dizer com isso que o que compõe o evento é sempre extraído de uma situação, sempre se remete a uma multiplicidade singular, a seu estado, à linguagem ligada a ela

---

[30] A política deveria ser devolvida realmente à política, libertada da sombra da filosofia (ou da teologia)? Todas as políticas radicais não eram *sempre* "suturadas" com algum conteúdo transpolítico (filosófico, teológico…)?

[31] Aqui, o sintoma de Badiou é a noção exagerada de Estado, que tende efetivamente a se sobrepor ao estado (de coisas) no sentido mais amplo; nessa linha, Judith Balso afirmou – na conferência "A ideia do comunismo", realizada em Londres em março de 2009 – que as próprias opiniões são parte do Estado. A noção de Estado deve ser superexpandida dessa maneira exatamente porque a autonomia da "sociedade civil" em relação ao Estado é ignorada, de modo que o "Estado" tem de cobrir toda a esfera econômica, além da esfera das opiniões "privadas".

etc. De fato, para não sucumbir a uma teoria obscurantista da criação *ex nihilo*, devemos aceitar que o evento nada mais é do que uma parte de uma situação dada, nada além de um *fragmento do ser*.³²

As consequências dessa afirmação clara não são menos claras: não há Além em relação ao Ser que se insira na ordem do Ser, não há nada que não seja a ordem do Ser. Como ler essa imanência absoluta do Evento no Ser com a afirmação de sua heterogeneidade radical? A única maneira de resolver esse impasse é aceitar que a linha que os distingue não é uma linha que separa duas ordens positivas: na ordem do Ser, jamais chegaremos à fronteira além da qual começa a ordem do Evento. É por isso que não há maneira – nem necessidade – de nos subtrairmos inteiramente à ordem "corrompida" do Estado: o que temos de fazer é lhe dar uma torção complementar, inscrevê-la em nossa fidelidade a um Evento. Dessa maneira, permanecemos no Estado, mas fazemos o Estado funcionar de maneira não estatal (digamos, à semelhança do modo como a poesia ocorre na linguagem, mas torcendo-a e contorcendo-a contra ela mesma e, assim, obrigando-a a dizer a verdade). Portanto, não há necessidade de bancar o asceta gnóstico e se retirar da realidade decaída para o espaço isolado da Verdade: embora heterogênea em relação à realidade, a Verdade pode aparecer em qualquer lugar dentro dela.

Isso significa que a luta de classes não pode ser reduzida a um conflito entre agentes específicos dentro da realidade social: ela não é uma diferença entre agentes (que pode ser descrita por meio de uma análise social detalhada), mas um antagonismo ("luta") que constitui esses agentes. O objetivismo "marxista", portanto, deveria ser rompido duas vezes: em relação ao *a priori* objetivo-subjetivo da forma mercadoria e em relação ao antagonismo transobjetivo da luta de classes. A verdadeira tarefa é pensar as duas dimensões juntas: a lógica transcendental da mercadoria como modo de funcionamento da totalidade social e a luta de classes como antagonismo que atravessa a realidade social, como seu ponto de subjetivação. É sintomático desse papel transversal da luta de classes o fato de que o manuscrito do volume 3 de *O capital* se interrompa exatamente quando Marx está prestes a fazer uma análise clara e "objetiva" das classes numa sociedade capitalista moderna:

> A primeira pergunta a responder é esta: o que constitui uma classe? – e a resposta segue-se naturalmente à resposta de outra pergunta: o que faz assalariados, capitalistas e proprietários de terras constituírem as três grandes classes sociais?
> À primeira vista, a identidade da renda e das fontes de renda. Há três grandes grupos sociais cujos membros, os indivíduos que os formam, vivem respectivamente de salário, lucro e arrendamento da terra, da realização de sua força de trabalho, seu capital e suas terras.

---

³² Alain Badiou, *Theoretical Writings* (Londres, Continuum, 2006), p. 43.

No entanto, segundo esse ponto de vista, médicos e funcionários públicos, por exemplo, também constituiriam duas classes, pois pertencem a dois grupos sociais distintos, cujos membros recebem sua renda de uma única e mesma fonte. O mesmo vale também para a fragmentação infinita de interesses e níveis em que a divisão do trabalho social separa os trabalhadores, assim como capitalistas e proprietários de terras – estes últimos, por exemplo, em donos de vinhas, fazendas, florestas, minas e barcos pesqueiros. [O manuscrito se interrompe aqui.]³³

Esse impasse não pode ser resolvido com mais uma análise "social objetiva" e distinções cada vez mais refinadas; em algum momento, esse processo tem de ser interrompido por uma intervenção maciça e violenta da subjetividade: pertencer a uma classe nunca é um fato social puramente objetivo e é sempre o resultado da luta e do engajamento subjetivo. É interessante observar que o stalinismo se envolveu num impasse semelhante ao buscar determinações objetivas de pertencimento de classe – o impasse classificatório que ativistas políticos e ideólogos stalinistas enfrentaram em sua luta pela coletivização entre 1928 e 1933. Na tentativa de explicar o esforço para eliminar a resistência dos camponeses em termos marxistas "científicos", eles dividiram os camponeses em três categorias (classes): os camponeses pobres (sem terra ou com um mínimo de terras e que trabalhavam para outros), aliados naturais dos operários; os camponeses médios autônomos, que oscilavam entre explorados e exploradores; e os camponeses ricos, os *kulaks* (que empregavam outros trabalhadores, emprestavam dinheiro ou sementes etc.), o "inimigo de classe" explorador que, como tal, tinha de ser "liquidado". No entanto, na prática essa classificação se tornou cada vez mais indistinta e inoperante: naquela situação de pobreza generalizada, critérios claros não se aplicavam mais, e as duas primeiras categorias uniram-se muitas vezes aos *kulaks* para resistir à coletivização forçada. Criou-se então uma quarta categoria, a do "sub*kulak*", o camponês que, embora em relação a sua situação econômica fosse pobre demais para ser considerado um *kulak* propriamente dito, apresentava uma atitude "contrarrevolucionária". Portanto, o "sub*kulak*" era:

> um termo que não possuía nenhum conteúdo social real, mesmo pelos padrões stalinistas, mas de maneira bem pouco convincente fingia possuir. Como se dizia oficialmente, "com '*kulak*' queremos dizer o portador de certas tendências políticas muito frequentemente perceptíveis no sub*kulak*, homem ou mulher". Com isso, todo camponês estava sujeito à "deskulaquização"; e a noção de "sub*kulak*" foi amplamente utilizada, ampliando a categoria de vítimas muito além da estimativa oficial de *kulaks* propriamente ditos, mesmo quando levada ao extremo.³⁴

---

³³ Karl Marx, *Capital*, v. 3, cit., p. 1031. [Colchetes de Žižek.]
³⁴ Robert Conquest, *The Harvest of Sorrow* (Nova York, Oxford University Press, 1986), p. 119. Essas subdivisões foram tratadas de maneira irônica num conto de Andrei Platonov, "Vprok" ("Para

Não admira que os economistas e ideólogos oficiais tenham renunciado até ao esforço de dar uma definição "objetiva" de *kulak*: "As razões apresentadas num comentário soviético são que 'as velhas atitudes do *kulak* quase desapareceram, e as novas não se prestam à identificação'"[35]. A arte de identificar *kulaks*, portanto, não era mais uma questão de análise social objetiva, mas de uma complexa "hermenêutica da suspeita", de identificar as "verdadeiras atitudes políticas" de alguém, ocultas por trás de declarações públicas enganosas, de modo que o *Pravda* teve de admitir que, "muitas vezes, nem os melhores ativistas conseguem perceber o *kulak*"[36].

Tudo isso indica a mediação dialética das dimensões "subjetiva" e "objetiva": "sub*kulak*" não designa mais uma categoria social "objetiva", mas o ponto em que a análise social objetiva desmorona e a atitude política subjetiva se insere diretamente na ordem "objetiva"; em termos lacanianos, o *"sub*kulak*" é o ponto de subjetivação da cadeia "objetiva" formada por camponês pobre, camponês médio e* kulak. Não é uma subcategoria (ou subdivisão) "objetiva" da classe dos *"kulaks"*, mas simplesmente o nome de uma atitude política subjetiva *"kulak"*; isso explica o paradoxo de que, embora pareça uma subdivisão da classe dos *"kulaks"*, o "sub*kulak*" é uma espécie que excede seu gênero (o dos *kulak*), já que também se encontra entre agricultores médios e até pobres. Em resumo, o "sub*kulak*" nomeia a divisão política como tal, o inimigo cuja presença perpassa *todo* o organismo social do campesinato e, por isso, encontra-se por toda a parte, em todas as três classes camponesas: o "sub*kulak*" nomeia o elemento excessivo que atravessa todas as classes, e cujo desenvolvimento deve ser eliminado.

Assim, de volta a Marx, há uma justiça menos poética do que teórica no fato de o manuscrito de *O capital* se interromper na análise das classes: devemos ler essa interrupção não como sinal da necessidade de mudar a abordagem teórica da análise social-objetiva para outra mais subjetiva, mas como indicação da necessidade de virar o texto reflexivamente para si mesmo, e ver que todas as categorias analisadas até esse ponto, partindo da simples mercadoria, envolvem a luta de classes. Também é assim que devemos tornar problemático o fatídico passo entre *História e consciência de classe*, de Lukács, e *Dialética do esclarecimento*, de Adorno e Horkheimer: embora ambas as obras destaquem a questão do fetichismo e da reifi-

---

uso futuro)", de 1931, em que a "discriminação entre *bedniaki, seredniaki, kulaki* e *podkulachniki* logo se tornou confusa, e o narrador encontra um 'combatente contra o perigo secundário' que assim se define e explica secretamente que 'o perigo secundário alimenta o primário'", Thomas Seifrid, *Andrei Platonov* (Cambridge, Cambridge University Press, 2006), p. 138. Ou, como o próprio Platonov explicou em *A escavação* [ed. port.: Lisboa, Artígona, 2011], o ativista do partido envolvido numa campanha feroz de "deskulakização" termina ele mesmo no "pântano esquerdista da oposição de direita"...

[35] Robert Conquest, *The Harvest of Sorrow*, cit., p. 120.
[36] Idem.

cação, isto é, de uma "distorção" ideológica que funciona como um tipo de *a priori* transcendental histórico das sociedades capitalistas, em Lukács essa questão ainda é concebida como o anverso da dinâmica concreta da luta de classes, enquanto Adorno e Horkheimer rompem o vínculo e postulam a "razão instrumental" como fonte da reificação e da alienação, a vontade de dominação/manipulação tecnológica que funciona como uma espécie de *a priori* da totalidade da história humana (até aqui), não mais enraizado numa formação histórica concreta. A totalidade abrangente, portanto, não é mais a do capitalismo, da produção de mercadorias: o próprio capitalismo se torna uma das manifestações da razão instrumental. Podemos observar esse "desaparecimento da história de classes" na própria história da *Dialética do esclarecimento*: na revisão de Adorno e Horkheimer do manuscrito de 1944 para publicação em 1947, a principal tendência das alterações e correções é a eliminação de referências ao capitalismo e à luta de classes[37].

O retorno à teoria do valor-trabalho

Isso nos leva finalmente à questão fundamental de qualquer ressurgimento da crítica marxista da economia política, no nível em que a forma mercadoria e a luta de classes se cruzam: a questão da exploração e da chamada "teoria do valor-trabalho", considerada em geral o elo mais fraco da corrente da teoria de Marx. Postone enfrenta de peito aberto essa questão e parte da premissa de que a "teoria do valor-trabalho" não é uma teoria geral (trans-histórica), mas a teoria de um papel específico que o trabalho desempenha na sociedade capitalista; essa especificidade está ligada ao fato de que somente nas sociedades capitalistas em que se produzem mercadorias para a troca no mercado podemos falar de "caráter duplo" do trabalho, de divisão entre trabalho concreto e abstrato. Quando perguntado sobre a leitura que faz da "diferenciação de Marx entre o trabalho como atividade socialmente mediadora, isto é, em sua dimensão abstrata, e como meio de produzir valores de uso concretos e específicos, isto é, participando da produção de bens específicos", leitura que insiste que essa diferenciação não existe em formas pré-modernas de organização social, Postone enfatiza:

> o trabalho abstrato não é simplesmente uma abstração do trabalho, isto é, não é o trabalho em geral, é o trabalho agindo como atividade socialmente mediadora. [...] No capitalismo, o trabalho faz algo que não faz em outras sociedades. Assim, nos termos de Marx, é tanto trabalho concreto, ou seja, uma atividade específica que transforma a matéria-prima de certa maneira para produzir um objeto muito particular, quanto trabalho abstrato, isto é, um meio de adquirir os bens dos outros. [...] A partir dessa noção muito

---

[37] Ver Willem van Reijen e Jan Bransen, "The Disappearance of Class History in 'Dialectic of Enlightenment'", em Max Horkheimer e Theodor W. Adorno, *Dialectic of Enlightenment* (Stanford, Stanford University Press, 2002), p. 248-52.

abstrata, Marx desenvolve toda a dinâmica do capitalismo. Parece-me que, para Marx, a questão principal não é apenas que o trabalho seja explorado – o trabalho é explorado em todas as sociedades, a não ser, talvez, nas de caça e coleta –, mas, ao contrário, que a exploração do trabalho é efetuada por estruturas que o próprio trabalho constitui. [...] Assim, por exemplo, se excluímos os aristocratas de uma sociedade de base camponesa, é concebível que os camponeses possuam roças e vivam delas. No entanto, se excluímos os capitalistas, não nos livramos do capital. A dominação social continuará a existir, até que essa sociedade se livre das estruturas que constituem o capital.[38]

Postone também deu uma resposta precisa à objeção de que a "teoria do valor trabalho" de Marx envolve um erro lógico bastante óbvio. Primeiro, Marx critica a ideia (a ilusão ideológica que se impõe "à primeira vista") de que o valor de troca é um termo puramente relacional, resultado da comparação entre uma mercadoria e outra, não uma propriedade intrínseca da mercadoria:

> O valor de troca, à primeira vista, apresenta-se como uma relação quantitativa, como a proporção em que valores de uso de um tipo são trocados por outros de outro tipo, uma relação que muda constantemente conforme a época e o lugar. Portanto, o valor de troca parece ser algo acidental e puramente relativo, e, por conseguinte, um valor intrínseco, isto é, um valor de troca que está inseparavelmente ligado às mercadorias, inerente a elas, parece uma contradição.[39]

Se isso é falsa aparência, então qual é a verdadeira condição do valor de troca? Aí está a surpresa: embora não seja relacional, mas intrínseco, ele *não* é intrínseco no sentido de uma propriedade natural da mercadoria como objeto:

> os valores de troca das mercadorias têm de poder se exprimir em termos de algo comum a todas elas, da coisa que representam em maior ou menor quantidade. Esse "algo" comum não pode ser uma característica geométrica, química ou outra propriedade natural das mercadorias. Essas propriedades só chamam nossa atenção na medida em que afetam a utilidade das mercadorias, em que as tornam valores de uso. Mas a troca de mercadorias é evidentemente um ato caracterizado por uma abstração total do valor de uso. [...] Como valores de uso, as mercadorias são, acima de tudo, qualidades diferentes, mas como valores de troca são meras quantidades diferentes e, por conseguinte, não contêm um átomo de valor de uso. Se, portanto, deixarmos de fora o valor de uso das mercadorias, só lhes resta uma propriedade comum, a de serem produtos do trabalho.[40]

Esse estranho valor intrínseco universal que, apesar disso, possui uma natureza totalmente diferente de todas as propriedades naturais (físicas) da mercadoria

---

[38] Benjamin Blumberg e Pam Nogales, "Marx After Marxism: An interview with Moishe Postone", mar. 2008. Disponível em: <http://platypus1917.org/2008/03/01/marx-after-marxism-an-interview-with-moishe-postone>. [Acesso em 25 maio 2012.]
[39] Karl Marx, *Capital*, v. 1, cit., p. 43.
[40] Ibidem, p. 44.

como objeto não é uma propriedade puramente metafísica (espiritual)? Quando examinamos as mercadorias como produtos do trabalho abstrato,

> nada resta delas, a não ser a mesma objetividade fantasmagórica [...]. Como cristais dessa substância social, que é comum a todas elas, são valores – valores de mercadoria. [...] Nem um único átomo de matéria entra na objetividade da mercadoria como valor; nesse sentido, ela é o extremo oposto da objetividade grosseiramente sensual das mercadorias como objetos físicos. [...] As mercadorias só possuem um caráter objetivo como valores na medida em que são expressão de uma substância social idêntica, o trabalho humano, em que seu caráter objetivo como valor é puramente social.[41]

Então, qual é o status exato dessa "objetividade fantasmagórica"? Marx não é aqui um realista ontológico no sentido tomista medieval, afirmando que o universal tem existência autônoma dentro do objeto, além de suas propriedades físicas? Além disso, ele não comete um *petitio principii* gritante? A passagem de valor de uso para valor de troca (baseada exclusivamente no tempo de trabalho gasto) não é a passagem do particular para o universal? Se abstrairmos as propriedades concretas que explicam o valor de uso de uma mercadoria, o que resta é obviamente a utilidade como tal, como propriedade abstrata que todas as mercadorias têm em comum; e, de maneira exatamente simétrica, ser produto do trabalho como propriedade comum de todas as mercadorias é uma abstração do trabalho específico concreto que criou uma mercadoria específica com seu valor de uso.

A resposta é que o valor (de troca) é uma categoria social, a maneira como o caráter social da produção se insere numa mercadoria: a relação entre valor de uso e valor (de troca) não é uma relação entre particularidade e universalidade, mas entre os diversos usos da mesma mercadoria, primeiro como objeto que satisfaz uma necessidade e depois como objeto social, como símbolo das relações entre sujeitos. O valor diz respeito a produtos (mercadorias) como entidades sociais, é a impressão do caráter social da mercadoria, e *é por isso que o trabalho é sua única fonte* – assim que percebemos que o valor diz respeito a "relações entre pessoas", a pretensão de que sua fonte é o trabalho torna-se quase uma tautologia. Em outras palavras, a única fonte de valor é o trabalho humano, porque o valor é uma categoria social que mede a participação de cada trabalhador individual no todo do trabalho social; afirmar que capital e trabalho material são ambos "fatores" que criam valor é o mesmo que afirmar que o capital, ao lado dos trabalhadores humanos, também é um integrante da sociedade humana.

Só no capitalismo a exploração é "naturalizada", inscrita no funcionamento da economia, e não o resultado da pressão e da violência extraeconômicas. É por isso que, com o capitalismo, temos igualdade e liberdade pessoal: não há necessidade de

---

[41] Ibidem, p. 45 e 55.

dominação social direta, a dominação já está na estrutura do processo de produção. Também é por isso que, aqui, a categoria de mais-valia é crucial: Marx sempre enfatizou que a troca entre trabalhador e capitalista é "justa", no sentido de que os trabalhadores (via de regra) são pagos pelo valor total de sua força de trabalho como mercadoria – não há "exploração" direta, os trabalhadores não recebem "o valor total da mercadoria que vendem aos capitalistas". A exploração ocorre porque a força de trabalho como mercadoria tem a característica paradoxal de produzir mais valor do que ela própria vale. Esse processo é ofuscado na ideologia "burguesa" de mercado. Tomemos um exemplo contemporâneo de Tim Hartford, que começa sua análise da economia de mercado fazendo um "voo de fantasia", imaginando "o mundo da verdade":

> um mundo no qual os mercados são completos, livres e competitivos. Na realidade, estamos tão perto de alcançar um mundo com mercados completos, livres e competitivos quanto os grandes advogados de começar a dizer a verdade a todos.
> O leitor poderia se perguntar, portanto, por que ele leria um capítulo [...] sobre uma bizarra fantasia de economistas. A resposta é que a fantasia nos ajuda a entender por que os problemas econômicos surgem e a seguir na direção certa. Sabemos que um mundo de mercados perfeitos, combinado com uma abordagem de começar com vantagem é o melhor que temos. Quando as economias do mundo real funcionam mal, temos de procurar as falhas do mercado – e fazer o máximo possível para remendá-las.[42]

Os três grandes problemas que causam falhas no mercado são o poder da escassez, as informações incompletas e as exterioridades. (O quarto problema, a equidade, pode ser resolvido com a abordagem de "começar com vantagem".) O que Hartford apresenta é uma abstração racional ou uma fantasia *stricto sensu*, isto é, uma construção que esconde seus antagonismos, reduzindo-os a complicações acidentais secundárias? O mercado puro é uma ficção *racional* simbólica? Suas falhas são apenas distorções contingentes ou estruturalmente necessárias, isto é, *sintomas*? A utopia do mercado capitalista é que, em princípio, é possível corrigir as falhas do mercado, levando em conta as exterioridades etc. Num trecho conhecido de *O capital*, Marx designou ironicamente a esfera do mercado dentro de cujas fronteiras acontece a compra e a venda de força de trabalho como:

> o próprio Éden dos direitos inatos do homem. Somente reinam ali Liberdade, Igualdade, Propriedade e Bentham. Liberdade porque tanto o comprador quanto o vendedor de uma mercadoria, por exemplo, da força de trabalho, são restringidos apenas por sua vontade livre. Contratam como agentes livres, e o acordo a que chegam é apenas a forma em que dão expressão legal a sua vontade comum. Igualdade porque um entra na relação com o outro como um simples dono de mercadoria, e ambos

---
[42] Tim Hartford, *The Undercover Economist* (Londres, Abacus, 2007), p. 77-8.

trocam equivalente por equivalente. Propriedade porque um e outro dispõem apenas do que é seu. E Bentham porque cada um olha apenas para si. A única força que os une e põe em relação um com o outro é o egoísmo, o lucro e o interesse particular de cada um deles. Cada um olha apenas para si e nenhum se preocupa com o resto, e, apenas por agirem assim, todos, de acordo com a harmonia preestabelecida das coisas ou sob os auspícios de uma providência todo-astuciosa, trabalham juntos para vantagem mútua, riqueza comum e interesse de todos.[43]

No entanto, quando examinamos mais de perto o que acontece na troca de mercado entre o vendedor e o comprador da força de trabalho,

> podemos notar uma mudança na fisionomia de nossos *dramatis personae*. Aquele que antes era o dono do dinheiro vai à frente agora como capitalista; o possuidor da força de trabalho segue atrás como seu trabalhador. O primeiro, dando-se ares de importância, sorrindo com desdém, concentrado nos negócios; o segundo, tímido e reticente, como quem oferece o próprio couro no mercado e não tem nada a esperar, senão... um esconderijo.

Portanto, uma mercadoria específica – o trabalhador que vende sua força de trabalho – é o sintoma, a exceção necessária que viola as regras do mercado ideal em todos os seus aspectos: em termos de poder da escassez, o capitalista goza de uma vantagem estrutural *a priori*; em relação às informações, o acesso do capitalista é um *a priori* mais completo, já que ele organiza todo o processo e trata com o mercado, vendendo os produtos; e, no que diz respeito às exterioridades, o capitalista pode ignorá-las, enquanto o trabalhador *é* em si (como uma pessoa que não é *apenas* um trabalhador) a exterioridade afetada. De acordo com o que os economistas chamam de "lei do preço único", produtos idênticos oferecidos ao mesmo tempo, no mesmo lugar, com preços claramente visíveis, são vendidos pelo mesmo preço. A principal consequência dessa lei é que o preço mais baixo é universalizado, por exemplo: se dezenove trabalhadores se candidatam a dezoito serviços idênticos e um deles está disposto a trabalhar por apenas 40 dinheiros por dia, todos terão de trabalhar por esse valor. O mesmo vale no sentido oposto, mas como existe em geral, descontadas as exceções, um excedente de trabalhadores em relação às vagas de trabalho, essa "lei do preço único" coloca os trabalhadores em grande desvantagem estrutural. Aí reside o papel do exército de reserva dos desempregados: basta um percentual minúsculo de desempregados para baixar consideravelmente os salários, porque sua disposição de trabalhar por um salário menor é uma ameaça a todos os empregados[44].

---

[43] Karl Marx, *Capital*, v. 1, cit., p. 195.
[44] Hartford é convincente quando mostra a sabedoria de Deng Xiaoping na China: em vez da terapia de choque imposta na Rússia, ele abriu espaço para o capitalismo *nas margens*, não apenas na margem geográfica ("zonas francas") ou nas esferas marginais de produção (pequenos artesãos e serviços), mas também na margem de produção das empresas, considerando a lição básica do mercado que diz que o que realmente importa é o custo marginal (o custo de produzir com lucro um

O que complica ainda mais o quadro é o paradoxo que Hartford cita quando fala dos "homens que não sabiam o valor de nada": devemos complicar a fórmula de Hartford, traçando um paralelo com a história de Steven Jay Gould sobre a relação entre o peso e o preço das barras de chocolate Hershey's: a empresa diminuiu e aumentou pouco a pouco o tamanho do produto (mas não até o tamanho que tinha originalmente) e subiu o preço; em seguida, voltou a diminuir pouco a pouco o produto e assim por diante. Se levarmos essa tendência a suas últimas consequências, em dado momento – que pode ser exatamente calculado – a empresa venderá embalagens cheias de nada – e esse nada terá um preço que pode ser exatamente determinado. Isso é lucro: o preço de nada que pagamos quando compramos alguma coisa de um capitalista. A economia capitalista conta com o preço de nada, ela envolve a referência a um zero virtual que tem um preço exato.

Esse nada é o "significante sem significado", a marca pela qual pagamos quando, por exemplo, compramos uma Coca-Cola, em vez de um refrigerante anônimo com sabor de cola. Imaginemos uma empresa totalmente "terceirizada" – a Nike, por exemplo, que "terceiriza" não só sua produção material (para empresas indonésias ou da América Central), a distribuição de seus produtos, sua estratégia de marketing e suas campanhas de publicidade, como o próprio projeto para agências de *design* de primeira linha e, além do mais, toma dinheiro emprestado de bancos. A Nike é, portanto, "nada em si" – nada, *a não ser* a pura marca "Nike", o significante-mestre "vazio" que conota a experiência cultural de fazer parte de determinado "estilo de vida". É aí que a polêmica contra o papel fetichizado das marcas na nossa vida cotidiana deixa a desejar: ela não vê que a eficiência das diversas marcas parasita uma lacuna (entre o significante-mestre e a cadeia de significantes "normais") que pertence à linguagem como tal – nunca teremos uma linguagem cujos termos designam diretamente a realidade, ignorando a conotação de "estilo de vida".

Se tudo está à venda no mercado, isso inclui todos os paradoxos autorreferentes: há também um mercado de capitalistas (eles competem pelo banco que lhes emprestará dinheiro), um mercado de bancos e um mercado de marcas; digamos, quando uma empresa antiga, com um nome consolidado, vai à falência, tudo o que resta é um nome, e esse nome pode ser vendido. Portanto, podemos dizer que, quando pagamos a mais por uma mercadoria por causa da marca, pagamos pelo nada, pelo mero significante, e não pelas qualidades positivas da mercadoria. É de interesse do capitalista

---

item a mais de um produto): as empresas estatais não foram diretamente privatizadas; elas tiveram primeiro a opção de vender o excedente (acima da cota determinada pelo Estado) no mercado livre. E se, em vez de fenômeno limitado, esse papel marginal fosse aceito como modelo para o futuro, permitindo ao capitalismo um espaço marginal no qual a economia de mercado garantisse uma distribuição ótima dos recursos?

maximizar a parte do preço do produto que cobre a marca, já que essa parte é lucro puro, pagamento por nada; o ideal seria vender apenas a marca e receber o dinheiro por nada. É claro que esse ideal é um ponto assimptótico impossível: no mercado real, um produto não conseguirá jamais alcançar essa posição pura, porque ninguém se disporá a pagar por nada, ou apenas por um nome (exceto outro produtor que queira um nome conhecido para exibir em seus produtos); portanto, todo produto deve parecer que oferece uma satisfação que não é apenas a satisfação da marca: não se compra um Nike como tal, mas sim tênis, camisetas ou outros objetos que exibam a marca. A arte está em encontrar o limite (um mínimo conteúdo positivo de produto para um máximo de marca) em que o consumidor ainda se dispõe a comprar o produto.

O processo de determinação desse limite envolve paradoxos próprios. Há um século, Vilfredo Pareto descreveu a chamada regra 80/20 da vida (não apenas) social: 80% da terra pertence a 20% das pessoas, 80% do lucro é produzido por 20% dos funcionários, 80% das decisões são tomadas em 20% da duração das reuniões, 80% dos *links* levam a menos de 20% das páginas da internet, 80% das ervilhas são produzidas por 20% das vagens etc. Como sugeriram alguns economistas e analistas sociais, a atual explosão de produtividade econômica nos coloca diante do caso supremo: a futura economia global tende a um estado em que apenas 20% da força de trabalho fará todo o trabalho necessário, de modo que 80% da população se tornará inútil e irrelevante e, portanto, potencialmente desempregada. A regra dos 80/20 surgiu da chamada "rede sem escala", em que um pequeno número de nós com o maior número de elos é seguido de um número cada vez maior de nós com um número cada vez menor de elos. Tomemos um exemplo: em qualquer grupo, um pequeno número de pessoas conhece (tem ligação com) um grande número de outras pessoas, enquanto a maioria conhece apenas um número pequeno de pessoas – espontaneamente, as redes sociais formam "nós", pessoas com um grande número de ligações com outras pessoas. A competição persiste nas redes sem escala: embora a distribuição geral permaneça a mesma, a identidade dos nós principais muda constantemente, já que recém-chegados podem substituir antigos vencedores. No entanto, algumas redes podem ultrapassar o patamar crítico, a partir do qual a competição desmorona e o vencedor fica com tudo: um dos nós toma todos os elos e não deixa nenhum para os outros; em essência, foi o que aconteceu com a Microsoft, que surgiu como o nó privilegiado: ela tomou todos os elos, isto é, temos de estabelecer relação com ela para nos comunicarmos com outras entidades. É claro que a grande pergunta estrutural é: o que define o patamar, que redes tendem a ultrapassar o patamar a partir do qual a competição desmorona e o vencedor leva tudo[45]?

---

[45] Ver os capítulos 6 e 8 de Albert-László Barabási, *Linked* (Nova York, Plume, 2003). [Ed. bras.: *Linked: a nova ciência dos networks*, São Paulo, Leopardo/Hemus, 2009.]

Se levarmos esse processo em conta, seremos obrigados a questionar um dos pressupostos básicos da ideologia do mercado: a ideia de que, quando em condições de competição ideal o mecanismo de mercado tem permissão para funcionar livremente e sem restrições, o equilíbrio resultante, o ponto em que a oferta e a demanda se cruzam, isto é, quando uma mercadoria é vendida por determinado preço, refletirá o ponto ótimo "natural" que não é contingente em si, o resultado do jogo, mas aquele X em torno do qual a oferta e a procura circulam, em torno do qual o preço flutua. Mas e se esse ponto de equilíbrio não for "natural" e sim "artificial", determinado pelo jogo autorreferente do mercado? John Maynard Keynes explicou muito bem essa autorreferencialidade, comparando o mercado de ações a uma competição boba em que os participantes devem escolher várias moças bonitas de uma centena de fotografias, mas ganha quem escolher as mais próximas da opinião geral:

> Não se trata de escolher aquelas que, na avaliação de cada um, sejam de fato as mais bonitas, nem aquelas que a opinião média acha genuinamente mais bonitas. Chegamos ao terceiro grau, em que dedicamos nossa inteligência a prever o que a opinião média espera que seja a opinião média.[46]

E se essa autorreferencialidade do jogo de mercado for tão forte que *o X em torno do qual o preço oscila não for dado com antecedência, mas gerado pelo próprio processo de mercado*? Em termos mais simples, isso significa que, *no mercado, não vence o melhor (a moça mais bonita)* – a razão por que a Microsoft venceu a concorrência ou o VHS venceu o Betamax (na disputa hoje ultrapassada entre sistemas de vídeo) não foi a qualidade inerente do produto em relação ao preço, mas a "sorte" na exploração dos mecanismos de mercado. Os mecanismos autorreferentes em ação aqui são múltiplos; basta mencionar que a comercialização ou oferta de um objeto cria em si (ou, pelo menos, muda, afeta) a demanda desse objeto, da mesma maneira que, como Ivan Illich demonstrou a respeito da indústria da saúde, os próprios medicamentos e procedimentos médicos mudam a envergadura daquilo que experimentamos como o campo de nossa vida que pode ser tratado por práticas médicas – numa extrapolação *ad absurdum*, toda a nossa vida, assim como a nossa morte, tornam-se uma experiência estressante, que deve ser curada. Outro mecanismo autorreferente é a própria disponibilidade: a Microsoft não venceu porque seu software é "melhor", mas porque conseguiu se impor como um "padrão" em seu campo. A explicação não é tautológica, já que, para um produto se impor como um padrão em seu campo, é preciso muito trabalho, e esse trabalho não diz respeito a suas qualidades inerentes, mas a sua distribuição e comercialização.

---

[46] John Maynard Keynes, *General Theory of Employment, Interest and Money* (Londres, Macmillan, 1967), p. 156. [Ed. bras.: *Teoria geral do emprego, do juro e da moeda*, São Paulo, Nova Cultural, 1996.]

De Hegel a Marx... e de volta

Portanto, a chamada "teoria do valor trabalho" de Marx é como um nome errado: não deveria ser lida como se afirmasse que devemos descartar a troca, seu papel na constituição do valor, por ser simples aparência que encobre o fato fundamental de que o trabalho é a origem do valor. Ao contrário, devemos conceber o surgimento do valor como um processo de mediação por meio do qual o valor "se livra" de seu uso; o valor *é* a mais-valia, além do valor de uso. O equivalente geral de valores de uso *tem* de ser privado do valor de uso, tem de funcionar como pura potencialidade do valor de uso. A essência é aparência como aparência: o valor é valor de troca *como* valor de troca – ou, como Marx explicou numa versão manuscrita das mudanças na primeira edição de *O capital*: "A redução de trabalhos privados concretos diferentes a essa abstração (*Abstraktum*) do mesmo trabalho humano só se realiza pela troca que postula efetivamente os produtos de trabalhos diferentes como iguais entre si"[47]. Em outras palavras, "trabalho abstrato" é uma relação de valor que só se constitui na troca, não é a propriedade substancial de uma mercadoria, independentemente de suas relações com outras mercadorias. Para os "marxistas" ortodoxos, essa noção "relacional" do valor já é uma concessão à economia política "burguesa", que eles tacham de "teoria monetária do valor"; no entanto, o paradoxo é que esses mesmos "marxistas ortodoxos" regridem para a noção "burguesa" de valor: eles concebem o valor como imanente à mercadoria, como propriedade desta, e, portanto, naturalizam sua "objetividade espectral", que é a aparência fetichizada de seu caráter social.

Não estamos tratando aqui de simples minúcias teóricas; a determinação exata da condição do dinheiro tem consequências político-econômicas cruciais. Se considerarmos o dinheiro uma forma de expressão secundária de valor que existe "em si" numa mercadoria antes de sua expressão, isto é, se para nós o dinheiro for um simples recurso secundário, um meio prático que facilita a troca, a porta se abre para a ilusão dos seguidores esquerdistas de Ricardo, que propuseram substituir o dinheiro por notas simples que designassem a quantidade de trabalho feito pelo portador e lhe dessem direito à parte correspondente do produto social – como se, por meio dessa "moeda de trabalho" direta, pudéssemos evitar o "fetichismo" e assegurar que cada trabalhador receba seu "valor total". O que a análise de Marx mostra é que esse projeto ignora as determinações formais do dinheiro que fazem do fetichismo um efeito necessário.

Quando Marx define o valor de troca como modo de aparência do valor, deveríamos mobilizar todo o peso hegeliano da oposição entre essência e aparência: a essência só existe na medida em que ela aparece, ela não preexiste a seu aparecimento.

---

[47] MEGA I-6 (Berlim, Dietz, 1976), p. 41.

Da mesma maneira, o valor de uma mercadoria não é uma propriedade intrínseca que, na troca, existe independentemente da aparência. Isso significa que a distinção de Marx entre trabalho concreto e abstrato também é um nome errado: no sentido hegeliano, trabalho "concreto" (um indivíduo que trabalha com um objeto natural e o transforma para satisfazer alguma necessidade humana) é uma abstração da rede de relações sociais concretas dentro da qual ele ocorre; essa rede de relações sociais concretas inscreve-se na categoria de trabalho exatamente na forma de seu oposto, de trabalho "abstrato", e em seu produto, a mercadoria, na forma de seu valor (em oposição ao valor de uso).

> "Trabalho concreto" refere-se ao fato de que uma forma do que consideramos a atividade de trabalhar medeia as interações dos seres humanos com a natureza em todas as sociedades. "Trabalho abstrato" [...] significa que, no capitalismo, o trabalho também tem uma função social única: ele medeia uma nova forma de interdependência social. [...] Numa sociedade em que a mercadoria é a categoria estruturadora básica do todo, o trabalho e seus produtos não se distribuem socialmente por laços, normas ou relações declaradas de poder e dominação tradicionais – isto é, por relações sociais manifestas – como acontece em outras sociedades. Ao contrário, o próprio trabalho substitui essas relações e serve de meio semiobjetivo pelo qual se adquirem produtos dos outros. [...] Na obra madura de Marx, portanto, a noção de centralidade do trabalho na vida social não é uma proposição trans-histórica. Ela não se refere ao fato de que a produção material é sempre precondição da vida social. Também não se deve considerar que signifique que a produção material seja a dimensão mais essencial da vida social em geral, nem mesmo no capitalismo em particular. Na verdade, ela se refere à constituição historicamente específica pelo trabalho no capitalismo das relações sociais que caracterizam de modo fundamental essa sociedade.[48]

É nesse sentido exato que a dinâmica da forma mercadoria é a "universalidade concreta", o princípio determinante que impregna a totalidade social, gerando suas formas mais abstratas/formais de autoconsciência, como a experiência moderna paradigmática da antinomia entre o "indivíduo livremente autodeterminador e a sociedade como esfera extrínseca de necessidade objetiva".

> A teoria do valor de Marx constitui a base de uma análise do capital como forma socialmente constituída de mediação e riqueza cuja característica primária é a tendência à expansão ilimitada. [...] Nos termos de Marx, de um contexto pré-capitalista caracterizado por relações de dependência pessoal surgiu outro, caracterizado pela liberdade pessoal individual dentro de um arcabouço social de "dependência objetiva". De acordo com a análise de Marx, ambos os termos da oposição antinômica moderna clássica – o indivíduo livremente autodeterminado e a sociedade como esfera extrínseca de necessi-

---

[48] Moishe Postone, "Rethinking Marx (in a Post-Marxist World)", cit.

dade objetiva – são historicamente constituídos com o surgimento e a disseminação da forma das relações sociais determinada pela mercadoria.[49]

É claro que foi Hegel o filósofo que elaborou essa antinomia entre "o indivíduo livremente autodeterminado e a sociedade como esfera extrínseca de necessidade objetiva" como característica fundamental da modernidade; ele também percebeu claramente o vínculo entre a antinomia em seu aspecto social (a coexistência de liberdade individual e necessidade objetiva na forma de domínio dos mecanismos de mercado) e em seu aspecto religioso (o protestantismo com seus temas antinômicos de responsabilidade individual e predestinação). É por isso que, filosoficamente, a questão principal aqui é a ambiguidade da referência hegeliana. Primeiro, há autores, de Althusser a Karatani, que, de pontos de vista teóricos diferentes, consideram secundária, "coqueteria" irrelevante, a referência a Hegel na crítica da economia política de Marx (como a desvalorização tardia de Lacan de sua referência a Heidegger). Karatani, por exemplo, insiste que, embora o *Darstellung* de Marx do desdobramento do capital esteja cheio de referências hegelianas, o movimento do capital está longe do movimento circular da Noção (ou Espírito) hegeliana: a tese de Marx é que esse movimento nunca alcança a si mesmo, nunca recupera o crédito, sua solução é adiada para sempre, a crise é seu constituinte mais íntimo (sinal de que o todo do capital é a não verdade, como diria Adorno) e, por isso, o movimento é de "infinidade espúria", reproduzindo-se infinitamente.

> Apesar do estilo descritivo hegeliano [...] *O capital* distingue-se da filosofia de Hegel em sua motivação. O fim de *O capital* nunca é o "Espírito absoluto". *O capital* revela o fato de que o capital, embora organize o mundo, nunca pode ir além de seu limite próprio. É uma crítica kantiana do impulso incontido do capital/razão para efetivar-se a si mesmo além de seus limites.[50]

É interessante observar que foi Adorno que, já em *Três estudos sobre Hegel*, caracterizou criticamente o sistema de Hegel nos mesmos termos "financeiros" como um sistema que vive de um crédito que ele nunca pode pagar[51]. No entanto, devemos notar, em primeiro lugar, que o absoluto de Hegel também não é "absoluto" no sentido ingênuo de obter identidade total; ele não termina e fica preso para sempre no círculo eternamente repetido de autorreprodução – como a imagem repetida de Hegel da ideia que goza seu ciclo eterno de perder-se e reapropriar-se de sua alteridade. Em segundo lugar, a crítica de Marx é precisamente *não* kantiana, já que ele concebia a noção de limite no sentido propriamente hegeliano: como uma força motriz *positiva* que empurra o capital cada vez

---

[49] Idem.
[50] Kojin Karatani, *Transcritique: On Kant and Marx* (Cambridge, MIT Press, 2005), p. 9.
[51] Ver Theodor W. Adorno, *Hegel: Three Studies* (Cambridge, MIT Press, 1994), p. 67.

mais para sua autorreprodução sempre em expansão, não no sentido kantiano de limitação negativa. Em outras palavras, o que não é visível do ponto de vista kantiano é que "o impulso mal contido do capital/razão de se autorrealizar além de seu limite" é totalmente cossubstancial com esse limite. A "antinomia" central do capital é sua força motriz, já que, em última análise, o movimento de capital não é motivado pelo esforço de apropriar-se/penetrar toda a realidade empírica externa a ele, mas pelo impulso de resolver seu antagonismo inerente. Em outras palavras, o capital "nunca pode ir além de seu limite", mas não porque alguma coisa numenal resista a sua compreensão; ele "nunca pode ir além de seu limite" porque, em certo sentido, está cego ao fato de que *não há nada além desse limite*, apenas um espectro de apropriação total gerado por esse mesmo limite.

E isso nos leva de volta às limitações políticas da visão de Karatani: seu projeto não é comunista, mas um sonho kantiano impossível de capitalismo "crítico-transcendental" que substitui o capitalismo "dogmático" normal para se apropriar de toda a realidade. Essa ilusão kantiana se realiza na fé de Karatani no Lets [Local Exchange Trading System], uma forma de moeda que evitaria a "ilusão transcendental" fetichista e, portanto, permaneceria propriamente crítico-transcendental. É por isso que deveríamos nos referir à obra (hoje totalmente ignorada) de Alfred Sohn-Rethel como par necessário de Karatani; o que salta aos olhos de quem conhece bem a história do marxismo é a ausência gritante de referência a esse autor no livro de Karatani. Sohn-Rethel desenvolveu o paralelo entre a crítica transcendental de Kant e a crítica da economia política de Marx, mas na direção crítica oposta: a estrutura do universo da mercadoria *é* a do espaço transcendental kantiano. Ou seja, o objetivo de Sohn-Rethel era combinar a epistemologia kantiana com a crítica da economia política de Marx. Quando trocam mercadorias, os indivíduos abstraem o valor de uso específico – só o valor importa. Marx chamou essa abstração de "real", porque ocorre na realidade social da troca sem esforço consciente – ter ou não consciência dela não tem nenhuma importância. E, para Sohn-Rethel, esse tipo de abstração é a base real do pensamento formal e abstrato: todas as categorias de Kant, como espaço, tempo, qualidade, substância, acaso, movimento e assim por diante, estão implícitas no ato da troca. Portanto, há uma identidade formal entre a epistemologia burguesa e a forma social de troca, já que ambas envolvem uma abstração: a separação histórica entre troca e uso é que embasa a possibilidade de pensamento abstrato, tanto entre os gregos antigos quanto nas sociedades modernas. Como origem da síntese social, a troca de mercadorias condiciona a possibilidade de todas as suas formas pensadas; a troca é abstrata e social, ao contrário da experiência privada do uso:

> O que define o caráter do trabalho intelectual em sua seção totalmente madura de qualquer trabalho manual é o uso de abstrações de forma não empíricas, que podem

ser representadas por nada mais, nada menos que conceitos "puros" e não empíricos. A explicação do trabalho intelectual e dessa seção depende, portanto, de que se prove a origem das abstrações de forma não empíricas subjacentes. [...] essa origem só pode ser a abstração real da troca de mercadorias, pois ela possui um caráter de forma não empírico e não brota do pensamento. Essa é a única maneira em que se pode fazer justiça à natureza do trabalho intelectual e da ciência e ainda evitar o idealismo. A filosofia grega é a primeira manifestação histórica de separação entre cabeça e mão desse modo específico. Pois a abstração real não empírica só é evidente na troca de mercadorias porque, por meio dela, torna-se possível uma síntese social que se encontra em estrita separação temporal-espacial de todos os atos do intercâmbio material do homem com a natureza. [...] esse tipo de síntese social só se realiza na Grécia após os séculos VIII ou VII a.C., quando o surgimento da cunhagem, por volta de 680 a.C., teve importância fundamental. Portanto, defrontamo-nos aqui com a origem histórica do pensamento conceitual em sua forma totalmente desenvolvida, constituindo o "intelecto puro" em sua separação de todas as capacidades físicas do homem.[52]

Aqui, Sohn-Rethel amplia o alcance da mediação histórico-social até a própria natureza: não é apenas a abstração de uma realidade específica que é condicionada pelo fetichismo da mercadoria. A própria noção da natureza como "realidade objetiva" privada de todo significado, como domínio de fatos neutros opostos a nossos valores subjetivos, só pode surgir numa sociedade na qual predomine a forma mercadoria; por isso, o surgimento das ciências naturais "objetivas" que reduzem os fenômenos naturais a dados positivos sem significado é estritamente correlata ao surgimento da troca de mercadorias:

> Pode ser confuso ouvir que a noção de natureza como mundo-objeto físico independente do homem surge da produção de mercadorias quando esta atinge seu crescimento total como economia monetária. No entanto, essa é uma descrição verdadeira do modo como essa concepção da natureza se enraíza na história; ela aparece quando as relações sociais assumem o caráter impessoal e reificado de troca de mercadorias.[53]

Essa é a posição de Lukács em *História e consciência de classe*, em que ele também afirma enfaticamente que "a natureza é uma categoria social": o que parece "natural" é sempre mediado/sobredeterminado por uma totalidade social historicamente específica. Ao contrário de Karatani, portanto, a posição de Lukács e Sohn-Rethel é que a passagem da ideologia burguesa, com seu formalismo/dualismo, para o pensamento dialético-revolucionário da totalidade é, em termos filosóficos, a passagem de Kant para Hegel. De acordo com essa segunda posição, a dialética de Hegel é a forma mistificada do processo revolucionário de libertação

---

[52] Alfred Sohn-Rethel, *Intellectual and Manual Labour: A Critique of Epistemology* (Atlantic Highlands, Humanities Press, 1977), p. 66-7.
[53] Ibidem, p. 72-3.

emancipatória: a matriz deve permanecer a mesma; devemos apenas, como disse explicitamente Lukács, substituir, no papel de objeto-sujeito da história, o Espírito absoluto pelo proletariado. O (merecidamente) famoso fragmento dos *Grundrisse* sobre as "formas que precederam a produção capitalista" também pode ser lido, dentro desse horizonte, como uma tentativa de compreender a lógica interna do processo histórico na linha hegeliana; portanto, a singularidade do modo de produção capitalista reside no fato de que, nele, o trabalho seja dissociado "de seu vínculo originário com suas condições objetivas, motivo pelo qual, por um lado, o trabalho aparece como mero trabalho, e, por outro, seu produto, como trabalho objetivado, ganha diante dele uma existência completamente autônoma como valor."[54]. O trabalhador, portanto, parece "como capacidade de trabalho sem objeto, puramente subjetiva, confrontada com as condições objetivas da produção como sua não propriedade, como propriedade alheia, como valor que existe por si, como capital".

> [No entanto, essa] forma extrema de alienação na qual, sob o disfarce de relação do capital com o trabalho assalariado, o trabalho, atividade produtiva, parece como oposto a suas próprias condições e a seu próprio produto, é um ponto de transição necessário – e, por essa razão, em si, em forma invertida, posto em sua cabeça, já contém a desintegração de todos os pressupostos limitados de produção e consegue criar e produzir os pressupostos incondicionais de produção e, portanto, todas as condições materiais para o desenvolvimento total e universal das forças produtivas dos indivíduos.[55]

A história é então o processo gradual de separação entre a atividade subjetiva e as condições objetivas, isto é, de sua imersão na totalidade substancial; no capitalismo moderno, esse processo culmina com o surgimento do proletariado, a subjetividade sem substância de trabalhadores totalmente separados de suas condições objetivas; no entanto, essa separação já é em si sua libertação, porque cria subjetividade pura, livre de todos os laços substanciais, que só precisa se apropriar de suas condições objetivas.

Em contraste com esse ponto de vista hegeliano, a terceira posição é que a lógica de Hegel *é* a "lógica do capital", sua expressão especulativa; essa posição foi sistematicamente utilizada pela chamada escola da lógica do capital na Alemanha, na década de 1970, assim como no Brasil e no Japão[56]. Traços dessa posição são claramente perceptíveis em *O capital*; por exemplo, Marx descreve a passagem de dinheiro para capital nos termos hegelianos da passagem de substância para obje-

---

[54] Karl Marx, *Grundrisse*, cit., p. 425.
[55] Idem, p. 432
[56] Ver, entre outros, Helmut Reichelt, *Zur logischen Struktur des Kapitalbegriffs* (Frankfurt, Europaische Verlagsanstalt, 1970), e Hiroshi Uchida, *Marx's Grundrisse and Hegel's Logic* (Nova York, Routledge, 1988).

to: o capital é a substância automobilizadora e autodiferenciadora, um dinheiro-substância tornado sujeito:

> A forma independente, isto é, a forma dinheiro que o valor das mercadorias assume no caso da simples circulação serve apenas a um propósito, ou seja, sua troca, e desaparece no resultado final do movimento. Por outro lado, na circulação D-M-D, tanto o dinheiro quanto a mercadoria representam apenas modos diferentes de existência do próprio valor, em que o dinheiro é seu modo geral e a mercadoria, o particular, ou, por assim dizer, disfarçado. Ele muda constantemente de uma forma para outra, sem se perder com isso, e assim assume um caráter automaticamente ativo. Se tomarmos agora, uma de cada vez, as duas formas diferentes que o valor expansivo assume sucessivamente no decorrer de sua vida, chegaremos a essas duas proposições: capital é dinheiro, capital é mercadoria. Na verdade, o valor aqui é o fator ativo num processo em que, embora assuma constantemente, uma de cada vez, as formas de dinheiro e mercadoria, ele muda ao mesmo tempo de grandeza, diferencia-se arrancando a mais-valia de si mesmo; em outras palavras, o valor original expande-se de maneira espontânea. Pois o movimento pelo qual ele acrescenta mais-valia é seu próprio movimento, a expansão, portanto, é expansão automática. Por ser valor, adquiriu a qualidade oculta de ser capaz de adicionar valor a si mesmo. Ele gera filhos vivos ou, no mínimo, põe ovos de ouro.
> O valor, portanto, por ser o fator ativo nesse processo e assumir ora a forma dinheiro, ora a forma mercadoria, mas, em todas essas mudanças, preservando-se e expandindo-se, exige alguma forma independente por meio da qual sua identidade possa se estabelecer a qualquer momento. E, essa forma, ele só possui na forma de dinheiro. É na forma de dinheiro que o valor inicia e termina, e inicia de novo, cada ato de sua geração espontânea. [...]
> Na circulação simples, D-M-D, o valor das mercadorias atinge no máximo uma forma independente de seu valor de uso, isto é, a forma dinheiro; mas o mesmo valor, agora na circulação M-D-M, ou circulação de capital, apresenta-se de repente como substância independente, dotada de movimento próprio, passando por um processo de vida só seu, no qual dinheiro e mercadoria são simples formas que ele assume e configura de modo alternado. Mais ainda: em vez de simplesmente representar as relações entre as mercadorias, ele entra agora, por assim dizer, em relação consigo mesmo. Como valor original, diferencia-se de si mesmo como mais-valia, assim como o Pai diferencia-se de si mesmo como Filho, mas ambos são um só e têm a mesma idade, pois só pela mais-valia de 10 libras as 100 libras adiantadas transformam-se em capital, e assim que isso ocorre, assim que o Filho e, pelo Filho, o Pai são gerados, a diferença entre eles desaparece e eles se tornam novamente um só, 110 libras.[57]

Podemos observar aqui como são abundantes as referências hegelianas: com o capitalismo, o valor não é mera universalidade "muda" e abstrata, um vínculo substancial entre a multiplicidade de mercadorias; de meio de troca passivo, ele se transforma no "fator ativo" do processo como um todo. Em vez de apenas assumir

---

[57] Karl Marx, *Capital*, v. 1, cit., p. 171-3.

passivamente as duas formas de sua existência real (dinheiro-mercadoria), ele aparece como o sujeito "dotado de movimento próprio, passando por um processo de vida próprio": ele se diferencia de si mesmo, postula sua alteridade e depois supera mais uma vez essa diferença; em outras palavras, o movimento é seu próprio movimento. Nesse sentido exato, "em vez de simplesmente representar a relação entre mercadorias, ele entra [...] em relação consigo mesmo": a "verdade" de sua relação com a alteridade é autorreferente, isto é, em seu movimento próprio o capital "suprassume" retroativamente as próprias condições materiais e transforma-as em momentos subordinados da própria "expansão espontânea" – em termos hegelianos puros, ele postula os próprios pressupostos. Essa noção de especulação hegeliana como expressão mistificada do movimento especulativo (próprio) do capital exprime-se claramente neste trecho:

> Essa *inversão* [*Verkehrung*] pela qual o sensivelmente concreto só conta como forma de aparência do abstratamente geral, e não, ao contrário, o abstratamente geral como propriedade do concreto, caracteriza a expressão de valor. Ao mesmo tempo, isso dificulta sua compreensão. Quando digo: a lei romana e a lei alemã são ambas leis, isso é óbvio. Mas quando digo: a Lei [*Das Recht*], essa abstração [*Das Recht*] *concretiza-se* na lei romana e na lei alemã; nessas leis concretas, a interligação torna-se mística.[58]

Mais uma vez, porém, é preciso tomar muito cuidado aqui: Marx não está simplesmente criticando a "inversão" que caracteriza o idealismo hegeliano (no estilo de seus textos de juventude, especialmente *A ideologia alemã*). A questão não é que, embora a lei romana e a lei alemã sejam "efetivamente" dois tipos de lei, a Lei propriamente dita seja o agente ativo – o sujeito de todo o processo – que "se realiza" na lei romana e na lei alemã. A questão de Marx é que essa "inversão" caracteriza a própria realidade. Vamos ler novamente o trecho citado:

> Se tomarmos agora, uma de cada vez, as duas formas diferentes que o valor expansivo assume sucessivamente no decorrer de sua vida, chegaremos a estas duas proposições: capital é dinheiro, capital é mercadoria. Na verdade [*In der Tat*: realmente], o valor aqui é o fator ativo num processo em que, embora assuma constantemente, uma de cada vez, as formas de dinheiro e mercadoria, ele muda ao mesmo tempo de grandeza, diferencia-se arrancando a mais-valia de si; em outras palavras, o valor original expande-se de maneira espontânea.

É "na verdade" ("realmente") que as relações se "invertem", isto é, que a universalidade do valor se realiza em suas duas espécies, como dinheiro e como mercadoria: como na dialética hegeliana, a universalidade do valor é "o fator ativo" (o sujeito). É por isso que devemos distinguir a maneira como a realidade aparece à consciência cotidiana dos indivíduos envolvidos no processo e a maneira como a

---

[58] Ibidem, "Apêndice à primeira edição alemã (1867)".

realidade aparece "objetivamente", sem que os indivíduos tenham consciência dela: essa segunda mistificação "objetiva" só pode ser articulada com a análise teórica. E é por isso que Marx escreveu que "as relações que ligam o trabalho de um indivíduo com o trabalho dos outros surgem não como relações sociais diretas entre indivíduos que trabalham, mas como o que elas realmente são, relações materiais entre pessoas e relações sociais entre coisas": a afirmação paradoxal de que, no fetichismo da mercadoria, as relações sociais surgem "*como o que elas realmente são*" (como relações sociais entre coisas). Essa superposição de aparência e realidade não significa (como significa para o senso comum) que não temos mistificação, já que realidade e aparência coincidem, mas, ao contrário, que a mistificação é redobrada: em nossa mistificação subjetiva, seguimos uma mistificação que está inscrita na própria realidade social. É a partir dessa noção que se deve reler o famoso trecho de *O capital*:

> É uma *relação social definida dos produtores* na qual eles *igualam* [*gleichsetzen*] seus diversos tipos de trabalho como *trabalho humano*. É, igualmente, uma *relação social definida de produtores* na qual eles *medem* a grandeza de seu trabalho *pela duração do gasto de força de trabalho humana*. Mas, *em nossa inter-relação prática, esses personagens sociais* de seu próprio trabalho *aparecem a seus olhos como propriedades sociais que lhes pertencem por natureza*, como determinação *objetiva* [*gegenständliche Bestimmungen*] *dos próprios produtos do trabalho*, a igualdade dos trabalhos humanos como *propriedade-valor* dos produtos do trabalho, a *medida* do trabalho pelo tempo de trabalho socialmente necessário como *grandeza do valor* dos produtos do trabalho e, finalmente, as relações sociais dos produtores por meio de seu trabalho aparecem como uma *relação-valor* ou *relação social dessas coisas*, os produtos do trabalho. Exatamente por essa razão, os produtos do trabalho *aparecem como mercadorias*, sensíveis suprassensíveis [*sinnlich übersinnliche*] ou *coisas sociais*.[59]

Aqui, as palavras mais importantes são "*em nossa inter-relação prática*". Marx localiza a ilusão fetichista não no pensamento, no modo errado como percebemos o que somos e fazemos, mas na própria prática social. Ele usa as mesmas palavras algumas linhas depois: "Portanto, *em nossa inter-relação prática*, possuir *a forma equivalente* aparece como *a propriedade natural social* [*gesellschaftliche Natureigenschaft*] de uma coisa, como propriedade pertencente a ela *por natureza*, de modo que, aí, aparece *imediatamente como intercambiável* com outras coisas, assim como existe para os sentidos [*so wie es sinnlich da ist*]". É exatamente assim que devemos ler a fórmula geral de Marx a respeito da mistificação fetichista ("*sie wissen das nicht, aber sie tun es*", isto é, eles não conhecem, mas fazem): o que os indivíduos não conhecem é a "inversão" fetichista a que obedecem "em sua inter-relação prática", isto é, na própria realidade social.

---

[59] Idem.

Assim, mais uma vez, tratamos aqui de *dois* níveis *diferentes* de "mistificação": primeiro, as "minúcias teológicas" do movimento próprio do capital, que têm de ser desenterradas pela análise teórica; segundo, mistificações da consciência cotidiana, que culminam com a chamada "fórmula da trindade": trabalho, capital e terra como os três "fatores" de qualquer processo de produção, no qual todos contribuem para o valor do produto e, portanto, são remunerados conforme sua contribuição: o trabalhador recebe o salário, o capitalista recebe o lucro e o dono das terras recebe o arrendamento. Essa mistificação final resulta de uma série de deslocamentos graduais. Primeiro, para o capitalista, a distinção entre capital constante e capital variável (capital investido em matérias-primas e meios de produção, que, pelo uso da força de trabalho, apenas transmitem seu valor para o produto, e o capital gasto em salários, que, pelo uso da força de trabalho, gera mais-valia) é substituída pela distinção mais "lógica" entre capital circulante e capital fixo (capital que transmite todo o seu valor para o produto num único ciclo produtivo – matérias-primas e salários – e capital que transmite apenas gradualmente seu valor para os produtos – prédios, máquinas e mais equipamentos tecnológicos). Esse deslocamento esconde a fonte específica de mais-valia e, portanto, torna-se muito mais "lógico" falar não de taxa de mais-valia (que é a razão entre o capital variável e a mais-valia), mas de taxa de lucro (razão entre todo o capital investido e a mais--valia disfarçada de "lucro")[60].

O que Marx propõe é uma *estrutura* no estrito sentido "estruturalista" da palavra. O que é estrutura? Não é apenas a articulação complexa de elementos; a definição mínima de "estrutura" diz que ela envolve (pelo menos) dois níveis, de modo que a estrutura "profunda" é deslocada/"mistificada" na estrutura superficial "óbvia". É útil fazer referência aqui à famosa análise de Émile Benveniste das formas ativa, passiva e neutra do verbo: os opostos verdadeiros não são as formas ativa e passiva (e a forma neutra como mediadora entre os dois extremos), mas as formas ativa e neutra (opostas no eixo de inclusão/exclusão do sujeito na ação transmitida pelo verbo), e a voz passiva é que funciona como terceiro termo que nega o terreno comum dos dois primeiros[61]. Da mesma maneira, a distinção "profunda" entre capital constante e capital variável transforma-se na distinção "óbvia"

---

[60] No capital especulativo, há ainda mais uma mistificação: quando um capitalista toma dinheiro emprestado do banco e depois divide seu lucro com ele, isto é, dá ao banco parte de seu lucro na forma de juros; o resultado é uma dupla mistificação: de um lado, parece que o dinheiro como tal pode gerar mais dinheiro e, por isso, o banco tem de ser remunerado; de outro, parece que o capitalista não é pago pelo investimento – ele recebeu o dinheiro do banco –, mas pelo que fez com o dinheiro, pelo trabalho de organizar a produção. Assim, os últimos vestígios de exploração são encobertos.

[61] Ver Émile Benveniste, *Problems in General Linguistics* (Miami, Miami University Press, 1973). [Ed. bras.: *Problemas de linguística geral*, 5. ed., Campinas, Pontes, 2005, 2 v.]

entre capital fixo e capital circulante, a "mais-valia" transforma-se em "lucro" e assim por diante.

A diferença entre a segunda e a terceira posições foi explicada sucintamente por Postone:

> Para Lukács, o proletariado é o sujeito, o que implica que ele deve realizar a si mesmo (ele é demasiado hegeliano), enquanto quando Marx diz que o capital é o sujeito; o objetivo seria livrar-se do sujeito, libertar a humanidade de uma dinâmica constante que ele constitui, em vez de realizar o sujeito.[62]

Aqui a tentação óbvia é projetar de volta em Marx a passagem da segunda para a terceira posição, como a passagem dos *Grundrisse* para *O capital*: nos *Grundrisse*, Marx ainda pensava que a dialética hegeliana constituía a matriz de todo o movimento histórico, da pré-história à alienação capitalista, e sua "suprassunção" na revolução comunista, mas, quando escreveu *O capital*, tornou-se claro para ele que a mistificação idealista da dialética hegeliana refletia com perfeição as "sutilezas metafísicas e minúcias teológicas" que constituem a "vida íntima" secreta da mercadoria. Outra tentação é dizer: mas por que não ambos? Por que não podemos ler conjuntamente a segunda e a terceira posições? Se, como Marx escreveu nos *Grundrisse*, o capital, a alienação capitalista, já é em si (isto é, em forma invertida) a tão esperada libertação da dominação, não podemos dizer que a lógica de Hegel já é em si, na forma mistificada/invertida, a lógica da emancipação?

Qual dessas três posições é a correta? Será que Marx apenas "flerta" com a terminologia dialética de Hegel, será que se baseia nela como formulação mistificada do processo revolucionário de emancipação ou como formulação idealista da própria lógica de dominação capitalista? A primeira coisa que devemos notar é que a leitura da dialética de Hegel como formulação idealista da lógica da dominação capitalista não vai até o fim: desse ponto de vista, o que Hegel desenvolve é a expressão mistificada da *mistificação* imanente à circulação do capital, ou, em termos lacanianos, de sua fantasia "objetivamente social"; em termos um tanto ingênuos, o capital para Marx não é "realmente" uma substância-sujeito que se reproduz ao postular os próprios pressupostos e assim por diante; o que essa fantasia hegeliana de reprodução autogeradora do capital encobre é a exploração dos trabalhadores, que é como o círculo de autorreprodução do capital tira energia da fonte externa (ou melhor, "ex-timo[63]") de valor, como parasita os trabalhadores. Então por que não passar diretamente para a descrição da exploração dos trabalhadores, por que se preocupar com as fantasias que sustentam o funcionamento do capital? Para Marx, é fundamental incluir na descrição do capital esse nível intermediário de "fantasia objetiva" que não é nem o modo como o capitalismo

---

[62] Benjamin Blumberg e Pam Nogales, "Marx After Marxism", cit.
[63] Lacan apresenta a articulação do interno com o externo por meio de um neologismo: une o prefixo ex à palavra intime (íntimo), formando ex-time (ex-timo), para representar o que há de mais íntimo no sujeito e, ao mesmo tempo, exterior a ele. (N. E.)

é vivenciado por seus sujeitos (eles são bons nominalistas empíricos, sem consciência das "minúcias teológicas" do capital) nem o "real estado de coisas" (trabalhadores explorados pelo capital).

Voltando a nossa pergunta sobre qual das três versões é a correta, há outra posição – a quarta – a examinar: e se mudarmos a ênfase para Hegel e fizermos uma pergunta simples, ou seja, *qual* Hegel é nosso ponto de referência? Tanto Lukács quanto os teóricos da lógica do capital não se referem à leitura (errada) "subjetivista--idealista" de Hegel, à imagem de Hegel como o "idealista absoluto" que afirmou que o Espírito é o verdadeiro agente da história, sua substância-sujeito? Nesse contexto, o capital pode parecer de fato uma nova encarnação do Espírito hegeliano, um monstro abstrato que se move e se media, parasitando a atividade de indivíduos que existem realmente. É por isso que Lukács também é idealista demais ao propor simplesmente substituir o Espírito hegeliano pelo proletariado como objeto-sujeito da história: aqui, Lukács não é hegeliano, mas um idealista pré-hegeliano[64]. Ficamos tentados a falar da "inversão idealista de Hegel" em Marx: ao contrário de Hegel, que sabia muito bem que a coruja de Minerva só levanta voo no crepúsculo, depois do fato, isto é, que o pensamento segue o ser (e é por isso que, para Hegel, não pode haver noção científica do futuro da sociedade), Marx reafirma a primazia do pensamento: a coruja de Minerva (a filosofia contemplativa alemã) deveria ser substituída pelo cacarejar do galo gaulês (o pensamento revolucionário francês), que anuncia a revolução proletária; no ato revolucionário proletário, o pensamento precederá o ser. Portanto, Marx vê no tema da coruja de Minerva um indício do positivismo secreto da especulação idealista de Hegel. Este deixa a realidade como é.

A resposta de Hegel poderia ser que o retardo da consciência não implica um objetivismo ingênuo, de modo que a consciência é pega num processo objetivo transcendente. O que é inacessível é o impacto do próprio ato do sujeito, sua inscrição na objetividade. É claro que o pensamento é imanente à realidade e a muda, mas não como autoconsciência totalmente transparente, não como ato consciente de seu impacto. Portanto, o hegeliano aceita a noção de Lukács da consciência como oposta ao mero conhecimento de um objeto: o conhecimento é externo ao objeto conhecido, enquanto a consciência é em si "prática", um ato que muda seu objeto. (Uma vez que um trabalhador se considere pertencente às fileiras do proletariado, isso muda sua realidade: ele age de maneira diferente.) Alguém faz uma coisa qualquer e considera-se (declara-se) a pessoa que a fez; com base nessa declaração, ela vê algo novo: o momento propriamente dito de transformação subjetiva ocorre no momento da declaração, não no momento do ato. Esse momento

---

[64] Ver G. Lukács, *History and Class Consciousness* (Cambridge, MIT Press, 1972). [Ed. bras.: *História e consciência de classe*, 2. ed., São Paulo, WMF Martins Fontes, 2012.]

reflexivo de declaração faz com que cada fala, além de transmitir um conteúdo, *explique* ao mesmo tempo *como o sujeito se relaciona com esse conteúdo*. Até os objetos e as atividades mais pé no chão contêm sempre essa dimensão declarativa, que constitui a ideologia da vida cotidiana.

Devemos acrescentar que a autoconsciência é, ela mesma, inconsciente: não estamos cientes do ponto de nossa autoconsciência. Se existe um crítico do efeito fetichizante dos "*leitmotivs*" fascinantes e estonteantes, esse crítico é Adorno: na análise devastadora que faz de Wagner, ele tenta demonstrar que os *leitmotivs* wagnerianos servem de elementos fetichizados de fácil identificação e, portanto, são um tipo de mercantilização interna e estrutural de sua música[65]. Como não admirar a suprema ironia de localizar traços desse mesmo procedimento fetichizante nos textos do próprio Adorno? De fato, muitas de suas tiradas provocadoras transmitem uma noção profunda ou, pelo menos, tocam numa questão fundamental ("Na psicanálise, nada é mais verdadeiro do que seus exageros"); no entanto, mais frequentemente do que seus defensores gostariam de admitir, Adorno se enreda no próprio jogo e apaixona-se por sua habilidade de produzir aforismos paradoxais brilhantemente "eficazes", em detrimento da substância teórica (como a célebre frase da *Dialética do esclarecimento* que diz que a manipulação ideológica da realidade social por Hollywood realiza a ideia de Kant da constituição transcendental da realidade). Nesses casos em que o "efeito" ofuscante do curto-circuito inesperado (aqui, entre o cinema hollywoodiano e a ontologia kantiana) lança sombras sobre a linha teórica imanente de argumentação, o brilhante paradoxo trabalha exatamente da mesma maneira que o *leitmotiv* wagneriano: em vez de servir de ponto nodal da complexa rede de mediações estruturais, gera prazer idiota ao concentrar a atenção em si mesmo. Essa autorreflexividade não intencional é algo de que, sem dúvida, Adorno não tinha consciência: sua crítica dos *leitmotivs* wagnerianos era uma crítica alegórica de seus próprios textos. E esse não seria um caso exemplar de reflexividade inconsciente do pensamento? Ao criticar seu adversário Wagner, Adorno desenvolve uma alegoria crítica sobre sua própria escrita, ou, em termos hegelianos, a verdade de sua relação com o Outro era uma autorrelação.

Aqui surge outro Hegel, um Hegel mais "materialista", para quem a conciliação entre sujeito e substância não significa que o sujeito "engole" sua substância, interiorizando-a em seu momento subordinado. A conciliação é antes uma superposição ou intensificação muito mais modesta das duas separações: o sujeito tem de reconhecer, em sua alienação da substância, a separação entre ele e a substância. É essa superposição que falta na lógica marxista-feuerbachiana da desalienação, na qual o sujeito supera sua alienação ao se reconhecer como agente ativo que postula

---

[65] Ver Theodor W. Adorno, *In Search of Wagner* (Londres, Verso, 2005).

ele mesmo o que lhe parece seu pressuposto substancial. Em termos religiosos, essa superposição seria a (re)apropriação direta de Deus pela humanidade: o mistério de Deus é o Homem, "Deus" é apenas a versão reificada/substancializada da atividade coletiva humana etc. O que falta aqui, em termos teológicos, é o movimento de dupla *kenosis* que forma o próprio núcleo do cristianismo: a autoalienação de Deus se superpõe à alienação de Deus do indivíduo humano que vivencia a si mesmo como sozinho num mundo sem Deus, abandonado por um Deus que habita um Além transcendente e inacessível.

Essa dupla *kenosis* é o que a crítica marxista padrão da religião como autoalienação da humanidade não vê: "a filosofia moderna não teria *sujeito* próprio se o sacrifício de Deus não tivesse ocorrido"[66]. Para a subjetividade emergir – não como mero epifenômeno da ordem ontológica substancial global, mas como essencial à própria substância –, a cisão, a negatividade, a particularização, a autoalienação devem ser postuladas como algo que ocorre no núcleo da substância divina; em outras palavras, a passagem da substância para o sujeito deve ocorrer dentro do próprio Deus. Em resumo, a alienação do homem em relação a Deus (o fato de que Deus lhe parece um em-si inacessível, como um puro além transcendente) deve coincidir com a alienação de Deus em relação a Si mesmo (é claro que a expressão mais pungente disso é: "Pai, pai, por que me abandonastes?", dito por Cristo na cruz): a consciência humana finita "só representa Deus porque Deus se reapresenta; a consciência só está a distância de Deus porque Deus se distancia de si mesmo"[67].

É por isso que a filosofia marxista padrão oscila entre a ontologia do "materialismo dialético", que reduz a subjetividade humana a uma esfera ontológica específica (não admira que Gueorgui Plehanov, criador da expressão "materialismo dialético", também chamasse o marxismo de "spinozismo dinamizado"), e a filosofia da *práxis*, que, a partir do jovem Lukács, toma a subjetividade coletiva que postula/medeia toda objetividade como seu horizonte e ponto de partida e, portanto, é incapaz de pensar sua gênese a partir da ordem substancial, da explosão ontológica, do "Big Bang" que lhe dá origem.

Na "conciliação" hegeliana entre sujeito e substância, não há sujeito absoluto que, com total transparência, aproprie-se e interiorize todo o conteúdo substancial objetivo. Mas "conciliação" não significa (como acontece na linha do idealismo alemão, desde Hölderlin até Schelling) que o sujeito deve renunciar à sua percepção "hubrística" como eixo do mundo e aceitar seu "descentramento" constitutivo, sua dependência de um absoluto abissal e primordial que está além/atrás da linha divisória entre objeto e sujeito e, como tal, além também da compreensão conceitual

---

[66] Catherine Malabou, *The Future of Hegel: Plasticity, Temporality and Dialectic* (Nova York, Routledge, 2005), p. 111.
[67] Ibidem, p. 112.

subjetiva. O sujeito não é sua própria origem: Hegel rejeita firmemente a noção de Fichte do eu absoluto que postula a si mesmo e não passa da atividade pura desse autopostular. Mas o sujeito também não é apenas um apêndice ou uma excrescência acidental e secundária de uma realidade substancial pré-subjetiva: não há ser substancial ao qual o sujeito possa retornar, não há uma ordem do ser orgânica e abrangente na qual o sujeito tenha de encontrar seu lugar apropriado. "Conciliação" entre sujeito e substância significa aceitação dessa falta radical de um ponto firme de embasamento: o sujeito não é sua própria origem, ele vem em segundo lugar, depende de seus pressupostos substanciais; mas esses pressupostos não têm consistência substancial própria e são sempre postulados retroativamente. O único "absoluto", portanto, é o processo:

> Que "a verdade é o todo" significa que não deveríamos olhar o processo que é automanifestação como privação do ser original. Tampouco deveríamos olhá-lo apenas como ascensão ao mais elevado. O processo já é o mais elevado. [...] Para Hegel, o *sujeito* é [...] apenas a relação ativa com ele mesmo. No sujeito não há nada subjacente à sua autorreferência, há *apenas* a autorreferência. Por essa razão, há apenas o processo e nada subjacente a ele. Modelos filosóficos e metafóricos como "emanação" (neoplatonismo) ou "expressão" (spinozismo) apresentam a relação entre finito e infinito de tal modo que são incapazes de caracterizar o que é o processo (automanifestação).[68]

E é assim também que devemos abordar as formulações acintosamente "especulativas" de Hegel sobre o Espírito como seu próprio resultado, produto de si mesmo:

> [Enquanto] o Espírito tem seu início na natureza em geral [...], o extremo para o qual tende o espírito é sua liberdade, sua infinidade, o ser em si e por si. Esses são os dois aspectos, mas, se perguntarmos o que é o Espírito, a resposta imediata é esse movimento, esse processo de provir da natureza, de libertar-se dela; este é o ser, a substância do próprio espírito.[69]

O Espírito é, portanto, radicalmente dessubstancializado: o Espírito não é uma contraforça positiva da natureza, uma substância diferente, que aos poucos rompe e brilha através da natureza inerte; ele *não é mais* do que esse processo de libertar a si mesmo. Hegel desautoriza diretamente a noção de Espírito como uma espécie de agente concreto por trás desse processo:

> Costuma-se falar do Espírito como sujeito, como fazendo algo e, separadamente daquilo que ele faz, como esse movimento, esse processo, como ainda algo particular, sendo

---

[68] Dieter Henrich, *Between Kant and Hegel* (Cambridge, Harvard University Press, 2008), p. 289-90.
[69] G. W. F. Hegel, *Hegel's Philosophie des subjektiven Geistes/ Hegel's Philosophy of Subjective Spirit* (Dordrecht, Riedel, 1978), p. 6-7.

sua atividade mais ou menos contingente [...] é da própria natureza do espírito ser essa atividade absoluta, esse processo, provir da naturalidade, da imediação, para suprassumir, abandonar sua naturalidade, e cair em si, e *libertar-se*, só sendo ele mesmo ao cair em si como produto de si; *sua realidade sendo meramente ter-se transformado no que é.*[70]

Se, portanto, "*é somente* como resultado de si que ele é espírito"[71], isso significa que o discurso padrão sobre o Espírito hegeliano que se aliena e depois se reconhece em sua alteridade e, portanto, reapropria-se de seu conteúdo é profundamente enganosa: o Eu ao qual o espírito retorna produz-se no próprio movimento desse retorno; em outras palavras, aquilo ao qual retorna o processo de retornar é produzido pelo próprio processo de retornar. Devemos recordar aqui as insuperáveis formulações concisas da *Lógica* de Hegel:

> [a essência] pressupõe a si mesma e a suprassunção desse pressuposto é a própria essência; do mesmo modo, essa suprassunção do pressuposto é o próprio pressuposto. Portanto, a reflexão *encontra diante de si* um imediato que ela transcende e do qual é o retorno. Mas esse retorno é apenas o pressuposto do que a reflexão encontra diante de si. O que, portanto, é encontrado só *vem a ser* por ter sido *deixado para trás*. [...] Pois o pressuposto do retorno para si – aquele do qual a essência *vem* e só é como esse retorno – é somente no próprio retorno.[72]

Quando Hegel diz que uma noção é resultado de si mesma, que fornece sua própria realização, essa afirmação – que, numa primeira abordagem, só pode parecer extravagante (a noção não é simplesmente uma ideia ativada pelo sujeito pensante, mas possui a propriedade mágica de movimento próprio – tem de ser abordada pelo lado oposto: o Espírito como substância espiritual é uma substância, um em--si, que *só* se sustenta por meio da atividade incessante dos sujeitos nela envolvidos. Por exemplo, uma nação *só* existe na medida em que seus membros se consideram membros dessa nação e agem de acordo; ela não tem absolutamente nenhum conteúdo, nenhuma consistência concreta fora dessa atividade; e o mesmo acontece, digamos, com a noção de comunismo: ela "gera sua própria realização" ao motivar pessoas a lutar por ela.

Essa lógica hegeliana está em ação no universo de Wagner, até e inclusive em *Parsifal*, cuja mensagem final é profundamente hegeliana: "A ferida só pode ser curada pela lança que a causou" (*Die Wunde schliesst der Speer nur der Sie schlug*). Hegel diz a mesma coisa, embora com ênfase no sentido oposto: o Espírito é ele

---

[70] Idem.
[71] Idem.
[72] G. W. F. Hegel, *Hegel's Science of Logic* (Atlantic Highlands, Humanities Press International, 1989), p. 402. Vários movimentos nacionalistas, com sua luta para "voltar às origens", são exemplares nesse caso: a própria volta às "origens perdidas" constitui literalmente o que se perdeu e, nesse sentido, a Nação/noção – como substância espiritual – é o "produto de si mesma".

mesmo a própria ferida que tenta curar, isto é, a ferida é autoinflingida[73]. O que é "Espírito" em seu aspecto mais elementar? É a "ferida" da natureza: o sujeito é o poder imenso – absoluto – de negatividade, de introdução de uma lacuna/corte na unidade substancial dada e imediata, o poder de *diferenciar*, "abstrair", dilacerar e tratar como autônomo o que, na realidade, faz parte de uma unidade orgânica. É por isso que a noção de "autoalienação" do Espírito (do Espírito que se perde em sua alteridade, em sua objetivação, em seu resultado) é mais paradoxal do que parece; ela deve ser lida com a asserção de Hegel do caráter totalmente não substancial do Espírito: não há *res cogitans*, nenhuma coisa que também tenha a propriedade de pensar; o Espírito não é nada mais do que o processo de superar o imediatismo natural, de cultivar esse imediatismo, de recuar para si mesmo ou "decolar" dele, de alienar-se – por que não? – dele. Portanto, o paradoxo é que não há eu que preceda a "autoalienação" do Espírito: o próprio processo de alienação cria/gera o "eu" do qual o Espírito se aliena e ao qual retorna. A autoalienação do Espírito é igual ou coincide plenamente com sua alienação de seu Outro (natureza), porque se constitui por meio desse "retorno a si" a partir da imersão na Alteridade natural. Em outras palavras, o retorno a si do Espírito cria a própria dimensão à qual ele retorna.

Isso significa também que o comunismo não deve mais ser concebido como (re)apropriação subjetiva do conteúdo substancial alienado; todas as versões de conciliação que assumem a forma de "sujeito que engole a substância" deveriam ser rejeitadas. Assim, mais uma vez, a "conciliação" é a aceitação total do abismo do processo dessubstancializado como única realidade que existe: o sujeito não tem realidade substancial, ele vem em segundo lugar, surge apenas por meio do processo de separação, de superação de seus pressupostos, e esses pressupostos também são apenas um efeito retroativo do mesmo processo de sua superação. Portanto, o resultado é que, em ambos os extremos do processo, há um fracasso ou uma negatividade inscrita no núcleo mesmo da entidade com que lidamos. Se a condição do sujeito é absolutamente "processual", isso significa que ele surge por meio do próprio fracasso de se realizar plenamente. Isso nos leva novamente a uma das possíveis definições formais do sujeito: este tenta articular-se ("exprimir-se") numa cadeia significante; essa articulação falha e, por meio e através dessa falha, surge o sujeito: ele é o fracasso de sua representação significante; por isso Lacan escreve o sujeito do significante como $\cancel{S}$, como "barrado". Numa carta de amor, o próprio fracasso do autor para formular a declaração de maneira clara e efetiva, as hesitações, a natureza fragmentada da carta etc., podem ser em si a prova (talvez a prova necessária e única confiável) de que o amor professado é autêntico; aqui, o próprio fracasso de transmitir adequadamente a mensagem é sinal de sua autenticidade. Se for transmitida sem percalços, a mensa-

---

[73] G. W. F. Hegel, *Aesthetics* (Oxford, Oxford University Press, 1998), v. 1, p. 98.

gem será suspeita de fazer parte de uma abordagem bem planejada ou de seu autor amar mais a si mesmo e a beleza de seu texto do que o objeto de seu amor, de o objeto reduzir-se de fato a um pretexto para o autor se dedicar à atividade narcisisticamente satisfatória de escrever.

E o mesmo se aplica à substância: além de sempre-já perdida, ela só vem a ser por meio de sua perda, como secundário retorno a si – o que significa que a substância é sempre-já subjetivada. Na "conciliação" entre sujeito e substância, portanto, ambos os polos perdem sua firme identidade. Tomemos como exemplo o caso da ecologia: a política emancipatória radical não deveria visar nem o completo controle da natureza nem a aceitação humilde por parte da humanidade da predominância da Mãe Terra. Ao contrário, a natureza deveria ser exposta em toda a sua catastrófica contingência e indeterminação e a agência humana deveria ser assumida na total imprevisibilidade de suas consequências; do ponto de vista do "outro Hegel", o ato revolucionário não envolve mais, como seu agente, o sujeito--substância de Lukács, o agente que sabe o que faz enquanto faz.

Proletários ou rentistas?

Precisamos desse "outro Hegel" sobretudo para compreender o problema central que enfrentamos hoje: como a predominância (ou mesmo o papel hegemônico) do "trabalho intelectual/imaterial" do capitalismo tardio afeta o esquema básico de Marx de separação entre o trabalho e suas condições objetivas, assim como o da revolução como reapropriação subjetiva dessas condições objetivas? O paradoxo é que esse "trabalho imaterial" não envolve mais a separação entre o trabalho e suas condições "objetivas" imediatas (os trabalhadores possuem computadores etc., e, por isso, podem fazer contratos como produtores autônomos), enquanto, com relação à "substância" do "trabalho imaterial" (que Lacan chamou de "grande Outro", a rede de relações simbólicas), ele não pode ser "apropriado" por sujeito(s) coletivo(s) da mesma maneira que a substância material. A razão é muito precisa: o "grande Outro" (a substância simbólica) é a própria rede de relações intersubjetivas ("coletivas"); sendo assim, sua "apropriação" só pode se realizar se a intersubjetividade se reduzir a um único sujeito (mesmo que "coletivo"). No nível do "grande Outro", a "conciliação" entre sujeito e substância não pode mais ser concebida como (re)apropriação da substância pelo sujeito, apenas como conciliação de sujeitos mediados pela substância.

É contra esse pano de fundo que devemos avaliar a ambiguidade daquilo que, possivelmente, é a única ideia econômica original da esquerda nas últimas décadas: a renda básica (renda de cidadania), isto é, uma forma de renda que permite a sobrevivência digna de todos os cidadãos que não possuem outros recursos. A palavra "renda" usada no Brasil (*renda básica*) deve ser levada a sério: a criação de uma renda básica leva a termo a transformação em renda do lucro que caracteriza o capitalismo contemporâneo. Depois da renda que é paga aos que privatizaram partes do "intelecto geral" (como Bill Gates, que recebe uma renda por permitir que os indivíduos participem da rede global) e da renda que é recebida pelos que possuem recursos naturais escassos (petróleo etc.), por fim, o terceiro elemento do processo da produção, a força de trabalho, também recebe uma renda. Em que se baseia essa renda? Como indica o nome ("renda de cidadania"), trata-se de uma renda paga a todos os cidadãos de um Estado, privilegiando-os em relação aos não cidadãos. (Isso talvez explique por que raramente se discute a ideia de um trabalho social mínimo como condição para receber essa renda: a questão é que se trata precisamente de uma renda, algo que os cidadãos recebem pelo simples fato de serem cidadãos de um Estado, independentemente do que fizerem.) O primeiro país a aprovar uma lei que garante essa renda mínima foi o Brasil: em 2004, o presidente Lula assinou uma lei que garantia "a renda básica de cidadania" para todo cidadão brasileiro ou estrangeiro residente no país há cinco anos ou mais; deve ter valor igual, pagável em parcelas mensais e suficientes para cobrir "as despesas mínimas de cada pessoa com alimentação, educação e saúde", levando em conta "o grau de desenvolvimento do País e as possibilidades orçamentárias". Embora a "renda básica de cidadania" seja "alcançada em etapas, a critério do Poder Executivo, priorizando-se as camadas mais necessitadas da população", ela é considerada uma inovação importante, baseada numa longa tradição de lutas sociais:

> Nos últimos 25 anos do século XIX, nasceu em Canudos, município do Estado da Bahia, no Nordeste do Brasil, uma verdadeira organização social, econômica e política, criada com base num complexo sistema religioso, e liderada por Antônio Conselheiro. Essa comunidade desenvolveu um "conceito de trabalho mútuo, cooperativo e solidário". Em Canudos, que chegou a ter 24 mil moradores e 5,2 mil lares, havia uma espécie de poder comunitário sociomístico, religioso e assistencial, inspirado na "fraternidade igualitária do comunismo cristão primitivo", no qual não havia fome. "Todos trabalhavam juntos. *Ninguém tinha nada. Todos trabalhavam a terra, todos lavravam. Colhiam... Esse é seu... Esse é seu. Ninguém ganhava mais nem menos.*" Conselheiro lera Thomas More, e sua experiência era semelhante à dos socialistas utópicos Fourier e Owen. Canudos foi arrasada pelo Exército brasileiro, e Antônio Conselheiro foi decapitado em 1897.[74]

O movimento em apoio a uma renda básica de cidadania vem crescendo em outros países: na África do Sul, recebeu apoio de várias instituições; na Europa, alguns seguidores de Toni Negri elaboram legislação semelhante para a União Europeia etc. Mas o caso mais surpreendente é o do Alasca: o Fundo Permanente do Alasca é um fundo definido constitucionalmente e administrado por uma

---

[74] Disponível em: <http://www.usbig.net/papers/034-Suplicy.doc>. [Acesso em 25 maio 2012.]

empresa semi-independente; foi criado em 1976, quando o petróleo do extremo norte do Alasca começou a entrar no mercado, permitindo que o Estado gastasse pelo menos 25% da renda proveniente de certos produtos minerais (petróleo e gás) para ajudar os pobres e aumentar o nível de bem-estar social. Em teoria, o primeiro a elaborar essa ideia foi o economista brasileiro Antonio Maria da Silveira, que já em 1975 publicou o artigo "Redistribuição de renda"*. Hoje, o maior defensor da renda básica é Philippe Van Parijs, que saudou a nova lei brasileira como "uma reforma profunda, que pertence à mesma categoria da abolição da escravatura e da adoção do sufrágio universal". A ideia de Parijs é que a sociedade capitalista que oferecer renda básica substancial e incondicional a todos os seus integrantes conseguirá conciliar igualdade e liberdade[75]; em outras palavras, isso resolveria o antigo impasse entre lutar contra a desigualdade que ameaça a liberdade e levar a liberdade a sério, mas promover a desigualdade. Baseando-se em Rawls e Dworkin, Parijs afirma que essa sociedade além do socialismo e do capitalismo tradicionais seria justa e, ao mesmo tempo, viável: promoveria a conquista da real liberdade de escolha. Na sociedade atual, não podemos escolher realmente entre ficar em casa para criar os filhos ou abrir uma empresa; essa liberdade só seria viável se, como forma de redistribuição de renda, a sociedade tributasse a mercadoria "escassa" dos empregos bem pagos. Dessa maneira, a dinâmica do capitalismo pode ser combinada com a noção de Rawls de uma sociedade justa como aquela que maximiza a "liberdade real" do indivíduo menos privilegiado, a liberdade de poder escolher realmente o que preferimos: a produtividade do capitalismo, aproveitada para permitir a mais alta renda básica sustentável, é a única justificativa moral possível do capitalismo.

Parijs apresenta, portanto, uma "terceira via" real, além do capitalismo e do socialismo: o próprio processo de busca do lucro que sustenta a produtividade capitalista é "tributado" para atender os pobres. Ao contrário de Canudos, e de outras utopias socialistas em que todos os seus membros têm de trabalhar, trabalhar ou não se torna uma escolha verdadeiramente livre: a liberdade de escolher não trabalhar é acrescentada como opção real à sociedade capitalista de livre escolha. Numa sociedade como essa, a exploração, quando existe, é menos a exploração dos trabalhadores pelos capitalistas do que a exploração de todas as camadas produtivas de capitalistas e trabalhadores pelos não trabalhadores: os que têm renda não são os parasitas que ocupam o topo da pirâmide social (nobres, sacerdotes), mas os que estão na base dela. Além disso, a renda mínima dará mais poder de barganha aos trabalhadores, já que eles poderão recusar ofertas de emprego consideradas

---

* *Revista Brasileira de Economia*, v. 29, n. 2, 1975. (N. E.)
[75] Ver Philippe Van Parijs, *Real Freedom for All: What (If Anything) Can Justify Capitalism?* (Oxford, Clarendon, 1995).

ultrajantes ou inaceitáveis; por outro lado, sustentará o consumo (estimulando a demanda) e, portanto, ajudará a economia a prosperar.

É fácil notar aqui o vínculo entre a teoria da renda básica e a noção de "capitalista cultural" da mercadoria que oferece/contém em si o remédio para o excesso consumista: da mesma maneira que cumprimos nosso dever ecológico/social comprando um produto (parte do preço de um *cappuccino* da Starbucks vai para a agricultura orgânica, para ajudar os pobres etc.), a prática da renda básica faz o capitalismo trabalhar para o bem comum: quanto mais os capitalistas lucrarem, mais eles cuidarão do bem-estar dos que estão por baixo... O "consumistariado" (isto é, a ideia de que, nas sociedades desenvolvidas, a classe baixa básica não é mais o proletariado, mas consumidores que se satisfazem com mercadorias produzidas em massa e, por isso, baratas, desde alimentos geneticamente modificados até a cultura digital de massa)[76] torna-se realidade com a renda básica: os excluídos da produção recebem a renda básica não apenas por solidariedade, mas também para que sua demanda alimente a produção e, assim, previna crises.

Deveríamos prestar atenção aos pressupostos dessa solução: primeiro, permanecemos no capitalismo: a produção social continua predominantemente capitalista e a redistribuição é imposta de fora pelo aparelho de Estado. Desde 1989, a maioria dos países comunistas que sobreviveram fizeram todas as concessões possíveis ao capitalismo: entregaram tudo, permitiram a exploração irrestrita do mercado, mas não entregaram o essencial: o poder do Partido Comunista. A sociedade de renda básica é uma inversão simétrica desse socialismo capitalista: entregará tudo, organizará uma renda para todos, mas não entregará o essencial: as engrenagens bem azeitadas da máquina capitalista. A renda básica é a versão mais radical da justiça distributiva do Estado de bem-estar social, da tentativa de fazer o capitalismo trabalhar para a justiça e o bem-estar social. Como tal, pressupõe um Estado muito forte, um Estado capaz de decretar e controlar uma redistribuição tão radical. (Nessa linha, podemos imaginar até uma renda básica mundial, um modo regulamentado de os Estados ricos sustentarem os pobres.) A renda básica possibilitaria que a tendência já mencionada à marginalização de 80% da população da economia fosse aceita e se tornasse funcional.

Assim, não surpreende que conservador-liberal Peter Sloterdijk, o *enfant terrible* do pensamento alemão contemporâneo, tenha chegado a uma conclusão semelhante. O diagnóstico de Sloterdijk para a difícil situação contemporânea é que, em nossas sociedades ocidentais desenvolvidas, o equilíbrio entre as duas forças vitais básicas, *eros* e *thymos*, o desejo baseado na falta e na necessidade e o orgulho

---

[76] Ver Alexander Bard e Jan Soderqvist, *Netocracy: the New Power Elite and Life After Capitalism* (Londres, Reuters, 2002).

baseado na generosidade autoafirmativa, foi perturbado: a falta e a necessidade têm prioridade sobre a doação excessiva e generosa, a culpa e a dependência sobre o orgulho e a autoafirmação, a precariedade sobre o excesso[77]. Somos paralisados pela covardia quando enfrentamos a autoafirmação e a doação cheias de orgulho: "Não temos praticamente nenhuma compreensão da dimensão complementar da vida da alma humana, o orgulho, a honra, a generosidade, o ter e o dar, toda a escala de virtudes generosas que pertencem à plena vida thymótica"[78]. Em consequência, "somente uma espécie de reforma psicológico-política"[79] pode nos ajudar a romper essa "atmosfera letargocrática básica". E aqui Sloterdijk acrescenta uma bela torção multiculturalista: nosso foco na falta é eurocêntrico e, como tal, impede que tratemos outras culturas de modo adequado: "nosso pensamento, preso às categorias da falta e da necessidade, proíbe-nos de compreender, ainda que de modo aproximado, as numerosas culturas de orgulho que continuam a existir na Terra, juntamente com projetos de vida em que o homem possui um quê a mais e exige honra"[80]. Sloterdijk não seria Sloterdijk se não tirasse desse diagnóstico simples uma conclusão muito mais abrangente e provocativa: até agora, acreditávamos que só os pobres (unidos) conseguiriam salvar o mundo, e o século XX mostrou as consequências catastróficas dessa crença: a violência destrutiva provocada pelo ressentimento universalizado. No século XXI, deveríamos ter a coragem de finalmente aceitar que só os ricos podem salvar o mundo: indivíduos excepcionais, criativos e generosos como Bill Gates e George Soros fizeram mais pela luta a favor da liberdade política e contra as doenças do que qualquer intervenção de Estado.

O diagnóstico de Sloterdijk não deve ser confundido com as costumeiras vociferações liberal-conservadoras contra a chamada "esquerda ressentida": a ideia é que estamos fartos da "tirania do bem-estar", tão abundante em nosso "despotismo democrático"; como na Idade Média, o orgulho pessoal é o maior pecado, e nosso direito fundamental é cada vez mais o "direito à dependência": "Hoje o bem-estar social é uma droga da qual dependem cada vez mais pessoas. Uma boa ideia transformada numa espécie de ópio do povo"[81]. O que é interessante em Sloterdijk é que ele entende sua proposta como uma estratégia para assegurar a sobrevivência da maior conquista político-econômica da Europa moderna: o Estado social-democrata de bem-estar social. Segundo ele, nossa realidade – pelo menos a da Europa – é a "social-democracia objetiva", oposta à social-democracia "subjetiva": é preciso distinguir entre social-democracia como panóplia de parti-

---

[77] Ver Peter Sloterdijk, "Aufbruch der Leistungstraeger", *Cicero*, nov. 2009, p. 95-107.
[78] Ibidem, p. 96.
[79] Ibidem, p. 97.
[80] Idem.
[81] Norbert Bolz, "Wer hat Angst vor der Freiheit?", *Cicero*, nov. 2009, p. 70.

dos políticos que reivindicam esse rótulo e a social-democracia como "fórmula de um sistema" que:

> descreve precisamente a ordem econômico-política das coisas, definida pelo Estado moderno como o Estado dos tributos, o Estado da infraestrutura, o Estado do direito e, igualmente importante, como o Estado social e o Estado da terapia. Em consequência, na realidade sistêmica dos Estados-nações ocidentais, tratamos sempre de duas sociais-democracias que devemos manter cuidadosamente separadas, se quisermos evitar confusão. Encontramos por toda parte uma social-democracia fenomenal e uma estrutural, uma manifesta e uma latente, uma que parece um partido e outra construída, de modo mais ou menos irreversível, nas próprias definições, funções e procedimentos da situação de Estado moderno enquanto tal.[82]

Hoje, esse "semissocialismo real" se aproxima de seu limite. Embora nossas sociedades prosperem por meio da (re)distribuição da riqueza gerada pela minoria criativa, ambos os polos políticos negam esse fato: a esquerda nega porque, do contrário, teria de aceitar que vive da exploração dos ricos e bem-sucedidos; a direita nega porque teria de aceitar que faz parte da esquerda social-democrata. Essa negação funcionou na medida em que o cenário político se concentrava num jogo do Estado-nação em que um grande partido "popular" era capaz de representar um pacto entre a população mais ampla e a minoria produtiva dentro dos limites de um Estado-nação; hoje, com a imigração e as trocas globais, essa "síntese nacional-social" funciona cada vez menos. Para Sloterdijk, esta é a lição das eleições alemãs de 2009: os grandes perdedores foram os dois "partidos populares" (os sociais-democratas e o CSU/CDU) e os vencedores, os democratas liberais que não desejam representar o todo da sociedade e restringem-se de propósito à minoria produtiva. Para manter a "social-democracia objetiva", portanto, é crucial conceder a essa camada criativa e "tributariamente ativa" o reconhecimento social que ela merece: ela não representa, em nossas sociedades, os "exploradores", os que tomam, mas aqueles que dão, aqueles em cuja criatividade se baseia todo o nosso bem-estar. É por isso que deveríamos abandonar o velho erro – pelo qual Ricardo e Marx são os principais responsáveis – de reconhecer apenas o "trabalho" como agência geradora de valor:

> Provavelmente, em toda a história das ideias, não há outro caso de erro teórico que tenha provocado consequências práticas tão amplas. Baseia-se sobre esse erro um sistema que é violento até hoje, que calunia os portadores da criatividade, cujo reinado se estende há mais de duzentos anos, dos primeiros socialistas aos pós-comunistas.[83]

Deveríamos criar uma "nova semântica", um novo espaço de ideias hegemônicas em que a cultura do orgulho, o reconhecimento (não apenas fiscal, mas também

---

[82] Peter Sloterdijk, *Aufbruch der Leistungsträger*, cit., p. 99.
[83] Ibidem, p. 106.

moral) dos realizadores tenham lugar apropriado. Entretanto, a lição da atual crise financeira não é exatamente o contrário? A maior parte dos gigantescos resgates vai exatamente para esses desregulados "titãs", saídos dos romances de Ayn Rand, que falharam em seus esquemas "criativos" e provocaram o colapso. Não são mais os grandes gênios criativos que ajudam o povo preguiçoso, mas os contribuintes que ajudam os "gênios criativos" fracassados. Por outro lado, em vez de culpar a esquerda ressentida e igualitária pela preponderância do *eros* sobre o *thymos*, Sloterdijk não deveria recordar sua discussão anterior de que é o próprio capitalismo que é impulsionado em seu núcleo por um *eros* pervertido, por uma falta que aumenta de maneira diretamente proporcional a sua satisfação? Aí reside o núcleo do superego do capitalismo: quanto mais lucro é acumulado, mais lucro é necessário. Sabendo disso, e referindo-se à noção da "economia geral" da despesa soberana que Georges Bataille opõe à "economia restrita" do lucro infinito do capitalismo, Sloterdijk mostra os contornos da cisão entre o capitalismo e o si mesmo, sua autossuperação imanente: o capitalismo culmina quando "cria a partir de si mesmo seu oposto mais radical – e o único frutífero –, totalmente diferente do que a esquerda clássica, presa em seu miserabilismo, foi capaz de sonhar"[84].

Sua menção positiva a Andrew Carnegie mostra o caminho: o gesto soberano e de autonegação da acumulação interminável de riqueza é gastar essa riqueza em coisas que não têm preço e não estão em circulação no mercado: o bem público, as artes, as ciências, a saúde etc. Esse gesto "soberano" conclusivo permite ao capitalista romper o ciclo vicioso da reprodução infinita, de ganhar dinheiro para ganhar mais dinheiro. O capitalista, quando doa ao bem público a riqueza que acumulou, nega a si mesmo como mera personificação do capital e da circulação reprodutiva: sua vida adquire significado. Não é mais apenas reprodução em expansão como sua própria meta. Além disso, o capitalista consegue desse modo de *eros* a *thymos*, da lógica "erótica" pervertida da acumulação ao renome e ao reconhecimento públicos. Isso equivale a nada mais, nada menos do que alçar figuras como Soros e Gates em personificação da autonegação inerente do próprio processo capitalista: suas obras de caridade – as imensas doações para o bem-estar público – não são apenas idiossincrasia pessoal. Sinceras ou hipócritas, são a conclusão lógica da circulação capitalista, necessárias do ponto de vista estritamente econômico, já que permitem ao sistema capitalista adiar a crise. Assim o equilíbrio se restabelece – um tipo de redistribuição da riqueza para os realmente necessitados –, sem cair na armadilha fatídica, ou seja, na lógica destrutiva do ressentimento e da redistribuição de riqueza imposta pelo Estado, que só pode acabar em miséria generalizada. Podemos acrescentar que, assim, também se evita o outro

---

[84] Peter Sloterdijk, *Zorn und Zeit* (Frankfurt, Suhrkamp, 2006), p. 55.

modo de restabelecer certo tipo de equilíbrio e reafirmar o *thymos* por meio do gasto soberano, ou seja, a guerra. Esse paradoxo revela nossa triste situação: o capitalismo contemporâneo não consegue se reproduzir sozinho, precisa da caridade extraeconômica para manter o ciclo de reprodução social. A proximidade entre Sloterdijk e Van Parijs não deixa de causar surpresa: partindo de pontos opostos, ambos chegam à mesma conclusão prática – ambos visam justificar o capitalismo, fazendo-o servir ao Estado de bem-estar social-democrata.

Aqui, o problema é o *thymos*, o orgulho e a dignidade dos indivíduos: como o fato de meu bem-estar depender de caridade afeta meu orgulho? A renda básica parece respeitar a dignidade de quem a recebe, já que não resulta de caridade privada e é um direito de todos os cidadãos, regulamentado pelo Estado; no entanto, a divisão da sociedade em cidadãos "básicos" e "produtivos" apresenta problemas de ressentimento não mapeados. Além disso, exatamente porque o mínimo necessário para uma vida digna não é apenas uma questão de necessidades materiais que devem ser satisfeitas, mas (também) uma questão de relações sociais, de inveja e ressentimento, podemos argumentar que não há uma "medida justa" para a renda básica: nem baixa demais que condene os não trabalhadores a uma pobreza humilhante, nem alta demais que desvalorize o esforço produtivo. Todos esses problemas indicam a natureza utópica do projeto de renda básica: ainda o desejo de chupar cana e assoviar ao mesmo tempo, de domar (e constranger) a fera capitalista para servir à causa da justiça igualitária.

A atual conjuntura histórica, além de não nos impelir a abandonar a noção de proletariado, de posição proletária, impele-nos, ao contrário, a radicalizá-la num nível existencial que está muito além da imaginação de Marx. Precisamos de uma noção mais radical de sujeito proletário, um sujeito reduzido ao ponto evanescente do *cogito* cartesiano, privado de seu conteúdo substancial. Seria fácil, muito fácil, apresentar um argumento "marxista" crítico contra essa universalização da noção de proletariado: devemos distinguir o processo geral de "proletarização" (redução ao mínimo da subjetividade sem substância) da questão marxista específica relativa ao "proletariado" como classe produtiva explorada e privada dos frutos de seu trabalho. É óbvio que o que distingue o "proletariado" marxiano da "proletarização" dos que vivem em terras devastadas, privados de sua "substância simbólica" coletiva, reduzidos a uma casca "pós-traumática" e assim por diante, é que apenas o "proletariado" marxiano é o criador explorado de toda a riqueza e, por isso, apenas o "proletariado" marxiano pode se reapropriar dela, reconhecendo nela seu próprio produto "alienado". O problema é que a ascensão do trabalho "intelectual" (conhecimento científico, além do *savoir-faire* prático) à posição hegemônica (o "intelecto geral") destrói a noção subjacente de exploração, já que não é mais o tempo de trabalho que serve de fonte e medida suprema do valor. Isso significa que o conceito de exploração deveria ser radicalmente repensado.

Medida pelos padrões de exploração estritamente marxistas, a Venezuela (assim como a Arábia Saudita etc.) *explora* outros países de maneira inequívoca: sua principal fonte de riqueza (o petróleo) é um recurso natural, seu preço é um aluguel que não exprime valor (cuja única fonte é o trabalho). Os venezuelanos usufruem de um tipo de renda coletiva oriundo dos países desenvolvidos, uma renda que eles recebem pelo fato de possuírem recursos escassos. A única maneira de falar de exploração aqui é abandonar a teoria do valor-trabalho de Marx e substituí-la pela teoria neoclássica dos três fatores de produção (recursos, trabalho, capital), que contribuem todos para o valor do produto. Apenas se afirmarmos, ao aplicar essa teoria, que os países desenvolvidos não pagam o preço total do petróleo (isto é, o preço que seria estipulado em condições de concorrência de mercado sem conflito), podemos dizer que, antes do governo Chávez, a Venezuela era "explorada". Não podemos ter as duas coisas: uma tem de sair, ou a teoria do valor-trabalho de Marx, ou a noção de exploração dos países em desenvolvimento, cujos recursos naturais são roubados.

O papel cada vez menor do trabalho físico direto muda aos poucos o papel e a motivação das greves. Na época clássica do capitalismo, os trabalhadores faziam greve para conseguir salários mais altos, melhores condições de trabalho etc., contando com sua indispensabilidade – sem seu trabalho, as máquinas paravam, os proprietários perdiam dinheiro. Hoje, de certo modo, os trabalhadores podem ser substituídos por máquinas ou pela terceirização de todo o processo produtivo; assim as greves, quando ocorrem, são um ato de protesto destinado sobretudo ao público em geral, não aos donos ou gerentes das fábricas, e o objetivo é simplesmente manter o emprego, conscientizando o público do terrível sofrimento que aguarda os trabalhadores que perdem o emprego; hoje, as greves típicas ocorrem em fábricas que planejam reduzir radicalmente ou interromper a produção. Essa é a opção que Marx não levou em conta: o próprio processo de surgimento do "intelecto geral" e da marginalização do trabalho físico medido pelo tempo, em vez de abalar o capitalismo, tornando sem sentido a exploração capitalista, pode ser usado para tornar mais impotentes e indefesos os trabalhadores, empregando como ameaça e ferramenta contra eles sua própria inutilidade.

Contra esse pano de fundo, podemos elaborar de maneira nova a relação entre explorados e exploradores. Já era claro para Marx que os exploradores (os proprietários dos meios de produção, isto é, das condições objetivas do processo de produção) são um substituto do Outro objetivo-alienado (o capitalista é o agente do trabalho passado e "morto"). A subordinação da natureza pelos seres humanos reflete-se, portanto, na cisão dentro da própria humanidade, na qual a relação se inverte: a relação produtiva geral entre a humanidade e a natureza é aquela entre o sujeito e o objeto (a humanidade como sujeito coletivo afirma sua dominação sobre a natureza por meio de sua transformação e exploração pelo processo produtivo);

dentro da própria humanidade, contudo, os trabalhadores produtivos como força viva da dominação sobre a natureza são subordinados àqueles que são agentes ou substitutos da objetividade subordinada. Esse paradoxo foi claramente percebido por Adorno e Horkheimer na *Dialética do esclarecimento*, em que explicam como a dominação da natureza provoca necessariamente a dominação de classe de pessoas sobre pessoas. A pergunta que devemos fazer aqui diz respeito à noção marxiana clássica de revolução proletária: não é subjetivista demais conceber o comunismo como a vitória consumada do sujeito sobre a substância? Isso não significa que devemos nos resignar à necessidade da dominação social; ao contrário, deveríamos aceitar a "primazia do objetivo" (Adorno): o meio de nos livrarmos de nossos senhores não é a humanidade se tornar um senhor coletivo sobre a natureza, mas reconhecer a impostura da própria noção de senhor.

4
Depressão: o trauma neuronal ou o surgimento do *cogito* proletário

Inconsciente freudiano versus *inconsciente cerebral*

O que torna único nosso momento histórico? Comecemos com um caso inesperado: George Soros é, sem dúvida, um filantropo honesto e a Fundação Sociedade Aberta, entre outras coisas, salvou mais ou menos sozinha o pensamento social crítico nos países pós-comunistas. Mas há cerca de uma década, o mesmo Soros se dedicou a especular com as taxas de câmbio entre as moedas e ganhou centenas de milhões de dólares, causando um sofrimento inominável, sobretudo no sudeste da Ásia: milhares ficaram desempregados, com todas as consequências que isso acarreta. Essa é a violência "abstrata" em seu aspecto mais puro: num extremo, a especulação financeira prospera numa esfera própria, sem nenhum vínculo claro com a realidade da vida humana; no outro, uma catástrofe pseudonatural (a perda súbita e inesperada de empregos) que atinge milhares de pessoas como um tsunami, sem nenhuma razão aparente. A violência atual é como um "julgamento infinito" hegeliano especulativo que postula a identidade desses dois extremos. As consequências psicológicas do surgimento de novas formas de violência "abstrata" são o tema de *Les nouveaux blessés* [Os novos feridos], de Catherine Malabou[1].

Se o nome freudiano que se dá ao "conhecido desconhecido" é inconsciente[2], o nome freudiano do "desconhecido desconhecido" é *trauma*, a intromissão violenta de algo totalmente inesperado, algo para o qual o sujeito não estava preparado, algo que o sujeito não consegue integrar. Malabou propôs uma reformulação crítica da psicanálise seguindo essa linha; o ponto de partida é o eco delicado entre o real

---

[1] Catherine Malabou, *Les nouveaux blessés* (Paris, Bayard, 2007).
[2] "A análise veio para nos dizer que há um conhecimento que não se conhece, um conhecimento baseado no significante como tal, Jacques Lacan, *Encore* (Nova York, Norton, 1998), p. 96.

interno e o real externo na psicanálise: para Freud e Lacan, os choques externos, os encontros ou intromissões inesperados e brutais devem seu impacto propriamente traumático à maneira como atingem a "realidade psíquica" traumática preexistente. Malabou relê nessa linha a interpretação de Lacan do famoso sonho freudiano ("Pai, você não vê que estou queimando?"). O encontro externo contingente do real (a vela cai e põe fogo na mortalha que cobre a criança morta, e o cheiro de fumaça perturba o pai durante o velório) provoca o real verdadeiro, a aparição/fantasia insuportável da criança que censura o pai. Para Freud (e Lacan), todo trauma externo é "suprassumido", interiorizado, e seu impacto se deve à maneira como o real preexistente da "realidade psíquica" é despertado por intermédio do trauma. Até as intromissões mais violentas do real externo – por exemplo, o efeito chocante provocado pelas vítimas das bombas atômicas durante a guerra – devem seu efeito traumático à ressonância que encontram no masoquismo perverso, na pulsão de morte, nos sentimentos inconscientes de culpa etc. Hoje, contudo, nossa própria realidade sociopolítica impõe versões múltiplas das intromissões externas, traumas que são apenas interrupções brutais e sem sentido que destroem a textura simbólica da identidade do sujeito. Há, em primeiro lugar, a violência física brutal: ataques terroristas como os do 11 de Setembro, o bombardeio de "choque e pavor" dos Estados Unidos contra o Iraque, a violência das ruas, os estupros etc., mas também as catástrofes naturais, os terremotos, os furacões etc. Há, em segundo lugar, a destruição "irracional" (sem sentido) da base material de nossa realidade interior (tumores cerebrais, mal de Alzheimer, lesões no cérebro etc.), que podem mudar totalmente e até destruir a personalidade do doente. Há, por fim, os efeitos destrutivos da violência sociossimbólica, como a exclusão social. (Devemos observar que essa tríade reflete a tríade das áreas comuns: a natureza externa, a natureza interna, a substância simbólica.) É claro que a maioria dessas formas de violência é conhecida há séculos, algumas desde a pré-história da humanidade. A novidade é que, como vivemos uma época pós-religiosa "desencantada", elas são vividas de modo muito mais direto como intromissões sem sentido do real e, por essa mesma razão, embora de natureza totalmente diferente, parecem pertencer à mesma série e produzir o mesmo efeito. (Recordamos aqui o fato histórico de que o estupro só foi classificado como trauma no século XX[3].)

Há ainda outra distinção que não devemos esquecer. Se para nós, no Ocidente desenvolvido, o trauma é vivido em geral como uma intromissão momentânea, que perturba violentamente nossa vida cotidiana (um ataque terrorista, um assalto

---

[3] Na China contemporânea, podemos ver uma combinação única das dimensões social e pessoal dos traumas: o interesse pela psicanálise explode contra o pano de fundo do trauma da Revolução Cultural, com lembranças antigas de vidas feridas e destruídas naqueles anos turbulentos que continuam a assombrar o presente. Informação fornecida por Molly Rothenberg, de New Orleans.

ou um estupro, terremotos ou tornados...), o que dizer daqueles para quem o trauma é um estado de coisas permanente, um modo de viver, como para quem vive em países destruídos pela guerra, como o Sudão e o Congo? Os que não têm como se proteger da experiência traumática e, portanto, não podem nem sequer afirmar que, muito depois do trauma, foram perseguidos por seu espectro, o que resta não é o espectro do trauma, mas o próprio trauma. É quase um oximoro denominá-los sujeitos "pós-traumáticos", já que o que torna sua situação tão traumática é a própria *persistência* do trauma.

A crítica básica de Malabou a Freud é que, diante desses casos, ele cai na tentação do significado e não se dispõe a aceitar a eficácia destrutiva direta dos choques externos – eles destroem (ou, pelo menos, ferem de maneira irredimível) a psique da vítima, mas não encontram ressonância numa verdade traumática interior. Obviamente seria obsceno associar, digamos, a devastação psíquica de um *Muselmann* dos campos nazistas ao masoquismo, à pulsão de morte ou ao sentimento de culpa: ele (ou uma vítima de múltiplos estupros, de tortura brutal etc.) não é destruído pela angústia inconsciente, mas diretamente pelo choque externo "sem significado" que não pode de modo algum ser hermeneuticamente apropriado/integrado.

> [Para o cérebro ferido] não há possibilidade de estar presente em sua própria fragmentação ou em sua própria ferida. Ao contrário da castração, não há representação, não há fenômeno, não há exemplo de separação que permita ao sujeito prever, esperar ou fantasiar o que pode ser um rompimento nas ligações cerebrais. Ele não pode nem ao menos sonhar com isso. Não há nenhuma cena para essa coisa que não é uma coisa. O cérebro não prevê a possibilidade de sua própria avaria. Quando essa avaria ocorre, é outro eu que é afetado, um eu "novo", baseado no reconhecimento impróprio.[4]

Para Freud, se a violência externa for forte demais, nós saímos do domínio psíquico propriamente dito: a escolha é "ou o choque é reintegrado à estrutura libidinal preexistente, ou destrói a psique e não resta nada". O que ele não consegue enxergar é que a vítima, por assim dizer, sobrevive à própria morte: todas as formas de encontros traumáticos, independentemente de sua natureza específica (social, natural, biológica, simbólica), levam ao mesmo resultado: surge um novo sujeito que sobrevive à própria morte, à morte (apagamento) de sua identidade simbólica. Não há continuidade entre esse novo sujeito "pós-traumático" (a vítima de Alzheimer ou de outras lesões cerebrais etc.) e a antiga identidade: depois do choque, surge literalmente um novo sujeito. Suas características são conhecidas, com base em inúmeras descrições: ausência de envolvimento emocional, profunda indiferença e desapego; trata-se de um sujeito que não está mais "no mundo", no sentido heideggeriano de existência encarnada e engajada. Esse sujeito vive a morte como uma forma de

---

[4] Catherine Malabou, *Les nouveaux blessés*, cit., p. 235.

vida: sua vida é a pulsão de morte encarnada, uma vida privada de envolvimento erótico; e isso vale tanto para o agressor quanto para a vítima. Se o século XX foi o século freudiano, o século da libido, de modo que até os piores pesadelos foram interpretados como vicissitudes (sadomasoquistas) da libido, o XXI não será o século do sujeito pós-traumático desengajado, cuja primeira imagem emblemática, a do *Muselmann* dos campos de concentração, multiplica-se na forma de refugiados, vítimas de terrorismo, sobreviventes de catástrofes naturais ou da violência familiar? A característica comum a todas essas figuras é que a causa da catástrofe permanece sem significado libidinal, resiste a qualquer interpretação:

> hoje, as vítimas de traumas sociopolíticos apresentam o mesmo perfil das vítimas de catástrofes naturais (tsunamis, terremotos, inundações) ou acidentes graves (acidentes domésticos sérios, explosões, incêndios). Começamos uma nova época de violência política, em que a política tira recursos da renúncia do sentido político da violência. [...] Todos os eventos traumatizantes tendem a neutralizar sua intenção e assumir a falta de motivação propriamente dita dos incidentes do acaso, característica essa que não pode ser interpretada. *Hoje, o inimigo é a hermenêutica.* [...] Esse apagamento do sentido não só é perceptível nos países em guerra, como está presente *em toda parte*, como nova face do social que confirma uma patologia psíquica desconhecida, idêntica em todos os casos e em todos os contextos, *globalizada*.[5]

Na medida em que a violência dos eventos traumatizantes consiste na maneira como eles isolam o sujeito de sua reserva de memória, "o discurso desses pacientes não tem nenhum significado revelador, sua doença não é uma espécie de verdade com relação à história passada do sujeito"[6]. Nessa falta de sentido, "os conflitos sociais são privados da dialética da luta política propriamente dita e tornam-se tão anônimos quanto as catástrofes naturais"[7]. Portanto, tratamos aqui de uma mistura heterogênea de natureza e política, em que "a política se cancela como tal e assume a aparência de natureza, e a natureza desaparece para assumir a máscara da política. Essa *mistura heterogênea global de natureza e política caracteriza-se pela uniformização global das reações neuropsicológicas*"[8]. O capitalismo global gera então uma nova forma de doença que também é global, indiferente às distinções mais elementares, como aquela entre natureza e cultura.

No caso dessas intromissões do real nu e cru, "toda hermenêutica é impossível"[9]: o trauma permanece externo ao campo do sentido, não pode ser integrado a ele como um mero impedimento que ressuscita um trauma psíquico latente. É isto que

---

[5] Ibidem, p. 258-9.
[6] Ibidem, p. 345.
[7] Ibidem, p. 267.
[8] Ibidem, p. 260.
[9] Ibidem, p. 29.

Freud não consegue (ou melhor, recusa-se a) conceber: para ele, os traumas externos, como as lesões cerebrais, são "psiquicamente mudos"[10], só podem ter impacto psíquico quando um trauma sexual repercute neles. Em outras palavras, o inimigo que a psique combate quando encontra o trauma é sempre o "inimigo interno": Freud recusa-se a refletir sobre o impacto psíquico de uma intromissão violenta que permanece externa ao sentido, que impede "a possibilidade de ser fantasiada"[11], recusa-se a considerar as consequências psíquicas das intrusões traumáticas que não podem ser integradas à representação psíquica – como a indiferença, a perda dos afetos. É importante que, nesses casos, os limites que separam a história da natureza, a "sociopatia" da "neurobiologia", sejam indistintos: o terror dos campos de concentração e uma lesão no cérebro podem produzir a mesma forma de autismo.

Essas psiques indiferentes estão "além do amor e do ódio: não devem ser chamadas nem de sádicas nem de masoquistas"[12]. Entretanto, contra Malabou, a diferença entre prazer e *jouissance* tem de ser enfaticamente afirmada: embora seja claro que as inversões dialéticas do prazer não conseguem captar os casos traumáticos lembrados por Malabou, a intromissão da *jouissance* entorpecedora é absolutamente pertinente. Em muitos casos descritos por Oliver Sacks em *Musicofilia*, o paciente compulsivamente perseguido por uma música sente uma intensa libertação quando fica sabendo que suas alucinações são causadas por uma lesão cerebral ou por um mau funcionamento qualquer, e não por loucura; assim, o paciente não tem mais de se sentir subjetivamente responsável por suas alucinações, porque elas são apenas um fato objetivo sem significado. Entretanto, nessa libertação não está em ação também a possível fuga de uma verdade traumática? Sacks conta o caso de David Mamlok, um imigrante judeu alemão perseguido por alucinações musicais:

> Quando perguntei ao sr. Mamlok como era sua música interior, ele exclamou, zangado, que era "tonal" e "antiquada". Achei curiosa essa escolha de adjetivos e perguntei por que os usara. Ele explicou que sua esposa compunha música atonal e seu gosto pessoal pendia para Schoenberg e outros mestres atonais, embora também gostasse dos clássicos e, principalmente, de música de câmara. Mas a música de suas alucinações não era assim. Segundo ele, começou com uma canção de Natal alemã (ele a cantarolou imediatamente) e passou para outras canções de Natal e de ninar; estas foram seguidas de marchas, sobretudo as marchas nazistas que ouvira quando criança em Hamburgo, na década de 1930. Para ele, essas músicas eram muito angustiantes, porque ele era judeu e viveu o terror da *Hitlerjugend*, as gangues beligerantes que percorriam as ruas atrás de judeus.[13]

---

[10] Ibidem, p. 33.
[11] Ibidem, p. 35.
[12] Ibidem, p. 323.
[13] Oliver Sacks, *Musicophilia* (Nova York, Alfred A. Knopf, 2007), p. 56-7. [Ed. port.: *Musicofilia*, Lisboa, Relógio d'Água, 2008.]

O estímulo orgânico teria despertado velhos traumas do obsceno *kitsch* político-religioso? Sacks sabe que distúrbios de causa orgânica, como alucinações musicais, possuem um significado (por que *essas* canções e não outras?), mas muito frequentemente a referência direta a causas orgânicas tende a obscurecer a dimensão traumática reprimida.

Na nova forma de subjetividade (autista, indiferente, sem envolvimento afetivo), a personalidade antiga não é "suprassumida" nem substituída por uma formação compensatória, mas totalmente destruída: a própria destruição adquire forma, torna-se uma "forma de vida" (relativamente estável). O que temos então não é apenas a ausência de forma, mas a forma de(a) ausência (do apagamento da personalidade anterior, que não é substituída por uma nova). Mais precisamente, a nova forma não é uma forma de vida, mas antes uma forma de morte – não uma expressão da pulsão de morte freudiana, mas, mais diretamente, a *morte da pulsão*.

Como destacou Deleuze em *Diferença e repetição*, a morte é sempre dupla: a pulsão de morte freudiana faz com que o sujeito queira morrer, mas morrer a sua maneira, segundo seu caminho interior, não como resultado de um acidente externo. Há sempre uma lacuna entre os dois, entre a pulsão de morte como tendência "transcendental" e o acidente contingente que me mata. O suicídio é uma tentativa desesperada (e, em última análise, fracassada) de unir as duas dimensões. Há uma cena ótima num filme de terror de Hollywood em que uma moça desesperada, sozinha no quarto, tenta se matar; nesse instante, a criatura horrível que atacou a cidade invade o quarto e avança sobre a moça – e ela começa a se proteger desesperadamente, já que, apesar de querer morrer, não é aquela a morte que ela quer.

Na medida em que os "novos feridos" se isolam radicalmente do passado, na medida em que a ferida suspende toda hermenêutica, na medida em que, em última análise, não há nada a interpretar aqui, essa psique "abandonada, emocionalmente desafeiçoada e indiferente também não é (mais) capaz de transferência. Vivemos na época do fim da transferência. O amor pelo psicanalista ou terapeuta não significa nada para uma psique que não consegue amar nem odiar"[14]. Em outras palavras, esses pacientes não tentam saber nem não saber; enquanto estão em tratamento, não põem o psiquiatra no papel do sujeito suposto saber. O que o terapeuta deve fazer nessas condições? Malabou endossa a posição de Daniel Wildloecher: deve "tornar-se o sujeito do sofrimento do outro e de sua expressão, sobretudo quando esse outro é incapaz de sentir o que quer que seja" – ou, como explica a própria Malabou, o terapeuta deve "reunir [*recueillir*] pelo outro a dor dele"[15]. Essas frases são cheias de ambiguidades: se não há transferência, então a pergunta não é como essa reunião/

---

[14] Catherine Malabou, *Les nouveaux blessés*, cit., p. 346.
[15] Idem.

coleta afeta o paciente (será que isso lhe faz algum bem?), e sim, mais radicalmente, como podemos ter certeza de que é realmente o sofrimento do paciente que estamos reunindo? E se é o terapeuta que imagina como o paciente deve estar sofrendo, porque, por assim dizer, ele imagina automaticamente como as perdas do paciente devem afetar alguém que ainda tem, digamos, a memória intacta e, portanto, imagina como seria ser privado dela? E se o terapeuta interpreta a ignorância abençoada como um sofrimento insuportável? Não admira que a fórmula de Malabou de "reunir a dor do outro" lembre o problema do testemunho do Holocausto: o problema que os sobreviventes enfrentam não é apenas a impossibilidade de testemunhar, de haver sempre um elemento de prosopopeia, de o outro ter de reunir/coletar sua dor, já que a verdadeira testemunha está sempre-já morta e ele só pode falar em seu nome, mas é também o problema simétrico na extremidade oposta: não há público apropriado ou ouvinte para receber o testemunho de maneira adequada. O sonho mais traumático de Primo Levi em Auschwitz foi com sua sobrevivência: a guerra acabou, ele está com sua família e conta sua vida no campo, mas as pessoas entediam-se, começam a bocejar e, uma atrás da outra, deixam a mesa, até que Levi fica sozinho. Um fato ocorrido na guerra da Bósnia, no início da década de 1990, mostra a mesma coisa: muitas moças que sobreviveram a estupros brutais suicidaram-se depois que voltaram para suas comunidades e descobriram que não havia ninguém realmente disposto a ouvi-las, a aceitar seu testemunho. Em termos lacanianos, o que falta aqui é não só outro ser humano, o ouvinte atento, mas o próprio "grande Outro", o espaço de registro ou inscrição simbólica das palavras. Levi afirmou a mesma coisa, com seu jeito simples e direto, quando disse que o que os nazistas fizeram com os judeus é tão irrepresentável em seu horror que, mesmo que alguém sobreviva aos campos, quem não esteve lá não acreditará nele – dirá simplesmente que ele é mentiroso ou doente mental.

Embora Malabou se concentre nos casos em que uma mudança neuronal tem efeitos subjetivos traumáticos, não seria mais perturbador considerar casos em que essa mudança passasse despercebida? Em maio de 2002, a mídia anunciou que cientistas da Universidade de Nova York tinham instalado no cérebro de um rato um chip de computador capaz de receber sinais, de modo que eles podiam controlar o rato (determinar a direção em que ele correria) por meio de um mecanismo de navegação (como se faz com um carrinho de controle remoto). Pela primeira vez, a "vontade" de um agente animal, suas decisões "espontâneas" sobre os movimentos que faria, foi dominada por uma máquina externa. É claro que a grande pergunta filosófica é: como o pobre rato "vivenciou" seus movimentos, que foram efetivamente decididos de fora? Será que continuou a "vivenciá-los" como algo espontâneo (em outras palavras, estaria totalmente inconsciente de que seus movimentos eram controlados?) ou sabia que "havia algo errado", que uma força externa estava decidindo seus movimentos? É crucial aplicar o mesmo raciocínio a uma experiência idêntica, realizada com seres humanos (que, apesar das questões éticas, não deve ser mais complicada, tecnicamente falando, do que no caso do rato). No caso do rato, podemos argumentar que a categoria humana de "vivência" não se aplica a ele; no caso do ser humano, essa pergunta deve, de fato, ser feita. Assim, mais uma vez, um ser humano "dirigido" ainda "vivenciará" seus movimentos como algo espontâneo? Não terá nenhuma consciência de que seus movimentos estão sendo dirigidos ou terá consciência de que "há algo errado"? E como, exatamente, essa "força externa" pareceria: algo "de dentro", um impulso interior irrefreável, ou uma simples coação externa? Se não tiver nenhuma consciência de que seu comportamento espontâneo é dirigido de fora, podemos continuar fingindo que isso não tem consequências para nossa noção de livre-arbítrio?

Podemos acrescentar outra experiência traumática pavorosa à série de Malabou. Em "Le prix du progrès" [O preço do progresso], um dos fragmentos que concluem *A dialética do esclarecimento*, Adorno e Horkheimer citam a argumentação do fisiologista francês Pierre Flourens contra a anestesia com clorofórmio: ele afirma que é possível provar que o clorofórmio funciona apenas na rede neuronal da memória. Em resumo, quando somos cortados vivos numa mesa de cirurgia, sentimos toda a terrível dor que isso causa, mas depois, quando acordamos, não nos lembramos dela. Podemos interpretar essa cena como a representação perfeita do Outro Lugar inacessível da fantasia fundamental que nunca pode ser totalmente subjetivada, assumida pelo sujeito? Essa intuição se confirmou: a "consciência anestésica" – pacientes mentalmente alertas (e apavorados) enquanto estão sob anestesia geral – é relatada de cem a duzentas vezes por dia, só nos Estados Unidos. O paciente está paralisado, impossibilitado de falar e totalmente impotente para comunicar sua consciência; a dor real do corte pode ou não estar presente, mas o paciente tem plena consciência do que está acontecendo: ele ouve, sente como se não conseguisse respirar, mas é incapaz de transmitir sua angústia, porque recebeu um paralisante/relaxante muscular. O caso mais traumático ocorre quando os pacientes que vivenciam a consciência total recordam claramente o que aconteceu: o resultado é um enorme trauma, que gera transtornos de estresse pós-traumático e leva a efeitos colaterais duradouros, como pesadelos, terrores noturnos, recordações, insônia e, em alguns casos, suicídio.

O trauma de que fala Malabou não é o trauma vivenciado como tal porque é – e na medida em que é – tão perturbador dentro do horizonte de significado (a ausência de um eu significativo só é traumática se esperamos sua presença)? E se supusermos que os sujeitos frios, distantes e indiferentes *não* estão sofrendo, que eles entram num estado abençoado de indiferença depois que apagam a antiga *persona*, e que apenas parecem presos a um sofrimento insuportável? E se *les nouveaux blessés* forem literalmente os novos abençoados? E se a lógica da piada sobre o mal de Alzheimer ("A má notícia é que descobrimos que o senhor tem um caso grave de mal de Alzheimer. A boa notícia é que descobrimos que o senhor tem um caso grave de mal de Alzheimer, portanto o senhor já terá esquecido a má notícia quando chegar em casa") aplica-se aqui, de modo que, quando a antiga personalidade do paciente é destruída, a própria medida do sofrimento desaparece? Então Malabou não é culpada do mesmo erro pelo qual censura a psicanálise: o de não ser capaz de pensar a ausência pura e simples do envolvimento significativo, de ler a indiferença desapegada de dentro do horizonte do engajamento significativo? Ou, em outras palavras, será que ela não se esquece de incluir a si mesma, de incluir seu próprio desejo, no fenômeno observado (o de sujeitos autistas)? Numa inversão irônica da afirmação de que o sujeito autista é incapaz de realizar transferência, é sua própria transferência que ela não leva em conta ao retratar o imenso sofrimento do sujeito autista. Esse sujeito é fundamentalmente uma Coisa impenetrável e enigmática, totalmente ambígua, na qual só podemos oscilar entre atribuir-lhe um imenso sofrimento ou uma abençoada ignorância. O que a caracteriza é a falta de reconhecimento, nos dois sentidos da palavra: não nos reconhecemos nela, não há empatia possível, *e* o sujeito autista, em razão de seu afastamento, não representa o reconhecimento (não reconhece *a nós*, seu parceiro na comunicação).

Malabou rejeita a própria autonomia da vida psíquica, no sentido freudiano de uma "realidade psíquica" autônoma, da libido como energia psíquica diferente da neuronal (cerebral): para ela, a libido freudiana se baseia na suspensão (exclusão) da energia neuronal, mais exatamente na recusa de Freud de admitir a capacidade do cérebro de estabelecer autoafeição, de se envolver na modelação autorreguladora de si mesmo. "De certo modo, a energia psíquica é um desvio retórico da energia neuronal"[16]: quando o estímulo endógeno cerebral não pode se liberar no próprio sistema nervoso, transforma-se em energia psíquica, que pode se liberar em deslocamentos retóricos; em resumo, "a retórica suplanta o silêncio do sistema neuronal": "O inconsciente só é estruturado como linguagem na medida em que o cérebro não fala"[17]. Hoje, as ciências do cérebro invalidaram a hipótese freudiana pela demonstração do "cérebro emocional", um cérebro que consegue gerar representações de si mesmo e regular sua vida por meio dos afetos: "A emoção é uma estrutura reflexiva por meio da qual a regulação vital afeta a si mesma".

Portanto, devemos contrapor ao inconsciente sexual freudiano o "inconsciente cerebral", a atividade autorrepresentativa do cérebro que constrói incessantemente a cartografia de seus estados e, portanto, afeta a si mesmo. Malabou opõe estritamente essa autoafeição (autorreferente) cerebral à autoafeição que é a autoconsciência do sujeito (consciente) e que foi "desconstruída" por Derrida na análise detalhada dos paradoxos e impasses do "ouvir-se falar". Ninguém pode ter consciência ou falar do

---

[16] Ibidem, p. 73.
[17] Ibidem, p. 74.

funcionamento do próprio cérebro, não há subjetivação possível do processo neuronal de autoafeição: "A autoafeição cerebral é o inconsciente da subjetividade"[18]. Só há uma maneira de ocorrer a experiência subjetiva da autoafeição do próprio cérebro: na forma de sofrimento provocado pela lesão do cérebro.

Quando sofre um encontro traumático, o inconsciente libidinal reage pela "regressão", recuando da interação e do envolvimento de nível mais elevado para um modo de funcionamento mais primitivo. Quando o processo cerebral de autoafeição é perturbado, não há espaço nem nível mais fundamental para o qual o sujeito possa retornar: sua substância é apagada, e o Eu que sobrevive a essa destruição é literalmente um novo Eu, sua identidade é uma "identidade padrão", um sujeito impassível e desapegado, privado até mesmo da capacidade de sonhar.

Aqui a tese de Malabou é muito precisa e radical: não se trata de apenas acrescentar ao inconsciente libidinal freudiano outro inconsciente cerebral. O problema é que o inconsciente freudiano só faz sentido quando (se) nos recusamos a admitir – impossibilitamos – o inconsciente cerebral. Isso significa que o "inconsciente cerebral" não é apenas o mecanismo que explica os processos que não podem ser elucidados em termos de inconsciente libidinal: assim que admitimos o inconsciente cerebral, o inconsciente libidinal perde sua fundamentação. Somente esse inconsciente cerebral, irredutível à tríade lacaniana de Imaginário-Simbólico-Real, é o inconsciente verdadeiramente *material*[19]: o inconsciente cerebral não é o imaginário, sua automodelação não é um espelhamento narcisista; não é simbólico, seus vestígios não re(a)presentam o sujeito dentro de uma estrutura de significado; e não é real no sentido lacaniano da Coisa como o supremo objeto libidinal incestuoso da "realidade psíquica", já que é radicalmente externo à libido, à sexualidade.

Nada distingue o inconsciente freudiano do inconsciente cerebral com mais clareza do que a maneira como eles se relacionam com a morte: como Freud enfatizou repetidas vezes, o inconsciente libidinal é "não morto", ele não conhece (não pode representar) sua própria morte, age como se fosse imortal, indestrutível. Nosso cérebro, ao contrário, nunca age como se fosse imortal: o inconsciente cerebral é destrutível e "conhece" a si mesmo (modela-se) como tal.

A segunda distinção diz respeito à sexualidade, Eros como polo oposto de Tânatos. Enquanto o inconsciente cerebral é mortal, o inconsciente freudiano é sexual. Como explicou Malabou em termos muito precisos, a "sexualidade" freudiana não designa apenas um conteúdo restrito (práticas sexuais), mas essa mesma estrutura formal da relação entre exterior e interior, entre o incidente/acidente externo e sua *Aufhebung*/integração no processo libidinal interno que ele provoca; "sexualidade" é

---

[18] Ibidem, p. 85.
[19] Ibidem, p. 235.

o nome dessa passagem de contingência para necessidade, de *Ereignis* para *Erlebnis*: é por meio da integração num arcabouço preexistente de "realidade psíquica" que o acidente externo é "sexualizado". O mediador entre os dois é a *fantasia*: para me "excitar", o acidente externo, o puro choque, tem de tocar minha fantasia, meu arcabouço fantasmático preexistente, e repercutir nele. A fantasia estabelece a "sutura" [*soudure/Verloetung*] entre o exterior e o interior. A atividade do fantasiar inconsciente é "primordialmente reprimida", no inconsciente radical (não subjetivável), mas, como tal, estritamente psíquica, irredutível e autônoma em relação à atividade do cérebro: ela é o exterior do próprio interior psíquico, seu nível de extimidade.

Ainda assim, devemos considerar problemática a própria expressão "inconsciente cerebral": ela designa não só os processos neuronais "cegos", como também a reflexividade do processo neuronal, o fato de que o cérebro "se reflete" incessantemente, registrando e regulando seus processos com base no modelo que Damasio chama de "proto-Eu". Entretanto, em que sentido exato esse proto-Eu merece ser chamado de "inconsciente"? Essa reflexividade não continua a ser um processo autorregulador natural e "cego"? A definição formal de Malabou do inconsciente cerebral não aponta nessa direção? Malabou localiza a condição formal básica do inconsciente cerebral no fato de que, quando pensamos, nunca é o próprio cérebro que se percebe, isto é, não podemos jamais nos tornar reflexivamente conscientes de como nosso cérebro funciona quando pensamos; o "inconsciente cerebral" é essa autorregulação e essa autorrepresentação do cérebro que permanecem fechadas para nós.

Na medida em que continua a falar do "inconsciente cerebral" como algo *mais* do que esse processo autorregulatório cego, Malabou não corre o risco de regredir à imagem idealista-organicista pré-moderna de uma forma espiritual inerente à sua matéria (segundo a linha aristotélica da alma como forma inerente do corpo)? O que ela apresenta como materialismo mais radical (não há necessidade de um domínio ou nível psíquico específico, o próprio cérebro pode refletir-se) não seria uma reespiritualização disfarçada da matéria?

Então como as duas imagens de alteridade radical se relacionam entre si: a alteridade "cerebral" de um real neuronal sem significado e o abismo da coisa-próximo? Ligada a isso, há outra lacuna óbvia na argumentação de Malabou: embora tente mostrar como as lesões cerebrais geram um trauma totalmente independente da economia libidinal sexualizada, ela nunca faz a pergunta oposta: como *surge* o universo sexualizado do significado? A teoria freudiano-lacaniana ainda pode explicar o surgimento da subjetividade simbólico-sexualizada?

Malabou formula o problema nos termos da dificuldade de ir verdadeiramente além do princípio do prazer: o que Freud chama de "além do princípio do prazer", a pulsão de morte, é, na verdade, uma asserção indireta do princípio do prazer, não seu verdadeiro além. A teoria da relatividade de Einstein permite aqui paralelos inesperados com a teoria lacaniana. O ponto de partida da teoria da relatividade é o estranho fato de que, para todo observador, não importa em que direção e com que velocidade a luz se mova, ela sempre se move com a mesma velocidade; de modo análogo, para Lacan, não importa que o sujeito desejante se aproxime ou fuja do objeto de desejo, esse objeto parece permanecer sempre à mesma distância dele. Quem não se lembra daqueles pesadelos em que quanto mais fugimos, mais permanecemos no mesmo lugar? Esse paradoxo pode ser resolvido primorosamente pela diferença entre o objeto e a causa do desejo: não importa quanto me aproximo do objeto de desejo, sua causa continua distante, fugidia. Além disso, a teoria geral da relatividade resolve a antinomia entre a relatividade de todo movimento em relação ao observador e à velocidade absoluta da luz, que se move a uma velocidade constante independentemente do ponto de observação, com a ideia de espaço curvo. De forma homóloga, a solução freudiana para a antinomia entre a aproximação ou a fuga do sujeito em relação a seu objeto de desejo e a "velocidade constante" (e distância dele) da causa-objeto de desejo reside no *espaço curvo do desejo*: às vezes, o caminho mais curto para realizar um desejo é contornar sua meta-objeto, passar ao largo dela, adiar o encontro com ela. O que Lacan chama de *objet petit a* é o agente dessa curva: o X impenetrável por causa do qual, quando nos confrontamos com o objeto de nosso desejo, obtemos mais satisfação dançando em torno dele do que indo diretamente para ele. E o que acontece no caso de um sujeito pós-traumático não é a *destruição* do *objeto a*? É por isso que esse sujeito é privado de existência engajada e reduzido à vegetação indiferente.

Não admira que no confronto com Lacan – quando argumenta que, ao contrário do que parece, nem Freud nem Lacan conseguem pensar de fato a dimensão "além do princípio do prazer", já que todo trauma destrutivo é reerotizado – Malabou ignore a distinção fundamental de Lacan entre prazer (*Lust*, *plaisir*) e gozo (*Geniessen*, *jouissance*): o que está "além do princípio do prazer" é o próprio gozo, é a pulsão como tal. O paradoxo básico da *jouissance* é o fato de que ela é ao mesmo tempo impossível *e* inevitável: nunca é totalmente atingida, sempre falta, mas, ao mesmo tempo, nunca conseguimos nos livrar dela – cada renúncia ao gozo gera um gozo na renúncia, cada obstáculo ao desejo gera o desejo do obstáculo etc. Essa inversão constitui a definição mínima do mais-gozo: envolve o paradoxal "prazer na dor". Ou seja, quando Lacan usa a expressão mais-gozo (*plus-de-jouir*), devemos fazer uma pergunta ingênua, mas fundamental: em que consiste esse "mais"? É um mero aumento qualitativo do prazer ordinário? A ambiguidade da expressão francesa é decisiva: pode significar tanto "excesso de gozo" quanto "nenhum gozo"; o excesso de gozo, além do mero prazer, é gerado pela presença do próprio oposto do prazer, isto é, a dor. Portanto, o mais-gozo é precisamente aquela parte da *jouissance* que resiste a ser contida pela homeostase, pelo princípio do prazer. (E já que Malabou se refere, entre outros, aos *Muselmann* dos campos nazistas como imagem pura da pulsão de morte, além do princípio do prazer, ficamos quase tentados a afirmar que é exatamente o *Muselmann* que, por seu desapego libidinal, age efetivamente sobre o princípio do prazer: seus gestos mínimos são totalmente instrumentalizados, ele se esforça para comer quando tem fome etc.)

Aqui, Malabou parece pagar o preço de sua leitura ingênua de Freud, entendendo-o de forma demasiado "hermenêutica", sem distinguir o verdadeiro núcleo da descoberta de Freud das várias maneiras como ele mesmo compreendeu mal o alcance de sua descoberta. Malabou aceita o dualismo de pulsões como Freud o formulou, ignorando aquelas leituras precisas (de Lacan a Laplanche) que demonstraram que esse dualismo era uma solução falsa, uma regressão teórica. Ironicamente, quando Malabou opõe Freud a Jung, enfatizando o dualismo das pulsões de Freud contra o monismo da libido (dessexualizada) de Jung, ela deixa escapar o paradoxo fundamental: é nesse ponto, quando recorre ao dualismo das pulsões, que Freud é *mais junguiano*, regredindo ao agonismo mítico pré-moderno das forças cósmicas primordiais opostas. Então como entender o que iludiu Freud e obrigou-o a recorrer a esse dualismo? Quando varia o tema de que, para Freud, Eros sempre abrange e se relaciona com o seu Outro oposto (a pulsão de morte destrutiva), Malabou segue as formulações enganosas de Freud e concebe essa oposição como o conflito de duas forças opostas e não, num sentido mais adequado, como autobloqueio inerente da pulsão: a "pulsão de morte" não é uma força de oposição à libido, mas uma lacuna constitutiva que distingue a pulsão do instinto (é significativo que Malabou prefira traduzir *Trieb* por "instinto"), sempre descarrilado, preso num círculo de repetição, marcado por um excesso impossível. Deleuze, a quem Malabou costuma recorrer com frequência, deixou essa questão clara em *Diferença e repetição*: Eros e Tânatos não são pulsões opostas que competem e combinam suas forças (como no masoquismo erotizado); há apenas uma única pulsão, a libido, que luta pelo gozo, e a "pulsão de morte" é o espaço curvo de sua estrutura formal.

> [Ela] desempenha o papel de um princípio transcendental, enquanto o princípio do prazer é apenas psicológico. É por isso que ela é, acima de tudo, silenciosa (não dada em experiência), enquanto o princípio do prazer floresce. A primeira pergunta, portanto, é: como o tema da morte, que parece reunir os aspectos mais negativos da vida psíquica, pode ser, em si, aquilo que é mais positivo, transcendentalmente positivo, a ponto de afirmar a repetição? [...] Eros e Tânatos diferem pelo fato de que Eros tem de ser repetido, só pode ser vivenciado na repetição, enquanto Tânatos (como o princípio transcendental) é o que dá repetição a Eros, o que submete Eros à repetição.[20]

Então como passamos da sexualidade animal (acasalamento instintivo) para a sexualidade propriamente humana? Ao submeter a sexualidade animal (o "instin-

---

[20] Gilles Deleuze, *Difference and Repetition* (Nova York, Columbia University Press, 1994), p. 16 e 18. [Ed. bras.: *Diferença e repetição*, 2. ed., Rio de Janeiro, Graal, 2009.]

to de vida") à pulsão de morte. A pulsão de morte é a forma transcendental que faz a sexualidade propriamente dita a partir dos instintos animais. Nesse sentido, o sujeito sem libido, indiferente e desapegado, é, na verdade, o sujeito puro da pulsão de morte: nesse sujeito, há apenas a estrutura vazia da pulsão de morte como condição transcendental-formal dos investimentos libidinais, privado de qualquer conteúdo. É estranho que Malabou, que cita a todo momento *Diferença e repetição*, de Deleuze, ignore esses trechos que dizem respeito diretamente a seu tema e dão uma solução elegante à sua pergunta sobre o fato de Freud ter sido incapaz de encontrar representações positivas da pulsão de morte.

O proletariado libidinal

Talvez com certo exagero, ficamos tentados a dizer que o sujeito privado de sua substância libidinal é o "proletariado libidinal". Quando Malabou desenvolve sua noção fundamental de "plasticidade destrutiva", do sujeito que continua a viver depois da morte psíquica (o apagamento da tessitura narrativa da identidade simbólica do sujeito, que sustenta seus investimentos e envolvimentos libidinais), ela toca num ponto essencial: a inversão reflexiva da destruição da forma na forma adquirida pela própria destruição. Em outras palavras, quando nos referimos a uma pessoa com mal de Alzheimer, não se trata apenas de uma consciência que é seriamente restringida, ou do alcance do Eu que diminui; trata-se literalmente de não ser o mesmo Eu. Depois do trauma, surge *outro* sujeito, falamos de um estranho.

Isso parece ser o polo oposto do que ocorre num processo dialético hegeliano, em que lidamos com uma metamorfose contínua do *mesmo* sujeito-substância, que avança em complexidade, medeia e "suprassume" seu conteúdo num nível mais elevado: o problema do processo dialético não é justamente que nunca passamos por um ponto zero, o conteúdo passado nunca é radicalmente apagado, não existe um começo radicalmente novo?

Essa questão diz respeito à finitude radical do sujeito. Heidegger é coerente quando desenvolve todas as consequências da afirmação radical da finitude – ela envolve uma série de paradoxos autorreferentes. Ou seja, quando Heidegger afirma que o supremo fracasso, o colapso de toda a estrutura de significado, o recuo do envolvimento e do cuidado (a possibilidade de que a totalidade dos engajamentos do *Dasein* "desmorone sobre si mesma; o mundo tem o caráter de falta completa de significado"[21]) é a possibilidade mais íntima do *Dasein*; quando ele afirma que o Dasein só pode ter sucesso em seu engajamento contra o pano de fundo de um possível fracasso ("a estrutura inter-relacional do mundo do cuidado pode falhar de

---

[21] Martin Heidegger, *Being and Time* (Nova York, HarperCollins, 2008), p. 231. [Ed. bras.: *Ser e tempo*, 4. ed., Petrópolis/Bragança Paulista, Vozes/Universitária São Francisco, 2009.]

maneira tão catastrófica que o *Dasein* parecerá não o agente engajado, aberto ao significado e inserido no mundo, num mundo compartilhado que, todavia, é tudo ao mesmo tempo ou, por assim dizer, a base nula de uma nulidade"[22]), ele não afirma somente a tese existencialista-decisionista de que "ser sujeito significa ser capaz de falhar em sê-lo"[23], de que a escolha é nossa e totalmente contingente, sem nenhuma garantia de sucesso. A questão é que a totalidade histórica do significado na qual somos lançados é, "constitutivamente", sempre-já frustrada *por dentro* pela possibilidade de sua suprema impossibilidade. A morte, o colapso da estrutura de significado e cuidado, não é um limite externo que, como tal, permita ao *Dasein* "totalizar" seu envolvimento significativo; ele não é o ponto de capitonê [*point de capiton*] que "põe os pingos nos is" na duração de uma vida, permitindo-nos totalizar uma história de vida numa narrativa consistente e significativa. A morte é exatamente o que *não pode* ser incluído em nenhuma totalidade significativa, sua facticidade sem significado é uma ameaça permanente ao significado, sua possibilidade é um lembrete de que não existe saída[24]. A consequência é que a escolha não é a escolha direta entre sucesso e fracasso, entre um modo de existência autêntico e outro inautêntico: como a própria ideia de que é possível totalizar a vida numa estrutura de significado abrangente é a maior traição inautêntica, o único "sucesso" verdadeiro que o *Dasein* pode ter é enfrentar heroicamente e aceitar seu fracasso final.

Entretanto, devemos ser muito precisos aqui: a visão de uma metamorfose "dialética" contínua que descrevemos acima não é hegeliana, mas um exemplo de "spinozismo dinamizado" ou organicismo – a mesma substância (vida) mantém-se por meio de suas metamorfoses. A lógica das transições dialéticas é completamente diferente, já que envolve uma transubstanciação radical: é verdade que, depois da negação/alienação/perda, o sujeito "volta a si", mas esse sujeito não é o mesmo que a substância que sofreu a alienação; ele se constitui no próprio movimento de voltar a si. De maneira propriamente hegeliana-freudiana-lacaniana, devemos tirar uma conclusão radical: *o sujeito é*, como tal, *o sobrevivente de sua própria morte*, a casca que sobra depois que ele é privado de sua substância; por isso, o matema de Lacan para o sujeito é $, o sujeito barrado. Não é que Lacan *pode* pensar o surgimento de um novo sujeito que sobrevive a sua morte/desintegração; para Lacan, o sujeito como tal é um "segundo sujeito", um sobrevivente formal (a forma sobrevivente) da perda de sua substância, do X numenal que Kant chamou de "eu ou ele ou isso (a coisa) que pensa".

---

[22] Robert Pippin, *The Persistence of Subjectivity* (Cambridge, Cambridge University Press, 2005), p. 64.
[23] Ibidem, p. 67.
[24] Abordamos aqui a questão de Heidegger e das clínicas psiquiátricas: o que dizer do retraimento do envolvimento que *não* é morte, mas colapso psicótico de um ser humano vivo? E da possibilidade de "viver na morte", de vegetar sem se importar, como o *Muselmann* dos campos nazistas?

Quando insiste que o sujeito que surge depois da ferida traumática não é uma transformação do antigo sujeito, mas um sujeito novo, Malabou sabe muito bem que a identidade desse novo sujeito não surge de uma *tabula rasa*: muitos vestígios da narrativa de vida do antigo sujeito sobrevivem, mas são totalmente reestruturados, tirados do horizonte de significado anterior e inseridos num novo contexto. O novo sujeito

> muda profundamente a visão e o conteúdo do próprio passado. Por sua força patológica de deformação e sua plasticidade destrutiva, esse evento [traumático] introduz na vida psíquica, de fato, inautenticidade e facticidade. Cria outra história, um passado que não existe.[25]

Mas isso já não se aplica aos rompimentos históricos radicais? Não lidamos o tempo todo com o que Eric Hobsbawm chamou de "tradições inventadas"? Cada nova época não reescreve sinceramente seu passado, rearticulando-o num novo contexto? Malabou se sobressai quando formula um ponto crítico sutil sobre aqueles estudiosos do cérebro, de Luria a Sacks, que insistem na necessidade de completar a descrição naturalista das lesões cerebrais e outras com a descrição subjetiva do modo como essa ferida biológica, além de afetar as características particulares do sujeito (perda de memória, incapacidade de reconhecer rostos etc.), muda toda a sua estrutura psíquica, a própria maneira como ele percebe a si mesmo e a seu mundo. (Aqui, o grande clássico é o insuperável *The Mind of a Mnemonist* [A mente de um mnemonista], de Alexander Luria, em que ele descreve o universo íntimo de um homem condenado à memória absoluta, incapaz de esquecer.) Esses autores são "humanistas" demais: concentram-se nas tentativas da vítima de conviver com a ferida, de construir uma forma de vida complementar que lhes permita de certo modo reintegrar-se na interação social (em *O homem que confundiu sua mulher com um chapéu*, de Sacks*, a cura é o senso musical não perturbado do homem: embora não consiga reconhecer o rosto de sua mulher e de outros companheiros e amigos, ele consegue identificá-los por seus sons). Luria, Sacks e outros, portanto, evitam confrontar inteiramente o verdadeiro âmago traumático da questão: não o esforço desesperado do sujeito para compensar a perda, mas o sujeito dessa própria perda, o sujeito que é a *forma* positiva assumida por essa perda (o sujeito impassível e desapegado). Eles tornam a tarefa fácil demais, passando diretamente da devastação do cérebro para o esforço do sujeito de conviver com a perda, desviando-se da questão verdadeiramente incômoda: a forma subjetiva dessa devastação.

Para Malabou, até Lacan sucumbe à tentação de "suturar", com sua noção da Coisa (*das Ding*) como supremo objeto libidinal, o abismo da *jouissance*

---

[25] Catherine Malabou, *Les nouveaux blessés*, cit., p. 252.
* São Paulo, Companhia das Letras, 1997. (N. E.)

incestuosa que tudo apaga e que se iguala à morte. Nesse ponto supremo e assintótico da coincidência dos opostos, *Ereignis* e *Erlebni*s, o exterior e o interior, sobrepõem-se inteiramente. Como explica Malabou em termos muito precisos, a Coisa é o nome que Lacan dá ao horizonte de destruição definitiva que é real e impossível, uma expectativa sempre adiada, a ameaça de um X inimaginável sempre por vir e nunca presente. A destruição de todos os horizontes continua a ser um horizonte dessa destruição, a falta de encontro continua a ser o encontro da falta. A Coisa é real, mas um real transposto para a "realidade psíquica", a maneira como o sujeito vivencia/representa a própria impossibilidade de vivenciar/representar.

O nome que Lacan dá ao interior transcendental que encontra ressonância na intromissão traumática externa é "separação": antes de qualquer perda traumática empírica está a separação "transcendental" constitutiva da própria dimensão da subjetividade, em seus múltiplos disfarces, desde o trauma do nascimento até a castração simbólica. Sua forma geral é a da separação do objeto parcial que sobrevive como espectro da *lamela* não morta.

Aqui, talvez, Lacan introduz uma lógica que não é levada em conta por Malabou: a castração não é apenas um horizonte de ameaça, um ainda não/sempre por vir, mas, ao mesmo tempo, algo que acontece sempre-já: além de estar sob a ameaça da separação, o sujeito *é* o efeito da separação (da substância). Além disso, na medida em que o encontro traumático gera angústia, não devemos esquecer que, para Lacan, na angústia o sujeito está exposto exatamente à perda da própria perda. Lacan vira Freud do avesso: a angústia não é a angústia da separação do objeto, mas a angústia do objeto(-causa do desejo) que se aproxima demais do sujeito. É por isso que o trauma pertence ao domínio da estranheza, na ambiguidade fundamental do termo: o que torna estranho o estranho é sua própria proximidade, o fato de ser a ascensão à visibilidade de algo que está demasiado perto de nós.

Assim, quando Malabou define a intromissão do real traumático como separação da própria separação – com certa intenção crítica em relação a Lacan –, ela não repete a noção de Lacan do colapso psicótico como perda da própria perda: o que falta na psicose é, em última análise, a própria perda, a lacuna da "castração simbólica" que me separa de minha identidade simbólica, da dimensão virtual do grande Outro. Consequentemente, quando insiste que, no verdadeiro trauma do real, não é que falte ao sujeito seu suplemento objetivo, mas é o próprio sujeito que falta (está ausente, desintegra-se), Malabou não retoma a noção de Lacan da desintegração do sujeito causada pela proximidade excessiva e psicótica do objeto?

O que Freud é incapaz de pensar é a "plasticidade destrutiva", isto é, a forma subjetiva assumida pela própria destruição do eu, a forma direta da pulsão de morte: "É como se não houvesse intermediário entre a plasticidade da boa forma e a elasticidade como apagamento mortificador de toda forma. *Em Freud, não há forma da negação da forma*"[26]. Em outras palavras:

> [Freud não considera] a existência de uma forma específica de psique produzida pela presença de morte, de dor, de repetição de uma experiência dolorosa. Ele deveria ter feito justiça ao poder existencial de improvisação próprio de um acidente, das psiques desertadas pelo prazer, em que a indiferença e o desapego vencem os vínculos, mas ainda assim continuam a ser psiques. O que Freud procura quando fala da pulsão de morte é exatamente a forma dessa pulsão, a forma que ele não encontra, na medida em que nega à destruição sua própria plasticidade específica. [...] O além do princípio do prazer, portanto, é obra da pulsão de morte como o dar forma à morte em vida, como produção daquelas figuras individuais que só existem no desapego à existência. Essas formas de morte em vida, fixações da imagem da pulsão, seriam os representantes "satisfatórios" da pulsão de morte que durante muito tempo Freud procurou bem longe da neurologia.[27]

Essas figuras são "menos figuras dos que querem morrer do que figuras dos que *já estão mortos*, ou melhor, para explicar com uma torção gramatical estranha e terrível, os que *já estiveram mortos*, que 'vivenciaram' a morte"[28].

O fato estranho é que, embora seja impossível deixar de lado as ressonâncias hegelianas dessa noção de "plasticidade negativa", da forma por meio da qual a própria destrutividade/negatividade adquire existência positiva, Malabou, autora de um livro pioneiro sobre Hegel, não só ignora Hegel totalmente em *Les nouveaux blessés* como chega, aqui e ali, a dar pistas de que essa plasticidade negativa é "não dialetizável" e, como tal, está além do alcance da dialética hegeliana. Ela vê aqui, além de uma tarefa para a psicanálise, uma tarefa propriamente *filosófica* de reconceituação da noção de sujeito, de modo a incluir esse nível zero do sujeito da pulsão de morte:

> a única questão filosófica hoje é a elaboração de um novo materialismo que se recuse justamente a considerar toda e qualquer separação, por menor que seja, não só entre cérebro e pensamento, mas também entre cérebro e inconsciente.[29]

Malabou está certa em enfatizar a dimensão filosófica do novo sujeito autista: nela, tratamos do nível zero da subjetividade com a conversão formal da pura exterioridade do real sem significado (sua brutal intromissão destrutiva) na pura interioridade do sujeito "autista" separado da realidade externa, desengajado, reduzido ao núcleo persistente e privado de toda substância. Aqui, mais uma vez, a lógica é a do julgamento infinito hegeliano: a identidade especulativa da intromissão externa sem significado e

---

[26] Catherine Malabou, *Les nouveaux blessés*, cit., p. 273.
[27] Ibidem, p. 322, 324.
[28] Ibidem, p. 326.
[29] Ibidem, p. 342.

da pura interioridade isolada; é como se apenas um choque externo brutal pudesse dar origem à interioridade pura do sujeito, do vácuo que não pode ser identificado com nenhum conteúdo positivo determinado.

A dimensão propriamente filosófica do estudo do sujeito pós-traumático é esse reconhecimento de que o que parece destruição brutal da identidade (narrativa) substancial do sujeito é o momento de seu nascimento. O sujeito autista pós-traumático é a "prova viva" de que não podemos identificar o sujeito (ele não se sobrepõe totalmente) às "histórias que ele conta a si mesmo sobre si mesmo", à tessitura simbólica narrativa de sua vida: quando subtraímos tudo isso, algo (ou melhor, *nada*, mas uma *forma* de nada) permanece, e esse algo é o sujeito puro da pulsão de morte. O sujeito lacaniano como $ é, portanto, uma reação *ao/do* real: uma reação *ao* real da intromissão brutal sem significado e uma reação *do* real, isto é, uma reação que surge quando a integração simbólica da intromissão traumática falha, chega a seu ponto de impossibilidade. Como tal, o sujeito, em seu aspecto mais elementar, está realmente "além do inconsciente": a forma vazia, privada até mesmo das formações inconscientes que englobam uma variedade de investimentos libidinais.

Portanto, deveríamos aplicar – ainda assim e até mesmo – ao sujeito pós-traumático a noção freudiana de que uma intromissão violenta do real só é trauma na medida em que um trauma anterior ressoa nela – *nesse caso, o trauma anterior é o do nascimento da própria subjetividade*: o sujeito é "barrado", como explica Lacan, ele surge quando um indivíduo vivo é privado de seu conteúdo substancial, e esse trauma constitutivo se repete na experiência traumática atual. É isso que Lacan visa quando afirma que o sujeito freudiano nada mais é do que o *cogito* cartesiano: o *cogito* não é uma "abstração" da realidade dos indivíduos vivos reais, com sua riqueza de propriedades, emoções, capacidades e relações; ao contrário, ele é essa "riqueza da personalidade" que funciona como a imaginária "matéria-prima do eu", como explica Lacan; o *cogito* é uma "abstração" muito real, uma "abstração" que funciona como atitude subjetiva concreta. O sujeito pós-traumático, o sujeito reduzido a uma forma de subjetividade vazia e sem substância, é a "realização" histórica do *cogito*. Devemos recordar aqui que, para Descartes, o *cogito* é o ponto zero da superposição de pensar e ser, no qual o sujeito, de certo modo, nem "é" (está privado de todo conteúdo substancial positivo) nem "pensa" (seu pensamento se reduz à tautologia vazia de pensar que pensa).

Sendo assim, o sujeito pós-traumático não é outro nome do Próximo enquanto Coisa, do abismo/vácuo do Outro, além de toda empatia e identificação? Será que o que torna tão insuportável – tão traumático – o confronto com o sujeito pós-traumático não é o próprio fato de que, nele, nós nos confrontamos com um Próximo privado da roupagem de "próximo"? Sim e não: embora haja uma proximidade óbvia entre os dois, o Próximo enquanto Coisa *não* é simplesmente o *cogito* cartesiano (nem sua aparência na realidade na forma de sujeito pós-traumático).

O Próximo representa o abismo do desejo do Outro, o enigma do "che vuoi?", enquanto o sujeito pós-traumático é privado dessa profundidade enigmática; ele é plano, não tem nem profundidade nem densidade impenetrável.

Assim, quando afirma que o sujeito pós-traumático não pode ser explicado nos termos freudianos da repetição de um trauma passado (já que o choque traumático apaga todos os vestígios do passado), Malabou continua presa ao conteúdo traumático e esquece de incluir, na série de lembranças traumáticas passadas, o próprio apagamento do conteúdo substancial, a própria subtração da forma vazia de seu conteúdo. Em outras palavras, precisamente na medida em que apaga todo conteúdo substancial, o choque traumático *repete* o passado, isto é, a perda de substância traumática passada que é constitutiva da própria dimensão da subjetividade. *O que se repete aqui não é um conteúdo antigo, mas o próprio gesto de apagar todo conteúdo substancial.* É por isso que, quando um sujeito humano é submetido a uma intromissão traumática, o resultado é a forma vazia do sujeito "morto-vivo", mas quando acontece o mesmo com um animal, o resultado é simplesmente a devastação total: o que resta depois da intromissão traumática violenta no sujeito humano que apaga todo o seu conteúdo substancial é a forma pura da subjetividade, a forma que já devia estar lá.

Para explicar de outro modo, podemos dizer que o sujeito é o caso supremo do que Freud descreveu como a experiência da "castração feminina", que fundamenta o fetichismo: a experiência de não encontrar nada onde esperávamos ver algo (o pênis). Se a pergunta filosófica fundamental é "Por que existe algo, ao invés de nada?", a pergunta que o sujeito faz é "Por que não existe nada onde deveria existir algo?". A última surpresa desse tipo acontece nas ciências do cérebro: quando se procura a "substância material" da consciência, descobre-se que ali "não há ninguém", somente a presença inerte de um pedaço de carne chamado "cérebro". Então, onde está o sujeito? Em lugar nenhum: ele não é nem o autoconhecimento da consciência nem, é claro, a presença nua e crua da matéria cerebral. Quando se olha nos olhos o sujeito autista (ou um *Muselmann*), também se tem a impressão de que "não há ninguém" ali; mas, em contraste com a presença nua e crua de um objeto morto, tal como o cérebro, espera-se alguém/algo porque há um espaço aberto ali para esse alguém. Isso é o sujeito em seu nível zero: como uma casa vazia, onde "não há ninguém":

> matar a sangue-frio, "explodir", como se costumava dizer, organizar o terror, dar ao terror a aparência de um evento fortuito, esvaziado de sentido: ainda é possível explicar esses fenômenos pela evocação do par sadismo e masoquismo? Não vemos que a fonte está em outro lugar, não nas transformações de amor em ódio, ou de ódio em indiferença ao ódio, ou seja, num além do princípio do prazer dotado de sua própria plasticidade, que já está na hora de conceituar?[30]

---

[30] Ibidem, p. 315.

O surgimento desse sujeito indiferente, que sobreviveu a sua própria morte, está diretamente relacionado com uma característica do capitalismo global de hoje descrita de maneira primorosa no título do livro de Naomi Klein: *A doutrina do choque**. Entretanto, devemos fazer uma pergunta ainda mais radical: como o surgimento desse sujeito indiferente se relaciona com o processo de "cercar" as áreas comuns, o processo de proletarização daqueles que, com isso, são excluídos de sua própria substância? As três versões de proletarização não correspondem perfeitamente às três figuras contemporâneas do sujeito cartesiano?

A primeira figura, que corresponde ao cercamento da natureza externa, é, talvez inesperadamente, a noção de *proletário* de Marx, o trabalhador explorado cujo produto é tomado dele, reduzindo-o a uma subjetividade sem substância, ao vazio da pura potencialidade subjetiva, cuja realização no processo de trabalho se iguala à sua desrealização.

A segunda figura, que corresponde ao cercamento da "segunda natureza" simbólica, é a do *sujeito totalmente "midiatizado"*, totalmente mergulhado na realidade virtual: embora ele pense "espontaneamente" que está em contato direto com a realidade, sua relação com a realidade é sustentada por uma complexa maquinaria digital. Podemos citar aqui Neo, o herói de *Matrix*, que descobre de repente que aquilo que ele percebe como realidade cotidiana é construído e manipulado por um supercomputador; sua posição não é precisamente a da vítima do *malin génie* cartesiano?

A terceira figura, que corresponde ao cercamento de nossa natureza "interior", é o sujeito pós-traumático: se quisermos ter uma ideia do *cogito* em seu aspecto mais puro, de seu "grau zero", temos de dar uma olhada nos "monstros" autistas, um espetáculo extremamente doloroso e perturbador. É por isso que resistimos tão firmemente à visão do *cogito*.

Bem-vindo ao Antropoceno

É fácil notar que cada um dos três processos de proletarização refere-se a uma questão apocalíptica: colapso ecológico, redução biogenética dos seres humanos a máquinas manipuláveis, controle informatizado total de nossa vida. Em todos esses níveis, a situação se aproxima do ponto zero, "o fim dos tempos está próximo". Eis a descrição de Ed Ayres: "Enfrentamos algo tão completamente fora de nossa experiência coletiva que, na verdade, não o vemos, nem quando as evidências são avassaladoras. Para nós, esse 'algo' é uma *blitz* de enormes alterações físicas e biológicas no mundo que nos sustenta"[31]. No nível geoló-

---

* Rio de Janeiro, Nova Fronteira, 2008. (N. E.)
[31] Citado em Holmes Rolston, "Four Spikes, Last Chance", *Conservation Biology*, v. 14, n. 2, p. 584-5.

gico e biológico, Ayres enumera quatro "picos" (evoluções aceleradas) que se aproximam assintoticamente de um ponto zero no qual a expansão quantitativa chegará ao ponto de exaustão e terá de mudar para uma qualidade diferente: crescimento populacional, consumo de recursos, emissão de gás carbônico, extinção em massa de espécies. Para enfrentar essa ameaça, nossa ideologia coletiva mobiliza mecanismos de dissimulação e autoengano que incluem a vontade direta de ignorância: "O padrão geral de comportamento das sociedades humanas ameaçadas é elas se tornarem mais tacanhas à medida que decaem, em vez de se concentrarem mais na crise"[32].

A recente mudança no modo como os que estão no poder reagem ao aquecimento global é uma demonstração gritante dessa dissimulação. Em 27 de junho de 2008, a grande mídia noticiou que, de acordo com cientistas do Centro Nacional de Dados sobre Neve e Gelo, em Boulder, no Colorado, o gelo do Ártico está derretendo muito mais rápido do que se previa: o Polo Norte pode perder todo o gelo em setembro de 2010. Até recentemente, as reações a notícias como essa eram apelos agourentos a medidas de emergência: estamos nos aproximando de uma catástrofe inimaginável, está mais do que na hora de agir. No entanto, ultimamente ouvimos cada vez mais gente exigindo que sejamos positivos em relação ao aquecimento global. As previsões pessimistas, segundo dizem, devem ser inseridas num contexto mais equilibrado. É verdade que a mudança climática agravará a competição pelos recursos, as inundações nas regiões litorâneas, os danos à infraestrutura pelo derretimento do *permafrost*, a pressão sobre as espécies animais e as culturas indígenas, tudo isso acompanhado de violência étnica, tumultos e domínio de quadrilhas. Mas não deveríamos esquecer que tesouros até então ocultos de um novo continente serão revelados, seus recursos ficarão mais acessíveis, sua terra se tornará adequada para a habitação humana. Daqui a um ano, mais ou menos, os navios cargueiros poderão seguir uma rota direta pelo Norte, reduzindo o consumo de combustível e as emissões de carbono. Grandes empresas e potências estatais já buscam novas oportunidades econômicas que não têm a ver apenas (nem sequer basicamente) com o "setor verde", mas muito mais simples e diretamente com a exploração da natureza permitida pelas mudanças climáticas.

Os contornos de uma nova Guerra Fria já surgem no horizonte e, desta vez, será literalmente um conflito travado em condições muito frias. Em 2 de agosto de 2007, uma equipe russa plantou uma cápsula de titânio com a bandeira russa sob a calota polar no Ártico. Essa afirmação das pretensões russas na região não tinha razões científicas nem era uma bravata política ou propagandística. O objetivo era garantir para a Rússia a riqueza energética do Ártico: segundo estimativas, até um quarto do petróleo e do gás ainda não extraídos no mundo pode estar no

---

[32] Idem.

oceano Ártico. É claro que as pretensões russas são combatidas por outros quatro países cujo território faz fronteira com a região ártica: Estados Unidos, Canadá, Noruega e Dinamarca (pela soberania da Groenlândia).

Embora seja difícil avaliar a solidez dessas previsões, uma coisa é certa: uma mudança social e psicológica extraordinária vem ocorrendo diante de nossos olhos, e o impossível está se tornando possível. Um evento visto primeiro como impossível, mas não real (a possibilidade de uma catástrofe futura que, apesar de provável, não acreditamos que possa ocorrer de fato e, portanto, qualificamos de impossível), torna-se real, mas não mais impossível (uma vez ocorrida, a catástrofe é "normalizada", percebida como parte do curso normal das coisas, como sempre-já possível). A lacuna que possibilita esses paradoxos é aquela entre conhecimento e crença: *sabemos* que a catástrofe (ecológica) é possível e até provável, mas não *acreditamos* que acontecerá realmente.

E não é isso que acontece hoje, bem à nossa frente? Há uma década, a legitimação da tortura ou a participação de partidos neofascistas num governo democrático da Europa ocidental era considerado um desastre ético impossível, que "realmente não pode acontecer"; quando aconteceu, nós nos acostumamos imediatamente a ele, aceitando-o como óbvio. Ou então recordemos o infame cerco de Sarajevo de 1992 a 1995: o fato de uma cidade europeia "normal", de meio milhão de habitantes, ser cercada, bombardeada, forçada a passar fome, cidadãos apavorados com os tiros dos francoatiradores etc., durante três anos, seria considerado inimaginável antes de 1992; para as potências ocidentais, seria muito fácil romper o cerco e abrir um pequeno corredor seguro até a cidade. Quando o cerco começou, até os cidadãos de Sarajevo pensaram que seria um evento de curto prazo e mandaram os filhos para lugares seguros "durante uma ou duas semanas, até essa confusão acabar". Então, rapidamente, o cerco foi "normalizado".

Essa mesma passagem direta da impossibilidade para a normalização é nítida no modo como os poderes de Estado e o grande capital se relacionam com ameaças ecológicas, como o derretimento dos polos. Os mesmos políticos e administradores que, até recentemente, viam o temor de um aquecimento global como intimidação apocalíptica de ex-comunistas, ou pelo menos como conclusões apressadas, baseadas em provas insuficientes, e garantiam que não havia razão para pânico, porque tudo continuaria como sempre foi, agora tratam o aquecimento global como um fato simples, como parte do modo como as coisas "sempre funcionaram". Em julho de 2008, a CNN exibiu várias vezes uma reportagem sobre "o reflorescimento da Groenlândia", em que se comemoravam as novas oportunidades oferecidas aos groenlandeses pelo derretimento do gelo – eles já podem plantar fora das estufas etc. A obscenidade dessa reportagem não é apenas o fato de ela tratar de um benefício secundário de uma catástrofe global; o que é pior é que ela brinca com o duplo significado de "verde" no discurso público ("verde" da vegetação, "verde" da preocupação ecológica), de modo que o fato de a Groenlândia ter mais vegetação por causa do aquecimento global é associado ao aumento da consciência ecológica. Esses fenômenos não são mais uma prova de que Naomi Klein estava certa quando descreveu, em *A doutrina do choque*, o modo como o capitalismo global explora as catástrofes (guerras, crises políticas, desastres naturais) para se livrar das "velhas" restrições sociais e impor-se no quadro que o desastre limpou? Os futuros desastres ecológicos, longe de abalar o capitalismo, talvez lhe sirvam de estímulo.

O que perdemos nessa mudança é a própria noção do que está acontecendo, com todas as armadilhas inesperadas que a catástrofe esconde. Por exemplo, um dos paradoxos desagradáveis dessa difícil situação é que as próprias tentativas de contrabalançar outras ameaças ecológicas podem contribuir para o aquecimento dos polos: o buraco de ozônio ajuda a proteger o interior da Antártida do aquecimento global e, se acabar, a Antártida pode atingir rapidamente o nível de aquecimento do resto da Terra. Pelo menos uma coisa é certa: era moda nas últimas décadas falar do papel predominante do "trabalho intelectual" em nossas sociedades pós-industriais; agora a materialidade se reafirma vigorosamente em todos os seus aspectos, da luta vindoura por recursos escassos (comida, água, energia, minérios, comida) à poluição ambiental.

Assim, embora devamos aproveitar as oportunidades criadas pelo aquecimento global, não deveríamos jamais esquecer que estamos lidando com enormes catástrofes sociais e naturais e que as oportunidades são subprodutos desse desastre que deveríamos combater com todas as forças. Ao adotar o "ponto de vista equilibrado", agimos como os que pediam um "ponto de vista mais equilibrado" em relação a Hitler: é verdade que ele matou milhões de pessoas nos campos de concentração, mas também acabou com o desemprego e a inflação, construiu estradas, fez os trens partirem no horário... Essa nova constelação é o ponto de partida da elaboração de Dipesh Chakrabarty das consequências filosófico-históricas do aquecimento global, e a primeira delas é o fim da distinção entre a história humana e a natural: "Porque não é mais simplesmente uma questão de o homem ter uma relação interativa com a natureza. Isso, os seres humanos sempre tiveram [...]. Agora, afirma-se que os seres humanos são uma força da natureza no sentido geológico"[33]. Ou seja, o fato de que "os seres humanos, graças ao nosso número, à queima de combustível fóssil e a outras atividades correlacionadas, tornaram-se um agente geológico do planeta"[34] significa que eles são capazes de afetar o próprio equilíbrio da vida na Terra, de modo que – "em si", com a revolução industrial de 1750, e "por si", com o

---

[33] Dipesh Chakrabarty, "The Climate of History: Four Theses", *Critical Inquiry*, v. 35, n. 2, 2009, p. 209.
[34] Idem.

aquecimento global – uma nova era geológica começou, batizada por alguns cientistas de "Antropoceno". A humanidade é forçada a se perceber nessas novas condições como *espécie*, como uma das espécies de vida na Terra. Quando o jovem Marx designou a humanidade como "ser espécie [*Gattungswesen*]", tinha algo muito diferente em mente: ao contrário das espécies animais, só os seres humanos são um "ser espécie", isto é, um ser que se relaciona ativamente com ele mesmo como espécie e, portanto, é "universal" não só em si, como também por si. Essa universalidade surge em sua forma pervertida/alienada com o capitalismo, que une e interliga toda a humanidade dentro do mesmo mercado mundial; com o desenvolvimento social e científico moderno, não somos mais apenas uma espécie entre outras nem mais uma condição natural. Pela primeira vez na história humana, nós, seres humanos, constituímo-nos coletivamente e temos consciência disso, de modo que também somos responsáveis por nós mesmos: o modo de nossa sobrevivência depende da maturidade de nossa razão coletiva. No entanto, os cientistas que falam do Antropoceno "dizem o contrário. Afirmam que, por constituir um tipo específico de espécie, os seres humanos podem, no processo de dominação das outras espécies, adquirir a condição de força geológica. Em outras palavras, os seres humanos se tornaram uma condição natural, pelo menos neste momento"[35]. Aqui, o contra-argumento marxista padrão é que essa passagem do Plistoceno para o Antropoceno se deve inteiramente ao desenvolvimento explosivo do capitalismo e seu impacto global – e isso nos coloca diante da pergunta fundamental: como pensar o vínculo entre a história social do capital e as mudanças geológicas muito maiores das condições de vida na Terra?

> Se foi o modo de vida industrial que nos levou a essa crise, então a pergunta é: por que pensar em termos de espécie, seguramente uma categoria que pertence a uma história muito mais longa? Por que a narrativa do capitalismo – e daí sua crítica – não seria suficiente como arcabouço para interrogar a história da mudança climática e entender suas consequências? Parece verdade que a crise da mudança climática é necessária ao modelo altamente consumidor de energia da sociedade que a industrialização capitalista criou e promoveu, mas a crise atual permitiu que se vissem algumas outras condições para a existência da vida na forma humana que não têm ligação intrínseca com a lógica da identidade capitalista, nacionalista ou socialista. Ao contrário, elas estão ligadas à

---

[35] Ibidem, p. 214. Com os recentes terremotos no interior da China, a noção do Antropoceno tornou-se uma nova realidade: há boas razões para supor que a principal causa dos terremotos, ou pelo menos de sua força imprevista, foi a construção da gigantesca barragem de Três Gargantas, que resultou em enormes lagos artificiais; parece que a pressão sobre a superfície influenciou o equilíbrio das fissuras subterrâneas e contribuiu para o terremoto. Portanto, algo tão elementar quanto um terremoto também pode ser incluído na série de fenômenos influenciados pela atividade humana.

história da vida neste planeta, à maneira como formas de vida diferentes se interligam e à maneira como a extinção em massa de uma espécie pode significar perigo para outra. [...] Em outras palavras, sejam quais forem nossas escolhas socioeconômicas e tecnológicas, sejam quais forem os direitos que queremos comemorar como nossa liberdade, não podemos nos dar ao luxo de desestabilizar condições (como a zona de temperatura em que o planeta existe) que funcionam como parâmetros fronteiriços da existência humana. Esses parâmetros são independentes do capitalismo e do socialismo. Eles se mantiveram estáveis por muito mais tempo do que a história dessas instituições e permitiram que os seres humanos se tornassem a espécie dominante da Terra. Infelizmente, nós nos tornamos um agente geológico que perturba essas condições paramétricas necessárias para nossa própria existência.[36]

Ao contrário da guerra nuclear, que resultaria de uma decisão consciente de um agente específico, a mudança climática "é uma consequência não intencional da ação humana e mostra, somente por meio da análise científica, o efeito de nossas ações como espécie"[37]. Essa ameaça à própria existência da humanidade cria uma nova noção de "nós", que abrange de fato toda a humanidade:

> Sem dúvida, a mudança climática, refratada pelo capital global, acentuará a lógica da desigualdade que atravessa o domínio do capital; sem dúvida, alguns ganharão temporariamente à custa de outros. Mas não podemos reduzir toda a crise a uma história de capitalismo. Diversamente das crises do capitalismo, aqui não há botes salva-vidas para os ricos e privilegiados (tomemos a seca na Austrália e os recentes incêndios nos bairros ricos da Califórnia).[38]

O nome mais apropriado para esse sujeito universal que está surgindo pode ser espécie: "Espécie pode ser o nome do lugar específico de uma história nova e emergente dos seres humanos que começa no momento do perigo representado pela mudança climática"[39]. O problema é que esse universal não é o hegeliano, que surge dialeticamente a partir do movimento da história e medeia/subsume todas as particularidades: ele "foge a nossa capacidade de vivenciar o mundo"[40], de modo que só pode dar origem a uma "história universal negativa"[41], não à história de mundo hegeliana como autodesdobramento imanente e gradual da liberdade.

Com a ideia dos seres humanos como espécie, a universalidade da humanidade recai sobre a particularidade de uma espécie animal: fenômenos como o aquecimento global nos tornam conscientes de que, com toda a universalidade de nossa

---

[36] Dipesh Chakrabarty, "The Climate of History: Four Theses", cit., p. 217-8.
[37] Ibidem, p. 221.
[38] Idem.
[39] Idem.
[40] Ibidem, p. 222.
[41] Idem.

atividade prática e teórica, em nível básico somos apenas mais uma espécie viva do planeta Terra. Nossa sobrevivência depende de certos parâmetros naturais que, automaticamente, consideramos pressupostos. A lição do aquecimento global é que a liberdade da humanidade só foi possível contra o pano de fundo de parâmetros naturais estáveis de vida na Terra (temperatura, composição do ar, água e energia suficientes etc.): os seres humanos só podem "fazer o que quiserem" enquanto permanecerem marginais, a ponto de não perturbar seriamente as precondições naturais. A limitação de nossa liberdade – que se torna palpável com o aquecimento global – é o resultado paradoxal do próprio crescimento exponencial de nossa liberdade e de nosso poder, isto é, de nossa capacidade crescente de transformar a natureza à nossa volta, a ponto de até desestabilizar a própria estrutura da vida. Assim, a "natureza" torna-se literalmente uma categoria sócio-histórica, mas não no sentido exaltado do jovem Lukács (o conteúdo do que, para nós, conta como "natureza" é sempre sobredeterminado por uma totalidade social historicamente especificada que estrutura o horizonte transcendental de nossa compreensão da natureza). Ela se torna uma categoria sócio-histórica no sentido (ôntico) muito mais radical e literal de algo que, além de ser um pano de fundo estável para a atividade humana, é afetado por ela em seus componentes mais básicos. Portanto, o que é abalado é a distinção básica entre natureza e história humana, segundo a qual a natureza segue seu curso às cegas e tem apenas de ser explicada, enquanto a história humana tem de ser entendida e, mesmo que seu curso global esteja fora de controle e funcione como um destino que vai contra os desejos da maioria, esse "destino" resulta da interação complexa de muitos projetos e atos individuais e coletivos, baseados em determinados entendimentos do que é nosso mundo; na história, enfrentamos o resultado de nossas próprias realizações[42].

Chakrabarty parece desconsiderar todo o alcance da relação propriamente dialética entre os parâmetros geológicos básicos da vida na Terra e a dinâmica socioeconômica do desenvolvimento humano. É claro que os parâmetros naturais de nosso meio ambiente são "independentes do capitalismo e do socialismo"; eles são uma ameaça a todos nós, qualquer que seja o desenvolvimento econômico, o sistema político etc. No entanto, o fato de sua estabilidade ainda assim ser ameaçada pela dinâmica do capitalismo global tem uma consequência mais grave do que aquela que Chakrabarty admite: de certo modo, temos de admitir que *o todo está contido*

---

[42] Os libertários radicais enfatizam a liberdade humana irrestrita que só pode ser limitada pela liberdade dos outros, enquanto os conservadores ressaltam que essa liberdade é uma dádiva que vem com a responsabilidade e até com a culpa. A esse par, devemos acrescentar a posição naturalista-reducionista radical de "nem liberdade nem culpa/responsabilidade"; mas há uma quarta posição, talvez a mais interessante: o inverso da liberdade sem responsabilidade/culpa, isto é, *a culpa/responsabilidade sem liberdade*. Não somos livres, mas ainda assim responsáveis e, portanto, culpados.

em sua parte, que o destino do todo (a vida na Terra) depende do que acontece no que é, formalmente, uma de suas partes (o modo de produção socioeconômico de uma das espécies da Terra). É por isso que temos de aceitar o paradoxo de que, na relação entre o antagonismo universal (os parâmetros ameaçados das condições de vida na Terra) e o antagonismo particular (o impasse do capitalismo), a luta fundamental é a particular: só podemos resolver o problema universal (a sobrevivência da espécie humana) se resolvermos primeiro o impasse particular do modo de produção capitalista. Em outras palavras, o senso comum que diz que, se quisermos sobreviver, todos teremos de atacar a crise do meio ambiente, seja qual for nossa classe ou orientação política, é profundamente enganoso: a chave da crise ecológica não reside na ecologia como tal.

A conferência de dezembro de 2009 sobre o combate ao aquecimento global e outras ameaças ecológicas, realizada em Copenhague com os representantes das vinte grandes potências do mundo, fracassou estrondosamente; o resultado foi um compromisso vago, sem prazos ou obrigações fixos, que é mais uma declaração de intenções do que um tratado. A lição é clara e amarga: as elites políticas estatais servem ao capital, são incapazes e/ou não se dispõem a controlar e regular o capital nem quando o que está em jogo é, em última análise, a sobrevivência de todos nós. Hoje, mais do que nunca, vale a velha piada de Fredric Jameson: é mais fácil imaginar uma catástrofe total na Terra, que acabará com toda a vida, do que uma mudança real das relações capitalistas – como se, depois de um cataclismo global, o capitalismo pudesse continuar de algum modo... Ou seja, mais um argumento a favor do fato de que, quando nossas áreas naturais comuns são ameaçadas, nem o mercado nem o Estado nos salvam, apenas a mobilização comunista. Em outras palavras, o que temos a fazer é comparar a reação ao colapso financeiro de setembro de 2008 com a conferência de Copenhague: salvar o planeta do aquecimento global (ou salvar as vítimas de aids, os doentes que morrem porque não podem arcar com tratamentos e cirurgias caras, as crianças famintas...), tudo isso pode esperar mais um pouquinho, mas o apelo "Salvem os bancos!" é um imperativo incondicional, que exige e obtém ação imediata. O pânico foi absoluto, uma comissão transnacional e apartidária foi criada imediatamente, todos os ressentimentos entre líderes mundiais foram momentaneamente esquecidos para evitar "a" catástrofe. Podemos nos preocupar quanto quisermos com a nossa realidade, mas o real da nossa vida é o capital.

Em consequência, não se deve dizer que o capitalismo é sustentado pela ganância egoísta de mais poder e riqueza dos capitalistas individuais; essa mesma ganância está subordinada à luta impessoal do próprio capital para se reproduzir e se expandir. Ficamos quase tentados a dizer que realmente precisamos de mais, e não de menos, egoísmo esclarecido. Tomemos como exemplo a ameaça ecológica: não é preciso ter um amor pseudoanimista pela natureza para agir, apenas interesses egoístas de longo prazo. O conflito entre capitalismo e ecologia pode parecer um conflito típico entre interesses utilitários-egoístas patológicos e o cuidado propriamente ético pelo bem comum da humanidade. Num exame mais atento, logo se torna claro que a situação é exatamente o contrário: são nossas preocupações ecológicas que se baseiam na noção utilitária de sobrevivência e, como tal, não têm uma dimensão propriamente ética, defendem apenas um interesse esclarecido, em seu aspecto mais elevado de interesse das futuras gerações contra nosso interesse imediato (se, é claro, ignorarmos a noção espiritualista da Nova Era sobre a sacralidade da vida como tal, do direito do meio ambiente à preservação etc.). Se buscarmos a dimensão ética nessa questão, nós a encontraremos na dedicação incondicional do capitalismo à própria reprodução sempre em expansão: o capitalista que se dedica de modo incondicional ao impulso capitalista de autoexpansão está disposto a pôr tudo em risco, inclusive a sobrevivência da humanidade, não por um ganho ou objetivo "patológico", mas pelo bem da reprodução do sistema como um fim em si – *fiat profitus pereat mundus* deveria ser seu lema. É claro que esse lema ético é fatídico, para não dizer absolutamente maléfico; no entanto, de uma perspectiva kantiana estrita, não podemos esquecer que é nossa reação sobrevivencialista puramente "patológica" que o torna repulsivo: o capitalista, na medida em que age "de acordo com sua ideia", é alguém que busca fielmente um objetivo universal, sem dar atenção a obstáculos "patológicos"...

Talvez a chave dessa limitação seja a noção simplificada de Chakrabarty da dialética hegeliana. Ou seja, a ideia de uma "história universal negativa" é realmente anti-hegeliana? Ao contrário, a ideia de uma multiplicidade (de seres humanos) totalizada (reunida) por meio de um limite externo negativo (uma ameaça) não é hegeliana por excelência? Além disso, para Hegel, *toda* universalidade não é "negativa", no sentido exato de que ela tem de parecer como tal em sua oposição ("relação negativa") com o próprio conteúdo particular determinado? Basta pensarmos na teoria da guerra de Hegel. Pode parecer que Hegel exalta o caráter *prosaico* da vida num Estado moderno bem organizado, no qual as perturbações heroicas são superadas na tranquilidade dos direitos privados e na segurança da satisfação das necessidades: a propriedade privada é garantida, a sexualidade se restringe ao casamento, o futuro é seguro. Nessa ordem orgânica, a universalidade e os interesses particulares parecem conciliados: o "direito infinito" de singularidade subjetiva recebe o que lhe cabe, os indivíduos não veem mais a ordem objetiva do Estado como uma força externa que se intromete em seus direitos e reconhecem nela a substância e o arcabouço da própria liberdade. Aqui, Gérard Lebrun faz a pergunta fatídica: "O sentimento do universal pode se dissociar de seu apaziguamento?"[43]. A

---

[43] Gérard Lebrun, *L'envers de la dialectique. Hegel à la lumière de Nietzsche* (Paris, Seuil, 2004), p. 214. [Ed. bras.: *O avesso da dialética*, São Paulo, Companhia das Letras, 1988.]

resposta é óbvia: sim, e por isso a guerra é necessária. Na guerra, a universalidade reafirma seu direito contra e acima do apaziguamento orgânico concreto da vida social prosaica. Sendo assim, a necessidade da guerra não é a prova definitiva de que, para Hegel, toda conciliação social está condenada a fracassar, *nenhuma ordem social orgânica pode conter efetivamente a força da negatividade universal abstrata?* É por isso que a vida social está condenada ao "infinito espúrio" da oscilação eterna entre vida civil estável e perturbações em tempos de guerra.

Em outras palavras, a rejeição de Chakrabarty da universalidade hegeliana só se sustentaria se reduzíssemos o que Hegel chama de "universalidade concreta" ao modelo corporativo-orgânico de uma ordem universal na qual cada momento particular tem seu papel determinado, contribuindo para a riqueza do todo. Se, entretanto, tivermos em mente que a "universalidade concreta" hegeliana designa um universal que entra em tensão dialética com seu conteúdo particular, isto é, que toda universalidade só pode se reafirmar (postular) "como tal" de maneira negativa, então parece profundamente hegeliana a ideia da natureza – além de pano de fundo estável e evidente da atividade humana – como unidade entre o pano de fundo invisível da espécie humana e a ameaça apocalíptica contra ela[44].

Versões do Apocalipse

Hoje, há pelo menos três versões de apocaliptismo: a fundamentalista cristã, a da Nova Era e a tecnodigital pós-humana. Embora tenham em comum a noção básica de que a humanidade se aproxima do ponto zero de uma transmutação radical, suas respectivas ontologias são absolutamente diferentes: o apocaliptismo tecnodigital (cujo principal representante é Ray Kurzweil) permanece nos confins do naturalismo científico e identifica, no nível da evolução da espécie humana, os contornos de transmutação "pós-humana"; o apocaliptismo da Nova Era dá a essa transmutação uma torção espiritualista, interpretando-a como passagem de um modo de "consciência cósmica" para outro (em geral, da postura mecanicista-dualista moderna para a postura de imersão holística); e, por fim, os fundamentalistas cristãos inter-

---

[44] Aqui o problema especulativo fundamental é a relação entre as duas negatividades: a negatividade da natureza como o Outro radical que sempre constitui uma ameaça mínima à humanidade ou, em última análise, a ameaça de aniquilação da humanidade por uma intromissão externa totalmente sem sentido (como um asteroide gigantesco que se choque contra a Terra) e a negatividade da própria subjetividade humana, seu impacto destrutivo sobre a natureza. Até que ponto podemos dizer que, ao defrontar a alteridade da natureza, a humanidade defronta sua própria essência, o núcleo negativo de seu ser? Em termos especulativos, obviamente isso é verdade, já que a natureza só parece uma alteridade ameaçadora do ponto de vista do sujeito que se percebe oposto à natureza: na negatividade ameaçadora da natureza, o sujeito recebe de volta a imagem espelhada de sua relação negativa com a natureza.

pretam o apocalipse em termos bíblicos estritos, isto é, buscam (e encontram) no mundo contemporâneo sinais de que a batalha final entre Cristo e o Anticristo está próxima, de que nos aproximamos de uma reviravolta fundamental. Embora seja considerada a mais ridícula, porém a mais perigosa quanto ao conteúdo, essa última versão é a mais próxima da lógica emancipatória radical "milenária".

Vejamos primeiro o apocaliptismo tecnodigital. Uma antevisão do que nos aguarda é o "SixthSense", uma "interface gestual" e portátil desenvolvida por Pranav Mistry, do grupo de interfaces fluidas do MIT Media Lab[45]. O hardware (uma pequena câmera pendurada no pescoço, um projetor portátil e um espelho, todos conectados a um smartphone que fica no bolso) é um aparelho que podemos vestir. O usuário inicia a interação segurando objetos e fazendo gestos com as mãos; a câmera reconhece e acompanha os objetos físicos e os gestos do usuário, empregando técnicas baseadas na visão por computador. O programa lê e processa os dados de vídeo como instruções e busca na internet as informações apropriadas (textos, imagens etc.); então, o aparelho projeta essas informações em qualquer superfície física disponível; todas as superfícies, paredes e objetos físicos em torno do usuário podem servir de interface. Eis alguns exemplos de como ele funciona: numa livraria, pego um livro e o seguro à minha frente; no mesmo instante, vejo projetadas na capa do livro críticas e classificações. Se eu quiser saber a hora, basta fazer um círculo com o dedo no meu pulso esquerdo e o projetor mostra um relógio no meu braço direito. Quando estendo os braços e formo um quadrado com os dedos, o sistema reconhece o gesto como "enquadrar uma cena", tira uma foto e a armazena. (Mais tarde, posso manipular essas fotos – separá-las, redimensioná-las etc. –, projetando-as em qualquer parede e dando instruções com os dedos – arrastando as imagens com as pontas dos dedos etc.) A caminho do aeroporto, pego meu cartão de embarque e a informação: "Voo 40 minutos atrasado" é projetada nele. Ao ler um jornal, aponto uma imagem e outras imagens ou vídeos com mais informações são projetados na superfície. Posso navegar num mapa exibido numa superfície qualquer usando movimentos de mão para ampliar, reduzir, ir para a direita ou para a esquerda. Desenho um @ com os dedos e uma tela virtual de computador com meu e-mail é projetada em qualquer superfície à minha frente, e eu posso digitar mensagens num teclado virtual. Mas é possível ir muito além: basta imaginar como esse aparelho transformaria a interação sexual. (Isso já é suficiente para materializar o sonho sexista de todo homem: basta olhar uma mulher para ver a descrição de suas características sexuais – divorciada, fácil, fã de jazz e de Dostoiévski, boa

---

[45] Além de inúmeras informações nos meios de comunicação, há uma descrição concisa em: <http://en.wikipedia.org/wiki/SixthSense>. [Acesso em 25 maio 2012.]

de felação, seios bonitos...) A surpresa é o baixo custo do aparelho: o protótipo custa cerca de 350 dólares, e podemos imaginar seu uso potencial generalizado.

O mundo inteiro se tornará uma "superfície multitoque", e a internet será utilizada continuamente para fornecer dados adicionais que permitam minha orientação. Mistry enfatizou o aspecto físico dessa interação: hoje, a internet e os computadores isolam o indivíduo da realidade física à sua volta; o usuário arquetípico da internet é um pequeno gênio sentado sozinho na frente do computador e imerso nele, sem se dar conta da realidade à sua volta. Com SixthSense, continuo inserido na interação física com os objetos: a alternativa "realidade física ou tela" é substituída pela interpenetração direta de ambas. Assim, os objetos físicos reais com que interajo são aumentados pela projeção de informações a respeito deles; e como essa informação é projetada diretamente nas coisas, o efeito é mágico e mistificador: as coisas parecem revelar continuamente – ou melhor, emanar – sua própria interpretação.

A primeira coisa que devemos observar aqui é que o SixthSense não é apenas um rompimento radical com nossa experiência cotidiana: ele representa o que já acontecia. Em nossa experiência cotidiana da realidade, o "grande Outro" – a espessa textura simbólica de conhecimento, expectativas, preconceitos etc. – preenche continuamente as lacunas de nossa percepção. Por exemplo, quando um racista depara com um árabe pobre na rua, ele não "se projeta" de certo modo no árabe e "vê" nele todos os seus preconceitos contra os árabes? É por isso que o SixthSense é outro caso de ideologia em ação na tecnologia: o aparelho imita e materializa o mecanismo ideológico de reconhecimento (errado) que sobredetermina nossa percepção e interação cotidianas. A questão é até que ponto a encenação declarada desse mecanismo solapa sua eficiência.

Se existe um cientista capitalista que ilustre à perfeição, mais ainda do que Bill Gates, o terceiro "espírito do capitalismo" e sua criatividade não hierárquica e anti-institucional, suas preocupações ético-humanitárias etc., é Craig Venter, com sua ideia de produção controlada por DNA. O campo de Venter é a biologia sintética: a vida não forjada pela evolução darwinista, mas criada pela inteligência humana. A primeira inovação de Venter foi desenvolver o "sequenciamento espingarda" [*shotgun sequencing*], um método de análise do genoma humano mais rápido e mais barato; ele divulgou o próprio genoma na primeira vez que o DNA de uma pessoa foi sequenciado (aliás, a análise mostrou que Venter corre risco de desenvolver mal Alzheimer, diabetes e uma doença ocular hereditária). Em seguida, anunciou seu outro grande projeto: construir um organismo sintético que possa ser usado para salvar o mundo do aquecimento global. Em janeiro de 2008, ele construiu o primeiro genoma totalmente sintético de um organismo vivo: usando produtos de laboratório, recriou uma cópia quase exata do material genético encontrado numa minúscula bactéria. Essa estrutura de DNA, a maior já feita pelo homem, tem o comprimento de 582.970 pares de bases; eles foram divididos em quatro filamentos menores de DNA (mas ainda assim imensos!), a partir da força de transcrição dos fungos, e segue o modelo de uma bactéria chamada *Mycoplasma genitalium*. (Essa bactéria é comum no trato reprodutor humano; foi escolhida apenas por ter um genoma relativamente pequeno.) "O genoma feito em laboratório não levou até agora a um micróbio vivo que funcione ou se reproduza. Mas o dr. Venter diz que é apenas questão de tempo para que se descubra como 'dar a partida', inserindo o DNA sintético no invólucro de outra bactéria."[46] Esse sucesso abre caminho para a criação de novos tipos de microrganismos que poderiam ser usados de várias maneiras: como combustível verde para substituir petróleo e carvão, para digerir lixo tóxico ou absorver gases de efeito estufa etc. Na verdade, o sonho de Venter é criar os primeiros "organismos de um trilhão de dólares" – micróbios patenteados que possam excretar biocombustíveis, gerar energia limpa na forma de hidrogênio e até produzir alimentos sob medida.

> Imagine o fim dos combustíveis fósseis: a suspensão das perfuração ecologicamente devastadoras, a deflação do poder político e econômico dos barões do petróleo neoconservadores, transporte, aquecimento e eletricidade baratos e de baixa emissão. O impacto dessa tecnologia é profundo, e não para por aí. Quando descobrirmos os detalhes das vias bioquímicas e metabólicas, poderemos imitar melhor sua eficiência e elegância para resolver problemas que assombram a civilização industrial. Talvez possamos construir um biorrobô primitivo e autossustentável, que se alimente de CO_2 e elimine O_2. Talvez possamos remover o mercúrio de nossas fontes de água. As limitações são desconhecidas, mas as possibilidades são espantosas.[47]

Como Venter admite, há possibilidades mais sinistras: também será possível sintetizar vírus como o ebola ou fabricar novos patógenos. Mas o problema é mais profundo: essa engenharia genética radical criará organismos substancialmente diferentes: estaremos num novo terreno, cheio de desconhecidos. O problema é nossa compreensão limitada do modo como o DNA funciona: mesmo que conseguíssemos montar uma sequência de DNA sintético, não podemos prever como essa sequência funcionará, como seus componentes interagirão. Ou seja, o DNA se comunica com a célula ordenando-lhe que produza proteínas, mas estamos longe de entender a relação entre uma sequência dada de DNA, as proteínas que ela gera e as propriedades finais de um organismo.

Esses perigos aumentam pela ausência de qualquer controle público sobre o que acontece na bioética: livre de qualquer supervisão democrática, industriais em

---

[46] Carolyn Abraham, "Lab-Made Genome Gives New Life to Ethics Debate". Disponível em: <http://www.theglobeandmail.com/news/technology/science/article663217.ece>. [Acesso em 2010.]
[47] Ian Sample, "Frankenstein's Mycoplasma", *The Guardian*, 8 jun. 2007.

busca de lucro remexem nos tijolos da vida. Venter tentou amenizar o temor do surgimento de uma sociedade como a de *Blade Runner*:

> O filme [*Blade Runner*] tem um pressuposto subjacente que eu simplesmente não aceito: todos querem uma classe de escravos. Quando imagino a possibilidade de construir o genoma humano, penso: não seria bom se pudéssemos ter uma capacidade cognitiva dez vezes maior do que a que temos? Mas me perguntam se eu conseguiria criar um idiota para trabalhar como criado. Recebi cartas de presidiários me pedindo para criar mulheres que eles possam manter nas celas. Como sociedade, eu não nos vejo fazendo isso.[48]

Venter talvez não veja, mas os pedidos que o bombardeiam provam que existe demanda social pela criação de uma subclasse de serviçais. Ray Kurzweil rechaçou esse temor de forma diferente:

> O roteiro em que seres humanos caçam ciborgues não cola, porque essas entidades não serão separadas. Hoje, tratamos a doença de Parkinson com um implante cerebral do tamanho de uma ervilha. Aumente em um bilhão de vezes a capacidade desse aparelho e reduza seu tamanho a um centésimo milésimo e terá uma ideia do que será viável daqui a 25 anos. Não será: "Ok, ciborgues à esquerda, seres humanos à direita". Os dois vão se misturar.[49]

Embora isso seja verdade em princípio (e podemos variar infinitamente o motivo derridiano de como a humanidade é sempre-já suplementada por próteses artificiais), o problema é que, com a redução de tamanho por um fator de cem mil, a prótese não é mais experimentada como tal e torna-se invisível, parte de nossa experiência orgânica imediata, de modo que quem controla tecnologicamente a prótese controla o indivíduo no próprio âmago de sua experiência de si mesmo.

O paradoxo é que, enquanto a recriação artificial da vida é a realização de (uma das tendências da) modernidade, o próprio Habermas abstém-se de realizar o projeto de modernidade, isto é, prefere que a modernidade permaneça um "projeto inacabado", estabelecendo um limite para o desenvolvimento de seu potencial. Aqui há até perguntas mais radicais a fazer sobre os próprios limites de nosso desejo (e disposição) de saber: o que farão os futuros pais, sabendo que seu filho terá os genes do mal de Alzheimer? "Previvente", a nova palavra da moda (aquele que não tem câncer, mas possui predisposição genética para a doença, isto é, um "pré-sobrevivente"), transmite à perfeição a angústia do conhecimento antecipado.

Os cientistas chineses do Instituto de Genômica de Pequim terminaram o sequenciamento do quarto genoma humano do mundo e planejam usar seu banco de dados genômico para "resolver problemas relativos a doenças genéticas especificamente chinesas", além de melhorar diagnósticos, prognósticos e terapias. Esses fenômenos são apenas a ponta do iceberg de um processo em andamento na China, ou

---

[48] Citado em idem.
[49] Citado em idem.

seja, a expansão da revolução biogenética, sobre o qual pouco se ouve falar na mídia, mais preocupada com os problemas no Tibete etc. Enquanto nos aborrecemos no Ocidente com debates intermináveis sobre os limites éticos e jurídicos de experiências e procedimentos biogenéticos (células-tronco: sim ou não; até que ponto podemos intervir num genoma: só para prevenir doenças ou também para aprimorar as características físicas e até mesmo psíquicas desejadas para criar um recém-nascido que atenda a nossos desejos?), os chineses simplesmente avançam sem nenhuma restrição e com um modelo exemplar de cooperação entre as agências estatais (como a Academia de Ciências) e o capital privado. Em resumo, os dois ramos do que Kant chamaria de uso "privado" da razão (o Estado e o capital) deram-se as mãos à custa de um uso "público" da razão ausente (o debate intelectual livre sobre o que está acontecendo, numa sociedade civil independente: como isso transgride o status de agente eticamente autônomo do indivíduo, sem mencionar seu possível mau uso político). As coisas avançam rápido nas duas frentes, não só rumo à visão distópica de um Estado que controla e conduz a massa biogenética dos cidadãos, mas também rumo a uma raça lucrativa: bilhões de dólares são investidos em laboratórios e clínicas (a maior delas em Xangai) para criar clínicas para ocidentais ricos que, por causa das proibições legais, não poderão fazer esse tipo de tratamento em seu país. O problema, é claro, é que, numa situação global, as proibições legais perdem seu sentido: o efeito principal será o fortalecimento da vantagem científica e comercial dos laboratórios chineses; portanto, Xangai tem grandes chances de se tornar uma megalópole distópica como a cidade anônima de *Blade Runner*.

Está na hora de invertermos a queixa de que nossas relações com os outros são cada vez mais mediadas por máquinas, de modo que, em todos os contatos cara a cara, há uma interface: é possível que num futuro próximo haja um desenvolvimento explosivo de vínculos diretos entre os próprios computadores (e outros meios de comunicação): eles se comunicarão, tomarão decisões etc. e nos apresentarão apenas o resultado de sua interação. (Por exemplo, quando tiramos dinheiro de um caixa eletrônico, ele informa ao computador do banco, que manda a informação por e-mail para o nosso computador.) Hoje, já existem mais ligações entre computadores do que entre computadores e usuários humanos; podemos aplicar a fórmula de Marx e afirmar que, aqui também, as relações entre coisas/computadores estão substituindo as relações entre pessoas. E se, a partir dessa interação, surgir uma forma de auto-organização que consiga impor sua própria agenda, de modo que os usuários humanos não controlem nem dominem mais a rede informatizada, mas sejam usados por ela? *Controle absoluto* (2008, D. J. Caruso), um filme de aventura tecnológica que custou milhões de dólares, trata dessa possibilidade com toda a sua ambiguidade; não admira que o filme tenha fracassado por razões ideológicas bastante interessantes. A trama começa com um acidente normal durante a "guerra ao terrorismo": o Exército norte-americano tem uma pista de um suspeito de terrorismo no Oriente Médio, mas o homem é recluso, por isso é difícil conseguir uma identificação conclusiva, e o computador que processa todos os dados militares recomenda que a missão seja abortada. A Secretaria de Defesa concorda, mas o presidente ordena que a missão seja realizada mesmo assim. O caso tem repercussões políticas quando se descobre que os mortos são todos civis e ocorrem bombardeios retaliatórios.

Entram em cena os dois heróis do filme, dois cidadãos comuns: Jerry Shaw (que largou a universidade de Stanford) e Rachel Holloman (jovem mãe solteira cujo filho toca trompete). Certo dia, quando volta para casa, Jerry encontra em seu apartamento uma grande quantidade de armas, explosivos e documentos forjados. Ele recebe o telefonema de uma desconhecida que diz que o FBI vai prendê-lo em trinta segundos e ele precisa fugir. Ele não acredita nela e é preso, mas a desconhecida organiza a fuga de Jerry e coloca-o em contato com Rachel, coagida pela mesma desconhecida a ajudar Jerry, senão seu filho seria morto. A voz feminina ajuda o casal a evitar a polícia e as unidades do FBI, revelando a capacidade de controlar de longe praticamente todos os dispositivos em rede, como semáforos, celulares e até guindastes.

Jerry e Rachel são guiados até uma loja de aparelhos eletrônicos onde a voz feminina se apresenta: trata-se de um supercomputador ultrassecreto chamado "Analista Autônomo de Integração e Reconhecimento de Informações" (Ariia, em inglês), que reúne informações do mundo inteiro e consegue controlar praticamente tudo que é eletrônico; ela acompanha a vida de Jerry e Rachel e levou-os à sua presença. Diante do erro cometido pelo presidente, Ariia concluiu que o Poder Executivo é uma ameaça ao bem público e tem de ser eliminado. Ela planeja destruir o gabinete do presidente e transformar o secretário de Defesa, que concordou com a recomendação de abortar a missão, em seu sucessor; explica a Jerry e Rachel que está tentando ajudar o povo dos Estados Unidos. Sem saber, Rachel recebe um colar explosivo e vai assistir ao discurso do presidente na cerimônia do Estado da União. Antes do discurso, há uma apresentação da turma de Sam, filho de Rachel; o colar explosivo será ativado quando Sam tocar um fá agudo, correspondente à palavra "free" [livre] da última estrofe do hino dos Estados Unidos. No fim, tudo acaba bem, graças ao trabalho heroico e ao sacrifício de agentes honestos do FBI: a explosão é evitada, Sam é salvo, Rachel e Jerry se unem. Mas Ariia não é simples e verdadeiramente um agente racional, que age efetivamente em defesa dos interesses do povo dos Estados Unidos? Não seria melhor para o país se o plano dela desse certo? Ariia se dispõe a sacrificar dezenas de pessoas inocentes no Capitólio, mas o presidente fez o mesmo quando concordou em matar dezenas de civis árabes. A ambiguidade do filme é que ele não deixa claro se essa ironia é intencional ou não[50].

---

[50] Num nível mais visceral, não resistimos à lógica de conto de fadas por trás das cenas em que Jerry e Rachel conseguem escapar do FBI. É como se estivessem num universo encantado, em que não enfrentam simplesmente o inimigo contra um neutro pano de fundo de realidade; a própria textura da realidade é guiada por uma mão mágica, que a distorce em seu proveito:

Como a informatização de nossa vida afeta o horizonte hermenêutico da experiência cotidiana? Segundo uma reportagem da CNN (29 de maio de 2008), macacos com sensores implantados no cérebro aprenderam a controlar um braço robótico apenas com o pensamento, usando-o para comer frutas e marshmallow. Os cientistas da Escola de Medicina da Universidade de Pittsburgh implantaram nos macacos eletrodos da espessura de um fio de cabelo que transmitem sinais de áreas do cérebro ligadas aos movimentos. Eles dizem que isso levará à criação de próteses controladas pelo cérebro para amputados ou pessoas com doenças degenerativas. O primeiro protótipo já está em funcionamento: a Universidade do Sul da Flórida desenvolveu um braço robótico acoplado a uma cadeira de rodas e controlado apenas pelo pensamento[51]. O aparelho dá a pessoas que sofrem de esclerose lateral amiotrófica (ELA) ou paralisia total – pessoas cujo cérebro funciona, mas não conseguem exprimir seus pensamentos – a capacidade de realizar funções cotidianas simples, mas que seriam impossíveis de outro modo. Os eletroencefalogramas são um meio de os pacientes com ELA se comunicarem com o mundo exterior: equipando-os com um capacete cheio de eletrodos e um gel que conduz eletricidade, os cientistas conseguem monitorar tipos específicos de impulsos elétricos que passam pelo cérebro. Nesse caso, os cientistas acompanham uma onda cerebral específica chamada P300; ler as ondas P300 é ler pensamentos, só que de um modo mais grosseiro. Quanto ao braço robótico acoplado a uma cadeira de rodas, quem está sentado nela observa o cursor que aparece numa telinha; quando o cursor aponta na direção desejada, o cérebro se ilumina no eletroencefalograma e a cadeira de rodas ou o braço robótico se movimenta. Nem o famoso dedo mindinho de Stephen Hawking – o vínculo mínimo entre sua mente e a realidade externa, a única parte de seu corpo paralisado que ele consegue

---

quando os carros que perseguem os dois se aproximam demais, guindastes bloqueiam seu caminho; quando eles entram numa estação do metrô para fugir da polícia, o relógio mostra a direção que devem tomar. Esse não seria o grande sonho paranoico, o sonho de que a realidade não é feita de uma matéria inerte e neutra, indiferente à nossa luta, mas é um mecanismo artificial, guiado por uma inteligência benévola? A lógica (em sua versão mais fraca) que costuma se voltar contra o herói (como em *Inimigo do Estado*, em que o antagonista usa um complexo sistema de vigilância por satélite etc. e parece sempre saber onde Will Smith está) funciona aqui *a favor* dos heróis – com o inevitável complicador de que, como a agência controladora é má por definição, os heróis são instrumentos coagidos e inconscientes de um grande Outro mau que controla nossa realidade. Provavelmente, a cena mais poética do filme é quando os heróis entram em Ariia – uma grande cúpula redonda, com "neurônios" piscantes – como se tivessem entrado na cabeça ou no próprio cérebro da voz feminina que se dirige a eles. O encanto (e, ao mesmo tempo, a manipulação ideológica fundamental) da cena é que, embora vejamos o "cérebro" mecânico e impessoal funcionando, o computador continua subjetivado, a voz feminina espectral continua a se dirigir aos seres humanos como parceiros num diálogo.

[51] Ver Eric Bland, "Wheelchair Arm Controlled by Thought Alone", *Discovery News*. Disponível em: <http://dsc.discovery.com/news/2009/02/27/wheelchair-thought.html>. [Acesso em 25 maio 2012.]

mover – será necessário: com minha mente, serei capaz de fazer *diretamente* os objetos se moverem, meu próprio cérebro servirá de controle remoto.

Pesquisas recentes indicam o fato estranho de que as agências de defesa secretas dos Estados Unidos estão envolvidas num amplo projeto de longo prazo para desenvolver meios de controlar as emoções e as atitudes humanas, bombardeando o cérebro com ondas eletromagnéticas precisas. Como já é possível identificar as ondas cerebrais que dão suporte material a emoções específicas (medo, ódio, coragem), a ideia é bombardear o cérebro com ondas semelhantes, artificialmente geradas para distorcer ou produzir a emoção desejada. Um procedimento semelhante já foi testado para tratar veteranos de guerra com sintomas pós-traumáticos: identificando o suporte material de lembranças traumáticas no cérebro e expondo o cérebro a ondas específicas, é possível apagar essas lembranças, com perdas limitadas da memória recente como efeito colateral. Embora o alcance dessas práticas seja desconhecido, parece óbvio que há base suficiente para a suposição um tanto paranoica de que as agências secretas estão se esforçando para explorar a possibilidade de eliminar a diferença entre "dentro" e "fora", isto é, a "ligação" direta dos processos cerebrais a processos materiais externos e tecnologicamente manipulados.

O ideal que regula esse processo é o controle total do passado e do futuro em nível psíquico. A estratégia é sempre a mesma: primeiro, uma invenção é apresentada como remédio fundamental para uma doença extrema (para que ninguém se oponha a ela); em seguida, ela é universalizada. Já há pesquisas amplas sobre intervenções genéticas e bioquímicas que apagariam o passado traumático de um sujeito e assim permitiriam, por exemplo, que vítimas de tortura ou estupro violentos voltassem à normalidade; é claro que o problema surge quando esse procedimento é universalizado para o controle mais global de vestígios do passado. Ou então futuros pais ricos se dão ao luxo de examinar o cérebro do filho não nascido para buscar vestígios de futuras fraquezas mentais (QI baixo, tendências criminosas...). Mais uma vez, quais seriam as consequências de uma possível universalização desse procedimento? Aqui é preciso tomar cuidado com uma dupla armadilha: o sonho utópico de "limpeza" do cérebro, para protegê-lo de doenças e (vestígios de) traumas passados, mas também o falso ponto de vista do juízo final, que vê essas intervenções no cérebro como o "fim da humanidade".

A World Transhumanist Association [Associação Trans-humanista Mundial], fundada em 1998 por Nick Bostrom e David Pearce, dedica-se à tarefa de tratar desses problemas. Ela se descreve como uma "associação internacional sem fins lucrativos que defende o uso ético da tecnologia para expandir a capacidade humana"[52].

---

[52] John Sutherland, "The Ideas Interview: Nick Bostrom", *The Guardian*, 9 maio 2006. Disponível em: <http://www.guardian.co.uk/science/2006/may/09/academicexperts.genetics>. [Acesso em 25 maio 2012.]

Sua premissa é que, em termos evolutivos, o desenvolvimento humano ainda está longe de chegar ao fim: todo tipo de novas tecnologias (neurofarmacologia, inteligência artificial, cibernética e nanotecnologia) tem, segundo ela, o potencial de aprimorar a capacidade humana. Como explica Bostrom:

> Alguns anos atrás, as discussões giravam basicamente em torno da questão: "É ficção científica ou estamos falando de possibilidades futuras realistas?". Hoje, as discussões tendem a partir da certeza de que, sim, será cada vez mais possível mudar a capacidade humana. Agora, a questão é se devemos fazer isso. E, se podemos, quais são as restrições éticas?

Ao contrário do "super-homem" de Nietzsche, que visa a "transcendência moral e cultural" (os poucos escolhidos dotados de grande refinamento e força de vontade romperiam as algemas das convenções e da moralidade tradicional e assim se elevariam acima do resto da humanidade), a ideia trans-humanista de um ser "pós-humano" visa uma sociedade em que todos têm acesso à tecnologia de aprimoramento:

> os trans-humanistas defendem o aumento de recursos para pesquisas que ampliem radicalmente a duração da vida saudável e favoreçam o desenvolvimento de meios médicos e tecnológicos para aprimorar a memória, a concentração e outras capacidades humanas. Os trans-humanistas propõem que todos devem ter a opção de usar esses meios para aprimorar várias dimensões de seu bem-estar cognitivo, emocional e físico. Isso não só é uma extensão natural dos objetivos tradicionais da medicina e da tecnologia, como também é uma grande oportunidade humanitária de melhorar legitimamente a condição humana.[53]

Em consequência, as principais preocupações éticas são a acessibilidade e quem transforma quem:

> Uma coisa é falarmos de cidadãos adultos e competentes que decidem o que fazer com o próprio corpo. Mas, se pensarmos em modificar crianças ou selecionar embriões, surge outro conjunto de questões éticas. Há ainda mais um conjunto de questões éticas relativas ao acesso. Se, como é bem possível, algumas tecnologias forem muito caras, que mecanismos deveríamos implantar para garantir equidade?

Para impedir que instituições estatais ou privadas decidam nosso destino, a escolha de utilizar essas opções de aprimoramento deveria caber ao indivíduo; mas essa proteção é suficiente?

Apesar de todas as suas advertências de que estamos próximos de uma época pós-humana, os trans-humanistas continuam humanistas demais. Ou seja, quando descrevem a possibilidade de intervir em nossa base biogenética e mudar nossa própria "natureza", eles pressupõem, de certo modo, que o sujeito autônomo que decide livremente seus atos ainda está ali, decidindo como mudar sua "natureza".

---

[53] Nick Bostrom, "Transhumanism: The World's Most Dangerous Idea?". Disponível em: <http://www.nickbostrom.com/papers/dangerous.html>. [Acesso em 25 maio 2012.]

Eles levam ao extremo a cisão entre o "sujeito do enunciado" e o "sujeito da enunciação": de um lado, como objeto de minhas intervenções, sou um mecanismo biológico cujas propriedades, inclusive as mentais, podem ser manipuladas; de outro, estou (ajo como se estivesse) isento, de certo modo, dessa manipulação, como indivíduo autônomo que pode fazer a escolha certa. Mas e se o círculo se fechar e meu poder de decisão autônoma já tiver sido "mexido" pela manipulação biogenética? Por isso, há de fato algo raso e até tedioso nas meditações trans-humanistas: basicamente, elas ignoram o problema e, como seus críticos, também evitam o cerne da pergunta de que parecem tratar o tempo todo: como a biogenética e outras intervenções afetarão a própria definição de humanidade? Bostrom ressalta que a escolha de se valer dessas opções de aprimoramento deveria caber ao indivíduo; mas esse indivíduo ainda estará lá? Portanto, tanto os trans-humanistas quanto seus críticos se agarram sem problemas à noção padrão de indivíduo autônomo livre; a diferença é que os trans-humanistas simplesmente aceitam que ele sobreviverá à passagem para a era pós-humana, enquanto os críticos veem a pós-humanidade como ameaça e, portanto, querem impedir seu surgimento.

Levado ao extremo, o apocaliptismo tecnodigital assume a forma da chamada "tecnognose" e extrapola o apocaliptismo da Nova Era. O que assoma no horizonte da "revolução digital", portanto, é apenas a possibilidade de que os seres humanos adquiram a capacidade do que Kant e outros idealistas alemães chamaram de "intuição intelectual [*intellektuelle Anschauung*]", o preenchimento da lacuna que separa a intuição (passiva) da produção (ativa), isto é, a intuição que gera de imediato o objeto que ela percebe – a capacidade até então reservada à mente divina infinita. Por um lado, será possível, por meio de implantes neurológicos, trocar a realidade "comum" por outra gerada em computador, sem toda a maquinaria desajeitada da realidade virtual (óculos esquisitos, luvas...), já que os sinais dessa realidade chegarão ao cérebro diretamente, contornando os órgãos dos sentidos. *O símbolo perdido*, de Dan Brown*, é um caso exemplar de mistificação espiritualista dessas descobertas científicas: o fato de que as ciências cerebrais estão deslindando os processos neuronais que sustentam o pensamento, isto é, de que coisas acontecem no cérebro quando pensamos, é mistificado na noção da Nova Era de que o próprio pensamento "influencia" diretamente os processos materiais. Além disso, essa mistificação espiritualista é completada com um materialismo vulgar: ao estilo de Chalmers, o romance afirma que o pensamento em si possui uma existência material própria e separada (o grande "resultado" científico de Salomon é medir o peso da alma). A Nova Era anunciada pelo romance, a transformação arrasadora que afetará toda a humanidade, é que a lacuna que

---

* São Paulo, Arqueiro, 2009. (N. E.)

separa o pensamento da realidade será superada: os seres humanos despertarão seu potencial espiritual e serão como deuses no sentido exato de que desenvolverão a capacidade de influenciar a realidade diretamente (apenas pelo pensamento). Magia e ciência, fé e conhecimento, portanto, se conciliarão e a antiga fé terá confirmação experimental científica. Contra *O símbolo perdido*, devemos afirmar que o símbolo como tal (a ordem simbólica em que nós, seres humanos, vivemos) é o símbolo de uma perda; em outras palavras, o que o romance apresenta como perda (a distância entre pensamento e realidade) é a própria lacuna que sustenta nossa liberdade de pensar. O verdadeiro milagre é a própria lacuna que nos separa da imersão imediata na realidade, o modo pelo qual o pensamento pode se distanciar da realidade; em resumo, o verdadeiro milagre de pensar é exatamente a lacuna que *O símbolo perdido* percebe como obstáculo a superar[54].

Uma das noções hipócritas preferidas dos espiritualistas da Nova Era é a noção de sincronicidade da física quântica (o vínculo instantâneo entre dois eventos ou elementos, isto é, mais rápido do que o tempo que a luz leva para viajar entre os dois): a noção quântica precisa de sincronicidade (duas partículas separadas são interligadas de tal modo que o *spin* de uma afeta o *spin* da outra mais depressa do que sua ligação pela luz) é interpretada como manifestação/inscrição material de uma dimensão "espiritual" que liga eventos além da rede de causalidade material: "As sincronicidades são os curingas do baralho da natureza, pois se recusam a jogar segundo as regras e indicam que, em nossa busca de certezas sobre o universo, ignoramos algumas pistas fundamentais"[55].

No mapeamento cognitivo da Nova Era, a "esquerda" representa o desconhecido inconsciente e a "direita", a consciência e a atenção desperta; a tragédia da esquerda política nos dois últimos séculos foi ter se limitado à justiça social e à igualdade econômica, esquecendo-se da necessidade de uma mudança "mais profunda" da consciência racional-mental para o reconhecimento da dimensão oculta só acessível pela intuição: "A esquerda lutou pelos 'direitos' do homem e ignorou as 'esquerdas' do homem e da mulher"[56]. Na versão de espiritualismo radical da Nova Era, a crise material que assoma (a catástrofe ecológica) reduz-se a mera "expressão

---

[54] Embora *O símbolo perdido* seja um romance realmente ruim, há mais duas características nele que merecem destaque. A primeira é que a dessexualização do casal já presente em *O código Da Vinci* continua: nada acontece, não há tensão erótica entre Robert Langdon e a heroína (Deborah Solomon); é como se todas as coisas extraordinárias que acontecem à volta deles preenchessem essa lacuna no centro do romance. A segunda é que, mais ainda do que o romance anterior de Brown, *O símbolo perdido* estabelece as coordenadas do novo gênero de *thriller* religioso, em que ação tensa se alterna com explicações históricas amadoras, no estilo da Wikipédia.

[55] F. David Peat, *Synchronicity: the Bridge Between Nature and Mind* (Nova York, Bantam, 1987), p. 3.

[56] Daniel Pinchbeck, *2012* (Nova York, Jeremy P. Tarcher/Penguin, 2007), p. 213. [Ed. bras.: *2012: o ano da profecia maia*, São Paulo, Anadarco, 2010.]

material de um processo psicoespiritual que força nossa passagem para um estado de consciência novo e mais intenso"[57].

Isso nos leva de volta aos três "espíritos do capitalismo" que formam de fato uma espécie de tríade hegeliana da "negação da negação": a subjetividade ético-protestante individualista do empreendedor, ultrapassada pelo "homem da organização" empresarial, retorna na forma de um capitalista "criativo" e infinitamente plástico. É fundamental observar que as duas mudanças não estão no mesmo nível: a primeira diz respeito ao conteúdo normativo dentro da mesma forma simbólica (do Ideal de Eu e do eu ideal), enquanto a segunda abandona a própria forma da Lei simbólica e a substitui pela vaga injunção do supereu. Haverá um quarto "espírito" do capitalismo que repetiria a passagem do individual para o coletivo, da ética protestante para o "homem da organização" no nível do "terceiro espírito", isto é, que fizesse ao "terceiro espírito" o que o "segundo espírito" fez ao primeiro? Podemos argumentar que esse "quarto espírito" não é mais propriamente um espírito do capitalismo, mas um nome (um dos nomes) do comunismo. Esta é a descrição espiritualista da Nova Era para a nova ordem social que se espera que surja como efeito secundário de uma mudança espiritual mais substancial:

> Se estamos nos elevando de Estados-nações a Estado noosférico, podemos nos ver explorando o tipo de organização social não hierárquica – uma "ordem sincrônica" baseada na confiança e na telepatia – que os hopis e outros grupos aborígines usaram durante milênios. Se a civilização conseguir se organizar a partir do caos atual, será baseada na cooperação e não na competição, em que o vencedor fica com tudo, na suficiência e não no excesso, na solidariedade comunitária e não no elitismo individual, reafirmando a natureza sagrada de toda a vida terrena.[58]

Se rasparmos a cobertura espiritualista, essa descrição não é de um tipo de comunismo? Então como vamos nos livrar dessa cobertura? O melhor antídoto para a tentação espiritualista é não esquecer a lição básica do darwinismo: a contingência absoluta da natureza. Por que as abelhas estão morrendo, em especial nos Estados Unidos, onde, segundo certas fontes, o número de mortes chegou a 80%? Essa catástrofe poderia ter um efeito devastador sobre a oferta de alimento: cerca de um terço do alimento humano vem de plantas polinizadas por insetos, e a abelha melífera é responsável por 80% dessa polinização. É assim que devemos imaginar um possível desastre global: não um *big bang*, apenas uma leve interrupção com consequências globais devastadoras. Não podemos nem mesmo ter certeza de que basta recuperar o equilíbrio natural. Que equilíbrio? E se as abelhas dos Estados Unidos e da Europa já estiverem adaptadas a determinado modo e grau de poluição industrial?

---

[57] Ibidem, p. 392.
[58] Ibidem, p. 394.

Há certo mistério na morte em massa das abelhas: embora o mesmo esteja acontecendo em todo o mundo (desenvolvido), as pesquisas indicam causas diferentes: o efeito venenoso dos inseticidas sobre elas, a perda de sua capacidade de orientação espacial, causada pelas ondas magnéticas dos aparelhos de comunicação etc. Essa multiplicidade de causas torna incerto o vínculo entre causa e efeito – e, como sabemos pela história, sempre que há uma lacuna entre causa e efeito surge a tentação de procurar um significado mais profundo: e se, por trás das causas naturais, houver uma causa espiritual mais profunda? Como explicar a misteriosa sincronicidade desse fenômeno, que, do ponto de vista da ciência natural, deve-se a fatores diferentes? Aqui entra a chamada "ecologia espiritual": as colmeias não são uma espécie de colônia escravagista, campos de concentração em que as abelhas são exploradas sem nenhuma piedade? E se a Mãe Terra estiver nos atacando por causa da nossa exploração? O melhor antídoto para essa tentação espiritualista é não esquecermos que, no caso das abelhas, há coisas que sabemos que sabemos (a vulnerabilidade das abelhas aos inseticidas) e coisas que sabemos que não sabemos (digamos, como as abelhas reagem à radiação causada pelos seres humanos). Mas, acima de tudo, há os desconhecidos desconhecidos e os conhecidos desconhecidos. Há dimensões no modo como as abelhas interagem com o meio ambiente que nós não só desconhecemos, como nem sequer temos consciência delas. E há muitos "conhecidos desconhecidos" em nossa percepção das abelhas: todos os preconceitos antropocêntricos que deturpam e influenciam nossos estudos a respeito delas.

O aspecto mais inquietante desses fenômenos é a perturbação de mais um tipo de conhecimento, aquele que Jacques Lacan chamou de "conhecimento no real": o conhecimento "instintivo" que regula a atividade animal e vegetal. Esse conhecimento obscuro pode endoidecer. Quando o inverno é quente demais, as plantas e os animais interpretam erradamente o tempo quente como sinal de que a primavera começou e passam a se comportar de acordo, não só tornando-se vulneráveis à onda seguinte de frio, como também perturbando todo o ritmo da reprodução natural. É muito provável que algo desse tipo esteja acontecendo com as abelhas.

Embora não possamos ter o domínio total de nossa biosfera, infelizmente está em nosso poder desarranjar, perturbar seu equilíbrio, enlouquecendo-a, e destruindo a nós mesmos nesse processo. Tomemos como exemplo a vasta turfeira congelada recém-descoberta no oeste da Sibéria (do tamanho da França e da Alemanha juntas): ela começou a derreter e pode liberar bilhões de toneladas de metano, gás de efeito estufa vinte vezes mais potente do que o dióxido de carbono. Essa hipótese deveria ser lida em conjunto com a notícia[59] de que os pesquisadores da

---

[59] Kate Melville, "Chernobyl Fungus Feeds On Radiation". Disponível em: <http://www.scienceagogo.com/news/20070422222547data_trunc_sys.shtml>. [Acesso em 25 maio 2012.]

Albert Einstein College of Medicine "encontraram indícios de que alguns fungos têm outro talento além daquele de decompor a matéria: usar a radiatividade como fonte de energia para produzir alimento e promover seu crescimento". Já circulam ideias sobre como os "fungos comedores de radiação poderiam entrar no cardápio de futuras missões especiais. 'Como a radiação ionizante predomina no espaço, os astronautas poderiam aproveitar os fungos como fonte inesgotável de alimento em longas missões ou para colonizar outros planetas'", observou um dos cientistas.

Em vez de sucumbir ao terror dessa perspectiva, é nesses casos que devemos manter a mente aberta para as novas possibilidades, sem esquecer que a "natureza" é um mecanismo contingente multifacetado, no qual as catástrofes podem levar a resultados positivos imprevistos, como no filme *Cenas da vida*, de Altman, no qual um acidente automobilístico catastrófico provoca uma amizade inesperada[60].

Assim como seria errado considerar o ambientalismo uma "religião fundamentalista adotada pelos ateus das cidades que tentam preencher o enorme abismo espiritual que persegue o Ocidente"[61], não há razão para tratarmos os ecocéticos como outra versão dos negadores do Holocausto; temos duas lições a aprender com eles sobre o aquecimento global: (1) quanta ideologia é investida realmente nas preocupações ecológicas; (2) quão pouco sabemos de fato sobre as consequências reais de nossa atividade no ambiente natural.

É difícil manter a mente aberta para a contingência radical – nem um racionalista como Habermas consegue. Seu interesse recente pela religião rompe com a tradicional preocupação liberal com o conteúdo humanista, espiritual e outros que se esconde na forma religiosa; o que lhe interessa é a própria forma: indivíduos que fundamentalmente acreditam *mesmo* e estão prontos a arriscar sua vida por isso, demonstrando a energia crua da crença e o engajamento incondicional concomitante que falta na postura liberal cético-anêmica – como se o influxo desse compromisso incondicional pudesse revitalizar o ressecamento pós-político da democracia. Habermas reage ao mesmo problema que Chantal Mouffe enfrenta com seu "pluralismo agonístico": como reintroduzir a paixão na política? Mas desse modo ele não estaria se engajando num tipo de vampirismo ideológico, sugando a energia dos crentes ingênuos e, ao mesmo tempo, não se dispondo a abandonar sua postura liberal-secular, de modo que a crença religiosa continua

---

[60] Em relação a essa instabilidade inerente da natureza, a proposta mais coerente foi a de um cientista alemão da década de 1970: como a natureza muda constantemente e as condições na Terra tornarão impossível a sobrevivência da humanidade daqui a alguns séculos, nosso objetivo coletivo não deveria ser nos adaptarmos à natureza, mas intervir de maneira ainda mais vigorosa no meio ambiente para interromper as mudanças na Terra, de modo que o meio ambiente permaneça basicamente o mesmo e permita assim nossa sobrevivência. Essa proposta extrema torna visível a verdade da ecologia.

[61] Adam Morton, "The Sceptic's Shadow of Doubt", *The Age*, Sydney, 2 maio 2009, p. 4.

a ser uma espécie de alteridade fascinante e misteriosa? Como Hegel mostrou a respeito da dialética do Iluminismo e da fé em sua *Fenomenologia do espírito*, essa contraposição do Iluminismo formal e das crenças substanciais fundamentais é falsa, uma aposição ideológico-existencial insustentável. O que deveríamos fazer é assumir a identidade dos dois momentos opostos, que é exatamente o que o "materialismo cristão" apocalíptico pode fazer: ele une a rejeição da alteridade divina ao compromisso incondicional.

5
ACEITAÇÃO: A CAUSA RECUPERADA

Em 1968, as estruturas andaram pelas ruas; farão isso outra vez?

É claro que essas palavras se referem à reação de Jacques Lacan ao famoso grafite antiestruturalista dos muros de Paris em 1968: "As estruturas não andam pelas ruas", em outras palavras, não se pode explicar as grandes manifestações dos estudantes e dos trabalhadores de 1968 em termos de estruturalismo (e é por isso que alguns historiadores postulam 1968 como a data que separa o estruturalismo do pós-estruturalismo, que, como dizem, era muito mais dinâmico e aberto a intervenções políticas ativas). A resposta de Lacan é que foi exatamente isso que aconteceu em 1968: as estruturas *desceram* às ruas, isto é, os eventos explosivos visíveis, em última análise, resultaram de uma mudança estrutural da tessitura social e simbólica básica da Europa moderna ou, nos termos de Lacan, a passagem do discurso do mestre para o discurso da universidade[1].

Que Lacan estava certo em descrever a modernidade como o surgimento do "discurso da Universidade" fica claro quando refletimos sobre a expressão "servir ao povo": não só o líder é legitimado ao servir ao povo, como o próprio rei tem de reinventar sua função como o "mais alto servidor do povo" (como disse Frederico, o Grande). O que é crucial é que não há quem não sirva e, simplesmente, seja

---

[1] Ver Jacques Lacan, *The Other Side of Psychoanalysis (Seminar, Book XVII)* (Nova York, Norton, 2007) [ed. bras.: *O avesso da psicanálise*, Rio de Janeiro, Zahar, 1992]. Um dos grandes *slogans* da teoria política pós-moderna é "governança *versus* soberania": em vez de um poder soberano centralizado, temos uma rede dispersa de agentes que tomam providências, impõem regulamentos etc. Em termos lacanianos, o que temos aqui é uma visão de S_2, a cadeia de conhecimento especializado, funcionando sem S_1, sem o significante-mestre. Em outras palavras, governança é o poder transformado em administração, livre de sua responsabilidade radical; é por isso que devemos insistir na soberania como um aspecto irredutível do poder.

servido: as pessoas comuns servem ao Estado ou ao povo, o Estado em si serve ao povo. Essa lógica chega ao clímax no stalinismo, no qual toda a população serve: supõe-se que os trabalhadores comuns sacrifiquem seu bem-estar pela comunidade, os líderes trabalham dia e noite, servindo ao povo (embora sua "verdade" seja S_1, o significante-mestre). A agência servida, o povo, não tem existência positiva substancial: esse é o nome do Moloch abissal a que serve todo indivíduo existente. É claro que o preço desse paradoxo é um conjunto de paradoxos autorreferentes: como indivíduos, as pessoas servem a si mesmas como povo, e seus líderes encarnam diretamente seu interesse universal como povo etc.

No aforismo "Mensageiros", Kafka mostra um mundo sem significante-mestre:

> Eles tiveram de escolher entre se tornarem reis ou mensageiros de reis. Como crianças, todos quiseram ser mensageiros, consequentemente só há mensageiros. Eles galopam pelo mundo gritando uns aos outros mensagens que, como não há reis, perderam o sentido. Dariam fim alegremente à sua vida miserável, mas não ousam, por causa de seu juramento de serviço.

Não seria revigorante encontrar indivíduos dispostos a adotar ingenuamente a posição de mestre, afirmando apenas "*Sou* aquele a quem servis!", sem essa posição de um mestre alienado do conhecimento de seus líderes-servos?

A fórmula crítica e sucinta de Lacan sobre os eventos gloriosos de Maio de 1968 foi que "*la vérité fait la grève*" [A verdade está em greve]: "Com o peso da verdade sobre nós em cada instante de nossa existência, é uma sorte ter com ela apenas uma relação coletiva"[2]. Foi como se, numa versão estranha da inversão que caracteriza o ponto de capitonê, a série de verdades com que cada um de nós tem de lutar, os sintomas individualizados, tivesse sido trocada por uma grande verdade coletiva. Sigo a verdade e não tenho de lidar com outras verdades. É claro que essa verdade coletiva não é verdade nenhuma: nela, a verdade está em greve, a dimensão própria da verdade está suspensa. Essa situação não poderia durar, e deveríamos nos considerar afortunados porque o novo poder que surgiu depois do colapso dessa verdade (o retorno triunfante de De Gaulle quando a euforia acabou – o novo-velho mestre que, como explicou Lacan, os revolucionários históricos quiseram e conseguiram) foi tão tirânico quanto o precedente (como aconteceu na Revolução Francesa e na Revolução de Outubro, depois que o entusiasmo esfriou). "Essa é a tese liberal de Lacan, e foi um *tour de force* tê-la apresentado a estudantes que estavam muito longe dessa perspectiva."[3] Miller está certo: essa tese é de fato liberal, no sentido exato de

---

[2] Idem, *Le Séminaire XVI: D'un autre à l'Autre* (Paris, Seuil, 2006), p. 289. [Ed. bras.: *De um outro ao Outro*, Rio de Janeiro, Zahar, 2008.]

[3] Jacques-Alain Miller, "A Reading of the Seminar *From an other to the Other* II", *lacanian ink*, n. 30, p. 16.

que encobre o real que encontramos no nível coletivo. Aqui o político como tal é desvalorizado, porque é considerado domínio de identificações simbólicas e imaginárias; por definição, ele envolve um reconhecimento errôneo. A premissa básica do liberalismo é o nominalismo da verdade: a verdade é individual, o social só pode oferecer um arcabouço neutro para a interação e a realização dos indivíduos. E se, no entanto, o nível coletivo não for apenas o nível das identificações simbólicas e imaginárias? E se encontrarmos nele o real dos antagonismos?

Por outro lado, será que a explosão de 1968 foi de fato a passagem do discurso do mestre para o discurso da universidade? Será que não foi, ao contrário, a crise de certo tipo de discurso da universidade, a forma "republicana" francesa dominante desde a Revolução Francesa? Aqui a figura de Hegel é crucial. De um lado, Hegel é a primeira figura do discurso da universidade: no fim da vida, foi professor na universidade de Berlim, reformulada por Humboldt como a primeira universidade moderna; todas as outras grandes universidades (Sorbonne, Oxford) ainda conservavam suas raízes no discurso teológico. De outro lado, Hegel ainda não é inteiramente uma figura do discurso da universidade: o que resiste em Hegel ao discurso da universidade é sua noção básica do conhecimento absoluto, completamente incompatível com o espírito explorador do discurso da universidade; não admira que a totalidade da modernidade pós-idealista se defina pela oposição a Hegel, como uma forma específica de negar a posição "absurda" do conhecimento absoluto[4].

Lacan estava certo então ao conceituar essa passagem do discurso do mestre para o discurso da universidade? Ele não sabia que o discurso da universidade caracteriza a estrutura discursiva subjacente e básica da modernidade como tal, de sociedades pós-tradicionais que não se baseiam mais na autoridade indisputada de um mestre e exigem que toda autoridade seja justificada diante do tribunal da razão? Lacan não chamou a União Soviética – o país da autoridade central-administrativa-hierárquica – de encarnação mais pura do discurso da universidade? O que realmente aconteceu depois de 1968 foi o surgimento de uma nova figura do "espírito do capitalismo": o capitalismo abandonou a estrutura fordista hierárquica do processo de produção e desenvolveu uma forma de organização em rede baseada na iniciativa dos empregados e na autonomia no local de trabalho. Em vez de uma cadeia de comando centralizada e hierárquica, estamos diante de redes com uma miríade de participantes que organizam o trabalho na forma de equipes ou projetos, visando a satisfação do consumidor, e uma mobilização geral dos trabalhadores graças à visão de seus líderes. Esse novo "espírito do capitalismo" recuperou

---

[4] A pergunta crucial é: o conhecimento absoluto de Hegel é realmente um remanescente metafísico teológico ou assinala o fato de que, devido à sua posição no interstício de duas épocas, Hegel foi capaz de ver e articular algo que, logo em seguida, com o surgimento dos grandes anti-idealistas (Schopenhauer, Feuerbach, Marx, Kierkegaard), tornou-se mais uma vez invisível?

triunfantemente a retórica igualitária e anti-hierárquica de 1968, apresentando-se como revolta libertária bem-sucedida contra as organizações sociais opressoras do capitalismo corporativo *e* do socialismo "real"[5].

Numa análise mais profunda, deveríamos distinguir provavelmente as duas fases desse "capitalismo cultural" como são exemplificadas pela mudança da lógica publicitária. Nas décadas de 1980 e 1990, predominava a referência direta à autenticidade pessoal ou à qualidade da experiência, sem nenhum tom ideológico direto; ao contrário, na última década pudemos notar uma mobilização cada vez maior de motivos ideológico-sociais (ecologia, solidariedade social): a experiência evocada é a experiência de participar de um movimento coletivo maior, de cuidar da natureza e do bem-estar dos doentes, dos pobres e dos necessitados, de fazer algo por eles. Um caso extremo desse "capitalismo ético" é o da Toms Shoes, empresa fundada em 2006.

> [A Toms Shoes] tem uma premissa simples: a cada par [de sapatos] que você comprar, a Toms dará um par de sapatos novos a uma criança necessitada. Um por um. Usar o poder de compra dos indivíduos em benefício de um bem maior, é disso que estamos falando. [...] Dos 6 bilhões de pessoas do planeta, 4 bilhões vivem em condições inconcebíveis para muitos. Vamos dar um passo rumo a um amanhã melhor.[6]

O lema "Um por um" é a chave que revela o mecanismo ideológico que sustenta a Toms Shoes: a própria relação entre consumismo egoísta e caridade altruísta torna-se uma relação de troca, isto é, o pecado do consumismo (comprar um novo par de sapatos) é pago e apagado pelo fato de sabermos que alguém que realmente precisa ganhou um par de sapatos de graça. O processo chega ao clímax: a própria participação em atividades consumistas é apresentada simultaneamente como participação na luta contra os males que, em última análise, são causados pelo consumismo capitalista.

Quando lemos o *logos* à maneira heideggeriana, como a "colheita" primordial de sentido que revela um mundo, podemos interpretar o logotipo de uma grande empresa como o último estágio do *logos*: o logotipo não é apenas um signo que indica certas características ou qualidades, ele "colhe" a multiplicidade de significados num nome único e, portanto, "revela" todo um mundo. *Levi's* não indica apenas as supostas características dessa marca de jeans, mas sustenta todo o mundo de significado(s) que constitui o pano de fundo contra o qual experimentamos o ato de usar jeans, o "mundo" que acompanha o fato de usarmos jeans.

---

[5] Há uma análise mais detalhada desse "capitalismo cultural" em Slavoj Žižek, *Primeiro como tragédia, depois como farsa* (São Paulo, Boitempo, 2011), no qual me baseio em Luc Boltanski e Eve Chiapello, *O novo espírito do capitalismo* (São Paulo, Martins Fontes, 2009).
[6] Disponível em: <http://www.tomsshoes.com>. Devo essa referência a Ryan Hatch.

Portanto, a densidade semântica, o excedente de significados com que nossa vida cotidiana é sobrecarregada, torna-se cada vez mais palpável: não podemos nem sequer tomar uma xícara de café ou comprar um par de sapatos sem sermos lembrados de que esse ato é sobredeterminado pela ecologia, pela solidariedade etc. A Pepsi-Cola levou a manipulação desse excedente humanitário a um nível inesperado de reflexividade: além de prometer aos consumidores que parte dos lucros vai para causas humanitárias e outras, a Pepsi pede a eles que sugiram como esse dinheiro deve ser gasto e ainda lhes oferece a chance de votar na ideia que será implantada:

> A Pepsi sempre teve a ver com refresco. E se, em vez de refrescar apenas as pessoas, a Pepsi ajudasse a refrescar o mundo? [...] Se você tiver uma ideia para transformar o mundo num lugar melhor – salvando, criando ou consertando alguma coisa –, nós queremos saber. Depois, você vota para decidir quais são as melhores ideias. Daremos milhões de dólares em Pepsi Refresh Grants [Bolsa Pepsi Refresco] para pôr em prática as ideias vencedoras.[7]

Portanto, o excedente se abre a vocês, consumidores: quando consomem, vocês também têm a "liberdade de escolha" de representar seu compromisso ideológico preferido.

Nesse tipo de situação, o que devemos tentar evitar a todo custo são as generalizações superficiais, que aceitam essa autopercepção ideológica como uma descrição correta da sociedade contemporânea e, assim, contribuem para confundir distinções fundamentais, como: "Não vivemos mais num mundo de senhores e escravos, capitalistas e proletários ou cidadãos, mas num mundo de consumidores, sejam eles reais ou virtuais"[8]. Ao contrário, deveríamos analisar como aqueles aspectos de 1968 que se integraram harmoniosamente à ideologia capitalista hegemônica podem ser (e são) mobilizados pelos liberais e pela direita contemporânea na luta contra qualquer forma de "socialismo". É emblemático aqui o tema da "liberdade de escolha" e seu papel central na resistência à reforma do sistema de saúde proposta por Obama nos Estados Unidos.

O 11 de Setembro marca o fim de certa pós-modernidade: aquela associada à feliz década clintonista de 1990, a época da ironia e da correção política. Depois do 11 de Setembro, houve em todo o mundo sinais do retorno das ideologias "grandiosas": do populismo de esquerda latino-americano às mobilizações antiocidentais no mundo árabe, surgiram novas causas por que lutar – e o mesmo processo é perceptível no próprio Ocidente. Hegel observou que o mal pode residir no mesmo olhar que percebe o mundo impregnado de mal. Basta pensarmos no fundamentalista religioso, que vê sinais de pecado e corrupção por toda parte nas

---

[7] Anúncio na p. 6D de *US Today*, 10 nov. 2009.
[8] Gerard Wajcman, "Intimate Extorted, Intimate Exposed", *Umbr(a)*, 2007, p. 49.

sociedades modernas. O verdadeiro mal não seria seu olhar desconfiado? O verdadeiro mal não seria a atitude absolutamente cega às conquistas das permissivas sociedades modernas seculares, desde os direitos da mulher até tolerância religiosa e a luta contra o racismo? A observação de Hegel certamente se aplica a Sarah Palin, que num comentário na internet em 7 de agosto de 2009 chamou o projeto de assistência médica do presidente Barack Obama de "mal absoluto":

> A América que conheço e amo não é aquela onde meus pais ou meu filho, que tem síndrome de Down, terão de se apresentar diante do 'júri da morte' de Obama para que burocratas decidam se eles merecem ou não ter assistência médica, com base num julgamento subjetivo sobre seu 'nível de produtividade na sociedade'.

A afirmação padrão dos republicanos de que o projeto de reforma levará a um racionamento, em que o governo determina a que procedimentos médicos o paciente pode ser submetido, é completada aqui por um toque adicional de fantasia ideológica: a imagem dos "júris da morte" de Obama, decidindo quem vive e quem morre à verdadeira moda stalinista, impondo um critério de "nível de produtividade". Mas, afora essas ridículas idiossincrasias da "guerra cultural" conservadora, uma questão mais geral a respeito da liberdade de escolha merece atenção.

Alguns se lembram das velhas arengas infames dos comunistas sobre a liberdade "formal" burguesa – por mais ridículas que sejam, há um momento de verdade na distinção entre liberdade "formal" e "real": a liberdade "formal" é a liberdade de escolha *dentro* das coordenadas das relações de poder existentes, enquanto a liberdade "real" surge quando podemos mudar as próprias coordenadas de nossas escolhas. O gerente de uma empresa em crise tem a "liberdade" de demitir os trabalhadores A ou B, mas não a liberdade de mudar a situação que lhe impõe essa escolha. No momento que abordamos dessa maneira o debate sobre o sistema de saúde norte-americano, a "liberdade de escolha" surge sob uma luz diferente. É verdade que grande parte da população ficará livre de fato da "liberdade" duvidosa de ter de se preocupar com quem cobrirá seus gastos com doenças, de deslindar a intrincada rede de decisões financeiras e outras. Quem pode ter assistência médica garantida, contar com ela como se conta com água ou energia elétrica, sem ter de se preocupar em escolher que empresa lhe fornecerá o serviço, simplesmente ganha mais tempo e energia para dedicar a vida a outras coisas. (Uma escolha adicional imposta pode afetar o pano de fundo que é base/condição para a liberdade e diminuir a liberdade de escolha real. Liberdade e regulação não são opostas: somos livres de fato, isto é, podemos andar por aí e fazer escolhas livres, porque um denso fundo de regulamentos sustenta essa liberdade – podemos contar com o fato de que existe um tipo de estado de direito, no caso de sermos atacados ou roubados, podemos esperar com um nível razoável de certeza um mínimo de civilidade quando interagimos com os outros etc. etc. – *e também* porque podemos contar com assistência médica e, portanto, não temos de nos preocupar o tempo todo com doenças...) A lição que devemos tirar disso é que liberdade de escolha só funciona realmente se uma complexa rede de condições jurídicas, educacionais, éticas, econômicas e outras estiver presente como fundo denso e invisível do exercício de nossa liberdade. É por isso que, como antídoto contra a ideologia da escolha, países como a Noruega deveriam servir de modelo: embora os principais agentes respeitem o acordo social básico e grandes projetos sociais sejam realizados com espírito de solidariedade, o dinamismo e a produtividade social têm níveis extraordinários, negando terminantemente a ideia comum de que essas sociedades teriam de estagnar.

O caso extremo de manipulação ideológica da "liberdade de escolha" é semelhante ao modo como a ideologia popular anticonsumista tratou recentemente a questão da pobreza, apresentando-a como uma questão de escolha pessoal. Há muitos livros e reportagens sobre estilo de vida que nos aconselham a "abandonar o consumismo" e adotar um estilo de vida livre da compulsão de ter os últimos lançamentos. O viés ideológico dessa solução é claro: ao apresentar a pobreza como uma (livre) escolha, ele psicologiza uma situação social objetiva. Janez Drnovšek, presidente da Eslovênia nos primeiros anos deste milênio, um tecnocrata frio que se transformou num adepto ridículo da Nova Era, costumava responder a cartas de pessoas comuns numa revista semanal. Numa dessas cartas, uma senhora se queixava de que, por causa do valor de sua aposentadoria, ela não podia comer carne nem viajar; a resposta do presidente foi que ela deveria ficar satisfeita com sua situação: comida simples, sem carne, é mais saudável e, em vez de se distrair com viagens turísticas, ela deveria se dedicar a uma viagem interior muito mais satisfatória, a exploração de seu verdadeiro eu[9].

Portanto, não basta variar o tema padrão da crítica marxista: "Apesar de supostamente vivermos numa sociedade de escolhas, as escolhas que nos restam de fato são triviais, e sua proliferação mascara a ausência de escolhas verdadeiras que afetariam as características básicas da vida...". Embora isso seja verdade, o problema é que somos obrigados a escolher sem ter à nossa disposição o conhecimento que nos permitiria uma escolha qualificada; mais exatamente, o que nos torna incapazes de agir não é o fato de que "ainda não sabemos o bastante" (se a indústria é realmente responsável pelo aquecimento global etc.), mas, ao contrário, o fato de sabermos demais e não sabermos o que fazer com essa massa de conhecimento incoerente, como subordiná-la a um significante-mestre. (Aqui a possibilidade de

---

[9] O que essa abordagem ideológica não vê é que o "consumismo" é condicionado, em última análise, pela circulação sempre em expansão do próprio capital. Para estimular a indústria automobilística e barrar a desaceleração econômica, o governo alemão aprovou uma medida que paga cerca de 2 mil euros por um carro com menos de dois anos a quem quiser trocá-lo por um novo – um ato de estímulo ao consumismo que se opõe claramente à prudência ambiental.

desastre ambiental é paradigmática.) Isso nos leva à tensão entre S_1 e S_2: a cadeia de conhecimentos não é mais totalizada/protegida pelos significantes-mestres. O crescimento incontrolável e exponencial do conhecimento científico funciona como uma pulsão acéfala, e esse impulso para o conhecimento libera um poder que não é o da maestria: um poder próprio do exercício do conhecimento como tal. A Igreja percebe essa falta e oferece-se avidamente como o mestre que garantirá que a explosão de conhecimento científico permanecerá dentro dos "limites humanos" e não nos destrua. Uma esperança vã, é claro.

Há algum tempo, Ulrich Beck desenvolveu a noção de "sociedade de risco", que gira em torno do modo como nossa postura subjetiva fundamental passou de "tenho fome" para "tenho medo"[10]. Hoje, o que gera medo é a não transparência causal das ameaças: não tanto a transcendência das causas, mas sua imanência (não sabemos até que ponto nós mesmos provocamos o perigo). Nós não estamos impotentes diante de um Outro divino ou natural, estamos nos tornando excessivamente impotentes, sem entender nosso poder. Há perigos por toda parte e confiamos nos cientistas para cuidar deles. Mas aí está o problema: os cientistas/especialistas são sujeitos supostos saber, mas não sabem. O tornar-se científico de nossas sociedades tem duas características inesperadas: confiamos cada vez mais nos especialistas, até nos domínios mais íntimos de nossa existência (sexualidade e religião), mas essa universalização transforma o campo do conhecimento científico num não todo incoerente e antagônico. A velha lacuna platônica entre o pluralismo das opiniões (*doxa*) e uma verdade científica universal única muda para o terreno das "opiniões especializadas" conflitantes. E, como sempre, essa universalização envolve autorreflexividade: como Beck observa com perspicácia, as ameaças atuais não são essencialmente externas (naturais), mas geradas pela atividade humana impregnada de ciência (consequências ambientais da indústria, consequências psíquicas de uma biogenética descontrolada etc.), de modo que as ciências são uma (das) fonte(s) de perigo e, ao mesmo tempo, o único meio que temos de entender e definir o perigo (apesar de culparmos a civilização tecnocientífica pelo aquecimento global, precisamos dessa mesma ciência não só para definir a extensão do perigo, como também para percebê-lo muitas vezes – o "buraco de ozônio" só pode ser "visto" pelos cientistas), assim como uma (das) fonte(s) para enfrentar o perigo, para encontrar uma saída. As palavras de Wagner, "Die Wunde schliesst der Speer nur, der Sie schlug" ("A ferida só pode ser curada pela lança que a causou"), adquirem nova relevância.

A categoria paradigmática que revela e, ao mesmo tempo, esconde esse desamparo da ciência por trás de um biombo enganoso de segurança especializada é o "valor-

---

[10] Ver Ulrich Beck, *Risk Society* (Londres, Sage Publications, 1992). [Ed. bras.: *Sociedade de risco*, São Paulo, Editora 34, 2010.]

-limite": quanto ainda podemos poluir o ambiente "com segurança", quantos fósseis ainda podemos queimar, quantas substâncias venenosas ainda não ameaçam nossa saúde etc. (ou, numa versão racista, quantos estrangeiros nossa comunidade consegue absorver sem pôr em risco nossa identidade). Aqui o problema óbvio é que, por causa da não transparência da situação, todo "valor-limite" tem aparência de ficção, de intervenção simbólica arbitrária no real – podemos estar seguros de que o nível de açúcar no sangue recomendado pelos médicos é o correto, de modo que, acima dele, corremos perigo e, abaixo, estamos a salvo? Os "valores-limites" não seriam o que Thomas Schelling chamou de "pontos focais"? Segundo ele, as interações humanas reais não são regidas apenas por puro cálculo estratégico (que pode ser formalizado), mas por pontos focais que são "invisíveis numa formulação matemática do problema. Schelling não acreditava que a teoria dos jogos fosse inútil, apenas que a maioria das interações humanas são tão cheias de ambiguidades que esses pontos focais poderiam ser o guia definitivo para o que pode ou deve acontecer"[11]. Eis o exemplo mais famoso de Schelling: combino me encontrar com um amigo no dia seguinte em Nova York, mas, como a comunicação foi interrompida, nenhum de nós sabe onde e quando nos encontraremos. Quando Schelling perguntou aos alunos o que fazer, a maioria sugeriu ir até o relógio da estação Grand Central ao meio-dia; esse foi o ponto de encontro que se impôs como o mais "óbvio" (para alguém de nossa cultura, é claro), quaisquer que fossem os cálculos estratégicos. O raciocínio é mais complexo do que parece: quando proponho um ponto focal, não tento apenas adivinhar qual é o ponto mais óbvio para nós dois; a pergunta a que tento responder com minha escolha é: "O que espero que o outro espere que eu espere dele?". Se, no dia seguinte, eu vou ao relógio da Grand Central ao meio-dia, ajo assim porque espero que meu amigo espere que eu espere que ele vá até lá. Nas negociações, o "ponto focal" pode ser um compromisso "irracional" (no sentido de não baseado em nenhum cálculo estratégico racional) que orienta uma característica não negociável: para o Estado de Israel, o controle sobre toda Jerusalém é "não negociável"; antes das negociações salariais, um líder sindical anuncia que jamais concordará com um aumento abaixo de 5% etc. Embora sempre haja maneiras de ceder, mantendo a letra do compromisso de cada um (por exemplo, o líder sindical pode aceitar que o aumento de 5% seja gradual, dividido em cinco anos), esse compromisso aumenta a aposta: não podemos abandonar a letra sem "perder moral". Em contraste com o raciocínio puramente estratégico, esse compromisso não é psicológico, mas propriamente *simbólico*: é "performático", baseado em si mesmo ("digo isso porque digo!") – e podemos ver claramente que, em última análise, o "valor-limite" é apenas

---

[11] Tim Harford, *The Logic of Life* (Londres, Abacus, 2009), p. 53. [Ed. bras.: *Lógica da vida*, Rio de Janeiro, Record, 2009.]

outro caso do "ponto focal" de Schelling, que em si é outro nome do que Lacan chamou de "capitonê" e, mais tarde, significante-mestre.

Mas será que a passagem do mestre para a universidade – ou de um "espírito do capitalismo" para outro – foi realmente tudo o que aconteceu em 1968, e todo o entusiasmo inebriado de liberdade foi apenas um meio de substituir uma forma de dominação por outra? (Devemos recordar aqui o desafio de Lacan aos estudantes: "Como revolucionários, vocês são histéricos que exigem um novo mestre. Vão consegui-lo".) Será que 1968 foi um evento único ou um evento cindido e ambíguo, no qual diversas tendências políticas brigavam pela hegemonia? Isso explicaria o fato de que, embora 1968 tenha sido gloriosamente apropriado pela ideologia hegemônica como explosão de liberdade sexual e criatividade anti-hierárquica, Nicolas Sarkozy tenha dito durante a campanha eleitoral de 2007 que sua maior tarefa era fazer a França finalmente superar 1968. (É claro que não podemos deixar de ver a ironia dessa observação: o fato de Sarkozy, com suas explosões ridículas e seu casamento com Carla Bruni, conseguir ser presidente da França já é em si um dos resultados da mudança de costumes provocada pelo Maio de 1968.) Sendo assim, há o Maio de 1968 "deles" e o "nosso"; na memória ideológica de hoje, "nossa" ideia básica das manifestações de maio, o vínculo entre os protestos dos estudantes e as greves dos trabalhadores, foi esquecida.

Se, como afirma Badiou, Maio de 1968 foi o fim de uma época e assinalou (juntamente com a Revolução Cultural chinesa) o esgotamento da grande série político-revolucionária que começou com a Revolução de Outubro, onde estamos hoje? Se olharmos nossa difícil situação com o olhar de 1968, nossa análise deveria ser guiada pela perspectiva de uma alternativa radical ao capitalismo democrático--parlamentar hegemônico: somos obrigados a recuar e agir a partir de diferentes "locais de resistência" ou ainda podemos imaginar uma intervenção política mais radical? Esse é o verdadeiro legado de 1968: o núcleo de 1968 foi a rejeição do sistema capitalista-liberal, um *não* a sua totalidade, mais bem resumido na frase "Soyons réalistes, demandons l'impossible!" ["Sejamos realistas, vamos exigir o impossível!"]; a verdadeira utopia é a crença de que o sistema global existente pode se reproduzir infinitamente, e a única maneira de ser verdadeiramente "realista" é pensar o que, dentro das coordenadas desse sistema, só pode parecer impossível. Como podemos nos preparar para essa mudança radical, lançar seus alicerces? O mínimo que podemos fazer é procurar rastros do novo coletivo comunista em movimentos sociais já existentes ou mesmo na imaginação artística. Portanto, é necessário fazer uma busca refinada pelos "sinais vindos do futuro", pelos rastros desse novo questionamento radical do sistema. Nesse caso, podemos contar com alguns aliados inesperados.

Em 8 de março de 2008, exatamente às 14h55, na praça do Trocadero, em Paris, 3 mil pessoas pararam de repente como estátuas, repetindo um evento ocorrido dois meses antes em Nova York, quando um número ainda maior de pessoas participou de um "freeze" na estação Grand Central[12]. O objetivo era "devolver a magia à cidade": "mostrar que se pode ocupar um espaço urbano de maneira alternativa, muito diferente do propósito para o qual foi projetado [...]. É uma forma muito instintiva de estar junto, sem necessariamente se conhecer nem dividir nada, a não ser aquele momento único e excepcional"[13]. Os instigadores desses eventos sabem muito bem que esses atos, que oscilam entre o protesto e a parvoíce, pertencem ao campo da pós-esquerda: "Queremos mostrar que é possível ocupar um espaço público de maneira radical e divertida, sem realmente desrespeitar a lei"[14]. Essa estratégia de interromper o fluxo fácil de nossa participação na rotina diária pode assumir formas mais radicais: em Los Angeles, artistas digitais e engenheiros interrompem as transmissões de áudio e vídeo numa área residencial limitada e filmam os moradores perplexos, saindo de repente de casa, sem saber o que fazer, desligados da injeção diária de droga-mídia. (É claro que é fácil imaginar o possível uso do fenômeno pelo *establishment*: que tal um gerente pós-moderno pedindo a seus funcionários que façam um "minuto de protesto", "desliguem-se" do trabalho cotidiano durante um minuto, simplesmente estacando no local de trabalho ou fazendo algo extravagante, como dar pulinhos para renovar as energias?)

Não há mensagem nesses atos, eles são o que, na época de ouro do estruturalismo, Roman Jakobson chamou de função "fática" da linguagem, o uso da linguagem para manter uma relação social através de fórmulas ritualizadas, como saudações, conversas vazias sobre o tempo e outras sutilezas formais da comunicação social. Essa é uma característica que as *flash mobs* têm em comum com o que parece ser seu oposto radical, as explosões de violência "irracional" da multidão. Embora possam parecer radicalmente opostas – a violência nua e crua de matar e pôr fogo em automóveis contra o inofensivo espetáculo estético —, existe uma profunda "identidade dos opostos". Podemos dizer que 1968, 1989 e 2005 formam uma espécie de tríade hegeliana: a revolta de Maio de 1968 perdeu politicamente (o capitalismo retornou triunfante) e, de certo modo, venceu socialmente (ao renovar totalmente a essência dos costumes sociais: liberação sexual, novas liberdades individuais, posição social mais forte das mulheres, novas formas pós-patriarcais de autoridade e dominação); a revolta anticomunista de 1989 venceu politicamente (o comunismo ruiu), mas perdeu socialmente (a nova sociedade pós-comunista, com sua mistura de capitalismo selvagem com nacionalismo, não é aquilo por que os dissidentes lutavam). Os que querem uma trégua entre esses dois movimentos politicamente opostos (1968 foi anticapitalista e crítico

---

[12] Antoine Couder, "We own the streets", *Aéroports de Paris Magazine*, abr. 2008, p. 16-20.
[13] François Bellanger, da Transit Consulting, citado em idem.
[14] Arthur Lecaro, porta-voz da Aristopunks, citado em idem.

da democracia parlamentar, enquanto 1989 queria a democracia parlamentar) costumam ressaltar que, apesar de tudo, ambos têm em comum o compromisso libertário subjacente à criatividade e à liberdade individual contra todas as formas de opressão e restrição social; no entanto, de um ponto de vista mais radicalmente crítico, devemos problematizar esse âmago libertário, localizando nele o compromisso ideológico comum. O terceiro momento são os eventos de 2005, o incêndio de carros nos subúrbios de Paris, um momento de verdade de todo o movimento: a revolta de 1968 foi logo apropriada pela ideologia dominante, de modo que seu grande efeito não foi a derrubada do capitalismo, mas a derrubada do inimigo do mundo livre capitalista, o socialismo real; em 2005, tivemos o que restou de 1968, depois de subtrairmos 1989: a concretização de seu potencial político real – a pura revolta irracional, sem nenhum programa.

Badiou acredita que vivemos num espaço social vivido progressivamente como "sem mundo"[15]. Nesse tipo de espaço, a única forma que o protesto pode assumir é a violência "sem sentido". Até o antissemitismo nazista, por mais pavoroso que fosse, revelou um mundo: descreveu uma situação crítica pela postulação de um inimigo, que era a "conspiração judia"; deu nome a um objetivo e aos meios de atingi-lo. O nazismo revelou a realidade de modo que seus sujeitos adquirissem um mapa cognitivo global, que dava espaço para um engajamento significativo. O capitalismo é a primeira ordem socioeconômica que *destotaliza o significado*: não há "visão de mundo capitalista" global ou "civilização capitalista" propriamente dita: a lição fundamental da globalização é justamente que o capitalismo pode se acomodar a todas as civilizações, da cristã à hinduísta, passando pela budista, do Ocidente ao Oriente. A dimensão global do capitalismo só pode ser formulada no nível da verdade sem significado, como o "real" do mecanismo global de mercado. Por isso, o famoso lema de Porto Alegre: "Um novo mundo é possível!" é simplista demais, não registra o fato de que agora, em nosso presente, vivemos cada vez menos em algo que possa ser chamado de mundo. Sendo assim, a tarefa não é mais substituir o mundo velho por um novo, mas... o quê? As primeiras indicações são dadas pela arte.

Sinais do futuro: Kafka, Platonov, Sturgeon, Vertov, Satie

Há duas imagens opostas da idiotia em nossa vida. A primeira é o sujeito (eventualmente) hiperinteligente que "não capta", que entende a situação de maneira "lógica", mas não vê o conjunto oculto de regras contextuais. Por exemplo: quando visitei Nova York pela primeira vez, o garçom de um café me perguntou: "Como

---

[15] Alain Badiou, "The Caesura of Nihilism", palestra realizada na Universidade de Essex, em 10 de setembro de 2003.

foi seu dia?". Interpretando a frase como uma pergunta de verdade, respondi à risca: "Estou cansadíssimo, é o *jetlag*...", e ele me olhou como se eu fosse um completo idiota. Um caso exemplar dessa idiotia é Alan Turing, homem de inteligência extraordinária, mas também um protopsicótico incapaz de manipular as regras contextuais implícitas. Na literatura, é impossível não se lembrar do bom soldado Švejk, de Jaroslav Hašek, que, ao ver os soldados atirando nos soldados inimigos, correu para a terra de ninguém e começou a berrar: "Parem de atirar, tem gente do outro lado!". No entanto, o arquétipo dessa idiotia é a criança ingênua do conto de Andersen que exclama que o imperador está nu – não vendo que estamos todos nus debaixo de nossas roupas, como explica Alphonse Allais.

A segunda figura é a forma inversa de idiotia daqueles que se identificam totalmente com o senso comum e representam o "grande Outro" da aparência. Na longa série de personagens que começa com o coro da tragédia grega, cujo papel é o do riso ou choro enlatado, sempre a postos para comentar a ação com um lugar-comum, devemos mencionar pelo menos o parceiro "estúpido" e de muito bom senso dos grandes detetives: o Watson de Sherlock Holmes, o Hastings de Hercule Poirot. Esses personagens servem de contraste e, portanto, tornam mais visível a grandeza do detetive. Em uma de suas histórias, Poirot diz a Hastings que ele é indispensável em seu trabalho de detetive: como está mergulhado no senso comum, reage à cena do crime como o assassino – que quer apagar os vestígios de seu ato – espera que o público reaja; só assim, incluindo em sua análise a reação esperada do "grande Outro" do senso comum, o detetive consegue solucionar o crime. E a grandeza de Kafka reside (entre outras coisas) em sua capacidade única de apresentar a primeira figura da idiotia disfarçada de segunda, como algo absolutamente normal e convencional (devemos recordar aqui o raciocínio "idiota" e extravagante do longo debate entre o padre e Josef K., depois da parábola sobre a Porta da Lei).

"Josefina, a cantora ou O povo dos camundongos"[16] é o último conto de Franz Kafka, escrito pouco antes de sua morte – logo, pode ser considerado seu testamento, suas últimas palavras (enquanto o escrevia, ele sabia que estava morrendo). "Josefina" é a alegoria do destino do próprio Kafka, o artista? Sim e não: quando escreveu a história, Kafka tinha perdido a voz por causa de uma inflamação na garganta (além disso, assim como Freud, ele não tinha ouvido para a música). Mais importante, porém, é que Josefina desaparece no fim da história, como o próprio Kafka *queria* desaparecer, apagando qualquer vestígio seu depois de sua morte (devemos recordar aqui a ordem que ele deu a Max Brod para queimar todos os seus manuscritos). Mas a verdadeira surpresa é que não encontramos no conto a esperada angústia existencial, misturada a um erotismo pegajoso; o que temos é a história

---

[16] Franz Kafka, *Um artista da fome/A construção*, cit.

de Josefina, uma fêmea de camundongo cantora, e sua relação com o povo dos camundongos (a tradução de *Volk* por "povo" introduz uma dimensão populista totalmente injustificada). Embora Josefina seja muito admirada, o narrador (um "eu" anônimo) põe em dúvida a qualidade de seu canto:

> Então isso é cantar? Não será talvez apenas guinchar? E guinchar é algo que todos nós sabemos fazer, é a realização artística real de nosso povo, ou melhor, não uma mera realização, mas uma expressão característica de nossa vida. Todos guinchamos, mas é claro que ninguém sonha inventar que nosso guinchar é arte, guinchamos sem pensar, na verdade, sem notar, e até há muitos de nós que nem sequer notam que guinchar é uma de nossas características. Assim, se for verdade que Josefina não canta, mas apenas guincha, e, talvez, como me parece ao menos, mal chega acima do nível de nosso guinchar costumeiro – sim, talvez sua força nem sequer se iguale a nosso guinchar costumeiro, um trabalhador rural consegue mantê-lo sem esforço o dia inteiro, além de fazer seu trabalho –, se tudo isso for verdade, então realmente o suposto talento vocal de Josefina pode ser refutado, mas isso apenas abriria o terreno para o verdadeiro enigma que precisa ser resolvido, a enorme influência que ela tem.

Como explica o narrador, "o guinchar dela não é guinchar" – frase que lembra o título do famoso quadro de Magritte, de modo que podemos imaginar um quadro de Josefina guinchando, com o título: "Isso não é guinchar". A primeira questão aqui é o enigma da voz de Josefina: se não há nada de especial nela, por que causa tanta admiração? O que há "em sua voz mais do que a própria voz"? Como observou Mladen Dolar, seu guinchar sem sentido (uma música sem sentido, isto é, reduzida a voz-objeto) funciona como o *urinoir* de Marcel Duchamp, que é um objeto de arte não por uma propriedade material inerente qualquer, mas porque ocupa o lugar do artista – Josefina é, em si, exatamente igual a todos os integrantes "ordinários" do povo. Aqui, cantar é a "arte da diferença mínima"; o que diferencia sua voz da voz dos outros é de natureza puramente formal[17]. Em outras palavras, Josefina é um marcador puramente diferencial: ela não oferece ao público – o povo – um conteúdo espiritual profundo; o que ela produz é a diferença entre o "silêncio absoluto" das pessoas e o silêncio delas "como tal", marcado como silêncio pelo contraste com o canto de Josefina. Então, se a voz de Josefina é a mesma dos outros, por que ela é necessária, por que o povo se reúne para ouvi-la? Seu canto/guincho é puro pretexto; em última análise, o povo se reúne por se reunir:

> Como guinchar é um de nossos hábitos impensados, podemos pensar que todos do público de Josefina guinchariam também; sua arte nos deixa felizes e, quando estamos felizes, guinchamos; mas o público não guincha, permanece sentado numa imobilidade de camundongo; como se nos tornássemos parceiros na paz que ansiamos, da qual nos-

---

[17] Ver o capítulo 7 de Mladen Dolar, *A Voice and Nothing More* (Cambridge, MIT Press, 2006).

so guinchar no mínimo nos distancia, não fazemos som algum. É seu cantar que nos encanta ou não será antes a solene imobilidade que envolve sua frágil vozinha?

A última frase reitera a questão fundamental: o que importa não é sua voz como tal, mas a "solene imobilidade", o momento de paz e de afastamento do trabalho duro que (ouvir) sua voz provoca. Aqui, o conteúdo sociopolítico torna-se relevante: o povo dos camundongos leva uma vida dura e tensa, difícil de suportar, sua existência é sempre precária e ameaçada, e o próprio caráter precário do guinchar de Josefina serve de representante da existência precária de todo o povo dos camundongos:

> Nossa vida é muito desassossegada, todo dia traz surpresas, apreensões, esperanças e terrores, de modo que seria impossível para um único indivíduo suportar tudo isso se não tivesse sempre, dia e noite, o apoio dos companheiros; mesmo assim é comum ela se tornar dificílima; muitas vezes, até mil ombros tremem sob um fardo que, na verdade, deveria ser apenas para um par. [...] Esse guinchar, que se ergue quando todos os outros são obrigados ao silêncio, vem quase como uma mensagem do povo inteiro a cada indivíduo; o guinchar agudo de Josefina em meio a decisões graves é quase como a existência precária de nosso povo em meio ao tumulto de um mundo hostil. Josefina se esforça, um mero nada em voz, um mero nada em execução, ela se afirma e chega até nós; faz-nos bem pensar nisso.

Josefina "é, portanto, o veículo da afirmação de si mesma da coletividade: ela reflete na coletividade sua identidade coletiva"; ela é necessária porque "só a intervenção da arte e o tema do grande artista permite compreender o anonimato essencial do povo que não tem sentimento pela arte ou reverência pelo artista"[18]. Em outras palavras, Josefina "leva [o povo] a se reunir em silêncio; isso seria possível sem ela? Ela constitui o elemento necessário de exterioridade que, sozinho, permite que a imanência venha a ser"[19]. Isso nos leva à lógica da exceção constitutiva da ordem da universalidade: Josefina é o uno heterogêneo pelo qual se postula (se percebe) como tal o todo homogêneo do povo.

Aqui, entretanto, vemos por que a comunidade dos camundongos não é uma comunidade hierárquica com um mestre, mas uma comunidade "comunista", radicalmente igualitária: Josefina não é venerada como a senhora ou o gênio carismático, seu público sabe perfeitamente que ela é apenas um deles. Sendo assim, a lógica não é nem mesmo a do líder que, por sua posição excepcional, estabelece e garante a igualdade dos súditos (que são iguais na identificação com o líder) – a própria Josefina tem de dissolver sua posição especial nessa igualdade. Isso nos leva à parte principal do conto de Kafka, a descrição detalhada, e muitas vezes cômica, do

---

[18] Fredric Jameson, *The Seeds of Time* (Nova York, Columbia University Press, 1994), p. 125. [Ed. bras.: *As sementes do tempo*, São Paulo, Ática, 1997.]
[19] Idem.

modo como Josefina e seu público, o povo, relacionam-se. Exatamente por saber que a função de Josefina é apenas reuni-lo, o povo a trata com indiferença igualitária; quando "exige privilégios especiais (dispensa do trabalho físico) como compensação por seu trabalho ou mesmo como reconhecimento por sua distinção única e seu serviço insubstituível à comunidade"[20], ela não recebe favores especiais:

> Durante muito tempo, talvez desde o início de sua carreira artística, Josefina luta pela dispensa do trabalho diário por conta de seu canto; ela deveria ser liberada da responsabilidade de ganhar o pão de cada dia e de envolver-se na luta geral pela existência, que, aparentemente, deveria ser transferida para o povo como um todo. Um entusiasta fútil – e há muitos deles – pode argumentar, com base na mera singularidade dessa exigência, na atitude espiritual necessária para enquadrar essa exigência, que ela tem uma justificativa íntima. Mas nosso povo tira outras conclusões e, em silêncio, recusa a exigência. E também não se preocupa muito em refutar os pressupostos em que ela se baseia. Josefina argumenta, por exemplo, que a tensão de trabalhar faz mal à voz, que a tensão de trabalhar não é nada, naturalmente, diante da tensão de cantar, mas impede-a de descansar o suficiente depois de cantar e de recuperar-se para cantar mais, que ela exaure completamente suas forças e, assim, nunca consegue chegar ao máximo de suas habilidades. O povo escuta seus argumentos e não lhes dá atenção. Nosso povo, que se comove com tanta facilidade, às vezes não consegue se comover de jeito nenhum. A recusa, às vezes, é tão decidida que até Josefina é pega de surpresa, parece submeter-se, faz sua parte no trabalho, canta o melhor que pode, mas só por algum tempo; depois, com força renovada – para esse propósito sua força parece inexaurível –, ela se entrega à luta outra vez.

É por isso que, quando Josefina desaparece, contando narcisicamente com o fato de que sua ausência fará o povo sentir sua falta (como a criança que, não se sentido suficientemente amada, foge de casa com a esperança de que os pais sintam sua falta e a procurem desesperadamente), isto é, imaginando que a lamentarão, ela calcula sua posição de forma redondamente errada:

> Ela é um pequeno episódio na história eterna de nosso povo, e o povo superará sua perda. Não que seja fácil para nós; como nossas reuniões poderão ocorrer em silêncio absoluto? Mas elas não eram silenciosas mesmo quando Josefina estava presente? Seu guinchar real era particularmente mais alto e mais vivo do que será a lembrança dele? Mesmo em sua existência, ele chegou a ser mais do que uma simples lembrança? Não seria porque já é o passado a se perder dessa maneira que nosso povo, em sua sabedoria, valorizava tanto o canto de Josefina? [...] Assim, talvez não sintamos tanto, afinal de contas, enquanto Josefina, redimida das tristezas terrenas que, em seu pensamento, aguardam todos os espíritos escolhidos, se perderá alegremente na multidão sem número dos heróis de nosso povo e, como não somos historiadores, logo chegará aos píncaros da redenção e será esquecida como todos os seus irmãos.

---

[20] Ibidem, p. 126.

Fredric Jameson estava certo em ler "Josefina" como uma utopia político-social, a visão de Kafka de uma sociedade comunista radicalmente igualitária – com a singular ressalva de que Kafka, para quem os seres humanos estão marcados para sempre pela culpa do supereu, só conseguiu imaginar uma sociedade utópica entre os animais. Devemos resistir à tentação de projetar uma tragédia sobre o sumiço e a morte de Josefina: o texto deixa claro que, depois de morta, Josefina "se perderá *alegremente* na multidão sem número dos heróis de nosso povo" (realce nosso):

> Esse talvez seja o clímax do conto de Kafka, e em nenhum outro lugar a indiferença gélida da utopia da democracia é revelada de maneira mais espantosa (mas revelada por meio de nada e sem nenhuma reação) do que na recusa do povo a lhe conceder essa forma de diferença individual. [...] Na medida em que faz aparecer a essência do povo, Josefina também provoca essa indiferença essencial do anônimo e faz surgir o radicalmente democrático. [...] A utopia é precisamente a elevação a partir do que essa espécie de olvido e esquecimento [...] ocorre; é o anonimato como força intensamente positiva, como o fato mais fundamental da vida da comunidade democrática; e é esse anonimato que, em nosso mundo não utópico ou pré-utópico, recebe o nome e a caracterização de morte.[21]

Devemos observar que Josefina é tratada como celebridade, mas *não* é fetichizada; seus admiradores sabem muito bem que ela não tem nada de especial, é apenas um deles. Para parafrasear Marx, ela pensa que o povo a admira porque ela é uma artista, mas na realidade ela só é uma artista porque o povo a trata como tal. Aqui temos um exemplo de que, na sociedade comunista, o significante-mestre ainda funciona, mas privado de seus efeitos fetichistas; a crença de Josefina em si mesma é percebida pelo povo como um narcisismo inofensivo e ridículo, que deve ser tolerado e mantido com gentileza e ironia. É assim que os artistas deveriam ser tratados numa sociedade comunista; eles deveriam ser adulados e elogiados, mas não deveriam receber privilégios materiais, como dispensa do trabalho ou cotas especiais de comida. Numa carta de 1852 a Joseph Weydemeyer, Marx deu conselhos ao amigo sobre como lidar com Ferdinand Freiligrath, um poeta comunista:

> Escreva a Freiligrath uma carta amistosa. Você não precisa ser muito econômico nos cumprimentos, pois todos os poetas, mesmo os melhores, são *plus ou moins courtisanes* [mais ou menos cortesãs] e *il faut les cajoler, pour les faire chanter* [é preciso adulá-los para fazê-los cantar]. Na vida privada, nosso F. é o mais agradável e modesto dos homens, e, por trás de sua bonomia, esconde *un esprit très fin et très railleur* [um espírito muito fino e muito brincalhão]; sua emoção é "verídica" e não o torna "acrítico" e "supersticioso". É um revolucionário genuíno e sempre um homem sincero – e de poucos homens pode-se dizer isso. Ainda assim, seja qual for seu tipo de *homme*, o poeta precisa de elogio e admiração. Acredito que o próprio gênero exige isso. Digo-lhe tudo

---

[21] Ibidem, p. 126-8.

isso simplesmente para ressaltar que, em sua correspondência com Freiligrath, você não deve esquecer a diferença entre o "poeta" e o "crítico".[22]

O mesmo não se aplica à pobre Josefina? Seja qual for seu tipo de *femme*, a artista precisa de elogio e admiração – o próprio gênero exige isso. Na verdade, para usar os bons e velhos termos stalinistas: *Josefina, artista do povo da República Soviética dos Camundongos...*

Como seria então uma cultura comunista?

A primeira lição da "Josefina" de Kafka é que temos de apoiar uma forma escandalosa de imersão total no organismo social, uma *performance* social comunitária e ritualista que causaria choque e espanto em todos os bons e velhos liberais por sua intensidade "totalitária" – algo que Wagner tinha em mente nas grandes cenas rituais no fim dos atos 1 e 3 de *Parsifal*. Como *Parsifal*, os grandes concertos de Rammstein (como na arena de Nîmes, em 23 de julho de 2005) também deveriam ser chamados de *Buehnenweihfestspiel* ("apresentação festiva sagrada"), que é o "veículo da afirmação de si mesma da coletividade"[23]. Aqui, todos os preconceitos individualistas liberais deveriam ser abandonados; sim, todo indivíduo deveria mergulhar totalmente na multidão, abandonando alegremente a distância crítica, a paixão deveria encobrir todo raciocínio, o público deveria seguir o ritmo e as ordens dos líderes que ocupam o palco, o clima deveria ser totalmente "pagão", uma mistura inextricável de sagrado e obsceno e assim por diante. A própria sobreidentificação com os sinthomas "totalitários" suspende sua articulação num espaço ideológico propriamente "totalitário".

Façamos novamente um desvio pelo cinema. Uma maneira confiável de identificar um pseudointelectual semi-instruído é por sua reação à famosa cena de *Cabaré*, de Bob Fosse, em que a câmera mostra o rosto de um rapaz louro numa hospedaria no campo; ele começa a cantar a natureza que desperta aos poucos, os pássaros que voltam a cantar etc.; a câmera se desloca para seus dois amigos, uma moça e um rapaz, que começam a cantar com ele; então, todos os hóspedes da estalagem cantam juntos, a canção é cada vez mais apaixonada, a letra descreve a pátria que deveria despertar e, finalmente, notamos no braço do cantor uma faixa com a suástica. A reação do pseudointelectual é algo assim: "Só agora, vendo essa cena, entendo o que foi o nazismo, como tomou a alma dos alemães!". A ideia subjacente é que o impacto emocional cru da canção explica a força de atração do nazismo e, portanto, revela, mais do que qualquer estudo sobre a ideologia nazista, como ela realmente funcionava. Aqui, devemos discordar. Esse procedimento, verdadeiro protótipo do liberalismo ideológico, erra o alvo: não só essas *performances* em

---

[22] Karl Marx e Friedrich Engels, *On Literature and Art* (Moscou, Progress, 1976), p. 398.
[23] Fredric Jameson, *The Seeds of Time*, cit., p. 125.

massa não são inerentemente fascistas, como nem sequer são "neutras", à espera de que sejam apropriadas pela esquerda ou pela direita; foi o nazismo que as roubou do movimento operário, seu local original de nascimento, e apropriou-se delas. Nenhum elemento "protofascista" é fascista *per se*; o que o torna "fascista" é apenas sua articulação específica – ou, para usarmos os termos de Stephen Jay Gould, todos esses elementos são "exaptados" pelo fascismo. Em outras palavras, não há "fascismo *avant la lettre*", porque *é a própria letra (a nominação) que forma, a partir do pacote de elementos, o fascismo propriamente dito.*

Assim, não há nada "inerentemente fascista" ou "protofascista" na canção de *Cabaré*; podemos facilmente imaginá-la, com uma letra ligeiramente modificada (louvando o despertar da classe trabalhadora do sono da escravidão), como um grito de guerra comunista. A paixão é o que Badiou chamaria de real sem nome da canção, a base libidinal neutra que pode ser apropriada por diversas ideologias. (De maneira semelhante, Sergei Eisenstein tentou isolar a economia libidinal das meditações de Inácio de Loyola, que então puderam ser apropriadas pela propaganda comunista; o entusiasmo sublime pelo Santo Graal e o entusiasmo dos agricultores dos colcozes pela máquina de fazer manteiga são sustentados exatamente pela mesma "paixão".) Os libertários esquerdistas percebem o gozo como um poder emancipador: todo poder opressor tem de se basear na repressão libidinal, e o primeiro ato de libertação é libertar a libido. Os esquerdistas puritanos, ao contrário, desconfiam inerentemente do gozo: para eles, o gozo é um poder de corrupção e decadência, um instrumento dos que estão no poder para manter o domínio sobre nós; sendo assim, o primeiro ato de libertação é se livrar de seu feitiço. A terceira posição é a de Badiou: a *jouissance* é o "infinito" sem nome, uma substância neutra que pode ser instrumentalizada de várias maneiras.

Aos que rejeitam a noção de disciplina, devemos objetar que a verdadeira poesia exige grande disciplina – não admira que três dos maiores poetas do século XX (mais precisamente, um escritor e dois poetas) fossem funcionários de bancos ou agências de seguros: Franz Kafka, T. S. Eliot e Wallace Stevens. Eles precisavam da disciplina de lidar com dinheiro não só como contraponto para a licença poética, mas também como meio de instalar a ordem no próprio fluxo da inspiração poética. A arte da poesia é uma luta constante contra sua fonte: a arte propriamente dita da poesia consiste no modo de represar o fluxo livre da inspiração poética. É por isso que, em respeito à metáfora bancária, não há nada libertador em entender a mensagem do poema; na verdade, é como receber uma mensagem (uma carta) das autoridades fiscais, informando a posição do indivíduo em relação à dívida para com o grande Outro.

Mas aí vem a surpresa: a dissolução da "individualidade crítica" no coletivo disciplinado não leva a uma uniformidade dionisíaca; ao contrário, ela limpa a lousa e abre caminho para as idiossincrasias autênticas. Mais exatamente, o que essa imersão apaixonada suspende não é, em primeiro lugar, o "eu racional", mas o reinado do instinto de sobrevivência (autopreservação) em que se baseia, como Adorno sabia muito bem, o funcionamento de nossos eus racionais "normais".

> As especulações sobre as consequências de uma eliminação geral da necessidade de um instinto de sobrevivência (sendo então essa eliminação no geral o que chamamos de utopia) leva-nos muito além dos limites do mundo da vida social e do estilo de classe de Adorno (ou nosso), até uma utopia de excêntricos e desajustados na qual as restrições da uniformização e da conformidade foram eliminadas e os seres humanos crescem selvagens como plantas em estado natural [...] não mais agrilhoados pelas restrições de uma socialidade opressora, [eles] florescem como neuróticos, compulsivos, obsessivos, paranoicos e esquizofrênicos, que nossa sociedade considera doentes, mas que, num mundo de verdadeira liberdade, comporiam a flora e a fauna da própria "natureza humana".[24]

É claro que há um terceiro elemento crucial – estruturalmente predominante – de uma cultura comunista: o frio espaço universal do pensamento racional (Badiou tem razão ao enfatizar que, no nível mais elementar, pensado como tal, em contraste com a fabulação poético-mítica, ele é comunista, sua prática incorpora o axioma da igualdade incondicional). Juntos, eles formam uma tríade hegeliana de universal, particular e individual (imersão ritual na substância social particular, idiossincrasia individual, pensamento universal), na qual cada elemento permite que os outros dois se mantenham separados: o pensamento universal impede que a idiossincrasia se prenda à substância social (a cada um suas maniazinhas: misturar vinho tinto com coca-cola, só fazer amor encostado num aquecedor bem quente, preferir Virginia Woolf a Daphne du Maurier – que, aliás, é muito melhor escritora que Virginia Woolf –, podemos escolher!); as idiossincrasias pessoais impedem a substância social de colonizar o pensamento universal; a substância social impede que o pensamento universal se transforme em expressão abstrata da idiossincrasia pessoal.

O exemplo de Jameson de uma dessas comunidades utópicas é *Chevengur*, de Andrei Platonov. Essa obra inigualável é crucial para o entendimento adequado do "desastre obscuro" do stalinismo. Seus dois grandes romances do fim da década de 1920 (*Chevengur* e, sobretudo, *A Escavação*) costumam ser interpretados como descrições críticas da utopia stalinista e suas consequências desastrosas; contudo, a utopia que Platonov representa nessas duas obras não é a do comunismo stalinista, mas a utopia materialista-gnóstica contra a qual o stalinismo "maduro" reagiu no início da década de 1930. Predominam aqui os temas gnósticos dualistas: a sexualidade e todo o domínio corporal de geração/corrupção são percebidos como uma prisão odiada, que deve ser superada pela construção científica de um novo

---

[24] Ibidem, p. 99.

corpo imortal etéreo e dessexualizado[25]. Não devemos esquecer que Lenin, desde o princípio, opôs-se a essa orientação utópico-gnóstica (que atraiu, entre outros, Trotski e Gorki) com seu sonho de atalho para a nova cultura proletária ou novo homem. Apesar disso, esse utopismo gnóstico deveria ser percebido como um tipo de "sintoma" do leninismo, como a manifestação do que fez a revolução fracassar, a semente de seu "desastre obscuro" posterior. Em outras palavras, a pergunta que devemos fazer aqui é se o universo utópico descrito por Platonov é uma extrapolação da lógica imanente da revolução comunista ou se é uma extrapolação da lógica que subjaz à atividade dos que *deixam* de seguir o roteiro de uma revolução comunista "normal" e tomam um atalho milenarista fadado a um lúgubre fracasso. Como a ideia de uma revolução comunista se sustenta diante da ideia milenarista da realização instantânea da utopia? Além disso, essas duas opções podem se distinguir com clareza? Já houve uma revolução comunista "adequada" e "madura"? Se não, o que isso significa para o próprio conceito de revolução comunista?

Platonov mantinha um diálogo permanente com seu núcleo utópico pré-stalinista, e é por isso que seu último engajamento "íntimo" e ambíguo de amor e ódio com a realidade soviética dizia respeito ao utopismo renovado do primeiro Plano Quinquenal; depois disso, com o surgimento do alto stalinismo e sua contrarrevolução cultural, as coordenadas do diálogo mudaram. Na medida em que o alto stalinismo era antiutópico, a virada de Platonov para um texto realista-socialista mais "conformista" na década de 1930 não pode ser vista como mera acomodação externa diante de uma censura e uma opressão muito mais fortes: ela foi antes um afrouxamento imanente das tensões, a ponto de ser um sinal de sincera proximidade. O alto stalinismo e o stalinismo tardio tiveram outros críticos imanentes (Grossman, Shalamov, Soljenitsin etc.) que mantinham um diálogo "íntimo" com ele, com as mesmas premissas subjacentes (Lukács observou que *Um dia na vida de Ivan Deníssovitch** atende a todos os critérios formais do realismo socialista).

É por isso que Platonov continua a ser um embaraço para os dissidentes posteriores. O texto fundamental de seu período "realista socialista" é o curto romance *Dzhan* [Alma], de 1935**; embora o grupo utópico tipicamente platonoviano ainda esteja presente aqui – a "nação", uma comunidade marginal do deserto que perdeu a vontade de viver –, os pontos de referência mudam totalmente. O

---

[25] É por isso que a distopia *Nós*, de Zamyatin [São Paulo, Alfa-Omega, 2005], não deve ser lida como um retrato crítico do potencial totalitário do stalinismo, mas como a extrapolação da tendência utópico-gnóstica da década revolucionária de 1920 contra a qual o stalinismo reagiu. Nesse sentido, Althusser estava certo e não se envolveu em paradoxos baratos quando insistiu que o stalinismo era uma forma de humanismo: sua "contrarrevolução cultural" foi uma reação humanista à "extremista" década de 1920 pós-humanista e utópico-gnóstica.

* São Paulo, Círculo do Livro, 1973. (N. E.)
** Ed. esp.: Madri, Alianza, 1983. (N. E.)

herói é um educador stalinista, formado em Moscou; ele volta ao deserto para apresentar à "nação" o progresso científico e cultural e, portanto, recuperar sua vontade de viver. (É claro que Platonov continuou fiel a sua ambiguidade: no fim do romance, o herói tem de aceitar que não pode ensinar nada aos outros.) Essa mudança é assinalada pelo papel radicalmente alterado da sexualidade: para o Platonov da década de 1920, a sexualidade era o poder "sujo" e antiutópico da inércia, enquanto aqui ela é reabilitada como via privilegiada para a maturidade espiritual; embora fracasse como educador, o herói encontra consolo espiritual no amor sexual, de modo que é como se a "nação" quase se reduzisse à condição de cenário da criação de um casal sexual.

No entanto, mais perto de nossa cultura contemporânea, encontramos o mesmo tema da comunidade alternativa de monstros em filmes e séries populares (*Heroes*, *X-Men* e, em nível bem mais baixo, *A liga extraordinária*), em que um grupo de monstros enjeitados forma um novo coletivo – a diferença aqui é que eles não se distinguem por sua esquisitice psíquica, mas por seus talentos físico-psíquicos incomuns[26]. A origem e o modelo insuperável dessa questão continuam a ser *Além do humano*, de Theodore Sturgeon (1953)*, que conta a história da reunião de seis pessoas com poderes estranhos, que são capazes de "combigrenar" (combinar-engrenar) seus talentos e agir como um só organismo, formando o *homo gestalt*, o próximo passo da evolução humana.

Na primeira parte do romance, "O fabuloso idiota", a Gestalt surge quando seus componentes se unem pela primeira vez: Solitário, um rapaz com deficiência mental e um poderoso dom telepático; Janie, criança teimosa e com talento telecinético; Bonnie e Beanie, gêmeas que são incapazes de falar, mas conseguem teletransportar seus corpos à vontade; e Nenê, um bebê profundamente retardado, cujo cérebro funciona como um computador. Cada um desses indivíduos defeituosos e desajustados é incapaz de funcionar sozinho, mas juntos formam um ser completo: como Nenê diz a Janie, "o eu é todos nós". Na segunda parte, "Um nenê de três anos", a Gestalt cresce, surge no mundo exterior e enfrenta os desafios da sobrevivência. Vários anos se passaram; Solitário, a "cabeça" do corpo da Gestalt, morre e seu lugar é ocupado por Gerry, menino de rua maltratado e consumido pela raiva e pelo ódio. Se antes a Gestalt era deficiente pela capacidade

---

[26] Chitral, uma pequena comunidade no extremo norte do Paquistão, tem uma "casa da menstruação", para onde as mulheres vão naqueles dias; por mais opressora que seja essa medida, podemos imaginá-la como uma espécie de pequeno "território livre"; como os homens são proibidos de entrar, as mulheres podem organizar seu espaço próprio e falar livremente. Essa "casa da menstruação" não é um modelo de coletivo comunista subtraído do espaço público oficial? E se fosse escrita uma peça feminista sobre as conversas que acontecem nessa casa?

* São Paulo, L&PM, 1986.

mental limitada de Solitário, agora é deficiente pelo vazio moral de Gerry. Mas a implacabilidade de Gerry serve à Gestalt, pois ele está disposto a tudo para preservá-la. Na última parte, "Moralidade", a Gestalt amadurece, completando sua evolução num ser totalmente realizado. Mais uma vez, muitos anos se passam; a narrativa é feita do ponto de vista de Hip, um rapaz que foi submetido por Gerry a uma experiência cruel e que Janie, rebelando-se, decide salvar. Gerry ataca Hip mentalmente, levando-o ao colapso mental e à amnésia, mas Hip enfrenta Gerry e torna-se o último elemento da Gestalt, sua consciência. Hip é o elemento que faltava à Gestalt, sem o qual ela não pode seguir sua evolução.

Há uma série de características que impedem uma leitura simplista dessa trama na linha da Nova Era. Em primeiro lugar, em contraste com o medo paranoico predominante de que os "pós-humanos" ameacem seres humanos comuns, o *homo gestalt* de Sturgeon age com o dever moral de guiar e proteger o *homo sapiens*, que é a matéria-prima da própria Gestalt. Em segundo lugar, os membros da Gestalt não são seres perfeitos caricaturais e despersonalizados, cuja identidade desaparece na Gestalt, não são formigas robóticas que cumprem cegamente sua função: eles mostram todas as paixões, agressividades, vulnerabilidades e fraquezas dos indivíduos reais e talvez até sejam mais caprichosos e "individualistas" do que os seres humanos comuns; sua união num novo um cria condições para que suas peculiaridades floresçam. Esse estranho coletivo não lembra a afirmação de Marx de que, numa sociedade comunista, a liberdade de todos será baseada na liberdade de cada indivíduo? (Sturgeon e seus seguidores também oferecem um novo personagem para o mal propriamente comunista: o dissidente que deseja usar o poder paranormal com fins destrutivos.) No entanto, não devemos esquecer que esse florescimento irrestrito das idiossincrasias só pode vicejar contra o pano de fundo de um ritual comum. Isso nos leva de volta ao *Parsifal* de Wagner, cujo problema central é o da cerimônia (ritual): como é possível realizar um ritual em condições em que não há transcendência que o garanta? Como espetáculo estético?

O enigma de *Parsifal* gira em torno dos limites e contornos de uma cerimônia. A cerimônia é apenas aquilo que Amfortas não consegue realizar ou também faz parte dela o espetáculo de suas queixas, sua resistência a realizá-la e sua aceitação final? Em outras palavras, as duas grandes queixas de Amfortas não são altamente cerimoniais, ritualizadas? Até mesmo a chegada "inesperada" de Parsifal para substituí-lo (que, apesar de tudo, chega bem na hora, isto é, no momento exato, quando a tensão está no auge) não faz parte de um ritual? E também não encontramos um ritual em *Tristão*, no longo dueto que ocupa quase todo o terceiro ato? A longa parte introdutória consiste em divagações afetivas do casal, e o ritual propriamente dito começa em "So sterben wir um ungetrennt...", com uma mudança súbita para uma declamação/declaração; a partir daí, não são mais os dois indivíduos que cantam/falam, é um outro cerimonial que assume o comando. É preciso ter sempre em mente essa característica que perturba a oposição entre os domínios do dia (obrigações simbólicas) e da noite (paixão sem fim): o auge da *luxúria*, a imersão na noite, é em si altamente ritualizada, assume a forma de seu oposto, de um ritual estilizado.

E esse problema das cerimônias (liturgias) não é também o problema de todos os processos revolucionários, desde a Revolução Francesa, com seus espetáculos do povo, até a Revolução de Outubro? Por que essa liturgia é necessária? Exatamente por causa da precedência do não sentido sobre o sentido: a liturgia é o arcabouço simbólico no qual se articula o nível zero do sentido. A experiência zero do sentido não é a experiência de um sentido específico, mas a ausência de sentido ou, mais precisamente, a experiência frustrante de ter certeza de que algo tem sentido, mas não saber qual. *Essa presença vaga de um sentido não específico é o sentido "como tal", o sentido em seu aspecto mais puro*: ele é primário, não secundário. Em outras palavras, todo sentido determinado vem em segundo lugar, é a tentativa de preencher a ausência-presença opressora do *thatness** do sentido sem sua *whatness***. É assim que devemos responder aos que, sem dúvida, objetarão que usamos o comunismo como palavra mágica, como signo vazio cujo único conteúdo não é uma visão positiva e exata de uma nova sociedade, mas o signo ritualizado de pertencer a uma nova comunidade iniciática: não há oposição entre liturgia (cerimônia) e abertura histórica; longe de ser um obstáculo à mudança, a liturgia mantém aberto o espaço da mudança radical, na medida em que sustenta o não sentido significante que exige novas invenções de (determinado) sentido.

Podemos interpretar nessa mesma linha o filme *O homem com uma câmera*, de Dziga Vertov (o grande rival de Eisenstein) como um caso exemplar de comunismo cinematográfico: a afirmação da vida em sua multiplicidade, representada por uma espécie de parataxe cinematográfica que justapõe uma série de atividades cotidianas – lavar o cabelo, fazer embrulhos, tocar piano, instalar fios de telefone, dançar balé – que repercutem umas nas outras num nível puramente formal por meio do eco dos padrões visuais e outros. O que torna essa prática cinematográfica comunista é a asserção subjacente da radical "univocidade do ser": todos os fenômenos exibidos são equalizados, todas as hierarquias e oposições usuais entre eles, inclusive a oposição comunista oficial entre o velho e o novo, são magicamente suspensas (recordemos que o título alternativo de *A linha geral*, de Eisenstein, filmado na mesma época, era exatamente *O velho e o novo*). Aqui o comunismo é apresentado menos como luta acirrada por um objetivo (a nova sociedade por vir), com todos os paradoxos pragmáticos que isso envolve (a luta pela nova sociedade de liberdade universal deveria obedecer a uma disciplina mais rígida etc.), do que como fato, como experiência coletiva presente. Várias vezes, nesse espaço utópico de "comunismo agora", a câmera que filma é mostrada diretamente, não como inscrição traumática do olhar na imagem, mas como

---

* Algo como "aquilitude", a qualidade de ser aquilo. (N. T.)
** Algo como "quetude", a qualidade de ser "quê". (N. T.)

parte não problemática do quadro: não há tensão entre olho e olhar, nenhuma suspeita nem ânsia de penetrar na superfície enganosa em busca da verdade ou essência secreta, apenas a tessitura sinfônica da vida em toda a sua diversidade positiva, como numa irônica versão cinematográfica da primeira lei da dialética de Stalin: "Tudo está ligado a tudo"[27]. Essa prática de Vertov culmina em *Sinfonia do Donbas*, de 1931, seu primeiro filme falado, em que a dura realidade de construir uma gigantesca usina hidrelétrica é "suprassumida" numa dança intrincada de temas (visuais e sonoros) formais. É claro que isso tem um preço: o anverso dessa superfície de tessitura sinfônica, o *olhar desconfiado* stalinista, que está sempre à procura inimigos e sabotadores, volta com força total em *Ivan, o Terrível*, de Eisenstein (como um gigantesco olho icônico, pintado nas paredes curvas do Kremlin, como o olho de Maliuta Skuratov, fiel cão de guarda de Ivan).

O que explica essa cegueira é a participação de Vertov na versão tecnognóstica do comunismo popular na União Soviética na década de 1920: ao comparar desfavoravelmente o homem com as máquinas ("Diante da máquina, nós nos envergonhamos da incapacidade do homem de se controlar, mas o que fazer se achamos os modos infalíveis da eletricidade mais empolgantes do que a pressa desordenada das pessoas ativas?"), ele acreditava que seu conceito de "cine-olho" ajudaria o homem contemporâneo a evoluir de criatura falha para uma forma mais elevada, precisa, pós-humana, que excluiria a sexualidade. Mas essa limitação não é razão para ignorarmos o reflexo da tessitura polifônica de Vertov nos grandes diretores que vieram depois dele – talvez até *Cenas da vida*, de Altman, possa ser lido como uma nova versão da prática de Vertov. De fato, o universo de Altman é o dos encontros contingentes numa miríade de séries, um universo em que séries diferentes se comunicam e ressoam no nível do que o próprio Altman chama de "realidade subliminar" (choques, encontros e forças impessoais, mecânicos e sem significado, que precedem o nível do significado social)[28]. Portanto, não devemos cair na tentação de reduzir Altman a um poeta da alienação norte-americana que descreve o desespero calado da vida cotidiana: há outro Altman, o que se abre a alegres encontros contingentes. Na mesma linha da leitura que Deleuze e Guattari fazem do universo da ausência do inacessível centro transcendente e fugidio de Kafka (castelo, tribunal, Deus) como a presença de múltiplas passagens e transformações, ficamos tentados a ler "o desespero e a ansiedade" de Altman como o anverso enganoso da imersão mais afirmativa na miríade de forças subliminares; esse é o comunismo de Altman, transmitido pela própria forma cinematográfica, neutralizando a deprimente realidade social representada.

---

[27] Devo a Jacques Rancière essa referência a Vertov, "Cinematographic Vertigo" (artigo não publicado).
[28] Ver Robert T. Self, *Robert Altman's Subliminal Reality* (Minneapolis, Minnesota University Press, 2002).

Altman nos leva a outra característica importante da cultura comunista: a forma propriamente comunista de *intimidade coletiva*, ilustrada pelas peças para piano de Erik Satie. É possível imaginar contraste maior do que aquele entre as peças suavemente melancólicas de Erik Satie e o universo do comunismo? A música associada em geral ao comunismo consiste em violentas canções e coros de propaganda ou cantatas bombásticas que louvam eventos e líderes do Estado – e, desse ponto de vista, Satie não seria a própria encarnação do "individualismo burguês"? Então, o fato de que, no início da década de 1920, em seus últimos anos de vida, além de ser membro do recém-criado Partido Comunista francês, Satie tenha participado de seu Comitê Central seria mera provocação ou idiossincrasia pessoal? A primeira surpresa aqui é que Maurice Ravel, outro modelo da contenção "burguesa" francesa, rejeitou a oferta de entrar para a Académie Française em protesto contra o modo como a França tratava a União Soviética; além disso, ele musicou canções de protesto norte-africanas contra o poderio colonial francês. A música em que Ravel se aproxima do comunismo musical de Satie não é o *Bolero*, mas sua música de câmara, dolorosamente bela em sua contenção. E se, para ter a ideia mais elementar do comunismo, esquecêssemos as explosões românticas de paixão e imaginássemos a clareza de uma ordem minimalista, sustentada por uma forma suave de disciplina livremente imposta? Devemos recordar aqui "Louvor do comunismo", de *A mãe*, de Brecht, musicado por Hans Eisler num clima muito satiano: suave, gentil e íntimo, sem nenhuma pompa – e, na verdade, as palavras de Brecht já não soam quase como uma descrição da música de Satie?

> É bem simples, entenderás. Não é difícil.
> Como não és explorador, entenderás depressa.
> É para teu bem, então descobre tudo que puderes.
> São tolos os que o descrevem como tolice,
> e imundos os que o descrevem como imundície.
> É contra tudo que é imundo, tudo que é tolo.
> Os exploradores te dirão que é criminoso,
> Mas sabemos que não:
> Ele dá fim a tudo que é criminoso.
> Não é loucura, mas dá
> Fim a toda loucura.
> Não significa caos,
> Só significa ordem.
> É exatamente o simples que
> é difícil, tão difícil de fazer.[29]

---

[29] Bertolt Brecht, "In Praise of Communism", em *The Mother* (Londres, Methuen, 1978), p. 28. [Ed. bras.: "A mãe", em Bertolt Brecht, *Teatro completo*, São Paulo, Paz e Terra, 1994, v. 4.]

Satie usou a expressão "música de mobiliário" (*musique d'ameublement*) querendo dizer que algumas de suas peças deviam servir de música de fundo para criar climas. Embora isso pareça ser música ambiente comercial ("muzak"), Satie visava o oposto: uma música que subvertesse a lacuna que separa a figura do fundo; quando se escuta Satie com atenção, "ouve-se o fundo". Esse é o comunismo igualitário na música: uma música que desvia a atenção do ouvinte do grande tema e a concentra no fundo invisível, da mesma maneira que a teoria e a política comunistas desviam nossa atenção dos grandes heróis e a concentram no trabalho e no sofrimento imensos das pessoas comuns invisíveis. Essa dimensão democrático-popular não é claramente perceptível nas próprias declarações programáticas de Satie?

> Insista na música de mobiliário. Não faça assembleias, reuniões, eventos sociais sem a música de mobiliário. [...] Não se case sem a música de mobiliário. Fique longe de casas que não usam a música de mobiliário. Quem nunca ouviu a música de mobiliário não faz ideia do que é a verdadeira felicidade. [...] Temos de produzir uma música que seja como o mobiliário, isto é, uma música que faça parte dos ruídos do ambiente, que os leve em consideração. Penso nela como um atenuar melodioso dos ruídos de facas e garfos, sem os dominar, sem se impor. Ela preencheria aqueles silêncios pesados que às vezes caem sobre amigos que jantam juntos. Pouparia do esforço de prestar atenção em suas próprias observações banais. E, ao mesmo tempo, neutralizaria os ruídos da rua que entram com tanta indiscrição no jogo da conversa. Fazer esse ruído atenderia a uma necessidade.[30]

Não admira que John Cage, principal personagem da vanguarda musical no século XX, cujo tratamento da dialética minimalista do som e do silêncio só se compara ao de Webern, fosse grande admirador de Satie. Para Cage, o aspecto mais elementar da música é a duração: ela é a única característica que o som e o silêncio têm em comum. "O silêncio é importante, já que é o oposto do som" e, "portanto, parceiro necessário do som". É aí, no nível da estrutura musical, que Satie, juntamente com Webern, teve a única ideia realmente nova desde Beethoven:

> Com Beethoven, as partes da composição foram definidas pela harmonia. Com Satie e Webern, elas foram definidas pela duração. A questão da estrutura é tão básica, e é tão importante estar de acordo a seu respeito, que podemos perguntar: Beethoven estava certo ou certos estão Webern e Satie? Respondo imediata e inequivocamente: Beethoven estava errado, e sua influência, que tem sido tão extensa quanto lamentável, enfraqueceu a arte da música.[31]

Associadas a isso, há mais duas inovações identificadas por Constant Lambert. Primeiro, num aparente paradoxo (mas na verdade uma profunda necessi-

---

[30] Citado em Matthew Shlomowitz, "Cage's Place in the Reception of Satie". Disponível em: <http://www.satie-archives.com/web/article8.html>.
[31] Idem.

dade dialética), essa mesma mudança para a duração como princípio estrutural mais importante permitiu a Satie romper com a temporalidade em nome da eternidade atemporal:

> Com a abstenção das formas usuais de desenvolvimento e com o emprego inusual do que poderíamos chamar de recapitulações interrompidas e sobrepostas que fazem a peça se dobrar sobre si mesma, ele elimina completamente o elemento de argumento retórico e, na medida do possível, consegue até abolir nossa noção de tempo. Não sentimos que a importância emocional de uma frase dependa de ela estar situada no início ou no fim de uma parte específica.[32]

Essa estrutura não é de *parataxe*, de uma constelação atemporal que substitui o desenvolvimento temporal linear? Se há parataxe, a paralaxe, seu contraponto dialético, não está longe:

> O hábito de Satie de escrever suas peças em grupos de três não era apenas um maneirismo. Isso aconteceu em sua arte de desenvolvimento dramático e fez parte de sua visão peculiarmente escultural da música. Quando passamos da primeira *Gymnopédie* para a segunda [...] não sentimos que passamos de um objeto para outro. É como se nos movêssemos lentamente em torno de uma escultura, e examiná-la de um ponto de vista diferente, embora apresente a nossos olhos uma silhueta diferente e talvez menos interessante, tivesse a mesma importância que nossa apreciação da obra como um todo plástico. Não importa de que maneira andamos em volta da estátua e não importa em que ordem tocamos as três *Gymnopédies*.[33]

Aqui, temos de ser muito precisos: o problema não é que as três versões imitem (ou, em última análise, não consigam imitar) o mesmo objeto transcendental que resiste a ser representado diretamente em música. A lacuna paralática se insere na própria coisa: a multiplicidade de impressões-percepções "subjetivas" do objeto descreve a fratura interna do objeto. Portanto, é apenas um deslocamento tênue, embora fundamental, que separa Cage de Satie: para Satie, a música deveria fazer parte dos sons do ambiente, enquanto para Cage os ruídos do ambiente são a música. O julgamento final de Cage sobre Satie é: "A questão não é a relevância de Satie. Ele é indispensável"[34]. Assim como o comunismo.

Violência entre disciplina e obscenidade

Essa afirmação do ritual como central na cultura comunista tem consequências até para nossas atitudes subjetivas mais íntimas. Recordemos aqui a "Terceira Onda",

---

[32] Idem.
[33] Idem.
[34] Idem.

uma experiência social do professor de história Ron Jones na Cubberley High School, em Palo Alto, na primeira semana de abril de 1967. Para explicar aos alunos como a população alemã pôde afirmar que ignorava o Holocausto, Jones começou um movimento chamado Terceira Onda e convenceu os alunos de que seu propósito era eliminar a democracia; ele enfatizava isso no lema do movimento: "Força pela disciplina, força pela comunidade, força pela ação, força pelo orgulho". No quarto dia, no entanto, Jones decidiu concluir a experiência, que já escapava de seu controle: os alunos estavam se envolvendo cada vez mais e sua disciplina e lealdade ao projeto eram espantosas; alguns chegaram a denunciar a Jones colegas que eles desconfiavam que não acreditavam inteiramente no projeto. Jones mandou que os alunos comparecessem a uma reunião ao meio-dia do dia seguinte, na qual, em vez de um discurso televisado do líder, os alunos só encontraram uma tela vazia. Depois de alguns minutos de espera, Jones anunciou que aquilo fazia parte de uma experiência sobre o fascismo e que todos tinham criado voluntariamente um sentimento de superioridade parecido com o dos cidadãos alemães no período da Alemanha nazista[35].

Como era de esperar, os liberais ficaram fascinados com a Terceira Onda, vendo nela a percepção "profunda" de *O senhor das moscas* de que, sob a aparência civilizada, somos todos fascistas em potencial – a fera sádico-bárbara se esconde dentro de todos nós e espera sua chance. Mas e se mudarmos um pouquinho a perspectiva e concebermos a "personalidade autoritária" como o anverso "reprimido" da própria personalidade liberal "aberta"? A mesma ambiguidade se encontra no lendário estudo da "personalidade autoritária" do qual Adorno participou[36]. Os traços da "personalidade autoritária" se opõem claramente à figura padrão da personalidade democrática "aberta", e o dilema subjacente é saber se esses dois tipos de personalidade são simplesmente adversários em luta e se devemos lutar a favor de um contra o outro. Em outras palavras, qual é o status da escala de características que se opõem àquelas que definem a "personalidade autoritária"? Devemos simplesmente aceitá-las como "personalidade democrática" (em última análise, a via de Habermas) ou devemos conceber a "personalidade autoritária" como a "verdade" sintomal da "personalidade democrática" (opinião, digamos, de Agamben)? Nessa linha, a própria passagem de Adorno para Habermas a respeito da modernidade pode ser formulada nos seguintes termos: o núcleo da *Dialética do esclarecimento*, de Adorno e Horkheimer, é que fenômenos como o fascismo são "sintomas" da modernidade, sua consequência necessária (e por isso, como explica Horkheimer numa frase memorável, os que não querem falar (criticamente) sobre o capitalismo também deveriam ficar calados sobre o fascismo), enquanto, para Habermas, eles

---

[35] Ver os dados básicos em: <en.wikipedia.org/wiki/The_Third_Wave>.
[36] T. W. Adorno et. al., *The Authoritarian Personality* (Nova York, Harper & Row, 1950).

indicam que a modernidade é um "projeto inacabado", que ainda não desenvolveu todo o seu potencial. Essa indecidibilidade é, em última análise, um caso especial da indecidibilidade mais geral da própria "dialética do esclarecimento", bem percebida por Habermas: se o "mundo administrado" é a "verdade" do projeto de esclarecimento (Iluminismo), como exatamente ela pode ser criticada e neutralizada por meio da fidelidade ao próprio projeto de esclarecimento[37]?

Ficamos tentados a afirmar que, longe de representar uma falta ou simples falha de Adorno, essa relutância em dar o passo para a normatividade positiva assinala sua fidelidade ao projeto revolucionário marxista. Também é assim que devemos ler o entusiasmo dos liberais pelo fenômeno da Terceira Onda: sua função é afirmar como nossa luta fundamental a luta da "abertura" liberal contra o "fechamento" totalitário e, portanto, encobrir sua cumplicidade mútua, ou seja, o fato de que o "totalitarismo" é o "retorno do recalcado" do próprio liberalismo. Esse encobrimento também nos permite condensar fascismo e comunismo numa mesma figura "totalitária" antiliberal e, portanto, barrar a busca de uma *terceira* opção – a "estrutura da personalidade" de um sujeito engajado na luta emancipadora radical, um sujeito que subscreve sem escrúpulos o lema "Força pela disciplina, força pela comunidade, força pela ação, força pelo orgulho" e, mesmo assim, continua engajado numa luta emancipadora igualitária radical. O liberal desprezará esse sujeito, considerando-o outra versão da "personalidade autoritária", ou afirmará que ele exibe uma "contradição" entre os fins de sua luta (igualdade e liberdade) e os meios empregados (disciplina coletiva etc.); em ambos os casos, a especificidade do sujeito da luta emancipadora radical é encoberta, permanece "sem ser vista", não há lugar para ela no "mapa cognitivo" do liberal[38].

Existe ainda outra estratégia política violenta e aparentemente oposta: o uso da violência antissemântica inerente à linguagem. Há algumas décadas, na Caríntia (*Kaernten*), província ao sul da Áustria que faz fronteira com a Eslovênia,

---

[37] Ver Jürgen Habermas, *The Philosophical Discourse of Modernity* (Cambridge, MIT Press, 1990). [Ed. bras.: *O discurso filosófico da modernidade*, 2 ed., São Paulo, Martins, 2002.]

[38] Consequentemente, em toda luta pública devemos começar evitando falsas batalhas e localizando o verdadeiro inimigo. Hoje, no Zimbábue, a política econômica destrutiva do presidente Mugabe explora a divisão racial para encobrir a divisão de classes, isto é, o fato de que uma nova elite negra tomou o lugar da antiga elite branca. E o perigo é que, confrontado com a lacuna crescente entre ricos e pobres na África do Sul, o Congresso Nacional Africano sucumba à mesma tentação. Ou seja, o principal resultado econômico do fim do *apartheid* é o surgimento de uma nova classe dominante negra que se uniu à antiga elite branca, enquanto a maioria negra vive na mesma pobreza abjeta. Essa situação cria a perigosa possibilidade de que, para redirecionar o descontentamento popular, a nova elite negra também aproveite a desculpa racial e ponha toda a culpa nos antigos colonialistas brancos. E o mesmo acontece com o populismo antiamericano na América Latina: não admira que, em novembro de 2009, Chávez tenha defendido Carlos o Chacal, Mugabe etc. como autênticos heróis revolucionários.

nacionalistas alemães fizeram uma campanha contra a suposta "ameaça" eslovena cujo lema era: "Kaernten bleibt deutsch!" [A Caríntia continuará alemã!]. Os esquerdistas austríacos encontraram uma resposta perfeita: em vez de usar contra-argumentos racionais, eles simplesmente publicaram nos principais jornais do país um anúncio com variações sem sentido do lema dos nacionalistas ("Kaernten deibt bleutsch! Kaernten leibt beutsch! Kaernten beibt dleutsch!" [algo como "A Caríntia altinuará conemã! A Caríntia lontinuará caemã! A Caríntia aconuará tilemã!"]). Esse procedimento não é digno do discurso sem significado, "anal" e obsceno de Hynkel, a figura de Hitler em *O grande ditador*, de Chaplin? É isso que o Rammstein[39], grupo de rock que faz parte da *Neue Deutsche Haerte* ("Nova Dureza Alemã"), faz com a ideologia totalitária: ele a "dessemantiza" e traz à tona seu balbuciar obsceno em sua materialidade intrusiva.

A música do Rammstein não ilustra perfeitamente a distinção entre senso e presença, a tensão na obra de arte entre a dimensão hermenêutica e a dimensão da presença "este lado da hermenêutica", uma dimensão que Lacan indicou pela palavra *sinthoma* (fórmula-nó da *jouissance*) como oposta ao sintoma (portador de significado)? O que Lacan conceitua são as dimensões não semânticas do próprio simbólico. A identificação direta com o Rammstein é uma sobreidentificação direta com os *sinthomas* que destrói a identificação ideológica. Não deveríamos temer essa sobreidentificação direta, mas sim a articulação desse campo de energia caótico num universo (fascista) de significado. Não admira que a música do Rammstein seja violenta, materialmente presente, invasiva e intrusiva com seu volume e suas vibrações profundas; sua materialidade está em tensão constante com o significado, destruindo-o continuamente. Alejandro Zaera Polo formulou a evolução do rock clássico, com seu "individualismo revolucionário", para uma versão posterior mais "imersiva":

> Outro caso relevante de como a política de produção cultural evoluiu sob o efeito da globalização e da tecnologia digital encontra-se na cultura da música eletrônica contemporânea: em oposição ao individualismo revolucionário do rock'n'roll, a cultura tecno não tem aspiração revolucionária declarada nem formulação utópica. Ela funciona dentro do sistema. Para isso, a música tecno substitui figuras musicais mais tradicionais – melodia e harmonia – pela textura de absorção da multiplicidade de posições e ritmos como formas primárias de expressão. A imagem da *rave*, um ambiente coletivo capaz de mobilizar multidões num único ritmo, parece ser a encarnação perfeita da democracia associativa como coexistência de populações heterogêneas e associações informais.[40]

---

[39] Embora o nome do grupo faça referência a Ramstein, a base aérea militar norte-americana na Alemanha Ocidental, é escrito com um *m* a mais, RaMMstein, podendo ser lido como "pedras abalroantes", paráfrase de "pedras rolantes" ["rolling stones"].

[40] Ver Alejandro Zaera Polo, "The Politics of the Envelope. A Political Critique of Materialism", *ArchiNed*, v. 17.

Ainda assim, dentro desse campo devemos traçar uma linha de distinção entre o tecno apaziguador (que claramente "funciona dentro do sistema") e a brutalidade desregrada do Rammstein, que destrói o sistema, não só por meio de uma visão crítica utópica, mas também pela própria brutalidade obscena da imersão que ele representa. Portanto, deveríamos resistir à tentação sontagnesca de considerar a música do Rammstein ideologicamente suspeita, com seu uso intenso de imagens e temas "nazistas"; o que o Rammstein faz é o oposto: ao forçar os ouvintes à identificação direta com os *sinthomas* usados pelos nazistas, contornando sua articulação na ideologia nazista, o grupo torna palpável uma lacuna em que a ideologia impõe a ilusão de uma unidade orgânica sem falhas. Em resumo, o Rammstein *libera* esses *sinthomas* de sua articulação nazista: eles são oferecidos para serem gozados em sua condição pré-ideológica de "nó" do investimento libidinal. Portanto, não devemos ter medo de tirar daí uma conclusão radical: apreciar os filmes pré-nazistas de Riefenstahl ou a música de grupos como o Rammstein *não* é ideológico, enquanto a luta contra a intolerância racista nos termos da tolerância *é*. Assim, quando assistem a um videoclipe do Rammstein que mostra uma loura numa jaula, fardas escuras que lembram guerreiros nórdicos etc., alguns liberais esquerdistas temem que o público não instruído não veja a ironia (se é que ela existe) e identifique-se diretamente com a sensibilidade protofascista ali exibida, mas devemos contrapor a esse temor o velho lema: a única coisa a temer aqui é o próprio medo. O Rammstein destrói a ideologia totalitária não com a distância irônica dos rituais que ele imita, mas confrontando-nos diretamente com sua materialidade obscena e, assim, suspendendo sua eficácia.

O julgamento infinito da democracia

A única maneira de nos orientarmos na charada da violência é nos concentrarmos em sua natureza paralática, há muito tempo observada por Mark Twain em *Um ianque na corte do rei Artur*:

> Houve dois "Reinados do Terror", caso nos lembremos e pensemos bem; um elaborado com paixão ardente, outro a sangue frio e sem coração [...] nossos arrepios são todos causados pelos "horrores" do Terror menor, o Terror momentâneo, por assim dizer, mas o que é o horror da morte rápida pelo machado comparado à morte vitalícia da fome, do frio, do insulto, da crueldade e do pesar? Um cemitério de cidade pode conter os caixões daquele breve Terror que todos aprendemos diligentemente a temer e lamentar; mas a França inteira dificilmente conseguiria conter os caixões daquele Terror mais antigo e real, aquele Terror indizivelmente horrendo e amargo que nenhum de nós aprendeu a ver em sua vastidão nem a lamentar como ele merece.[41]

---

[41] Mark Twain, *A Connecticut Yankee in King Arthur's Court* (Nova York, Dover, 2001), p. 64. [Ed. bras.: *Um ianque na corte do rei Artur*, São Paulo, Brasiliense, 1951.]

Para compreender essa natureza paralática da violência, devemos nos concentrar nos curtos-circuitos entre os diversos níveis, digamos, entre o poder e a violência social: uma crise econômica que causa devastação é vivenciada como poder incontrolável e quase natural, mas *deveria* ser vivenciada como *violência*. O mesmo acontece com a autoridade e a violência: a forma elementar de crítica da ideologia é exatamente desmascarar a autoridade como violência. Para o feminismo, a autoridade masculina *é* violência. Refiro-me aqui a Hannah Arendt, que, em *Sobre a violência*[42], elaborou uma série de distinções entre "poder", "vigor", "força", "violência" e "autoridade". *Força* deveria ser reservada para as "forças da natureza" ou a "força das circunstâncias": a palavra indica a energia liberada por movimentos físicos ou sociais. Nunca deveria ser intercambiável com *poder* no estudo da política: a força se refere a movimentos da natureza ou a outras circunstâncias humanamente incontroláveis, enquanto o poder é função das relações humanas. Nas relações sociais, o poder resulta da capacidade humana de agir *em concerto* para convencer ou coagir os outros, enquanto *vigor* é a capacidade individual de fazer isso. *Autoridade* é uma *fonte* específica de poder. Ela representa o poder investido em pessoas em virtude de seus cargos ou de sua "autoridade" no que diz respeito a conhecimentos e informações relevantes. Existe autoridade pessoal como tal, por exemplo, na relação entre pais e filho, entre professor e aluno, ou investida em cargos (um padre pode conceder uma absolvição válida, mesmo que esteja bêbado). Sua marca é o reconhecimento inquestionável daqueles a quem se manda que obedeçam: não é necessário coação nem persuasão. Portanto, a autoridade não brota simplesmente dos atributos do indivíduo. Seu exercício depende da disposição *por parte dos outros* de atribuir respeito e legitimidade e não da capacidade pessoal de alguém de persuadir ou coagir.

Portanto, é fundamental distinguir poder de *violência*: o poder é psicológico, uma força moral que faz as pessoas quererem obedecer, enquanto a violência impõe a obediência por meio da coação física. Os que empregam a violência podem impor temporariamente sua vontade, mas seu comando é sempre tênue, porque, quando a violência acaba ou a ameaça diminui, há ainda menos incentivo para obedecer às autoridades. O controle pela violência exige vigilância constante. Violência de menos é ineficaz; violência demais gera revolta. A violência pode destruir o poder antigo, mas nunca poderá criar a autoridade que legitima o poder novo. Portanto, a violência é a base mais fraca possível para a construção de um governo. A violência é a arma preferida do impotente: em geral, os que não têm muito poder tentam controlar ou influenciar os outros usando a violência. Esta raramente cria

---

[42] Ver Hannah Arendt, *On Violence* (Nova York, Harvest, 1970). [Ed. bras.: *Sobre a violência*, Rio de Janeiro, Civilização Brasileira, 2009.]

poder. Ao contrário, os grupos ou os indivíduos que empregam a violência costumam descobrir que suas ações diminuem o pouco poder que eles *realmente* têm. Geralmente, grupos que se opõem a governos tentam compensar sua falta de poder com o uso da violência. Essa violência simplesmente reforça o poder do Estado. O terrorista que explode um prédio ou assassina um político dá ao governo a desculpa que ele deseja para reduzir as liberdades individuais e expandir sua esfera de influência. Quando um governo recorre à violência, é porque sente que seu poder está se esvaindo. Os governos que dominam pela violência são fracos. Os ditadores sempre tiveram de contar com o terror contra a própria população para compensar sua falta de poder. A violência prolongada resulta em diminuição do poder, tornando necessária mais violência.

Não nos surpreende que Arendt tenha usado essas distinções para atacar a confusão que Marx faz entre violência e poder, abrindo caminho para o governo totalitário. No entanto, aqui a questão do marxismo é exatamente um colapso estruturalmente necessário da distinção entre violência e poder na própria realidade: em última análise, não só o poder político é o poder (monopolístico) de aplicar a violência, como também ele se baseia numa (ameaça de) violência. É preciso vincular esse ponto fraco ao desprezo de Arendt pela economia, pela esfera da produção, pela política propriamente dita: o que ela deixa de ver é a noção crucial de Marx de que a luta política é um espetáculo que, para ser decifrado, tem de ser levado para a esfera da economia ou, para citar Wendy Brown: "se o marxismo teve algum valor analítico para a teoria *política*, não foi na insistência de que o problema da liberdade estava contido nas relações sociais implicitamente declaradas 'apolíticas' – isto é, naturalizadas – no discurso liberal"[43].

Portanto, há violência e violência, e a questão não é desqualificar *a priori* certo modo de violência, mas indagar de qual modo de violência estamos tratando. Em seu último livro, um verdadeiro manifesto da contrarrevolução liberal, Bernard-Henri Lévy propõe uma explicação para o fato de a experiência assustadora dos quatro anos de reinado do Khmer Vermelho no Camboja (de 1975 a 1979) ter sido tão importante para a esquerda: ela nos obriga a rejeitar de uma vez por todas a noção padronizada de que as revoluções fracassaram até agora porque não foram "suficientemente radicais", porque fizeram concessões àquilo que tentavam superar e não seguiram sua lógica até o fim[44]. A única coisa que podemos dizer do Khmer Vermelho é que ele foi até o fim, até o extremo da mais completa transformação social que se pode imaginar: as cidades foram esvaziadas, o dinheiro e o mercado foram abolidos, a educação foi interrompida para criar um novo homem a partir do

---

[43] Wendy Brown, *States of Injury* (Princeton, Princeton University Press, 1995), p. 14.
[44] Bernard-Henri Lévy, *Left in Dark Times: a Stand Against the New Barbarism* (Nova York, Random House, 2009).

zero e a própria unidade familiar foi eliminada (as crianças eram tiradas desde cedo de seus pais) – e o resultado foi um pesadelo. Contra essa observação aparentemente convincente, devemos insistir ainda assim que, de certa forma, o Khmer Vermelho não foi *suficientemente radical*: embora tenha levado a negação abstrata do passado ao extremo, ele não inventou uma forma nova de coletividade, apenas substituiu a existente por um regime primitivo de controle igualitário e exploração implacável, no qual as relações sociais foram reduzidas ao paradoxo mais elementar da obscenidade do poder, isto é, o Khmer Vermelho tratava *a si* como uma obscenidade ilegal, e perguntar sobre a estrutura do poder do Estado era considerado crime. Os líderes eram chamados de "Irmão n. 1" (Pol Pot, é claro), "Irmão n. 2" etc., e o partido governante era chamado simplesmente de "Angka", palavra que se costuma traduzir como "organização"; aqui as conotações gangsteristas se justificam totalmente, não só no sentido comum de crimes cometidos, como no sentido de organização que trata *a si mesma* como um organismo secreto, uma Cosa Nostra maoísta.

Em contraste com o Khmer Vermelho, tomemos os protestos estudantis que começaram na Grécia, em 2008, e ameaçaram se disseminar por toda a Europa, da Croácia à França. Muitos observadores notaram, como uma das características mais importantes, seu caráter *violento* – não no sentido de matar pessoas, mas no sentido de perturbar a ordem pública e destruir bens privados e estatais (muito bem escolhidos) com o objetivo de impedir o bom funcionamento da máquina estatal e capitalista. A proposta do terrorismo político de esquerda (a Fração do Exército Vermelho na Alemanha, as Brigadas Vermelhas na Itália, a Action Directe na França etc.) era que, numa época em que as massas estão totalmente imersas no torpor ideológico capitalista e a crítica padrão da ideologia não funciona mais, só o recurso ao real nu e cru da violência direta – "*l'action directe*" – consegue despertá-las. Embora devamos rejeitar inequivocamente a forma homicida como essa noção foi posta em prática, não devemos ter medo de endossar a noção propriamente dita. A "maioria silenciosa" pós-política de hoje não é estúpida, mas cínica e resignada. A limitação da pós-política é bem exemplificada não só pelo sucesso do populismo direitista, como também pelas supracitadas eleições de 2005 no Reino Unido: apesar da impopularidade crescente de Tony Blair (ele foi eleito várias vezes a pessoa mais impopular do Reino Unido), esse descontentamento não tinha como encontrar uma expressão politicamente eficaz. Há algo muito errado aqui: o problema não é que as pessoas "não sabem o que querem", e sim que essa resignação cínica as impede de agir, de modo que o resultado é a estranha lacuna entre o que elas pensam e como agem (votam); essa frustração pode alimentar explosões extraparlamentares perigosas, que a esquerda não deveria lamentar, mas correr o risco de se unir a elas para "acordar" o povo. Na Itália de Berlusconi, em que um autoproclamado palhaço gozava de níveis de popularidade acima de 60%, é claro que certa forma de violência terá de ser reabilitada.

É fácil notar que, dentro do horizonte kantiano, o aspecto "terrorista" da democracia – a violenta imposição igualitária dos que são "excedentes", a "parte de parte alguma" – só pode parecer uma distorção "totalitária". Dentro desse horizonte, a linha que separa a autêntica explosão democrática e o terror revolucionário do regime "totalitário" do Estado-Partido (ou, em termos reacionários, a linha que separa o "controle da turba dos despossuídos" e a opressão brutal do Estado-Partido sobre a "turba") é obliterada. (É claro que podemos argumentar que o "controle direto da turba" é inerentemente instável e transforma-se necessariamente em seu oposto, a tirania sobre a própria turba; contudo, essa transformação não muda o fato de que tratamos exatamente de uma mudança, de uma inversão radical.)

Observou-se há muito tempo que a democracia pode ser justificada por duas posturas opostas: (1) a confiança em que a maioria do povo, em última análise, é boa, justa e racional na hora de tomar uma decisão; (2) a convicção de que o povo em geral é tão corrupto que não se pode confiar o poder a indivíduos sem mantê-los sob constante vigilância. Em vez de ver essas duas posturas como opostas, devemos entender essa combinação inigualável de confiança e desconfiança como o próprio âmago da visão democrática. Seria fácil (demais) aplicar aqui as "fórmulas de sexuação" de Lacan e afirmar que a primeira postura obedece à lógica masculina do todo e a segunda, à lógica feminina do não todo: o povo é bom como um todo, mas devemos desconfiar quando observamos as pessoas uma a uma. Também seria fácil (demais) afirmar que, enquanto os regimes não democráticos liberais funcionam de modo "masculino", sempre querendo impor seu ideal de melhor sociedade possível e sempre recorrendo a uma exceção constitutiva (o "inimigo"), e enquanto a democracia liberal funciona do modo "feminino" do "não todo", sem a pretensão de oferecer o melhor, mas comparativamente apenas o menos pior – o problema não é nem sequer que *todos* os outros sistemas políticos são piores, e sim, mais exatamente, que *cada* um dos outros, tomados um a um, é "pior" quando comparado à democracia. No entanto, assim aplicadas, as fórmulas de sexuação são muito formal-abstratas (no significado hegeliano da palavra): podemos dizer igualmente que o stalinismo era "masculino" (politizava a sociedade por meio de sua exceção: tecnologia e linguagem como não ideológicas, como meios neutros, de modo que, no stalinismo, "tudo é político" – com exceções) e o maoismo, "feminino"[45].

---

[45] No maoismo, "não há nada que não seja político", o que nos impede de afirmar que "tudo é político": o político nomeia o próprio princípio de "não todo" da sociedade, seu antagonismo que não pode ser totalizado, uma diferença que não pode ser reduzida a diferença específica dentro de um gênero neutro; "luta de classes" não significa que "a sociedade é composta de classes que lutam entre si", mas que, sob o disfarce de luta de classes, a sociedade enfrenta suas limitações (na luta de classes, a diferença – intrassocial – específica sobrepõe-se à diferença entre a própria sociedade e o não social).

É verdade que a democracia é nosso último fetiche – mas um fetiche que nos protege da própria democracia, de nosso núcleo "não democrático", o excesso "terrorista" violento que as complexas regras democráticas tentam manter sob controle. Em *O federalista n. 10*, James Madison trata do problema de impedir que a democracia (governo do povo) envolva-se em disputas sobre "a distribuição variada e desigual da propriedade. Os que têm e os que não têm propriedade sempre formaram interesses distintos na sociedade". Em resumo, o problema é a luta de classes: como impedir que a maioria pobre descubra "sua própria força", que, em princípio, a democracia dá a eles. A solução de Madison é uma república federalista "extensiva", pois "será mais difícil para todos os que sentem assim descobrirem a própria força e agir em uníssono entre si. [...] A influência de líderes insubordinados pode acender uma chama em seus Estados específicos, mas será incapaz de disseminar uma conflagração geral pelos outros Estados"[46]. Aí reside a tão louvada "sabedoria dos fundadores": como conter a dimensão radical da democracia. Um dos poucos fiéis a esse potencial foi Jefferson, que escreveu a famosa frase de que "um pouco de rebelião de vez em quando é bom": "É um remédio necessário para a boa saúde do governo. Que Deus não nos permita passar vinte anos sem rebelião. A árvore da liberdade tem de ser revigorada de tempos em tempos com o sangue de patriotas e tiranos. É seu adubo natural"[47]. É por isso que, ao contrário da Revolução Francesa, a Revolução Americana não foi uma verdadeira revolução: não foi até o fim nem mobilizou inteiramente seu potencial "terrorista".

O que se perde na democracia institucionalizada é exatamente essa superposição que transforma o antagonismo em algo que perturba a própria noção universal de sociedade: embora na democracia não haja um grande Outro, um agente substancial positivo com pretensão legítima *a priori* a ocupar o lugar de poder, embora a lacuna entre esse lugar vazio e o portador positivo de poder seja irredutível, ainda temos um "grande Outro" sob o disfarce dessa própria forma vazia, de um arcabouço neutro (minimamente determinado por procedimentos democráticos) que garante a tradução do antagonismo em agonismo; na democracia, as lutas políticas nunca chegam ao nível do antagonismo radical, todos os antagonismos são transpostos em agonismos regulados pela forma democrática. Portanto, a democracia é transcendental e kantiana, no sentido exato do formalismo kantiano: o grande Outro é privado de sua substância, mas sobrevive como a forma vazia. E, para usar termos kantianos, a violência divina é o ponto aterrorizante da *intervenção direta do numenal no fenomenal*. A violência divina não é um uso deplorável, mas inevitável de meios violentos para atingir o fim oposto de não violência. Aqui, a "crítica da razão instrumental" fez o

---

[46] Citado em Howard Zinn, *A People's History of the United States*, cit., p. 96-7.
[47] Citado em ibidem, p. 95.

serviço e demonstrou que os meios nunca são puramente instrumentais: os "meios" que usamos para atingir fins sociais emancipadores têm eles mesmos de exibir esses fins, agir como sua manifestação, do contrário corremos o risco de acabar na infame "dialética" stalinista de violência e não violência em que o Estado "murcha" fortalecendo-se (principalmente fortalecendo os órgãos de controle e opressão).

Aqui, o problema da política radical é como reintroduzir nesse campo democrático o antagonismo radical (a diferença que corta o social propriamente dito em sua universalidade, isto é, que não admite grande Outro, seja substancial, seja formal); a resposta é a "ditadura do proletariado". "O tempo está desconjuntado. Ó maldito incômodo,/ que eu tenha nascido para consertá-lo!" – esse famoso dístico de *Hamlet* (1, 5) não é uma descrição sucinta da posição proletária? Os proletários não são o elemento "desconjuntado" da estrutura social "amaldiçoado" cuja tarefa revolucionária é ajeitar as coisas? Em última análise, a "ditadura do proletariado" é indiferente diante da democracia formal; o que importa não é o modo de seleção do governo, mas a pressão exercida sobre ele pela mobilização e pela auto-organização do povo. Essa noção de "auto-organização do povo" não implica sub-repticiamente a reabilitação do populismo? Não, porque o "povo" a que a fórmula de auto-organização se refere é aquele que se costuma chamar de *plebe*, a multidão plebeia, não o povo de um projeto populista. O que a plebe exclui é exatamente a unidade envolvida na noção populista de povo.

Podemos ver aqui como essas complicações da noção de democracia envolvem diretamente premissas filosóficas: a noção lefortiana de democracia, baseada no lugar vazio de poder, na lógica da implicação de sua própria imperfeição e autocorreção interminável etc., é claramente kantiana (aqui, o real é simplesmente impossível), enquanto a passagem de Kant para Hegel nos obriga a aceitar que o real como impossível ocorre efetivamente sob o disfarce do terror democrático. Em termos hegelianos, o terror é a espécie do gênero da democracia, no qual a democracia se encontra, entre suas espécies, em sua "determinação oposicional", concretizando-se diretamente em sua universalidade (abstrata). A democracia pura *tem* de parecer seu oposto: se parecesse democracia, estaríamos na "metafísica da presença".

Essa identidade de opostos não significa que a democracia só é real na medida em que é "impura", em outras palavras, que a democracia totalmente realizada se cancela e se transforma em seu oposto: o terror democrático ainda *é* democracia. (O nome que Benjamin dá a esse "terror democrático" é violência divina.) Onde encontrá-la hoje? *Avatar*, de James Cameron, um exercício exemplar de marxismo hollywoodiano, conta a história de um ex-fuzileiro naval aleijado que é enviado a um planeta distante para se infiltrar numa raça de aborígines de pele azul e convencê-los a permitir que seu patrão extraia recursos minerais de sua terra; os aborígines vivem em harmonia com a natureza e, ao mesmo tempo, são profundamente espirituais (para se comunicar com cavalos e árvores, podem ligar neles um cabo que sai de seu corpo). Previsivelmente, ele se apaixona pela bela princesa aborígine e une-se a seu povo na batalha final, ajudando-os a expulsar os invasores humanos e salvar o planeta... É fácil descobrir por trás do óbvio tema politicamente correto (um honesto camarada branco que fica do lado dos aborígines ecologicamente corretos contra o "complexo industrial-militar" dos invasores imperialistas) toda uma série de temas racistas que circulam contra o "homem que seria rei": um aleijado rejeitado na Terra é suficientemente bom para conseguir a mão da bela princesa local e ajudar seu povo a vencer a batalha decisiva. Além disso, o retrato idílico dos aborígines azuis nos cega totalmente para a hierarquia opressora que certamente deve existir para que eles tenham uma princesa. Portanto, a lição do filme é clara: a única opção dos aborígines é serem salvos ou destruídos pelos seres humanos; em ambos os casos, são um brinquedo nas mãos dos homens. Em outras palavras, podem escolher ser vítimas brutais da realidade imperialista ou representar o papel que lhes cabe na fantasia do homem branco. A própria hiper-realidade tridimensional do filme, com sua combinação de atores reais com correções digitais, torna palpável a condição fantasmática da vida no planeta invadido.

Ao mesmo tempo que o filme ganha dinheiro no mundo todo, arrecadando 1 bilhão de dólares em menos de três semanas de exibição, algo estranhamente parecido com seu enredo está acontecendo. As colinas ao sul do estado indiano de Orissa, habitado pela tribo dos konds, foram vendidas a empresas de mineração que planejam explorar suas imensas reservas de bauxita (estima-se que as jazidas valham pelo menos 4 trilhões de dólares). Como reação ao projeto, houve uma rebelião maoista (naxalista), confirmando o velho ditado de que um recurso natural pode ser uma maldição.

> [O exército guerrilheiro maoista] se compõe quase todo de povos tribais desesperadamente pobres, que vivem em condições de tamanha fome crônica que chega às raias daquela que associamos apenas à África subsaariana. São povos que, mesmo depois de sessenta anos da chamada Independência da Índia, não têm acesso a educação, assistência médica ou indenizações legais. São povos que foram impiedosamente explorados durante décadas, enganados constantemente por pequenos empresários e agiotas, e cujas mulheres são estupradas como questão de direito por policiais e guardas florestais. Seu retorno a uma aparência de dignidade se deve, em grande parte, aos quadros maoistas, que viveram, trabalharam e lutaram a seu lado durante décadas. [...] Se as tribos pegaram em armas, foi porque um governo que não lhes deu nada além de violência e desprezo agora quer tirar a última coisa que elas têm: a terra. [...] Eles acreditam que, se não lutarem por sua terra, serão destruídos. [...] seu exército esfarrapado, desnutrido, cuja maioria dos soldados nunca viu um trem ou um ônibus, nem sequer uma pequena cidade, luta apenas para sobreviver.[48]

---

[48] Arundhati Roy, "Mr. Chidambaram's War", 9 nov. 2009. Disponível em: <http://www.outlookindia.com/article.aspx?262519>. [Acesso em 4 jun. 2012.]

O primeiro-ministro indiano classificou essa rebelião como a "maior ameaça à segurança interna"; a grande mídia, que a apresentou como resistência terrorista ao progresso, está cheia de reportagens sobre o "terrorismo vermelho", que vêm substituindo as reportagens sobre o "terrorismo islâmico". Não admira que o Estado indiano reaja com uma grande operação militar contra as "fortalezas maoistas" nas selvas do centro da Índia. E é verdade que ambos os lados recorrem a uma grande violência nessa guerra brutal e que a "justiça popular" dos maoistas é dura. No entanto, por mais intragável que essa violência seja para nosso gosto liberal, *não temos o direito de condená-la*. Por quê? Porque a situação deles é exatamente a da ralé de Hegel: os rebeldes naxalistas da Índia são povos famintos, a quem se nega o mínimo de dignidade e que lutam por sua vida. Onde está o filme de Cameron aqui? Em lugar nenhum: em Orissa, não há princesas nobres à espera de que heróis brancos as seduzam e ajudem seu povo, apenas maoistas que organizam os agricultores famintos. E se o verdadeiro avatar for o próprio *Avatar*, o filme que substitui a realidade?

O agente

Como o sujeito engajado nessa violência divina funciona em sua economia libidinal? Como o oposto do sujeito hinduísta ou budista desengajado que observa de um lugar neutro o ilusório "teatro de sombras" a que seus atos o prendem, livre de suas paixões. Um caso extremo de sujeito apocalíptico se encontra no filme *Cinzas da guerra* (Tim Blake Nelson, 2001), que se passa em Auschwitz-Birkenau no outono de 1944, numa unidade de *Sonderkommando* (prisioneiros selecionados para fazer o trabalho sujo de levar as vítimas até as câmaras de gás e depois roubar e dar destino aos corpos); essas unidades tinham condições de vida muito melhores (comida suficiente etc.), mas sabiam que seriam liquidados em três ou quatro meses para apagar qualquer vestígio de seu trabalho. No meio do filme, há um diálogo interessante entre dois desses prisioneiros judeus "privilegiados", um famoso cirurgião que faz pesquisas médicas nos cadáveres para o infame dr. Mengele e um *Sonderkommando* "comum", que faz a escolha das vítimas até as câmaras de gás, separa os corpos etc. O médico (M) é um sobrevivencialista cuja atitude é: "Faço apenas o que me mandam fazer para sobreviver, não mato ninguém", enquanto o outro prisioneiro (S) tem mais consciência do impasse moral da situação:

M: Nunca pedi para fazer o que faço.
S: Você foi voluntário.
M: Queriam médicos para um hospital.
S: Você sabia que tipo de trabalho ia fazer e continua fazendo.
M: Não mato.
S: E nós matamos?
M: Eu não disse isso.

S: Você dá propósito ao ato de matar.
M: Só tentamos viver mais um dia, isso é tudo que todos fazemos.
S: Você não entende nada, não é?
M: Não sei do que está falando.
S: Não quero estar vivo quando tudo isso acabar.
M: Não acredito nisso.
S: Sei que não.

Por duas vezes, o *Sonderkommando* "comum" tem uma percepção moral correta e penetrante. Em primeiro lugar, ressalta que, embora seu trabalho seja mais "sujo" e chegue perto de matar (ele não aperta o botão que libera o gás, mas leva as vítimas até a câmara, convence-as de que é apenas um chuveiro, separa as roupas e as bagagens das vítimas, queima os cadáveres etc.), o do médico (dissecar e analisar cadáveres selecionados) é eticamente muito mais problemático: ele "dá propósito ao ato de matar" pelo fato de lhe fornecer uma justificativa médica. Em segundo lugar, o *Sonderkommando* "comum" delineia o extremo impasse ético-existencial que o médico não vê por causa de sua postura sobrevivencialista: o impasse do sujeito que sabe que o trabalho que aceitou fazer para sobreviver compromete-o a tal ponto que, para ele, não há como voltar à normalidade – depois do que fez, é uma obscenidade insuportável "retornar à vida normal", porque já abriu mão do direito à vida normal. Se sobreviver "quando tudo isso acabar", não será capaz de evitar o suicídio: aquilo que ele faz não pode de modo nenhum reintegrar-se às coordenadas "normais" da decência ética. Agora, no campo, ele se vê numa situação em que sabe que não há esperança para ele: o que faz é um pesadelo, mas, quando o pesadelo acabar, sua vida se tornará impossível. Uma rebelião suicida contra os alemães que controlam o campo, além de única coisa ética a fazer, é a única maneira existencial de sair do impasse no qual a única opção é entre o ruim (o pesadelo atual) e o pior (a normalidade).

No entanto, há também um aspecto de libertação nesse impasse radical; não admira que um impasse semelhante caracterize a posição subjetiva do revolucionário radical. Assim que abro mão de meu direito a uma "vida normal", de certo modo também abro mão de meu direito a uma "vida nua", corto todos os vínculos com a simples sobrevivência, agarro-me à vida apenas pela vida e torno-me um "morto-vivo", alguém que já renunciou ao direito à vida e assim supera o medo da morte. Imaginemos um revolucionário que, por sua dedicação total à luta política, negligencia a família e assim perde esposa e filhos; sua única justificativa para continuar a viver ainda é a luta política; se não puder mais participar dela, não lhe resta nada a fazer. Imaginamos que Brecht acharia essa posição fascinante.

Depois da primeira hora de *1900*, de Bernardo Bertolucci, acontece um fato violento e chocante durante um confronto entre os agricultores pobres em greve e o dono da terra, que explica que, por causa das condições climáticas catastróficas que arruinaram a safra, ele terá de cortar os salários pela metade. Exasperado com a resistência muda a seus argumentos "racionais", o proprietário grita para um dos agricultores: "Você não tem duas grandes orelhas para me escutar?". O agricultor pega um facão afiado que está em seu cinto, corta com um golpe violento sua orelha esquerda e a oferece ao proprietário, que, aterrorizado com esse gesto insano, foge em pânico. Essa cena (estruturalmente similar à famosa cena de *Clube da luta*, de David Fincher, na qual Edward Norton começa a esmurrar o próprio rosto durante um confronto com seu chefe), com sua lógica de metáfora concretizada (o modo usual de pedir a alguém que acredite em nós não é dizer: "Me dê ouvidos"?), comunica duramente o preço que se deve pagar pela libertação (a proverbial libra de carne de Shylock): o oferecimento desafiador da orelha: "Aqui está o que querias, a minha orelha!", com sua subversão implícita: "Agora não tenho mais ouvidos, não o escutarei, sou surdo a seus argumentos!". Mais uma vez, essa recusa, esse afastamento, esse desligamento do campo em comum da comunicação é condição *sine qua non* da liberdade.

Esse gesto tão radical de "ferir-se" não será constitutivo da subjetividade como tal? E isso não indica que o tempo da subjetividade é *a priori* o tempo de um estado de emergência: ser sujeito não significa que tudo jamais poderá "voltar ao normal"? Em todo "curso normal das coisas", o sujeito que participa dele escapa do abismo traumático que é o cerne da subjetividade e "regride" a um modo substancial de ser, isto é, reduz-se a um momento subordinado de uma ordem substancial mais elevada.

O que podemos fazer então? Como escolher entre estas três opções principais: (1) a "política de Bartleby" de não fazer nada; (2) preparar-se para um grande ato radical e violento, um levante revolucionário total; (3) engajar-se em intervenções pragmáticas locais? Aqui, a primeira coisa a fazer é insistir no vínculo dialético entre o particular e o universal, pelo qual o próprio foco e a insistência num problema aparentemente particular podem deflagrar uma transformação global. Ou seja, o efeito político de uma intervenção não pode ser restringido pela tensão entre seu conteúdo enunciado e a posição de enunciação. Sem dúvida, em sua propaganda a favor da *perestroika* e da *glasnost*, Gorbachev, falando na posição da *nomenklatura* governante, tinha apenas a intenção de tornar o sistema comunista mais eficiente; no entanto, como subestimou a quantidade de *perestroika* e *glasnost* que o sistema poderia incorporar, pôs em movimento a desintegração do sistema; ficou demonstrado, portanto, que todos os céticos que avisaram que Gorbachev só queria reformar o sistema, fortalecê-lo, estavam errados, embora em certo sentido estivessem certos. Sartre cometeu erro parecido na análise tardia (1970) mas perspicaz da vacuidade do relatório "secreto" sobre os crimes de Stalin que Kruschev apresentou no XX Congresso do Partido Comunista, em 1956:

> é *verdade* que Stalin ordenou massacres, transformou a terra da revolução num Estado policial; ele estava *verdadeiramente* convencido de que a URSS não chegaria ao comu-

nismo sem passar pelo socialismo dos campos de concentração. Mas, como ressalta de maneira muito correta uma das testemunhas, quando as autoridades acham útil dizer a verdade é porque não conseguem encontrar mentira melhor. Imediatamente, essa verdade, vinda da boca oficial, torna-se uma mentira corroborada pelos fatos. Stalin era um homem mau? Ótimo. Mas como a sociedade soviética empoleirou-o no trono e manteve-o lá durante um quarto de século?[49]

Na verdade, o destino posterior de Kruschev (ele foi deposto em 1964) não comprova o gracejo de Oscar Wilde de que quem diz a verdade é pego mais cedo ou mais tarde? Apesar disso, a análise de Sartre falha num ponto crucial: o relatório de Kruschev teve *de fato* um impacto traumático, ainda que falasse "em nome do sistema: a máquina era sólida, mas não o operador-chefe; esse sabotador livrou o mundo de sua presença, e tudo voltaria a funcionar direito"[50]; sua intervenção pôs em movimento um processo que, em última análise, derrubou o sistema – lição que devemos lembrar hoje. Nossa resposta à pergunta feita acima, portanto, é simples: por que impor uma escolha, para começar? A "análise concreta de circunstâncias concretas" de Lenin deixa claro qual é a maneira apropriada de agir numa constelação dada; às vezes, medidas pragmáticas voltadas para problemas específicos são apropriadas; às vezes, numa crise radical, a transformação da própria estrutura fundamental da sociedade é a única maneira de resolver seus problemas específicos; às vezes, numa situação em que *plus ça change, plus ça reste la même chose* [quanto mais muda, mais continua a mesma coisa], não fazer nada é melhor do que contribuir para a reprodução da ordem existente.

Devemos sempre ter em mente a lição tão claramente elaborada por La Boétie no tratado sobre *la servitude volontaire* [a servidão voluntária]: o poder (a subordinação de muitos a um) não é um estado de coisas objetivo que persiste, mesmo que o ignoremos; ele é algo que só persiste com a participação de seus sujeitos, se for ativamente auxiliado e mantido em funcionamento por eles. O que devemos evitar aqui é a difícil situação da bela alma, descrita por Hegel: o sujeito que lamenta e protesta o tempo todo contra o destino, mas não vê que participa ativamente do estado de coisas que deplora. Não obedecemos ao poder nem o tememos por ser em si tão poderoso; ao contrário, o poder parece poderoso porque assim o tratamos. Essa colaboração obscena com o opressor é o tema de *O palácio dos sonhos*, de Ismail Kadaré: ele conta a história do Tabir Sarrail, o "palácio dos sonhos", situado na capital de um grande império balcânico do século XIX (inspirado na Turquia). Nesse edifício gigantesco, milhares de pessoas se sentam, separam, classificam e interpretam assiduamente os sonhos dos cidadãos, recolhidos sistemática e continuamente em todos os cantos do império. Seu intenso trabalho de interpre-

---

[49] Citado em Ian H. Birchall, *Sartre Against Stalinism*, cit., p. 166.
[50] Idem.

tação burocrática é kafkiano: intenso, mas uma falsidade sem significado. A meta suprema é identificar o sonho-mestre que dará uma pista do destino do império e do sultão. É por isso que, apesar de ser supostamente um obscuro lugar de mistério, livre das lutas cotidianas do poder, o que acontece no Tabir Sarrail enreda-se exatamente nessas lutas – o sonho que será selecionado (ou talvez até inventado) como sonho-mestre é fruto de intensas e sinistras intrigas. A razão dessas lutas é lindamente explicada por Kadaré:

> – Em minha opinião – continuou Kurt –, essa é a única entidade do Estado em que o lado mais negro da consciência de seus súditos entra em contato direto com o próprio Estado.
> Ele olhou todos os presentes à sua volta, como se quisesse avaliar o efeito de suas palavras.
> – As massas não governam, é claro – continuou –, mas possuem mecanismos pelos quais influenciam todos os assuntos de Estado, inclusive seus crimes. E esse mecanismo é o Tabir Sarrail.
> – Você quer dizer – perguntou o primo – que as massas, até certo ponto, são responsáveis por tudo que acontece e, portanto, até certo ponto, deveriam se sentir culpadas?
> – É – respondeu Kurt. Então, com mais firmeza: – De certa maneira, é.[51]

Para interpretar apropriadamente essas linhas, não há necessidade de um tema obscurantista como o "sombrio vínculo irracional (ou solidariedade secreta) entre a multidão e seus governantes". A pergunta que devemos fazer é a do *poder (dominação) e do inconsciente*: como o poder funciona, por que os súditos obedecem a ele? Isso nos leva ao chamado (enganosamente) "erotismo do poder": os súditos não obedecem ao poder apenas por coação física (ou ameaça) e mistificação ideológica, mas por seu investimento libidinal no poder. A suprema "causa" do poder é o *objeto a*, o objeto-causa de desejo, o mais-gozo por meio do qual o poder "suborna" os que caem sob seu domínio. Esse *objeto a* ganha forma em fantasias (inconscientes) dos súditos do poder, e a função do "Tabir Sarrail" de Kadaré é exatamente discernir essas fantasias, saber que tipo de objeto (libidinal) ele é para os súditos. Esses obscuros "mecanismos de retroalimentação" dos súditos do poder em relação aos seus titulares regulam a subordinação dos súditos, de modo que, caso eles sejam perturbados, a estrutura de poder pode perder o controle libidinal e se dissolver. É claro que, em si, *O palácio dos sonhos* é uma fantasia impossível: a fantasia de um poder que tenta gerenciar diretamente seu suporte fantasmático. E é aqui que entra a chamada "política de Bartleby": muito mais do que resistir ativamente ao poder, o gesto bartlebiano de "preferir não" suspende o investimento libidinal do súdito no poder: o súdito para de sonhar com o poder. Para usar termos zombeteiramente

---

[51] Ismail Kadaré, *The Palace of Dreams* (Nova York, Arcade Publishing, 1998), p. 63. [Ed. bras.: *O palácio dos sonhos*, São Paulo, Companhia das Letras, 1993.]

stalinistas, o começo da luta emancipadora é o trabalho implacável de autocensura e autocrítica – não da realidade, mas dos próprios sonhos.

A melhor maneira de entender o núcleo da atitude obsessiva é por meio da noção de *falsa atividade*: acreditamos que somos ativos, mas nossa verdadeira posição, como encarnada no fetiche, é passiva. Não encontramos algo parecido com essa falsa atividade na estratégia típica do neurótico obsessivo, que também envolve uma "falsa atividade"? Ele se mantém freneticamente ativo para evitar que a coisa real aconteça (numa situação grupal em que uma tensão ameaça explodir, o obsessivo fala o tempo todo, conta piadas etc., para impedir o momento incômodo do silêncio que faria os participantes tomarem consciência da tensão subjacente). O "ato de Bartleby" é violento exatamente na medida em que significa interromper essa atividade obsessiva; nele, não só violência e não violência se superpõem (a não violência parece ser a mais alta violência), como ato e inatividade (o ato mais radical é não fazer nada) também. A dimensão "divina" está nessa própria superposição de violência e não violência.

Então por que a teologia está ressurgindo como ponto de referência da política radical? O paradoxo é que ela vem surgindo não para oferecer um "grande Outro" divino que garanta o sucesso final de nossos esforços, mas, ao contrário, como símbolo de nossa liberdade radical, sem nenhum grande Outro com que possamos contar. Dostoiévski já mostrou que Deus nos dá liberdade e responsabilidade; ele não é um mestre benevolente que nos guia para a segurança, mas aquele que nos lembra que estamos totalmente abandonados a nossos próprios recursos. Esse paradoxo está no núcleo da noção protestante de predestinação: predestinação não significa que não sejamos realmente livres, já que tudo é determinado com antecedência; ela envolve uma liberdade ainda mais radical do que a comum, a liberdade de determinar (mudar) retroativamente o próprio destino[52].

O Deus que temos aqui é mais como o Deus da piada bolchevique sobre um talentoso propagandista comunista que, depois da morte, vai para o Inferno, onde rapidamente convence os guardas a deixá-lo ir para o Céu. Quando o Diabo nota sua ausência, corre fazer uma visita a Deus e exige que o propagandista seja devolvido ao Inferno. No entanto, assim que o Diabo começa a falar com Deus, "Meu Senhor...", Deus o interrompe: "Em primeiro lugar, não sou seu senhor, sou um

---

[52] O catolicismo costuma ser considerado um compromisso entre o cristianismo "puro" e o paganismo; então o que é o cristianismo no nível dessa noção? O protestantismo? Aqui deveríamos dar mais um passo: o único cristianismo no nível dessa noção, isto é, aquele que extrai todas as consequências de seu evento básico – a morte de Deus – é o ateísmo. Buenaventura Durruti, famoso anarquista espanhol, disse: "A única igreja que ilumina é a igreja em chamas". Ele estava certo, embora não no sentido imediato e anticlerical que tinha em mente: a religião só chega à verdade por meio de seu autocancelamento.

camarada. Em segundo lugar, você é maluco para falar com uma ficção? Eu não existo! Em terceiro lugar, seja rápido, senão perco a reunião da minha célula do partido!". Esse é o Deus que a esquerda radical precisa hoje: um Deus que se "tornou homem", um camarada entre nós, crucificado com dois excluídos e que, além de "não existir", *sabe disso* e aceita seu próprio apagamento, passando inteiramente para o amor que une os membros do "Espírito Santo", isto é, o partido e outras formas de coletivo emancipador.

POSFÁCIO DA SEGUNDA EDIÇÃO
BEM-VINDO A TEMPOS INTERESSANTES!

O estadista realmente prático não se ajusta às condições existentes, ele acusa as condições de desajustadas.

G. K. Chesterton, "The Man Who Thinks Backwards"[1]

Dizem que, na China, quem realmente odeia alguém lança contra ele a seguinte maldição: "Que você viva em tempos interessantes!". Em termos históricos, os "tempos interessantes" foram períodos de inquietação, guerra e luta pelo poder em que milhões de inocentes sofreram as consequências. Hoje, claramente nos aproximamos de uma nova época de tempos interessantes. Depois de décadas de Estado do bem-estar social, nas quais os cortes financeiros se limitaram a breves períodos e se basearam na promessa de que logo tudo voltaria ao normal, entramos num novo período em que a crise econômica se tornou permanente, simplesmente um estilo de vida. (Além disso, as crises ocorrem hoje em ambos os extremos da vida econômica e não no núcleo do processo produtivo: ecologia (exterioridade natural) e pura especulação financeira. Por isso é muito importante evitar a solução simples do senso comum: "Temos de nos livrar dos especuladores, pôr ordem na casa, e a produção real continuará"; a lição do capitalismo é que, aqui, as especulações "irreais" são o *real*; se acabamos com elas, a realidade da produção sofre.)

Essas mudanças só podem abalar a confortável posição subjetiva dos intelectuais radicais, mais bem descrita por um de seus exercícios mentais prediletos durante todo o século XX: a ânsia de "catastrofizar" a situação. Qualquer que fosse a situação real, ela *tinha* de ser acusada de "catastrófica" e, quanto mais positiva parecesse, mais se praticava esse exercício; portanto, sejam quais forem nossas diferenças "meramente ônticas", todos participamos da mesma catástrofe ontológica. Heidegger denunciou a era atual como a de maior "perigo", a época do niilismo total; Adorno e Horkheimer viram nela a culminância da "dialética do esclarecimento" no "mundo administrado"; Giorgio Agamben chegou a definir os campos de concentração do século XX como a "verdade" de todo o projeto político ociden-

---

[1] G. K. Chesterton, *A Miscellany of Men* (San Diego, Icon, 2008).

tal. Devemos recordar aqui o personagem de Horkheimer na Alemanha Ocidental da década de 1950: embora denunciasse o "eclipse da razão" na moderna sociedade de consumo ocidental, defendia ao mesmo tempo essa mesma sociedade como uma ilha solitária de liberdade no mar de totalitarismos e ditaduras corruptas do resto do mundo. É como se aqui se repetisse de forma séria o gracejo irônico de Churchill sobre a democracia, que seria o pior regime político possível, com exceção de todos os outros: a "sociedade administrada" do Ocidente é mero barbarismo disfarçado de civilização, o ponto mais alto de alienação, a desintegração do indivíduo autônomo etc.; mesmo assim, como todos os outros regimes político-sociais são piores, considerando tudo, não temos outra opção senão apoiá-la... Ficamos tentados a propor, portanto, uma leitura radical dessa síndrome: talvez o que os pobres intelectuais não consigam suportar seja o fato de levarem uma vida basicamente feliz, segura e confortável, de modo que, para justificar sua nobre vocação, são obrigados a construir um cenário de catástrofe total?

Quem passa pelo tratamento psicanalítico aprende a esclarecer seus desejos: eu quero mesmo isso que quero? Tomemos como exemplo o caso proverbial do marido envolvido numa apaixonada relação extraconjugal que sonha com o momento em que a esposa desaparecerá (morrerá, se divorciará dele ou o que for) e em que terá liberdade para morar com a amante; quando isso finalmente acontece, todo o seu mundo desmorona, ele descobre que, na verdade, não quer mais a amante. Como diz o velho ditado: a única coisa pior do que não ter o que se deseja é tê-lo. Hoje, os acadêmicos de esquerda aproximam-se de um desses momentos de verdade: "Vocês não queriam mudanças reais? Pois tomem!". Em 1937, em *O caminho para Wigan Pier**, George Orwell caracterizou com perfeição essa atitude ao ressaltar "o fato importante de que toda opinião revolucionária tira parte de sua força da convicção secreta de que nada pode ser mudado": os radicais invocam a necessidade de mudança revolucionária como uma espécie de símbolo supersticioso que levará a seu oposto, ou seja, que *impedirá* a mudança de realmente acontecer. Quando acontece, a revolução tem de ocorrer a uma distância segura: Cuba, Nicarágua, Venezuela... Assim, ainda que meu coração se anime ao pensar nos eventos distantes, eu posso continuar a promover minha carreira acadêmica.

Liberdade nas nuvens

Essa nova situação não exige de modo algum que abandonemos o trabalho intelectual paciente, sem nenhum "uso prático" imediato: hoje, mais do que nunca, não podemos esquecer que o comunismo começa com o que Kant chamou de "uso

---

* São Paulo, Companhia das Letras, 2010. (N. E.)

público da razão", com o pensamento, com a universalidade igualitária do pensamento. Quando Paulo diz que, do ponto de vista cristão, "não há grego nem judeu, homem nem mulher", afirma com isso que as raízes étnicas, a identidade nacional etc. *não são categorias da verdade*. Colocando a mesma questão em termos kantianos, diríamos que, quando refletimos sobre nossas raízes étnicas, dedicamo-nos *ao uso privado da razão*, restringido por pressupostos dogmáticos contingentes, isto é, agimos como indivíduos "imaturos", não como seres humanos livres que tratam da dimensão da universalidade da razão. Para Kant, o espaço público da "sociedade civil mundial" designa o paradoxo da singularidade universal, do sujeito singular que, numa espécie de curto-circuito e contornando a mediação do particular, participa diretamente do universal. Desse ponto de vista, o "privado" não é a matéria-prima de nossa individualidade em oposição aos laços comunitários, mas a própria ordem institucional-comunitária de nossa identificação particular.

A luta, portanto, deveria se concentrar nos aspectos que constituem uma ameaça ao espaço público transnacional. Parte desse impulso global para a privatização do "intelecto geral" é a tendência recente de organizar o ciberespaço para a chamada "computação em nuvem". Há uma década, o computador era uma caixa grande em cima de uma mesa, e a transferência de arquivos era feita com discos flexíveis e *pen drives*; hoje, não precisamos mais de computadores individuais potentes, já que a computação em nuvem está na rede, isto é, os programas e as informações são fornecidos aos computadores ou celulares inteligentes sempre que necessário, disfarçados de ferramentas ou aplicativos de internet que os usuários podem acessar e usar por meio de navegadores, como se fossem programas instalados no computador. Dessa maneira, podemos ter acesso a informações onde quer que estejamos, em qualquer computador, e os celulares inteligentes põem esse acesso literalmente em nosso bolso. Já participamos da computação em nuvem quando realizamos buscas e obtemos milhões de resultados numa fração de segundo; o processo de busca é feito por milhares de computadores interligados que compartilham recursos na nuvem. Do mesmo modo, o Google Books torna acessíveis milhões de livros digitalizados, a qualquer momento, em qualquer lugar do mundo. Sem falar do novo nível de socialização criado pelos celulares inteligentes, que combinam telefone e computador: hoje, um celular tem um processador mais potente do que um computador do tipo caixa de alguns anos atrás e, mais ainda, está ligado à internet, de modo que, além do acesso a um volume imenso de dados e programas, também posso trocar instantaneamente mensagens de voz e vídeo, coordenar decisões coletivas etc.

No entanto, esse novo mundo maravilhoso é apenas um lado da história, e lembra as famosas piadas de médico sobre "primeiro a notícia boa, depois a má". Os usuários acessam programas e arquivos guardados bem longe, em salas climatizadas com milhares de computadores – ou, segundo um texto de propaganda da computação em nuvem: "Os detalhes são subtraídos dos consumidores, que não têm mais necessidade de conhecer nem controlar a infraestrutura da tecnologia 'de nuvem' que dá suporte a eles". Aqui, duas palavras são reveladoras: *abstração* e *controle*; para gerenciar a nuvem, é preciso que haja um sistema de monitoração que controle seu funcionamento, e, por definição, esse sistema está escondido do usuário. O paradoxo, portanto, é que, quanto mais personalizado, fácil e "transparente" for o funcionamento do pequeno item (celular inteligente ou minúsculo) que tenho na mão, mais a configuração tem de se basear no trabalho realizado em outro lugar, num vasto circuito de máquinas que coordenam a experiência do usuário; quanto mais essa experiência é não alienada, mais é regulada e controlada por uma rede alienada.

É claro que isso serve para qualquer tecnologia complexa: o usuário não faz ideia de como funciona o televisor com controle remoto; nesse caso, porém, o degrau a mais é que não só a tecnologia, mas também a escolha e a acessibilidade do conteúdo são controladas. Ou seja, a formação de "nuvens" é acompanhada do processo de integração vertical: uma única empresa ou companhia detém cada vez mais os níveis do cibermundo, desde o hardware individual (PCs, iPhones...) e o hardware da "nuvem" (armazenamento de dados e programas) até o software em todas as suas dimensões (programas, material de áudio e vídeo etc.). Portanto, tudo é acessível, mas mediado por uma empresa que possui tudo, software e hardware, dados e computadores. Além de vender iPhones e iPads, a Apple também é dona do iTunes, no qual os usuários compram músicas, filmes e jogos. Recentemente, a Apple fez um acordo com Rupert Murdoch para que as notícias da nuvem venham das agências de comunicação dele. Sucintamente falando, Steve Jobs não é melhor do que Bill Gates: em ambos os casos, o acesso global baseia-se cada vez mais na privatização quase monopolista da nuvem que oferece esse acesso. Quanto mais o usuário individual tem acesso ao espaço público universal, mais esse espaço é privatizado.

Os apologistas apresentam a computação em nuvem como o próximo passo lógico da "evolução natural" do ciberespaço, e, embora de maneira tecnológico--abstrata isso seja verdadeiro, não há nada "natural" na privatização progressiva do ciberespaço global. Não há nada "natural" no fato de que duas ou três empresas, em posição quase monopolista, além de determinar os preços a seu bel-prazer, também possam filtrar os programas que oferecem, dando a essa "universalidade" uma torção específica que depende de interesses comerciais e ideológicos. É verdade que a computação em nuvem oferece aos usuários uma riqueza inaudita de opções, mas essa liberdade de escolha não é mantida pela escolha de um provedor, com a qual temos cada vez menos liberdade? Os partidários da abertura gostam de criticar a China pela tentativa de controlar o acesso à internet, mas nós não estamos nos tornando uma China, com nossas funções em "nuvem" de certo modo semelhantes ao Estado chinês?

Como combater esse cercamento? O WikiLeaks é um bom sinal? Um dos relatórios confidenciais revelados pelo WikiLeaks caracteriza a dupla russa Putin e Medvedev como Batman e Robin. Essa analogia deveria ser aprofundada: Julian Assange, o criador do WikiLeaks, não é uma contrapartida óbvia do Coringa de *O cavaleiro das trevas*, de Christopher Nolan, na vida real? Então o que é o Coringa que quer revelar a verdade que se esconde atrás da máscara, convencido de que essa revelação destruirá a ordem social? Libertador ou terrorista? E, para prosseguir a analogia, como julgar a batalha entre o WikiLeaks e o império norte-americano? A publicação de documentos secretos dos Estados Unidos é um ato de apoio à liberdade de informação, ao direito de saber do povo, ou um ato terrorista, que ameaça a estabilidade das relações internacionais? Mas e se essa não for a verdadeira batalha? E se a batalha ideológica e política fundamental acontecer dentro do próprio WikiLeaks, entre o ato radical de publicar documentos de Estado secretos e o modo como esse ato se reinscreveu no campo político-ideológico hegemônico por meio, entre outras coisas, do próprio WikiLeaks?

Essa reinscrição não diz respeito em primeiro lugar ao chamado "conluio corporativo", isto é, o acordo que o WikiLeaks fez com cinco grandes agências de comunicação, dando-lhes o direito exclusivo de selecionar e publicar os documentos. Muito mais importante é o modo de agir conspirador do WikiLeaks: um grupo secreto "bom" (WikiLeaks) ataca o "mau" (o Departamento de Estado norte-americano). Assim, o inimigo é identificado como (alguns) diplomatas norte-americanos que ocultam a verdade, manipulam o público e humilham seus aliados ao defender seus interesses de maneira implacável. Desse ponto de vista, o "poder" é identificado com os "maus" que estão no topo, que mentem e manipulam a sociedade, em vez de ser concebido como algo que impregna todo o organismo social, atravessando-o de cima a baixo, determinando como trabalhamos, consumimos ou pensamos. O próprio WikiLeaks sentiu o gostinho dessa dispersão de poder quando as empresas que fazem parte dessa sociedade (Mastercard, Visa, Paypal, Bank of America) começaram a unir forças com o Estado norte-americano para sabotá-lo. O preço que se paga por esse modo de agir conspirador é ser pego nele: não admira que já existam muitas teorias sobre quem está por trás do WikiLeaks (a própria CIA?).

Esse modo de agir conspirador é completado por seu aparente oposto, a apropriação liberal do WikiLeaks como outro capítulo da história gloriosa da luta pelo "fluxo livre de informações" e pelo "direito de saber do cidadão"; em última análise, o WikiLeaks se reduz a apenas um caso mais radical de "jornalismo investigativo", o queridinho dos defensores liberais da liberdade. A partir daí, é um passo pequeno até a ideologia dos best-sellers e campeões de bilheteria de Hollywood, desde *Todos os homens do presidente* até *O dossiê Pelicano*, no qual uma dupla de sujeitos comuns descobre um escândalo que atinge o presidente e obriga-o a renunciar. Mesmo quando mostra que a corrupção chega ao topo, a ideologia está na moral positiva dessas obras: que grande país é o nosso, em que uma dupla de sujeitos comuns como eu e você conseguem derrubar o presidente, o homem mais poderoso da Terra!

A pergunta é: o WikiLeaks pode ser reduzido a isso? A resposta é um óbvio não: desde o princípio, a atividade do WikiLeaks revelou algo que foi muito além da defesa dos liberais do fluxo livre das informações. Não devemos procurar esse excesso no nível do conteúdo. A única coisa verdadeiramente surpreendente nas revelações do WikiLeaks é que não há surpresa nelas: não soubemos *exatamente* o que esperávamos saber? A única coisa perturbada foi a aparência: não podemos mais fingir que não sabemos o que todos sabem que sabemos. Esse é o paradoxo do espaço público: mesmo que todos tenham conhecimento de um fato desagradável, dizê-lo em público muda tudo. Se procurarmos os antecessores do WikiLeaks, recordaremos que uma das primeiras medidas do novo governo bolchevique, em 1918, foi tornar público todo o *corpus* da diplomacia secreta tsarista, todos os acordos secretos, todas as cláusulas secretas dos acordos públicos etc. Também nesse caso o alvo não era apenas o conteúdo, mas todo o funcionamento dos aparelhos de poder do Estado. (É claro que, duas décadas depois, o próprio Stalin se tornou um caso exemplar de diplomacia secreta por causa das cláusulas sigilosas sobre a divisão da Europa Oriental que completavam o pacto público de 1939 entre Ribbentrop e Molotov.)

O que o WikiLeaks ameaça é o modo formal de funcionamento do poder: de certo modo, a lógica mais íntima da atividade diplomática foi deslegitimada. O verdadeiro alvo não eram apenas os detalhes sujos e os indivíduos responsáveis por eles (que serão finalmente substituídos por outros, mais honestos), ou, de maneira mais sucinta, não os que estão no poder, mas o próprio poder, sua estrutura. Não devemos esquecer que o poder compreende não só instituições e regras, mas também modos legítimos ("normais") de questioná-lo (imprensa independente, ONGs etc.) – e, como Saroj Giri explicou, os ativistas do WikiLeaks "questionaram o poder ao questionar os canais normais de questionar o poder e revelar a verdade"[2]. As revelações do WikiLeaks não se dirigem a nós, cidadãos, apenas como indivíduos insatisfeitos e loucos para conhecer os podres que acontecem por trás das portas fechadas dos corredores do poder; o objetivo não era apenas envergonhar os que estão no poder. As revelações do WikiLeaks trazem consigo o apelo para que nos mobilizemos numa longa luta para produzir um funcionamento diferente do poder, que vá além dos limites da democracia representativa.

No entanto, há um contra-argumento cuja força não devemos "mal subestimar" (como diz o presidente Bush). A premissa de que a revelação de toda a verdade

---

[2] Saroj Giri, "Wikileaks Beyond Wikileaks?". Disponível em: <http://www.metamute.org/en/articles/wikileaks_beyond_wikileaks>. [Acesso em 5 jun. 2012.]

secreta do que acontece por trás das portas fechadas, de todos os detalhes pessoais etc. será a nossa libertação está errada. A verdade liberta, sim, mas não *essa* verdade. É claro que não podemos confiar nos documentos públicos oficiais, mas a verdade não são os detalhes pessoais sujos nem as observações por trás da fachada oficial. A aparência, o rosto público, nunca é mera hipocrisia, cuja verdade está nos detalhes sujos e secretos por trás dela. Certa vez, Edgar Doctorow observou que a aparência é tudo o que temos, logo devemos tratá-la com muito cuidado; com muita frequência, acontece que, em consequência da destruição de uma aparência, arruína-se a própria coisa por trás da aparência. É comum ouvir dizer que, hoje, a privacidade está acabando, até os segredos mais íntimos estão expostos à curiosidade pública, das notícias da mídia e do controle dos órgãos estatais às confissões públicas. Mas nossa realidade é o oposto: de fato o que está acabando é o espaço público propriamente dito, com sua dignidade própria. Todos conhecemos a resposta merecidamente famosa de Hegel a Napoleão: "Para o criado de quarto, nenhum homem é herói; não, entretanto, porque o homem não seja herói, mas porque o criado é um criado, cujo trato é com o homem, não como herói, mas como alguém que come, bebe e se veste"[3] – em resumo, o olhar do criado de quarto é incapaz de perceber a verdadeira dimensão pública das façanhas do herói. Não importa o jogo mesquinho de interesses, a vaidade privada e outros que motivam intimamente o líder político, porque eles não têm importância para o significado histórico de seus atos.

Deveríamos então nos opor ao WikiLeaks em nome da pretensão memorável que inicia "Television", de Jacques Lacan: "Sempre falo a verdade. Não toda a verdade, porque não há como dizê-la toda. Dizê-la toda é materialmente impossível: faltam palavras"[4]. Essa conclusão seria profundamente enganosa. É fundamental não formular o debate nos termos abstratos da relação entre dito e não dito, da necessidade de não dizer tudo: há momentos – momentos de crise do discurso hegemônico – em que devemos assumir o risco e provocar a desintegração das aparências. Um desses momentos foi descrito de forma soberba pelo jovem Marx, que diagnosticou em 1843, em *Crítica da filosofia do direito de Hegel*, a decadência do *ancien régime* alemão nas décadas de 1830 e 1840 como repetição/farsa da queda trágica do *ancien régime* francês: esse regime era trágico "porque ele mesmo acreditou em sua legitimidade e nela tinha de acreditar"[5]. Hoje, contudo, o regime "imagina apenas acreditar em si mesmo e exige do mundo a mesma imaginação. Se acreditasse em sua própria *essência*, tentaria [...] buscar sua salvação na hipocrisia e no sofisma? O moderno *ancien*

---

[3] G. W. F. Hegel, *Phenomenology of Spirit* (Oxford, Oxford University Press, 2004), § 665. [Ed. bras.: *Fenomenologia do espírito*, 6. ed., Petrópolis, Vozes, 2011.]

[4] Jacques Lacan, "Television", *October*, n. 40, 1987, p. 7.

[5] Karl Marx, "Introdução", *Crítica da filosofia do direito de Hegel* (São Paulo, Boitempo, 2005), p. 148.

régime é apenas o *comediante* de uma ordem mundial cujos *heróis reais* estão mortos"[6]. Nessa situação, envergonhar os que estão no poder torna-se uma arma, ou, como diz Marx: "A pressão real tem de se tornar mais forte, acrescentando-se a ela a consciência da pressão; a vergonha tem de se tornar mais vergonhosa ao se tornar pública"[7].

E essa é exatamente nossa situação hoje: enfrentamos o cinismo desavergonhado da ordem global existente, cujos agentes *só imaginam que acreditam em suas ideias de democracia, direitos humanos* etc., e, por meio de revelações como as do WikiLeaks, *a vergonha (nossa vergonha de tolerar um poder desses sobre nós) torna-se mais vergonhosa com a publicidade.* Quando os Estados Unidos intervêm no Iraque para provocar uma democracia secular e o resultado é o fortalecimento dos fundamentalistas religiosos e um papel muito mais forte do Irã, isso não é um erro trágico de um agente honesto, mas um caso de um trapaceiro cínico que acaba preso no próprio jogo.

O sujeito não interpelado

Na União Europeia, a reforma do ensino superior pelo processo de Bolonha é um grande ataque conjunto ao que Kant chamou de "uso público da razão". A ideia subjacente dessa reforma, a ânsia de subordinar o ensino superior às necessidades da sociedade, de torná-la útil aos problemas concretos que enfrentamos, visa produzir opiniões especializadas para resolver os problemas apresentados pelos agentes sociais. Aqui, o que acaba é a verdadeira missão do pensamento: não só oferecer soluções para problemas apresentados pela "sociedade" (o Estado e o capital), mas também refletir sobre a própria forma assumida por esses "problemas", reformulá-los, discernir um problema no próprio modo como percebemos esses problemas. A redução do ensino superior à tarefa de produzir conhecimento especializado socialmente útil é a forma paradigmática do "uso privado da razão" no capitalismo global contemporâneo.

Uma das expressões mais radicais dessa tendência é o plano do governo do Reino Unido de extinguir gradualmente as bolsas de estudos em cursos de artes, ciências humanas e ciências sociais, anunciado em outubro de 2010, quando David Willetts, ministro das Universidades e Ciências, sugeriu que, no futuro, todos os cursos de graduação, com exceção dos de ciências e matemática, fossem pagos. Eis a reação de Martin McQuillan: "Não há desvios, não há concessões a fazer, não há crise temporária a suportar; essa é a opção nuclear, a eliminação total e irreversível. [...] Essa é uma guerra cultural em que o pensamento crítico está ameaçado de extinção"[8]. Esse desin-

---

[6] Idem.
[7] Idem.
[8] Martin Mequillan, "If You Tolerate This... Lorde Browne and the Privatisation of the Humanities", out. 2010. Disponível em: <http://www.thelondongraduateschool.co.uk/thoughtpiece/if-you-

vestimento do governo significa que a educação superior em artes, ciências humanas e ciências sociais será um negócio de mercado entre as universidades, e os indivíduos que quiserem estudar essas coisas por conta própria terão de pagar por elas; essa, aliás, é a realidade da "liberdade de escolha" em nossas sociedades, concretizando literalmente a observação corrosiva de Marx no *Manifesto Comunista* de que a liberdade burguesa é a liberdade de comerciar, comprar e vender. Sally Hunt, secretária-geral do Sindicato das Faculdades e Universidades do Reino Unido, chamou a atenção para o verdadeiro alcance dessa reforma: "Toda a paisagem do ensino superior neste país mudaria. O que é a universidade e qual é seu propósito seriam coisas completamente diferentes"[9]. Mais uma vez, passamos da razão pública para a privada. É por isso que os esquerdistas que afirmam que a busca de questões filosóficas "puras" (como tratar da Ideia de comunismo) é cada vez mais inútil, e que deveríamos passar para ações políticas concretas, ignoram como a questão é avaliada pelos que estão no poder: essas reformas não seriam a prova manifesta de que quem está no poder conhece muito bem o potencial subversivo dos raciocínios teóricos aparentemente "inúteis"?

É fundamental vincular o impulso constante rumo à *Gleichschaltung* do ensino superior – não só na forma de privatização direta e ligações com empresas, mas também no sentido mais geral discutido acima – ao processo de fechamento das áreas comuns do produto intelectual, da privatização do intelecto geral. Esse processo pôs em funcionamento uma transformação global do modo hegemônico de interpelação ideológica. Enquanto na Idade Média o principal aparelho ideológico de Estado (AIE) era a Igreja, a modernidade capitalista impôs a hegemonia dupla da ideologia legal e do ensino estatal: os sujeitos eram interpelados como cidadãos livres e patriotas, como sujeitos da ordem legal, enquanto os indivíduos eram formados como sujeitos legais pelo ensino universal compulsório. Portanto, mantinha-se a lacuna entre o burguês e o cidadão, entre o indivíduo utilitarista--egoísta, preocupado com seus interesses privados, e o *citoyen* dedicado ao domínio universal do Estado; e na medida em que, na percepção ideológica espontânea, a ideologia limita-se à esfera universal da cidadania e a esfera privada dos interesses egoístas é considerada "pré-ideológica", a própria lacuna entre ideologia e não ideologia é transposta para a ideologia. O que acontece no último estágio do capitalismo "pós-moderno" e pós-1968 é que a *própria economia (a lógica de mercado e concorrência) impõe-se cada vez mais como ideologia hegemônica*[10].

---

tolerate-this%E2%80%A6-lord-browne-and-the-privatisation-of-the-humanities>. [Acesso em 5 jun. 2012.]

[9] Hannah Richardson, "Humanities to Lose English Universities Teaching Grant", 26 out. 2010. Disponível em: <http://www.bbc.co.uk/news/education-11627843>. [Acesso em 5 jun. 2012.]

[10] Baseio-me aqui em Katja Kolsek, "Ekonomija kot ideoloska nadstavba sodobne drzave", *Problemi*, n. 1-2, 2010.

Na educação, testemunhamos o desmantelamento gradual do AIE da escola burguesa clássica: o sistema escolar é cada vez menos uma rede compulsória elevada acima do mercado e organizada diretamente pelo Estado, portadora de valores esclarecidos (*liberté, égalité, fraternité*). Em nome da fórmula sagrada do "menor custo, maior eficiência", ele vem sendo invadido cada vez mais por várias formas de PPPs (parcerias público-privadas).

Na organização e legitimação do poder, o sistema eleitoral é concebido cada vez mais com base no modelo da concorrência de mercado: as eleições são como uma troca comercial, em que os eleitores "compram" o produto que prometa cumprir, da maneira mais eficiente, a tarefa de manter a ordem social, combater o crime etc. etc. Em nome da mesma fórmula de "menor custo, maior eficiência", até algumas funções que deveriam ser domínio exclusivo do poder de Estado (como a administração das penitenciárias) podem ser privatizadas; o Exército não se baseia mais no alistamento universal e compõe-se de mercenários contratados etc. Nem a burocracia estatal continua a ser vista como uma classe universal hegeliana, como é evidente no caso da Itália de Berlusconi. O que torna Berlusconi tão interessante como fenômeno político é o fato de que, como político mais poderoso de seu país, ele age de maneira cada vez mais descarada: além de ignorar ou neutralizar politicamente as investigações jurídicas de suas atividades criminosas, acusadas de promover interesses comerciais privados, ele também destrói sistematicamente a dignidade básica do chefe de Estado. A dignidade da política clássica baseia-se em sua elevação acima do jogo de interesses particulares da sociedade civil: a política é "alienada" da sociedade civil, ela se apresenta como a esfera ideal do *citoyen*, em contraste com o conflito de interesses egoístas que caracteriza o *bourgeois*. Berlusconi aboliu essa alienação: na Itália de hoje, o poder estatal é exercido diretamente pelo vil *bourgeois* que, de forma declarada e implacável, explora o poder do Estado para proteger seus interesses econômicos. Com o voto de confiança dado a Berlusconi em 14 de dezembro de 2010, a obscenidade parlamentar atingiu novas alturas: Berlusconi comprou abertamente, com dinheiro e outros favores, os votos necessários dos deputados da oposição, e seu preço foi publicamente debatido.

Até o processo de envolvimento em relações afetivas ocorre cada vez mais na linha das relações de mercado. Alain Badiou desenvolveu um paralelo entre a busca de parceiros sexuais (ou conjugais) por intermédio de agências apropriadas e o antigo procedimento dos casamentos arranjados: em ambos os casos, o risco de "cair de amores" é suspenso, não há nenhuma "queda" contingente propriamente dita, o risco do chamado "encontro de amor" é minimizado pela combinação anterior, que leva em conta todos os interesses materiais e psicológicos das partes envolvidas[11].

---

[11] Ver Alain Badiou, *Éloge de l'amour* (Paris, Flammarion, 2009), p. 15.

Robert Epstein levou essa ideia à sua conclusão lógica ao dar a contrapartida que lhe faltava: depois de escolher o parceiro apropriado, como fazer para que ambos se amem realmente[12]? Com base no estudo dos casamentos arranjados, Epstein desenvolveu "procedimentos de construção do afeto": é possível "construir o amor deliberadamente e escolher com quem fazer isso"... Esse tipo de procedimento se baseia na automercadorização: nas agências de matrimônio ou encontros pela internet, cada provável parceiro apresenta-se como mercadoria, mostrando fotos e listando qualidades. Eva Illouz explica com perspicácia a costumeira decepção quando parceiros de internet decidem se encontrar: a razão dessa decepção não é que nós nos idealizamos em nossa apresentação, mas que essa representação se limita necessariamente à enumeração de características abstratas (idade, passatempos etc.); o que falta aqui é o que Freud chamou de "der einzige Zug", "o traço unário", aquele *je ne sais quoi* que me faz gostar ou desgostar instantaneamente do outro[13]. O amor é uma escolha vivenciada, por definição, como necessidade: apaixonar-se deveria ser livre, não se pode ordenar a alguém que se apaixone; no entanto, nunca estamos em condições de fazer essa escolha livre; se é necessário decidir por quem se apaixonar, comparando as qualidades dos respectivos candidatos, isso, por definição, não é amor. Por outro lado, em determinado momento ficamos arrasados com a sensação de que já *estamos* apaixonados, e não há nada que possamos fazer – é como se, por toda a eternidade, o destino preparasse o indivíduo para esse encontro. Essa é a razão pela qual, por excelência, as agências matrimoniais são um mecanismo antiamor: sua proposta é organizar o amor como livre escolha real; depois de examinar a lista de candidatos selecionados, escolho o mais apropriado.

De maneira bastante lógica, na medida em que a economia é considerada a esfera da não ideologia, esse admirável mundo novo de mercadorização global considera-se pós-ideológico. É claro que o AIE ainda funciona, e mais do que nunca; no entanto, como vimos, na medida em que, em sua autopercepção, a ideologia se localiza nos sujeitos, em contraste com os indivíduos pré-ideológicos, essa hegemonia da esfera econômica só pode parecer ausência de ideologia. Isso não significa que a ideologia reflita simples e diretamente a economia, como faz a superestrutura com sua base; ao contrário, permanecemos inteiramente na esfera do AIE, na qual a economia agora serve de modelo ideológico. Assim, temos toda a razão de dizer que, aqui, a economia funciona como AIE, ao contrário da vida econômica "real", que definitivamente não segue o modelo idealizado do mercado liberal.

---

[12] "Love by Choice", 3 jan. 2010. Disponível em: <http://www.hindustantimes.com/editorial-views-on/Offtrack/Love-by-choice/Article1-493176.aspx>. [Acesso em 6 jun. 2012.]

[13] Ver Eva Illouz, *Cold Intimacies: the Making of Emotional Capitalism* (Cambridge, Polity Press, 2007).

Assim, como explicou Jan Volcker, noções ideológicas predominantes como liberdade e democracia (e, podemos acrescentar, tolerância) são "noções de desorientação": elas confundem a verdadeira linha de separação em que uma Ideia verdadeira se distingue, permitindo-nos traçar essa linha com clareza (entre nossa posição emancipadora e a ideologia que queremos rejeitar). Por exemplo, é óbvio que queremos combater o racismo, o sexismo etc., mas a caracterização desses fenômenos como fenômenos de "intolerância" ou "assédio" confunde a verdadeira linha de separação, confunde a luta contra o racismo e o sexismo com a noção subjetivista narcísica do espaço privado que não deveria ser invadido pelo Próximo. Aqui, o que "tolerância" significa é seu oposto: intolerância para com o outro no sentido freudiano-lacaniano radical da Coisa-Próximo[14].

Em 17 de outubro de 2010, a chanceler alemã Angela Merkel declarou, numa reunião dos jovens membros de sua conservadora União Democrática Cristã: "Essa abordagem multicultural que diz que simplesmente vivemos lado a lado e convivemos felizes fracassou. Fracassou redondamente". O mínimo que se pode dizer é que ela é coerente, já que suas palavras refletem o debate sobre a *Leitkultur* (a cultura dominante) de anos atrás, no qual os conservadores insistiram que todo Estado se baseia num espaço cultural predominante que tem de ser respeitado pelos membros de outras culturas que vivam nele. Em vez de bancar a bela alma e lamentar o surgimento do novo racismo europeu que essas declarações anunciam, deveríamos lançar um olhar crítico sobre nós mesmos e perguntar até que ponto nosso multiculturalismo abstrato contribuiu para esse triste estado de coisas. Quando nenhum dos lados compartilha ou respeita a mesma civilidade, o multiculturalismo se transforma numa forma de ignorância ou ódio mútuo juridicamente regulamentado. (O conflito a respeito do multiculturalismo já *é* um conflito sobre a *Leitkultur*: não é um conflito entre culturas, mas um conflito entre pontos de vista diferentes sobre como culturas diferentes podem e devem coexistir, sobre as regras e as práticas que essas culturas têm de dividir para coexistir. Portanto, devemos evitar o jogo liberal do "quanta tolerância merecemos do Outro". Devemos tolerar que mulheres sejam espancadas, que casamentos de filhos sejam pré-arranjados, que homossexuais

---

[14] Eis um caso exemplar dessa desorientação. Meu amigo Udi Aloni me contou um incidente estranho que aconteceu com ele dias depois do 11 de Setembro: ele estava num táxi perto da Union Square, em Manhattan, e começou a conversar com o motorista muçulmano, que tentou convencê-lo de que os ataques eram uma trama judaica, referindo-se ao boato de que nenhum judeu havia morrido, porque haviam sido secretamente informados na véspera para não irem trabalhar. Imediatamente, Udi disse ao motorista que parasse o carro e desceu; o que viu quando atravessou a Union Square foi um grupo de judeus ortodoxos tentando arregimentar seguidores, dizendo que agora tinham uma nova prova de que Deus protegia o povo judeu, afinal nenhum judeu havia morrido no ataque do 11 de Setembro... É assim que os opostos coincidem em nossa vida cotidiana.

sejam agredidos etc. etc.? É claro que, nesse nível, nunca somos suficientemente tolerantes ou somos sempre-já tolerantes demais, negligenciando os direitos das mulheres etc. A única maneira de romper esse impasse é propor um projeto universal positivo, compartilhado por todos e lutar por ele[15].) É por isso que a tarefa fundamental dos que lutam hoje por emancipação é ir além do mero respeito pelos outros e buscar uma *Leitkultur* emancipadora que, sozinha, consiga sustentar uma coexistência legítima e uma fusão de culturas diferentes[16].

Deveríamos nos mobilizar para uma luta comunista sempre que os conflitos sociais não possam ser resolvidos porque são conflitos "falsos", conflitos cujas coordenadas são determinadas pela mistificação ideológica. O comunismo como movimento deveria intervir nesses impasses, e seu primeiro gesto deveria ser redefinir o problema, rejeitar a maneira como é apresentado e percebido no espaço ideológico público. Digamos que o conflito entre Israel e os palestinos seja definido como uma luta da democracia secular ocidental contra o fundamentalismo muçulmano; é claro que, sendo formulado nesses termos, o problema não pode ser resolvido e estamos num impasse. Aqui, a luta comunista é rejeitar esses termos e definir uma terceira via.

Que tipo de mudança no funcionamento da ideologia esse autoapagamento da ideologia envolve? Tomemos como ponto de partida o nome foucaultiano que mais

---

[15] Pode-se argumentar que, até 1933, na Alemanha e, sobretudo, na república de Weimar, a *Leitkultur* era, de fato, a cultura liberal dos judeus seculares, grandes artistas e filósofos, enquanto os nacionalistas alemães apenas reagiam a ela; portanto, num sentido puramente formal, a pretensão de Hitler em relação à hegemonia judaica estava certa, e os nazistas, quando chegaram ao poder, mudaram violentamente a *Leitkultur* (com tanta eficácia que, mesmo depois da Segunda Guerra Mundial, a *Leitkultur* liberal de Weimar não conseguiu retornar).

[16] A mídia costuma alertar para a demonização de Israel, enfatizando que se trata um país normal e tolerante, habitado por pessoas que, em sua maioria, são iguais a nós, europeus ocidentais etc. Embora isso seja verdade – uma verdade até banal –, devemos acrescentar que o mesmo se aplica à maioria dos palestinos da Cisjordânia. Essa foi minha surpresa (e o fato de eu ter ficado surpreso é sinal de meu racismo latente) quando me encontrei com os integrantes do Jenin Freedom Theatre que visitaram Nova York em outubro de 2010. Quando se ouve a palavra "Jenin", a primeira associação que se faz é com uma cidadezinha atrasada da Cisjordânia, onde o Exército israelense combate fundamentalistas (em contraste com Ramallah ou Nablus, mais esclarecidas, com seus *shopping centers* recém-inaugurados). Mas os integrantes do Jenin Freedom Theatre eram jovens "normais", que organizaram um concerto de rock na cidade e gostavam de trocar piadas obscenas ("Por que as iraquianas não gostam de transar com os soldados americanos? Porque, depois que terminam o serviço, eles sempre dizem que vão sair fora, mas não saem nunca..."). Alguns podem dizer que nem todos os palestinos são assim. Mas é por isso que participar do Jenin Freedom Theatre é lutar contra o fundamentalismo. A mesmice deveria ser mais enfatizada do que as "diferenças culturais"; não admira que a trupe tenha ficado ofendida por terem lhe servido homus – sem dúvida, em sinal de profundo respeito por sua cultura – na recepção oferecida depois da apresentação. Eles me disseram que já os empanturram o suficiente de homus em casa, o que eles queriam era provar a comida decadente americana, a começar pelos hambúrgueres...

ou menos se encaixa no AIE althusseriano, o *dispositivo*. Giorgio Agamben ressaltou o vínculo entre o dispositivo foucaultiano e a noção de "positividade" do jovem Hegel, entendida como a ordem social substancial imposta ao sujeito e vivenciada por ele como um destino externo e não como parte orgânica dele mesmo. Como tal, o dispositivo é a matriz da governabilidade: ele é "aquilo em que e por meio de que a atividade pura de governar sem nenhuma base no ser se realiza. Essa é a razão por que o dispositivo tem sempre de envolver um processo de subjetivação, isto é, produzir seu sujeito"[17]. O pressuposto ontológico da noção de dispositivo é "uma partição geral e maciça do ser em dois grupos ou classes: de um lado, seres (ou substâncias) vivos; de outro, os dispositivos dentro dos quais os seres vivos são incessantemente capturados"[18]. Há uma série de reverberações complexas entre a noção de dispositivo, as noções de AIE e interpelação ideológica de Althusser e a noção de "grande Outro" de Lacan. Foucault, Althusser e Lacan insistem na ambiguidade fundamental da palavra "sujeito" (que significa o agente livre e a submissão ao poder); enquanto agente livre, o sujeito surge por meio de sua sujeição ao dispositivo/AIE/"grande Outro". Como ressalta Agamben, "dessubjetivação" ("alienação") e subjetivação são, portanto, lados da mesma moeda: é a própria dessubjetivação do ser vivo, sua subordinação a um dispositivo, que o subjetiva. Quando Althusser afirma que a ideologia interpela os indivíduos nos sujeitos, "indivíduos" refere-se aos seres vivos sobre os quais o dispositivo/AIE atua, impondo-lhes uma rede de micropráticas; já "sujeito" *não* é uma categoria de ser vivo, de substância, mas o resultado do fato de que os seres vivos estão presos num dispositivo/AIE (ou numa ordem simbólica). (Em termos deleuzianos, o ser vivo é uma substância, enquanto o sujeito é um evento.) Mas Althusser falha quando insiste de maneira deslocada e frustrante na "materialidade" do AIE; a forma primordial do dispositivo, o "grande Outro" da instituição simbólica, é, ao contrário, imaterial, uma ordem virtual; como tal, é o correlato do sujeito como distinto do indivíduo enquanto ser vivo. Nem o sujeito nem o dispositivo do grande Outro são categorias do ser substancial.

Podemos traduzir perfeitamente essas coordenadas pela matriz do discurso da universidade de Lacan: segundo a teoria dos quatro discursos de Lacan, o *homo sacer*, o sujeito reduzido à vida nua, é o *objeto a*, o "outro" do discurso da universidade elaborado pelo dispositivo do conhecimento. Então não podemos dizer que Agamben inverte Lacan, que para ele o discurso da universidade é a verdade do discurso do mestre? O "produto" do discurso da universidade é $\$$, o sujeito; o dispositivo (a rede de S_2, de conhecimento) opera sobre a vida nua do indivíduo, a partir da qual gera sujeitos.

---

[17] Giorgio Agamben, *Qu'est-ce qu'un dispositif?* (Paris, Payot & Rivages, 2007), p. 26-7.
[18] Ibidem, p. 30.

Hoje, no entanto, assistimos a uma mudança radical do funcionamento desse mecanismo; Agamben define nossa sociedade pós-política/biopolítica contemporânea como aquela em que os dispositivos múltiplos dessubjetivam os indivíduos sem produzir uma nova subjetividade, sem subjetivá-los:

> Vem daí o eclipse da política que supunha sujeitos ou identidades reais (o movimento operário, a burguesia etc.) e o triunfo da economia, isto é, da pura atividade de governar que busca apenas sua reprodução. A direita e a esquerda que hoje seguem uma à outra no gerenciamento do poder têm, portanto, muito pouco a ver com o contexto político do qual se originam os termos que as designam. Hoje, esses termos simplesmente denominam os dois polos (o que visa sem escrúpulo nenhum à dessubjetivação e o que quer encobri-la com a máscara hipócrita do bom cidadão da democracia) da mesma máquina de governo.[19]

"Biopolítica" designa essa constelação na qual os dispositivos não geram mais sujeitos ("interpelam os indivíduos nos sujeitos"), mas apenas administram e regulam a vida nua dos indivíduos; na biopolítica, somos todos *homo sacer* potenciais. Mas o resultado dessa redução revela uma torção inesperada. Agamben chama a atenção para o fato de que o cidadão dessubjetivado e inofensivo das democracias pós-industriais – que não se opõe aos dispositivos hegemônicos e executa com muito zelo todas as suas injunções, portanto é controlado por eles nos detalhes mais íntimos de sua vida – é "mesmo assim (e talvez por essa mesma razão) considerado um potencial terrorista": "Aos olhos da autoridade – e talvez com razão – nada se parece mais com um terrorista do que o homem comum"[20]. Quanto mais são controladas por câmeras, escâneres e coleta de dados, mais as pessoas comuns se tornam um X inescrutável e ingovernável que se esquiva dos dispositivos, mesmo quando parece obedecer docilmente a eles. Não que isso represente uma ameaça à máquina do governo como resistência ativa a ela; ao contrário, a própria passividade suspende a eficácia do desempenho dos dispositivos, fazendo a máquina "girar em falso" e transformando-a numa paródia que não serve para nada[21].

Essa naturalização (ou autoapagamento) total da ideologia impõe uma conclusão triste, mas inevitável, a respeito da dinâmica social global contemporânea: hoje, o capitalismo é que é propriamente revolucionário. Da tecnologia à ideologia, ele mudou toda a paisagem nas últimas décadas, enquanto os conservadores, assim como os sociais-democratas, em sua maioria, apenas reagiram a essas mudanças, tentando desesperadamente se agarrar às antigas conquistas. Numa constelação como essa, a própria ideia de transformação social radical parece um sonho impossível. No entanto, a palavra "impossível" deveria nos fazer parar e pensar. Hoje, o

---

[19] Ibidem, p. 46-7.
[20] Ibidem, p. 48-9.
[21] Ibidem, p. 49.

possível e o impossível se distribuem de um modo estranho, e ambos explodem ao mesmo tempo num excesso. Por um lado, no domínio das liberdades pessoais e da tecnologia científica, o impossível se torna cada vez mais possível (ou assim dizem): "nada é impossível", podemos gozar o sexo em todas as suas versões pervertidas; há arquivos inteiros de músicas, filmes e séries disponíveis na internet; as viagens espaciais estão ao alcance de todos (que tenham dinheiro...); podemos aprimorar nossas capacidades físicas e psíquicas com intervenções no genoma humano e até realizar o sonho tecnognóstico da imortalidade, transformando nossa identidade num programa de computador que podemos transferir de um equipamento a outro... Por outro lado, principalmente no domínio das relações socioeconômicas, nossa época se vê como se tivesse chegado à maturidade, quando, com o colapso dos Estados comunistas, a humanidade abandonou o velho sonho utópico milenarista e aceitou as restrições da realidade (leia-se: a realidade socioeconômica capitalista) com todas as suas impossibilidades acessórias: *Não se pode...* participar de atos políticos coletivos (que acabam necessariamente em terror totalitário), agarrar-se ao antigo Estado do bem-estar social (que nos torna pouco competitivos e provoca crises econômicas), isolar-se do mercado global etc. (Em sua versão ideológica, a ecologia também acrescenta sua lista de impossibilidades em termos de "valores de patamar" – máximo de 2 °C de aquecimento global etc. – com base em "opiniões de especialistas"[22].) Essa é a vida na era pós-política da economia naturalizada: via de regra, as decisões políticas são apresentadas como questões de pura necessidade econômica; quando são necessárias medidas de austeridade, ouvimos repetidamente que é o que tem de ser feito.

É fundamental fazermos uma distinção clara entre duas impossibilidades: o real-impossível do antagonismo social e a impossibilidade na qual se concentra o campo ideológico predominante. Aqui a impossibilidade é redobrada, serve de máscara de si mesma, isto é, a função ideológica da segunda impossibilidade é encobrir o real da primeira. Hoje, a ideologia dominante pretende nos fazer aceitar a "impossibilidade" da mudança radical, da abolição do capitalismo, de uma democracia não limitada ao jogo parlamentar etc., para tornar invisível o impossível/real do antagonismo que atravessa as sociedades capitalistas. Esse real é impossível no sentido de ser o impossível da ordem social existente, ou seja, seu antagonismo constitutivo – que, no entanto, não implica que não se possa lidar diretamente com esse real/impossível e transformá-lo radicalmente num ato "maluco" que mude as coordenadas "transcendentais" básicas do campo social. É por isso que, como explica Zupančič, a fórmula de Lacan da superação de uma impossibilidade ideológica não é "tudo é possível", mas "o impossível acontece". O real/impossível

---

[22] Devo essa ideia a Alenka Zupančič.

lacaniano não é uma limitação *a priori* que deve ser levada em conta "de forma realista", mas o domínio de um ato que é mais do que uma intervenção no domínio do possível; esse ato muda as próprias coordenadas do que é possível e, portanto, cria retroativamente suas condições de possibilidade. É por isso que o comunismo também diz respeito ao real: agir como comunista significa intervir no real do antagonismo básico que subjaz o capitalismo global de hoje.

Terra, mãe pálida

O supremo real/impossível que impõe um limite à expansão social não é um antagonismo social, mas a própria natureza. Como esse limite funciona? Os grandes desastres naturais de 2010, arautos de coisas muito mais "interessantes", parecem cobrir todos os quatro elementos que, de acordo com a antiga cosmologia, compõem o universo: ar (nuvens de cinzas vulcânicas da Islândia paralisam as viagens aéreas na Europa), terra (avalanches de lama na China), fogo (que deixou Moscou quase inabitável), água (poluída por um vazamento de petróleo no golfo do México, inundações que desalojaram milhões de pessoas no Paquistão). Cada uma dessas catástrofes traz uma lição importante (que, com toda probabilidade, será ignorada).

No entanto, o traço inesperado que certamente espantou os que acompanharam o noticiário durante o vazamento na plataforma de petróleo Deepwater Horizon foi a estranha mistura de trauma e ridículo. Devemos recordar aqui o sonho da injeção de Freud, que começa com uma conversa entre ele e sua paciente Irma sobre o fracasso do tratamento a que ela vinha se submetendo por causa de uma seringa contaminada; no decorrer da conversa, Freud se aproxima do rosto da paciente e olha bem fundo em sua boca, enfrentando a horrível visão da carne rubra. Nesse ponto de horror insuportável, o tom do sonho muda e, de repente, o horror passa a ser comédia: três médicos amigos de Freud aparecem e, num ridículo jargão pseudoprofissional, enumeram várias razões (mutuamente exclusivas) pelas quais o envenenamento de Irma pela seringa contaminada não é culpa de ninguém (não houve injeção, a seringa estava limpa...). Portanto, há primeiro um encontro traumático (a visão da garganta em carne viva de Irma), seguido da passagem súbita para a comédia, o que permite ao sonhador evitar o encontro com o verdadeiro trauma. Não é exatamente a mesma passagem do sublime para o ridículo que ocorre no caso do vazamento de petróleo na Louisiana? Primeiro, houve o vislumbre de pesadelo do evento traumático submarino; durante semanas, nossos olhos se fixaram na fenda que derramava petróleo bruto, como um vaso sanitário descontrolado que excretava merda continuamente. Essa cena traumática foi seguida do jogo ridículo de gerentes e especialistas passando de uns para os outros a batata quente da responsabilidade. Em 11 de maio de 2010, os executivos das três empresas envolvidas no desastre (BP, Transocean e Halliburton), ao depor no Senado norte-americano, jogaram um jogo ridículo, digno de um quadro de Magritte, culpando uns aos outros: a BP afirmou que não era responsável porque a sonda que explodiu pertencia à sua fornecedora, a Transocean; esta disse que o serviço havia sido feito por sua fornecedora Halliburton, que despejou o concreto, ela era a culpada; e, finalmente, a Halliburton afirmou que apenas havia executado o projeto proposto pela BP...

O que torna a cena ridícula, além do jogo indigno de jogar a culpa nos outros, é a ideia de fazer os culpados (isto é, as grandes empresas) pagarem pelos danos que causaram. Infelizmente, a seu modo, a condenação das três empresas pelo presidente Obama foi igualmente risível. Em 8 de junho de 2010, numa explosão (justificada) contra a BP, Obama disse: "O problema é da BP". Como era de esperar, a imprensa reagiu: "Não, agora o problema é de Obama!". Ambos estavam claramente errados: enquanto Obama seguia a lógica legalista de indenização totalmente descabida para o tamanho da catástrofe, a imprensa se concentrava no prejuízo que o desastre causaria à posição de Obama, talvez acabando com a possibilidade de reeleição. É verdade que catástrofes como o vazamento de petróleo na Louisiana nos fazem enfrentar a suprema impotência do (indivíduo que encarna o) poder do Estado: apesar de sabermos que o presidente norte-americano é impotente (em última análise), de certo modo não aceitamos isso; nossa relação com a figura do presidente é claramente transferencial e, por isso, é sempre embaraçoso o efeito da revelação declarada de sua impotência, mesmo quando não descobrimos nada de novo. No entanto, a afirmação de que o desastre se tornou problema de Obama não considera o fato subjacente e fundamental de um problema muito maior, um problema de nós todos, como algo que abala potencialmente as próprias bases de nosso estilo de vida. Trata-se de um problema de todos e ninguém o resolverá por nós, já que diz respeito ao que nos é comum, à substância natural de nossa vida. Aqui, o que é ridiculamente ingênuo é a ideia de que uma empresa privada, por mais rica que seja, possa pagar pelo dano causado por uma catástrofe ambiental grave; seria como exigir dos nazistas que pagassem pelo Holocausto.

A busca do culpado juridicamente responsável pelos danos faz parte de nosso arcabouço mental legalista; podemos processar (e processamos) as redes de lanchonetes como se fossem responsáveis pela obesidade de seus fregueses, e circulam ideias sobre indenizações pela escravidão, como se fossem devidas há muito tempo. Essa *reductio ad absurdum* deixa claro o que está fundamentalmente errado nessa lógica: ela não é radical demais, mas insuficientemente radical. O verdadeiro desafio não é cobrar uma indenização dos responsáveis, mas mudar a situação de modo que eles não tenham mais condições de causar danos (ou de exercer atividades que causem danos). Foi isso que faltou na reação de Obama: a disposição de agir além da estreita abordagem legalista de punição do culpado. Numa catástrofe tão grande quanto o vazamento de petróleo no golfo do México, o governo deveria proclamar estado de emergência e assumir o comando, mobilizando todos os seus recursos, inclusive o Exército; ao mesmo tempo, o Estado deveria ter se preparado para o pior, para a possibilidade de a área toda se tornar inabitável.

O que torna absurdo o foco na BP é o fato de que o mesmo acidente poderia ter acontecido com outra empresa. O verdadeiro culpado não é a BP (embora, para evitar mal-entendidos, ela devesse ser severamente punida), mas a demanda que nos empurra para a exploração de petróleo, sem levar em conta as preocupações ambientais. Deveríamos começar a fazer perguntas básicas sobre nosso estilo de vida, a mobilizar o uso público da razão. A lição dessas catástrofes ambientais é que nem o mercado nem o Estado farão o trabalho. Embora os mecanismos de mercado possam agir até certo ponto para conter os danos ambientais, as catástrofes de grande escala simplesmente estão fora de seu alcance; nesse caso, qualquer estatística pseudocientífica sobre o "risco sustentável" é ridícula. Por quê?

Para muitos de nós, o medo de voar corresponde a uma imagem bem concreta: somos assombrados pela ideia do tanto de peças que tem de funcionar direitinho para que uma máquina tão complicada quanto um avião moderno se sustente no ar; uma alavanquinha que se quebre em algum lugar e o avião pode cair. Quando começamos a pensar em tudo que pode dar errado, é impossível não experimentar um pânico total e avassalador. A Europa não sofreu algo parecido na primavera de 2010? O fato de uma nuvem provocada por uma erupção vulcânica sem importância na Islândia – uma pequena perturbação no mecanismo complexo da Terra – ter paralisado o tráfego aéreo de todo um continente nos faz lembrar que, apesar da tremenda atividade para transformar a natureza, a humanidade continua a ser apenas mais uma espécie viva do planeta. O catastrófico impacto socioeconômico dessa pequena erupção deve-se a nosso desenvolvimento tecnológico (viagens aéreas): há um século, esse evento nem seria notado. Nosso desenvolvimento tecnológico nos torna mais independentes da natureza, mas ao mesmo tempo, em grau diferente, mais dependentes dos caprichos da natureza. Décadas atrás, quando Neil Armstrong pisou na Lua, suas primeiras e famosas palavras foram: "Este é um pequeno passo para o homem, mas um salto gigantesco para a humanidade". Agora, a propósito da erupção vulcânica na Islândia e suas consequências, podemos dizer: "Esse é um pequeno passo para trás para a natureza, mas um salto gigantesco para trás para a humanidade".

A primeira lição dessa recente explosão vulcânica reside nisto: nossa liberdade crescente em relação à natureza e nosso controle sobre ela, assim como nossa própria sobrevivência, dependem de uma série de parâmetros naturais estáveis que, automaticamente, consideramos pressupostos (temperatura, composição do ar, água e energia suficientes etc.): só podemos "fazer o que quisermos" na medida em que nos mantivermos suficientemente à margem, para não perturbar demais os parâmetros da vida na Terra. A limitação de nossa liberdade, que se torna palpável com os distúrbios naturais, é o resultado paradoxal do próprio crescimento exponencial de nosso poder e liberdade: a capacidade cada vez maior de transformar a natureza à nossa volta pode desestabilizar os próprios parâmetros geológicos básicos da vida na Terra.

No entanto, há algo enganosamente apaziguador em nossa disposição a assumir a culpa pelas ameaças ao meio ambiente: gostamos de ser culpados porque, se somos culpados, então tudo depende de nós: se puxamos as cordinhas da catástrofe, então em princípio também podemos nos salvar apenas mudando nosso modo de vida. O que realmente é difícil de aceitar (pelo menos para nós, no Ocidente) é que estamos reduzidos ao papel passivo do observador impotente, que só pode se sentar e observar qual será seu destino. Para evitar essa situação, tendemos a nos dedicar a uma atividade obsessiva frenética (reciclar papel, comprar alimentos orgânicos ou o que for), só para termos certeza de que estamos fazendo alguma coisa, dando nossa contribuição, como o fã de futebol que torce por seu time diante da TV, gritando e pulando no sofá, na crença supersticiosa de que, de algum modo, isso influenciará o resultado. É verdade que a forma típica de desautorização fetichista da ecologia é: "Sei muito bem disso (estamos todos ameaçados), mas não consigo acreditar de fato (logo, não estou disposto a fazer nada realmente importante, como mudar meu estilo de vida)". Mas há também a forma oposta de desautorização: "Sei muito bem que não posso influenciar o processo que pode levar à minha ruína (como uma erupção vulcânica), mas aceitar isso é traumático demais para mim; logo, não consigo resistir à ânsia de fazer alguma coisa, mesmo sabendo que, em última análise, não adianta nada". Não compramos alimentos orgânicos mais ou menos pela mesma razão? Quem acredita realmente que aquelas maçãs "orgânicas" caríssimas e meio podres são mais saudáveis? A questão é que, quando as compramos, não compramos e consumimos apenas um produto: fazemos ao mesmo tempo algo significativo, isto é, demonstramos nossa capacidade de preocupação e consciência global, participamos de um projeto coletivo maior. Kafka escreveu: "Quando aceitamos e absorvemos o Mal, ele não exige mais que acreditemos nele". É o que acontece no capitalismo desenvolvido, sobretudo hoje: o "Mal" torna-se nossa prática cotidiana; assim, em vez de acreditarmos nele, podemos acreditar no Bem, dedicando-nos à caridade etc.

Aqui entra uma defesa mais refinada do capitalismo que, embora admita que a exploração capitalista da natureza faça parte do problema, tenta resolvê-lo tornando lucrativa a responsabilidade social e ecológica; é a abordagem do "capitalismo natural", uma das derradeiras versões do que podemos chamar de capitalismo ético pós-moderno. A ideia desse movimento, incentivado por Peter Hawken[23], nada

---

[23] Ver Paul Hawken, Amory Lowins e L. Hunter Lovins, *Natural Capitalism: Creating the Next Industrial Revolution* (Nova York, Back Bay, 2008). [Ed. bras.: *Capital natural*, São Paulo, Cultrix, 2000.]

mais é do que uma nova revolução da produção, semelhante à primeira Revolução Industrial, que gerou um desenvolvimento material assombroso, mas a um custo imenso para a Terra (esgotamento da riqueza natural, perda do solo arável, extinção de espécies etc.). Para conter essa tendência destrutiva, temos de mudar toda a nossa abordagem: até aqui, só incluímos no preço das mercadorias o que tivemos de investir para produzi-las, ignorando os custos para a natureza; sendo assim, nossa prosperidade foi ilusória, porque, ao explorar impiedosamente nossos recursos naturais, tiramos nossa renda não do ganho, mas da riqueza que herdamos. A soma dessa riqueza é o capital natural, isto é, o estoque de mercadorias produzidas pela natureza em seus bilhões de anos de desenvolvimento: água, minérios, árvores, solo e ar, além de todos os sistemas vivos (pastos, florestas, oceanos etc.). Todos esses bens naturais, além de fornecer recursos não renováveis para nossa produção material, também prestam serviços indispensáveis a nossa sobrevivência (regeneração da atmosfera, fertilização do solo etc.). Portanto, devemos acrescentar à nossa noção padronizada de capital como valor armazenado o valor econômico da natureza como sistema, além do valor dos recursos humanos. Obtemos então quatro formas de capital: (1) capital financeiro (investimentos, instrumentos monetários); (2) capital manufaturado (máquinas e infraestrutura); (3) capital natural (recursos, sistemas vivos); (4) capital humano (trabalho, inteligência, cultura e organização). Embora admita a dificuldade de atribuir valor monetário (pelo menos por enquanto) a serviços insubstituíveis como a produção de oxigênio pelas plantas, Hawken arrisca a estimativa de que a produção mundial de oxigênio vale 36 trilhões de dólares por ano (mais ou menos o produto mundial bruto) e o valor monetário de todo o capital humano é três vezes a soma do capital financeiro e do capital manufaturado. A ideia do capitalismo natural é mudar radicalmente nossos métodos contábeis, tratando como capital aquilo que deveria ser valorizado por sua reprodução expandida em todas as quatro formas de capital, e não apenas nas duas primeiras. Isso pode ser feito de quatro maneiras: (1) *produtividade radical dos recursos* (estimular a eficiência industrial, que "retarda o esgotamento, de um lado, reduz a poluição, de outro, e cria mais empregos, no meio"); (2) *biomimética* (eliminar o desperdício, reprojetando os sistemas industriais em linhas biológicas); (3) *economia de fluxo e serviços* (passar da percepção da riqueza em termos de bens e compras para a percepção do valor em termos de serviços desejados e satisfação das necessidades humanas); (4) *investimento em capital natural* (desenvolver mercados para atividades que aprimorem e recuperem o meio ambiente).

Embora pelo valor nominal essa redefinição radical do capital pareça ter efeitos benéficos, há nela problemas empíricos intransponíveis: até para se tornar minimamente operante, essa redefinição exigiria um controle e uma regulamentação incrivelmente complexos no mundo inteiro (por exemplo, para definir e impor no mercado o preço das "mercadorias naturais"). No entanto, o problema reside mais fundamentalmente na própria forma da mercadoria e da troca no mercado. O problema da noção do capitalismo natural é que ela se parece com o primeiro guia de sexo e casamento publicado há pouco tempo na Arábia Saudita: embora tenha a forma de um manual moderno, seu conteúdo se refere sobretudo a conselhos patriarcais tradicionais (por exemplo, ele ensina os maridos a baterem nas esposas sem machucá-las demais etc.). Em Hawken, aplica-se o procedimento inverso: o novo conteúdo ecológico é comprimido na antiga forma capitalista, de modo que, em vez de a mercadorização ser superada, ela é ampliada *ad absurdum*, até que tudo, desde o ar que respiramos até nossas capacidades humanas, torne-se mercadoria[24]. Embora Hawken mantenha a matriz capitalista básica (busca de lucro por meio da reprodução expandida) e proponha salvá-la (e nos salvar) da destruição causada por sua universalização excessiva, o núcleo do problema está na própria matriz: não importa quanto ampliemos a noção de capital, a própria forma de capital pressupõe a lacuna estrutural entre a realidade (o valor de uso dos produtos e serviços) e o real da circulação financeira (a reprodução que gera lucro), na qual a primeira está subordinada ao segundo. Em outras palavras, se permanecermos no capitalismo, mesmo que ampliemos a noção de capital para incluir o todo da realidade, essa realidade continuará a funcionar como um pano de fundo indiferente – e, em última análise, dispensável – cujo papel é gerar lucro.

A expansão do capital também estabelece limites claros ao chamado capitalismo ético. Em junho de 2010, a Foxconn, empresa taiwanesa que monta iPads em Shenzhen, na China, foi assolada por uma série de suicídios provocados pelas condições de trabalho estressantes (longas jornadas, baixos salários, muita pressão). Depois que o décimo primeiro operário pulou do alto do prédio, a empresa tomou uma série de providências[25]: obrigou os funcionários a assinar um contrato em que se comprometiam a não se suicidar, a denunciar colegas aparentemente deprimidos, a recorrer a instituições psiquiátricas, caso sua saúde mental fosse abalada etc. Para piorar, a Foxconn começou a instalar redes de segurança em torno dos prédios da

---

[24] Um exemplo ainda melhor talvez seja o modo como os países "socialistas" tardios, como a Alemanha Oriental, reagiram ao crescimento exponencial da informatização nas décadas de 1970 e 1980: para eles, era uma oportunidade única de tornar viável a economia planejada do socialismo de Estado. A ideia era que a economia planejada não funcionava porque a realidade era complexa demais para ser regida pelo planejamento central; no entanto, os computadores modernos eram considerados suficientemente poderosos para registrar todas as variações da demanda de produtos e serviços e coordená-las com a capacidade do aparelho produtivo da sociedade. A ideia fracassou miseravelmente porque não percebeu a natureza social da informatização de nossa vida: os planejadores da Alemanha Oriental viam o futuro em termos de gigantescos computadores centrais que controlavam tudo e ignoraram a rede dispersa de interações locais e pessoais característica da World Wide Web que estava surgindo.

[25] "Foxconn ups anti-suicide drive", *Straits Times*, 27 maio 2010.

imensa fábrica. Esse é o capitalismo ético em seu aspecto mais puro, que cuida até do bem-estar psíquico dos trabalhadores, *em vez de mudar as condições de exploração responsáveis pelo colapso psíquico*. O lado "ético" do capitalismo, portanto, resulta de um processo complexo de abstração ou obliteração ideológica. As empresas que trabalham com matérias-primas extraídas em condições suspeitas (uso de escravos ou mão de obra infantil) praticam, de fato, a arte da "limpeza ética", a verdadeira contrapartida empresarial da limpeza étnica: com revendas e outras coisas do gênero, essas práticas encobrem a origem da matéria-prima, comprada em lugares onde é produzida em condições inaceitáveis para nossas sociedades ocidentais.

Por outro lado, a erupção vulcânica na Islândia foi um lembrete útil de que nossos problemas ambientais não podem se reduzir à húbris, à perturbação que causamos na ordem equilibrada da Mãe Terra. A natureza em si é caótica, tende a provocar os desastres mais loucos, catástrofes imprevisíveis e sem significado. Estamos impiedosamente expostos aos caprichos cruéis da natureza, não existe Mãe Terra cuidando de nós. Nós não perturbamos o equilíbrio da natureza, apenas o prolongamos. Uma volta a mais é dada pelo fato de que, no caso dos vulcões, o perigo vem de dentro da Terra – está debaixo de nossos pés –, não do espaço exterior. Não temos para onde fugir. Há mais de duas décadas, um *paparazzo* flagrou o senador Ted Kennedy (famoso por se opor às perfurações petrolíferas em alto-mar) no meio de um ato sexual num barco ao largo do litoral da Louisiana; alguns dias depois, durante um debate no Senado, um senador republicano observou secamente: "Parece que o senador Kennedy mudou de ideia a respeito das perfurações em alto-mar". O verdadeiro problema é que uma simples "solução à Kennedy" – a única forma aceitável de perfuração em alto-mar é o tipo a que me dedico – não funciona. Essa atitude purista não é uma solução verdadeira: além de toda a atividade industrial em grande escala envolver riscos imprevisíveis, a própria natureza provoca seus próprios riscos. Além disso, por causa da mistura inextricável de natureza e indústria humana, a produção humana já faz parte da reprodução natural na Terra, a tal ponto que até sua interrupção súbita pode gerar perturbações inesperadas. Essa imbricação de vida natural e vida social não estava claramente discernível na maneira como a mídia noticiou o vazamento de petróleo no golfo do México? Ora o evento era tratado como um acidente técnico, ora como um desastre natural, e às vezes a notícia parecia ser sobre economia (os prejuízos causados aos pescadores e ao setor turístico). Essa diversidade parece refletir o fato de que as próprias causas das catástrofes naturais são uma mistura de processos sociais e naturais: embora as inundações paquistanesas sejam um desastre natural, as causas sociais aparecem ao fundo (desmatamento da região do Himalaia, derretimento das geleiras...). Mesmo quando uma catástrofe parece ser um evento puramente natural, seu impacto é condicionado por processos sociais: um terremoto não é o mesmo evento num deserto, numa caótica megalópole do Terceiro Mundo ou numa sociedade altamente desenvolvida e organizada. No caso do vazamento de petróleo no golfo do México, um acidente industrial se transformou em catástrofe natural. Não nos surpreende então que, uma semana depois de cassada a proibição de realizar voos na Europa, a mídia noticiou que, de acordo com outra "opinião especializada", as nuvens de cinzas vulcânicas sobre a Europa não eram um perigo real; toda a confusão fora uma reação de pânico. O problema aqui é em quem acreditar: para nós, pessoas comuns, mesmo quando sentimos o efeito dos distúrbios ambientais (uma seca aqui, uma tempestade forte demais ali etc.), os vínculos que os especialistas estabelecem entre esses efeitos e suas causas não têm nada de evidentes.

No entanto, essa mesma impenetrabilidade e essa não transparência causal é que alimentam a busca de significado. Diante da ameaça de uma catástrofe que desestabilizará o próprio arcabouço de nossa existência ordinária, a reação espontânea é procurar um significado oculto: tem de haver uma razão para isso acontecer, temos de ter feito algo errado. Qualquer significado é melhor do que nenhum significado: quando há um significado oculto, há um tipo de diálogo com o universo. Por isso é fundamental resistir à tentação do significado oculto, ao confrontar catástrofes potenciais ou reais, da aids e dos desastres ambientais ao Holocausto. A primeira reação de Jerry Falwell e Pat Robertson* aos atentados do 11 de Setembro foi vê-los como sinal de que Deus havia deixado de proteger os Estados Unidos por causa da vida pecaminosa dos norte-americanos. Eles jogaram a culpa no materialismo hedonista, no liberalismo e na sexualidade desregrada e afirmaram que os Estados Unidos receberam o que mereciam. Os "ecologistas profundos" não fazem algo semelhante, interpretando nossos problemas ambientais como uma vingança da Mãe Terra pela exploração implacável de seus recursos naturais?

A consequência dessa limitação de nosso conhecimento não é que devemos parar de exagerar a ameaça ambiental. Ao contrário, devemos ter ainda mais cuidado com ela, já que a situação é profundamente imprevisível. As recentes incertezas sobre o aquecimento global não mostram que a situação não seja grave, mas que ela é *ainda mais* caótica do que pensávamos e fatores sociais e naturais estão inextricavelmente ligados. O dilema em relação à ameaça de uma catástrofe ambiental é: ou levamos a ameaça a sério e tomamos providências que, se a catástrofe não acontecer, parecerão ridículas, ou não fazemos nada e perdemos tudo se ela acontecer. A pior alternativa é escolher o caminho do meio e tomar providências limitadas; nesse caso, falharemos, aconteça o que acontecer. Não há caminho do meio em relação a uma catástrofe ambiental e, nesse tipo de situação, falar em prevenção,

---

* Jerry Falwell é um pastor fundamentalista cristão que, em 1988, acusou um dos Teletubbies de ser homossexual e já defendeu o apedrejamento como punição para o adultério e a volta da escravidão. Pat Robertson, pastor e ex-candidato à presidência dos Estados Unidos, defende o criacionismo, condena o feminismo etc. (N. T.)

precaução e controle de riscos tende a perder o sentido, já que lidamos com o que, em termos da teoria rumsfeldiana do conhecimento, deveríamos chamar de "desconhecidos desconhecidos": não só não sabemos onde está o ponto de virada, como nem ao menos sabemos exatamente *o que* não sabemos.

Portanto, a dupla armadilha a evitar é, por um lado, a tentativa de "desideologizar" a ecologia e reduzir as catástrofes ambientais a problema solúvel por meio da ciência e da tecnologia e, por outro, a tentativa oposta de "espiritualizá-la" no sentido da mitologia da Nova Era. Ambas as abordagens têm em comum uma análise social concreta das raízes econômicas, políticas e ideológicas dos problemas ambientais. A ciência é necessária, mas não pode fazer todo o serviço: não pode mostrar como deveríamos transformar a vida, porque essa transformação tem de se basear em ideias "normativas" sociopolíticas básicas sobre o tipo de vida que queremos levar. Temos de rejeitar uma série de soluções insuficientes que parecem se opor: não basta tratar as ameaças ambientais como simples problemas técnicos que serão resolvidos com novas formas de produção (nanotecnologia) e novas fontes de energia, mas também não há forma de espiritualização da Nova Era que adiante. Não basta exigir a reorganização ecológica do capitalismo, mas o retorno à sociedade orgânica pré-moderna e sua sabedoria holística também não dará certo. Em primeiro lugar, é preciso um olhar novo sobre a singularidade de nossa situação. Apesar da adaptabilidade infinita do capitalismo – que, no caso de uma crise ambiental aguda, pode facilmente transformar a ecologia num novo campo de concorrência e investimento capitalista –, a própria natureza do risco envolvido impede a solução de mercado. Por quê? O capitalismo só funciona em condições sociais específicas: subentende a confiança na "mão invisível" do mercado, que, como um tipo de artimanha da razão, garante que a concorrência entre egoísmos individuais sirva ao bem comum. No entanto, estamos no meio de uma mudança radical: hoje, o que surge no horizonte é a possibilidade inaudita de que a intervenção humana perturbe de forma catastrófica o andamento das coisas, provocando um desastre ambiental, uma mutação biogenética fatídica, uma calamidade nuclear ou sociomilitar semelhante etc. Não podemos mais confiar no alcance limitado de nossos atos: não é mais válido afirmar que, o que quer que façamos, a história continuará igual.

Hoje, não é apenas a continuidade da história que está ameaçada; isso a que assistimos é algo como o fim da própria natureza. O impacto das recentes inundações no Paquistão ou dos incêndios na Rússia foi muito mais catastrófico do que o do vazamento de petróleo no golfo do México. É difícil para quem está de fora imaginar o que é uma enorme área densamente povoada sumir debaixo da água, privando milhões de pessoas das coordenadas básicas de seu mundo-vida: a terra e os campos, mas também os monumentos culturais que eram a matéria-prima de seus sonhos. Ou, numa megalópole como Moscou, o que é não ser mais seguro simplesmente sair para respirar – é como se as redondezas vistas por várias gerações como o alicerce mais óbvio de sua vida começassem a se desfazer. É claro que catástrofes semelhantes são conhecidas há séculos, algumas desde a pré-história da humanidade. Hoje, o que é novo é que, como vivemos numa era pós-religiosa "desencantada", esses cataclismos não podem mais adquirir significado como parte de um ciclo natural maior ou como expressão da ira divina. Eles são vivenciados de forma muito mais direta como intromissões sem significado de uma fúria destrutiva, que não tem causa clara; as inundações do Paquistão e os incêndios na Rússia são eventos naturais ou produtos da indústria humana? As duas dimensões estão inextricavelmente interligadas e privam-nos da segurança básica de que, apesar de toda a nossa confusão, a natureza conserva seus ciclos eternos de vida e morte. As inundações e os incêndios não são mais vivenciados como simples catástrofes naturais, mas como arautos do fim da natureza, como profunda perturbação do ciclo natural. Vejamos como William James descreveu em 1906 sua reação a um terremoto:

> [Minha] emoção consistiu inteiramente de júbilo e admiração. Júbilo pela vivacidade que uma ideia tão abstrata como um "terremoto" podia assumir, quando verificada concretamente e traduzida em realidade sensível [...] e admiração pela forma como a frágil casa de madeira conseguia se segurar, apesar de tamanho abalo. Não senti vestígio nenhum de medo; foi puro prazer, e bem-vindo.[26]

Como estamos longe da catástrofe que destrói até os alicerces do mundo-vida de alguém!

Portanto, a principal lição aqui é que a humanidade deveria se preparar para viver de maneira mais "plástica" e nômade: as mudanças locais ou globais do ambiente podem impor a necessidade de transformações sociais em escala inaudita. Digamos que uma erupção vulcânica gigantesca torne inabitável toda a Islândia: para onde os islandeses irão? Em que condições? Deveriam ganhar um pedaço de terra só para eles ou apenas se dispersar pelo mundo? E se o norte da Sibéria se tornasse mais habitável e adequado para a agricultura, e as regiões subsaarianas se tornassem secas demais para sustentar uma grande população, o movimento das populações seria organizado? No passado, quando catástrofes semelhantes aconteceram, as mudanças sociais foram espontâneas e selvagens, e vieram acompanhadas de violência e destruição; essa perspectiva seria catastrófica na situação atual, com armas de destruição em massa à disposição de todos os países. Uma coisa é clara: a soberania nacional terá de ser radicalmente redefinida e novas formas de cooperação global terão de ser inventadas. E o que dizer das imensas mudanças na economia e no consumo que serão necessárias em razão dos novos

---

[26] William James, *Memories and Studies* (Rockville, Maryland, Manor, 2008), p. 87.

padrões climáticos ou escassez de água e fontes de energia? Por meio de que processos de tomada de decisão essas mudanças serão decididas e executadas?

O animal leva uma chicotada

Essas perguntas perturbadoras, que talvez preferíssemos ignorar, indicam a necessidade de reinventar o comunismo. Mas como até abordar essa tarefa, diante do grande fracasso do projeto comunista que foi o traço que definiu o século XX? Onde e como tudo deu errado?

É claro que apontar onde Marx errou (ou não foi suficientemente radical), enquanto repetem seu gesto crítico, é o desafio central que os pós-marxistas enfrentam hoje. Aqui a abordagem padrão é identificar, por trás ou além do capitalismo em sentido econômico estrito, um processo mais fundamental cujos contornos escaparam a Marx (a "razão instrumental" da Escola de Frankfurt é um candidato) e que também englobe sua visão de revolução e comunismo. Afirma-se que foi em virtude desse processo mais profundo que o projeto usual de revolução (fim da propriedade privada etc.), além de fracassar em suas finalidades emancipadoras, deu origem a formas de terror e dominação sem precedentes. A fórmula proposta por István Mészáros em *Para além do capital** (que atraiu a atenção de ninguém menos do que Hugo Chávez, que também pediu a Fidel Castro que lesse o livro) é distinguir sociedades capitalistas de sociedades de capital: o predicado "capitalista" designa sociedades com propriedade privada dos meios de produção e relações de mercado universalizadas, nas quais os trabalhadores vendem sua força de trabalho. Nesse sentido, embora não fossem "capitalistas", os países de Estado socialista ainda assim permaneceram dentro das coordenadas do "capital" (como substantivo), já que obedeciam à matriz de reprodução expandida, extração de excedente do trabalho e subordinação dos trabalhadores a uma agência alienada que controla e regula o processo produtivo. Para explicar os países de Estado socialista, Mészáros submete à análise crítica a distinção de Marx entre base econômica e superestrutura legal (estatal): longe de ser simples superestrutura dependente da base, o Estado é parte imediata da base e organiza o processo de produção, distribuição e troca. Então, para superar efetivamente o capital é necessário o trabalho gradual e prolongado de reorganização total do processo produtivo, de modo que as forças alienantes do mercado e da regulação do Estado sejam substituídas por planejamento genuíno, organizado "de baixo para cima", numa relação de transparência com os produtores. A fórmula mais importante proposta por Mészáros é que a troca de produtos deveria ser substituída por uma troca social direta de atividades.

---

* 3. ed., São Paulo, Boitempo, 2011. (N. E.)

O problema (do qual, é claro, Mészáros tem consciência) é o seguinte: como organizar concretamente essa "troca" direta (coordenação e mediação social) de atividades sem regredir a relações de servidão e dominação? Aqui é preciso ter em mente o grão de verdade da afirmação de Ayn Rand, em geral ridiculamente ideológica: a grande lição do socialismo de Estado foi, de fato, que a abolição direta da propriedade privada e da troca regulada pelo mercado, sem formas concretas de regulação social do processo de produção, ressuscita necessariamente as relações de servidão e dominação.

Desde seu grande ensaio sobre os aparelhos ideológicos de Estado, Louis Althusser se concentrou na prática material da ideologia, no Estado como "máquina" com procedimentos autônomos próprios, que não podem ser reduzidos a representar lutas na sociedade civil. Hegel tinha muito mais consciência do que Marx desse peso substancial do Estado e rejeitava sua redução a epifenômeno da sociedade civil. Em última análise, Marx reduziu o Estado a epifenômeno do processo produtivo localizado na "base econômica"; como tal, o Estado é determinado pela lógica da representação: que classe o Estado representa? O paradoxo é que foi essa desconsideração do peso da maquinaria do Estado que deu origem ao Estado stalinista, àquilo que se pode chamar com razão de "socialismo de Estado". Depois do fim da guerra civil que devastou a Rússia e quase a deixou sem uma classe propriamente trabalhadora (a maioria morreu combatendo a contrarrevolução), Lenin já se preocupava com o problema da representação do Estado: qual é a "base de classe" do Estado soviético? Quem ele representa, já que pretende ser um Estado proletário e esse proletariado se reduziu a uma minoria minúscula e residual? O que Lenin se esqueceu de incluir na série de possíveis candidatos a esse papel foi o próprio (aparelho de) Estado, uma máquina poderosa de milhões que controla todo o poder político-econômico. Como na piada de Lacan ("Tenho três irmãos, Paulo, Ernesto e eu"), o Estado soviético representava três classes: agricultores pobres, operários *e ele mesmo*. Ou, para usar os termos de István Mészáros, Lenin se esqueceu de levar em conta o papel do Estado *dentro* da "base econômica", como seu fator fundamental. Longe de impedir o crescimento do Estado tirânico forte, esse menosprezo abriu espaço para a força descontrolada do Estado: só quando admitirmos que o Estado não representa apenas classes sociais externas a ele, mas também a ele mesmo, é que poderemos perguntar quem conterá a força do Estado.

Como passar de Lenin a Stalin? Na relação entre stalinismo e leninismo, há *três* momentos em jogo: a política de Lenin antes da tomada stalinista do poder, a política stalinista e o espectro do "leninismo", gerado retroativamente pelo stalinismo (na versão stalinista oficial, como *também* na versão crítica do stalinismo, quando o lema evocado no processo de "desestalinização" foi o da "volta aos princípios leninistas originais"). Portanto, devemos acabar com o jogo ridículo de opor o terror stalinista à herança leninista "autêntica" traída pelo stalinismo: o "leninismo" é uma noção totalmente *stalinista*. O gesto de projetar o potencial utópico emancipador do stalinismo para trás, para uma época anterior, indica a incapacidade de essa ideia suportar a "contradição absoluta", a tensão insuportável inerente ao próprio projeto stalinista. É fundamental distinguir o "leninismo" (como núcleo autêntico do stalinismo) da prática política real e da ideologia do período de Lenin: a real grandeza de Lenin *não* é a mesma coisa que o mito stalinista do leninismo.

"O animal arranca o chicote das mãos de seu dono e dá chicotadas em si mesmo para se tornar dono, sem saber que essa é apenas uma fantasia produzida pelo novo nó no chicote do dono." Essa observação de Kafka não é a definição mais sucinta do que deu errado nos Estados comunistas do século XX? Então a passagem de Lenin a Stalin foi necessária? A única resposta apropriada é hegeliana e evoca uma necessidade retroativa: *depois que a passagem aconteceu*, depois que Stalin venceu, *ela se tornou necessária*. A tarefa do historiador dialético é conceber essa passagem "em tornar-se", revelando toda a contingência da luta que poderia ter acabado de outra forma; é o que Moshe Lewin, por exemplo, fez em *Lenin's Last Struggle* [A última luta de Lenin][27]. Aqui quatro características são fundamentais em relação à última luta de Lenin, duas mais conhecidas e duas menos:

1. A insistência na soberania total das entidades nacionais que compunham o Estado soviético: não soberania falsa, mas total e verdadeira. Não admira que, em 27 de setembro de 1922, numa carta aos membros do Politburo, Stalin tenha acusado abertamente Lenin de "liberalismo nacionalista"[28].

2. A modéstia dos objetivos: *não* socialismo, mas cultura burguesa, NEP (a "nova política econômica", que permitia um alcance muito maior da economia de mercado e da propriedade privada), mais cooperativas, políticas civilizadoras, tecnocracia etc., em total oposição ao "socialismo num só país". Às vezes, essa modéstia é surpreendentemente declarada: Lenin zomba de todas as tentativas de "construir o socialismo", varia repetidamente o tema do "não sabemos o que fazer" e insiste na natureza improvisada da política soviética, a ponto de citar Napoleão ("*On s'engage et puis on verra*" ["Engajemo-nos e depois veremos"]).

3. A luta de Lenin contra o domínio da burocracia estatal é conhecida; o que se conhece menos é que, com sua proposta central de um novo organismo governante, a Comissão de Controle Central (CCC), Lenin tentava – como Lewin observa com perspicácia – a quadratura do círculo da democracia e da ditadura do Estado-partido, enquanto admitia a natureza ditatorial do regime soviético. Como explica Lewin:

---

[27] Ver Moshe Lewin, *Lenin's Last Struggle* (Ann Arbor, University of Michigan Press, 2005).
[28] Ibidem, p. 52.

[ele tentou] criar no ápice da ditadura um equilíbrio entre elementos diferentes, um sistema de controle recíproco que servisse à mesma função – a comparação é apenas aproximada – da separação dos poderes num regime democrático. Um importante Comitê Central, elevado ao posto de Conferência do Partido, determinaria as linhas gerais da política e supervisionaria todo o aparelho partidário, enquanto ele próprio participava da execução das tarefas mais importantes [...]. Parte desse Comitê Central, a Comissão de Controle Central, faria, além do trabalho dentro do Comitê Central, o controle do Comitê Central e de seus vários ramos – o Bureau Político, o Secretariado, o Orgburo. A Comissão de Controle Central [...] ocuparia uma posição especial com relação às outras instituições; sua independência seria assegurada pelo vínculo direto com o Congresso do Partido, sem a mediação do Politburo e de seus órgãos administrativos ou do Comitê Central.[29]

Controle e verificação, divisão de poderes, controle mútuo... essa era a resposta desesperada de Lenin à pergunta: quem controla os controladores? Há algo onírico, propriamente fantasmático, nessa ideia da CCC: um organismo independente, educacional e controlador com um traço "apolítico", constituído pelos melhores professores e especialistas tecnocráticos para manter sob controle o Comitê Central (CC) "politizado" e seus órgãos – em resumo, conhecimento especializado neutro, que mantinha os executivos do partido sob controle. No entanto, aqui tudo gira em torno da verdadeira independência do Congresso do Partido, já minada pela proibição de facções que permitissem ao aparelho mais elevado do partido controlar o Congresso, tachando seus críticos de "faccionários". A confiança ingênua de Lenin nos especialistas tecnocráticos é ainda mais espantosa quando nos lembramos que ela vem de um político que conhecia muito bem a impregnação total da luta política, que não permite posição neutra.

A direção em que o vento soprava é clara na proposta de Stalin de pôr em prática a decisão de simplesmente proclamar que o governo da RSFSR (República Socialista Federativa Soviética Russa) era também o governo das outras cinco repúblicas (Ucrânia, Bielo-Rússia, Azerbaijão, Armênia e Geórgia):

> Se for confirmada pelo Comitê Central do PCR, a presente decisão não se tornará pública e será comunicada aos comitês centrais das repúblicas para circulação entre os órgãos soviéticos, os comitês executivos centrais ou os congressos de sovietes das ditas repúblicas antes da convocação do Congresso dos Sovietes de Todas as Rússias, no qual será declarado desejo dessas repúblicas.[30]

Portanto, a interação entre a autoridade suprema (o CC) e sua base não só é abolida – de modo que a autoridade suprema simplesmente impõe sua vontade –, como, para piorar, ela é reencenada como seu oposto: o Comitê Central decide que

---

[29] Ibidem, p. 132.
[30] Ibidem, p. 61.

a base pedirá à autoridade suprema para agir como se fosse vontade sua. Devemos recordar aqui um caso mais ostensivo, ocorrido anos depois: em 1939, os três estados bálticos pediram livremente para se unir à União Soviética, que atendeu a seu desejo...

Mas retornemos às características da última luta de Lenin:

4. O foco inesperado na polidez e na civilidade – coisa estranha, tratando-se de um bolchevique empedernido. Duas coisas incomodavam profundamente Lenin: num debate político, Ordjonikidze, representante de Moscou na Geórgia, atacou fisicamente um integrante do CC georgiano; o próprio Stalin agrediu verbalmente a esposa de Lenin com ameaças e palavrões (ele estava em pânico desde que soubera que ela transcrevera e transmitira a Trotski a carta em que Lenin propunha um pacto contra Stalin). Ingenuamente, Lenin afirmou: "Se a situação chegou a esse ponto [...] podemos imaginar a confusão em que nos metemos"[31]. Esse incidente o levou a escrever seu famoso apelo solicitando o afastamento de Stalin:

Stalin é rude demais, e esse defeito, embora bastante tolerável em nosso meio e no relacionamento entre nós, comunistas, torna-se intolerável num secretário-geral. É por isso que sugiro aos camaradas que pensem num modo de afastar Stalin desse cargo e nomear em seu lugar um homem que, em todos os aspectos, difira do camarada Stalin em sua superioridade, isto é, que seja mais tolerante, mais leal, mais cortês e com mais consideração pelos camaradas, menos caprichoso etc.[32]

A essas quatro características, deveríamos acrescentar mais duas:

5. Essas propostas não indicam de modo algum um abrandamento liberal de Lenin; numa carta do mesmo período a Kamenev, ele afirma com clareza: "É um grande erro pensar que a NEP deu fim ao terror; recorreremos novamente ao terror e ao terror econômico"[33]. No entanto, esse terror, que deveria sobreviver à redução planejada do aparelho de Estado e da Tcheka, era mais ameaça de terror do que terror real: "É preciso encontrar um meio pelo qual todos os que [na NEP] gostariam de ir além dos limites atribuídos aos empresários pelo Estado sejam lembrados 'com tato e polidez' da existência dessa última arma"[34]. (Observamos que o tema da polidez aparece até aqui!) Lenin estava certo: a "ditadura" refere-se ao excesso constitutivo de poder (estatal) e, *nesse* nível, não existe neutralidade. A pergunta fundamental é: *a quem pertence esse "excesso"?* – se não é "nosso", então é "deles"...

---

[31] Ibidem, p. 69.
[32] Ibidem, p. 84.
[33] Ibidem, p. 133.
[34] Idem.

6. Ao "sonhar" (segundo ele) com o tipo de trabalho que seria realizado pela CCC, ele diz como esse organismo deveria recorrer

> a algum truque semi-humorístico, artimanha, ardil ou algo do tipo. Sei que nos Estados sérios e sisudos da Europa Ocidental uma ideia desse tipo deixaria o povo horrorizado e nenhuma autoridade decente nem sequer pensaria nela. Mas espero que ainda não tenhamos nos tornado tão burocráticos como tudo isso e que, em nosso meio, a discussão dessa ideia dê origem apenas a diversão. Na verdade, por que não combinar prazer e utilidade? Por que não recorrer a algum ardil humorístico ou semi-humorístico para expor algo ridículo, algo prejudicial, algo semirridículo, semiprejudicial etc.?[35]

Isso não é quase um duplo obsceno do poder executivo "sério", concentrado no CC e no Politburo (truques, artimanhas da razão...), um sonho maravilhoso, mas ainda assim utopia? Mas por quê? A falha de Lenin era ver o problema da/como "burocracia" e subestimar seu peso e sua verdadeira dimensão. Como explica Lewin: "Sua análise social se baseava em apenas três classes sociais – os operários, os camponeses e a burguesia –, sem levar em conta o aparelho de Estado como elemento social distinto num país que nacionalizara os principais setores da economia"[36]. Ou seja, os bolcheviques logo perceberam que faltava a seu poder político uma base social distinta: a maior parte da classe operária, em nome da qual eles exercem seu domínio, fora engolida pela guerra civil, de modo que, em certo sentido, eles governavam num "vácuo" de representação social. No entanto, ao se imaginarem como poder político "puro" que impunha sua vontade à sociedade, não viram que, como "possuía" de fato as forças de produção, a burocracia estatal "se tornaria a verdadeira base do poder"[37].

> Não existe poder político "puro", desprovido de base social. O regime tem de encontrar alguma outra base social que não seja o próprio aparelho de repressão. O "vácuo" no qual o regime soviético parecia suspenso logo se preencheria, mesmo que os bolcheviques não vissem ou não quisessem ver isso.[38]

Essa base teria bloqueado o projeto de Lenin de uma CCC, mas por quê? Podemos explicar isso nos termos da presença e da representação de Badiou: é verdade que, de maneira antieconomicista e antideterminista, Lenin insiste na autonomia do político, mas o que ele não vê não é o fato de que toda força política "representa" uma força social (classe), mas que essa força política (de representação) está diretamente *inscrita no próprio nível "representado" como força social própria.*

---

[35] V. I. Lenin, *Collected Works* (2. ed., Moscou, Progress, 1965), p. 487-502.
[36] Moshe Lewin, *Lenin's Last Struggle*, cit., p. 125.
[37] Ibidem, p. 124.
[38] Idem.

A luta final de Lenin contra Stalin, portanto, tem todas as marcas de uma verdadeira tragédia: não é um melodrama em que o bom combate o mau, mas uma tragédia em que o herói toma consciência de que combate a progênie de suas ações e que já é tarde demais para interromper o desdobrar fatídico de suas decisões errôneas passadas. Como podemos nós, comunistas de hoje, fazer as pazes com esse terrível destino?

O passado paralisado e o brilhante futuro da China

Para os comunistas, como universalistas coerentes que são, só há um mundo em que vivemos; sendo assim, o sofrimento e as lutas dos oprimidos de todo o mundo dizem respeito a todos nós: tudo importa, mesmo que aconteça na região mais remota do globo. Devemos acrescentar que, por mais que critiquemos o "viés imperialista" das organizações de caridade e outras ONGs, essa consciência global é um resultado positivo do humanitarismo universal. É por isso, por exemplo, que o fato de falar da fome em massa na China depois do Grande Salto Adiante ou do sofrimento do Tibete não deveria ser considerado um caso de bisbilhotice imperialista, mas tratado como absolutamente legítimo.

Em termos mais gerais, essa questão faz parte do grande problema político-ético dos regimes comunistas, mais bem representado pela expressão "pais fundadores, crimes fundadores". Esses regimes podem sobreviver ao confronto aberto com seu passado violento, que envolve milhões de presos e mortos? Caso possam, de que forma e em que grau? É claro que o primeiro caso paradigmático desse confronto foi o relatório "secreto" de Nikita Kruschev sobre os crimes de Stalin no XX Congresso do Partido Comunista Soviético, em 1956. A primeira coisa que chama a atenção nesse relatório é o foco na personalidade de Stalin como fator principal e a concomitante ausência de análise sistemática daquilo que possibilitou esses crimes. A segunda é o esforço obstinado de manter as origens enterradas: não só a condenação de Stalin se limita à prisão e à execução de membros importantes do partido e do Exército na década de 1930, ignorando a grande fome, mas o próprio relatório é apresentado como se anunciasse o retorno do partido às "raízes leninistas", de modo que Lenin surge como representante da origem pura, traída por Stalin. Sartre, em sua análise tardia (1970) mas perspicaz do relatório de Kruschev, observou que:

> é *verdade* que Stalin ordenou massacres, transformou a terra da revolução num Estado policial; ele estava *verdadeiramente* convencido de que a URSS não chegaria ao comunismo sem passar pelo socialismo dos campos de concentração. Mas, como ressalta de forma muito correta uma das testemunhas, quando as autoridades acham útil dizer a verdade é porque não conseguem encontrar mentira melhor. Imediatamente, essa verdade, vinda da boca oficial, torna-se uma mentira corroborada pelos fatos. Stalin

era um homem mau? Ótimo. Mas como a sociedade soviética empoleirou-o no trono e manteve-o lá durante um quarto de século?³⁹

Na verdade, o destino posterior de Kruschev (ele foi deposto em 1964) não comprova o gracejo de Oscar Wilde de que quem diz a verdade é pego mais cedo ou mais tarde? Apesar disso, a análise de Sartre falha num ponto crucial: o relatório de Kruschev *teve de fato* um impacto traumático, ainda que falasse "em nome do sistema: a máquina era sólida, mas não o operador-chefe; esse sabotador livrou o mundo de sua presença, e tudo voltaria a funcionar direito"⁴⁰; sua intervenção pôs em movimento um processo que, em última análise, derrubou o sistema – lição que devemos lembrar hoje. Nesse exato sentido, o discurso de Kruschev no congresso foi um ato político depois do qual, como afirma seu biógrafo William Taubman, "o regime soviético nunca se recuperou inteiramente, nem ele"⁴¹. Apesar de claramente oportunista, havia mais do que isso nele, uma espécie de excesso temerário que não pode ser explicado em termos de estratégia política. O discurso corroeu a tal ponto o dogma da liderança infalível que toda a *nomenklatura* afundou numa paralisia temporária. Cerca de uma dúzia de delegados desmaiaram durante o discurso e tiveram de ser carregados e medicados. Um deles, Boleslaw Bierut, secretário-geral linha dura do Partido Comunista Polonês, morreu de enfarte dias depois. Alexander Fadeiev, modelo de escritor stalinista, suicidou-se pouco tempo mais tarde. O problema não é que eles eram "comunistas honestos": em sua maioria, eram manipuladores brutais, sem nenhuma ilusão sobre o regime soviético. O que desmoronou foi a ilusão "objetiva", a imagem do "grande Outro" como pano de fundo contra o qual eles podiam praticar sua implacabilidade e sua necessidade de poder. Eles deslocaram sua crença para esse Outro que, por assim dizer, acreditava em nome deles. Agora, esse intermediário havia sido desintegrado.

Kruschev apostava que sua confissão (limitada) fortaleceria o movimento comunista – e acertou no curto prazo: não podemos esquecer que a época de Kruschev foi o último período de entusiasmo comunista autêntico, de crença no projeto comunista. Em sua visita aos Estados Unidos em 1959, quando disse ao secretário de Agricultura norte-americano que: "Seus netos viverão sob o comunismo", ele afirmou a convicção de toda a *nomenklatura* soviética. Mesmo quando Gorbachev ensaiou um confronto mais radical com o passado (a reabilitação incluía Bukharin), Lenin permaneceu intacável e Trotski continuou uma não pessoa.

---

³⁹ Citado em Ian H. Birchall, *Sartre Against Stalinism*, cit., p. 166.
⁴⁰ Idem.
⁴¹ William Taubman, *Khrushchev: the Man and His Era* (Londres, Free Press, 2003), p. 493.

Podemos comparar esses eventos com o modo como os chineses romperam com o passado maoista. Como mostra Richard McGregor, as reformas de Deng Xiaoping foram feitas de maneira radicalmente diferente[42]. Na organização da economia (e, até certo ponto, da cultura), o que se costuma perceber como "comunismo" foi abandonado e foram abertos os portões para o que, no Ocidente, é chamado de "liberalização": propriedade privada, busca de lucro, estilo de vida baseado no individualismo hedonista etc. O partido manteve a hegemonia não pela ortodoxia doutrinária (no discurso oficial, a noção confuciana de sociedade harmoniosa substituiu praticamente todas as referências ao comunismo), mas pela afirmação da condição do Partido Comunista como única garantia de estabilidade e prosperidade da China.

Uma das consequências da necessidade do partido de manter a hegemonia é a monitoração e a regulação atentas da maneira como a história chinesa é apresentada, principalmente a dos últimos dois séculos. A história incessantemente reciclada pelos livros didáticos e pelos meios de comunicação do Estado é a humilhação da China, que teria começado com a Guerra do Ópio em meados do século XIX e só acabou com a vitória comunista em 1949. Ser patriota é apoiar o domínio do Partido Comunista. Quando usada com propósito de legitimação, a história não suporta uma autocrítica substancial. Os chineses aprenderam com o fracasso de Gorbachev: o reconhecimento cabal dos "crimes fundadores" derruba todo o sistema, por isso eles têm de ser desautorizados. É verdade que alguns "excessos" e "erros" maoistas (o Grande Salto Adiante e a fome generalizada que se seguiu a ele, a Revolução Cultural) foram denunciados, e a avaliação de Deng do papel de Mao (70% positiva e 30% negativa) está entronizada no discurso oficial. Mas a avaliação de Deng serve como uma conclusão formal, tornando supérflua qualquer nova discussão ou elaboração. Mao pode ser 30% ruim, mas continua a ser louvado como o pai fundador da nação, seu corpo está num mausoléu e sua efígie aparece em todas as notas. Num caso claro de desautorização fetichista, todos sabem que Mao cometeu erros e causou imenso sofrimento, mas sua imagem permanece magicamente imaculada. Dessa maneira, os comunistas chineses conseguiram assobiar e chupar cana: a liberalização econômica se combina com a continuação do domínio do partido.

Como isso funciona na prática? Como a hegemonia do partido se combina com o moderno aparelho de Estado que é necessário para regular uma economia de mercado explosiva? Que realidade institucional sustenta o slogan oficial de que o bom desempenho no mercado de ações (lucro alto dos investimentos) é o caminho certo para lutar pelo socialismo? O que temos na China não é simplesmente uma combinação de economia capitalista privada com poder político comunista. De um modo ou de outro, o Estado e o partido são donos da maioria das empresas da China, em parti-

---

[42] Citado em Richard McGregor, *The Party* (Londres, Allen Lane, 2010), p. 22.

cular as maiores: é o próprio partido que exige que elas tenham bom desempenho no mercado. Para resolver essa aparente contradição, Deng inventou um sistema duplo e inigualável: "Como organização, o partido está fora e acima da lei". He Weifang, professor de direito em Pequim, diz: "Ele deveria ter identidade jurídica, em outras palavras, uma pessoa para processar, mas ele não é registrado nem como organização. O partido existe totalmente fora do sistema jurídico"[43]. McGregor escreve:

> Poderia parecer difícil esconder uma organização tão grande quanto o Partido Comunista Chinês, mas ele cultiva com cuidado seu papel nos bastidores. Os grandes departamentos do partido que controlam os funcionários e os meios de comunicação têm um perfil propositalmente discreto. Os comitês do partido (conhecidos como "pequenos grupos de liderança") que orientam e ditam a política dos ministérios, que, por sua vez, têm a tarefa de executá-la, trabalham longe da vista. A formação de todos esses comitês e, em muitos casos, até sua existência são raramente citadas nos meios de comunicação controlados pelo Estado, e menos ainda a discussão de como eles decidem.[44]

Uma anedota da época de Deng Xiaoping ilustra a esquisitice da hierarquia do partido. Deng já estava aposentado do cargo de secretário-geral quando um dos principais membros da *nomenklatura* foi expulso. A razão oficial de sua expulsão é que ele havia divulgado um segredo de Estado numa entrevista a um jornalista estrangeiro, ou seja, Deng ainda era a autoridade suprema e tomava todas as decisões. Na verdade, todos sabiam que Deng ainda puxava as cordinhas, só que isso não podia ser afirmado oficialmente. O segredo não era simplesmente um segredo: ele se anunciava *como* segredo. Portanto, hoje, não é que o povo seja suposto não saber que uma estrutura oculta do partido está por trás das agências do Estado: supõe-se que o povo tem total consciência de que essa rede oculta existe.

O governo e outros organismos do Estado, "que se comportam ostensivamente como em muitos países"[45], estão no centro do palco: o Ministério da Fazenda propõe o orçamento, os tribunais dão veredictos, as universidades ensinam e diplomam, os sacerdotes realizam rituais. Assim, de um lado, temos o sistema legal, o governo, a assembleia nacional eleita, o judiciário, o estado de direito etc., mas, de outro, temos o partido, onipresente, mas sempre ao fundo (como indica a expressão "liderança partidária e estatal": o "partido" vem sempre antes).

Esse redobramento não seria outro caso de difração, de lacuna entre "dois vácuos": o ápice "falso" do poder do Estado e o ápice "verdadeiro" do partido? É claro que há muitos Estados, alguns até formalmente democráticos, em que um círculo semissecreto controla o governo; por exemplo, na África do Sul do *apartheid*, era a exclusiva Irmandade Boer. Mas o que torna único o caso chinês é

---

[43] Idem.
[44] Ibidem, p. 21.
[45] Ibidem, p. 14.

que esse redobramento do poder entre o público e o oculto é institucionalizado e praticado abertamente.

As nomeações para cargos importantes – no partido e nos órgãos estatais, mas também nas grandes empresas – são feitas por um organismo do partido, o "Departamento de Organização Central", cuja sede em Pequim não consta da lista telefônica nem tem placa na rua. Tomada a decisão, os órgãos legais – assembleias estaduais, conselhos administrativos – são informados e passam ao ritual de confirmá-la por voto. O mesmo procedimento duplo – primeiro o partido, depois o Estado – repete-se em todos os níveis, inclusive em decisões básicas de política econômica, que primeiro são debatidas nos órgãos do partido e depois formalmente postas em prática pelos organismos do governo[46].

Essa lacuna entre o poder puro do partido e os organismos legais do Estado é mais evidente no combate à corrupção. Quando há suspeita de que um alto funcionário esteja envolvido em corrupção, a Comissão Central de Inspeção de Disciplina, órgão do partido, entra em cena para investigar as acusações, sem ser constrangida pelas sutilezas legais – basicamente, eles sequestram o funcionário suspeito, que pode ficar preso até seis meses, e submetem-no a um duro interrogatório. A única limitação dos interrogadores é o grau de proteção do suspeito por algum quadro importante do partido. O veredito dependerá não só dos fatos descobertos, mas também das complexas negociações realizadas nos bastidores pelos diversos círculos do partido. Se for considerado culpado, o funcionário será entregue aos órgãos da lei. Mas, nesse momento, a questão já está resolvida e o julgamento é apenas uma formalidade; a única coisa que às vezes se discute é a duração da pena.

É claro que o problema é que o próprio partido, que funciona sem qualquer controle público, é a grande fonte de corrupção. O círculo interno da *nomenklatura*, os principais funcionários do partido e do Estado estão interligados por uma rede telefônica exclusiva, a "Máquina Vermelha" – ter um desses números não registrados é o sinal mais claro de status. Um vice-ministro disse a McGregor "que mais da metade das ligações que recebeu por sua 'máquina vermelha' foram pedidos de favores de grandes autoridades do partido, como: 'Dá para arranjar um emprego para meu filho, filha, sobrinha, sobrinho, primo, amigo etc.?'"[47]. Podemos imaginar facilmente uma cena que lembra *O castelo*, de Kafka*, em que o herói (K.) intercepta por acidente uma linha telefônica exclusiva do castelo; ao entrar numa conversa entre duas importantes autoridades, ele só escuta sussurros obscenos. Do

---

[46] Em termos lacanianos, o partido é S_1 (o significante-mestre) e o governo é S_2 (o campo do conhecimento especializado)? Na verdade, o oposto é que se aplica: o partido é S_2, o campo oculto de conhecimento, e o governo é S_1, a sede formal do poder que tem de seguir os conselhos de S_2.

[47] Richard McGregor, *The Party*, cit., p. 10.

* São Paulo, Companhia das Letras, 2000. (N. E.)

mesmo modo, podemos imaginar um chinês comum escutando a conversa de uma máquina vermelha: espera ouvir uma discussão sobre questões militares ou político-partidárias de alto nível, mas é exposto a conversas íntimas relativas a favores pessoais, corrupção, sexo...

No congresso do partido (realizado a cada oito anos, mais ou menos), o novo Executivo Central, isto é, os nove integrantes do Comitê Permanente do Politburo, é apresentado como uma revelação misteriosa, um fato consumado. O processo de escolha envolve negociações complexas e totalmente opacas; os delegados que aprovam a lista por unanimidade só a conhecem no momento de votar. O personagem mais poderoso do partido, em geral (mas nem sempre) acumula três títulos: presidente da República, secretário-geral do partido e "presidente da Comissão Militar Central" (comandante das Forças Armadas), e esses dois últimos títulos são muito mais importantes do que o primeiro. O Exército de Libertação do Povo é totalmente politizado, obedecendo ao lema de Mao de que "o partido comanda o canhão". Se, nos Estados burgueses, supõe-se que o Exército seja apolítico, uma força neutra que protege a ordem constitucional, para os comunistas chineses um Exército despolitizado seria a maior ameaça imaginável, já que o Exército é a garantia definitiva de que o Estado permanecerá subordinado ao partido. Em termos hegelenianos, toda a estrutura de poder chinesa forma um silogismo, em que o Estado é o universal, o partido é o particular e o Exército é o singular que media e mantém a unidade entre o universal e o particular.

Para funcionar, essa estrutura tem de se basear numa combinação precisa de força e protocolo. Para o partido agir fora da lei, suas intervenções têm de ser sustentadas e reguladas por um conjunto complexo de regras não escritas que dizem como se deve obedecer às decisões do partido, mesmo que formalmente não se esteja obrigado a isso. Não admira que empresários estrangeiros que tentam fazer negócios na China se queixem de que as autoridades e os gerentes chineses não confiam em regulamentações jurídicas explícitas, como acontece no Ocidente.

Portanto, a fórmula do Estado-partido como característica que define o comunismo do século XX precisa ser complicada: há sempre uma lacuna entre partido e Estado, correspondente à lacuna entre o ideal de eu (a lei simbólica) e o supereu, pois o partido continua a ser a sombra obscena semioculta que redobra a estrutura do Estado. Aqui não há necessidade de uma nova política de distância do Estado: o partido *é* essa distância, sua organização encarna a desconfiança fundamental contra os órgãos e os mecanismos do Estado, como se precisassem de controle contínuo. O verdadeiro comunista no estilo do século XX nunca aceita inteiramente o Estado: é preciso que haja uma agência de vigilância fora do controle do Estado, com poder para intervir nos assuntos estatais.

Deveríamos simplesmente caracterizar esse modelo como não democrático? Essa caracterização – e a consequente preferência ético-política pelo modelo democrático, em que os partidos se subordinam aos mecanismos estatais, ao menos formalmente – cai na armadilha da "ficção democrática". Ela ignora o fato de que, numa sociedade "livre", dominação e servidão estão na esfera econômica "apolítica" da propriedade e do poder gerencial. É aí que a distância entre o partido e o Estado e sua capacidade de agir acima da lei dão a ele a oportunidade única de agir no interesse não só das empresas, mas também dos trabalhadores, oferecendo-lhes proteção contra o impacto cego das forças de mercado. Por exemplo, depois que a crise financeira de 2008 atingiu a China, a reação espontânea dos bancos chineses foi seguir a abordagem cautelosa dos bancos ocidentais, reduzindo radicalmente os empréstimos a empresas que quisessem crescer. Informalmente (sem lei que legitime esse modo de agir), o partido simplesmente ordenou que os bancos liberassem o crédito e conseguiu (pelo menos por enquanto) manter o crescimento da economia chinesa. O mesmo se aplica aos investimentos ambientais: os governos ocidentais se queixam de que suas indústrias não podem competir com os chineses na fabricação de tecnologia verde, porque as empresas chinesas recebem subsídios do governo. Mas o que há de errado em apoiar a tecnologia verde? Por que o Ocidente simplesmente não imita a China?

O problema aqui é mais profundo do que parece: uma das principais características do capitalismo contemporâneo é a *privatização do (que Marx chamou de) "intelecto geral"*; é isso que está no centro da luta pela "propriedade intelectual". A exploração, no sentido marxista clássico, não é mais possível dentro desse arcabouço e, por isso, tem de ser cada vez mais imposta por medidas jurídicas diretas, isto é, pela força não econômica. A autoridade direta é cada vez mais necessária para impor as condições jurídicas (arbitrárias) para extrair renda, condições não mais geradas "espontaneamente" pelo mercado. Talvez resida aí a "contradição" fundamental do capitalismo "pós-moderno" contemporâneo: embora sua lógica seja desreguladora, "antiestatal", nômade, desterritorializadora etc., sua tendência fundamental ao "tornar-se renda" do lucro indica o fortalecimento do Estado, cuja função reguladora se torna cada vez mais onipresente. A desterritorialização dinâmica coexiste com as intervenções autoritárias do Estado, de seus aparelhos jurídicos e outros, e baseia-se cada vez mais nelas. Portanto, o que se consegue discernir no horizonte é uma sociedade em que o hedonismo e o libertarismo pessoal coexistem com uma rede complexa de mecanismos reguladores estatais (e são sustentados por ela).

Podemos explicar isso de um modo um pouco diferente: o capitalismo contemporâneo tende a gerar situações em que são necessárias intervenções rápidas e em grande escala, mas o problema é que o arcabouço institucional democrático-parlamentar não permite facilmente essas intervenções. Crises financeiras súbitas, catástrofes naturais, grandes reorientações da economia, tudo isso exige um organismo com autoridade total para reagir rapidamente, com contramedidas apropriadas, contornando as sutilezas da interminável negociação democrática. Recordamos aqui o colapso financeiro de 2008: o que a tão louvada reação "bipartidária" dos Estados Unidos significou foi que a democracia de fato foi suspensa. Não havia tempo para os procedimentos democráticos apropriados, e os que se opunham ao plano no Congresso foram levados a concordar com a maioria. Bush, McCain e Obama uniram-se para explicar aos parlamentares confusos que estávamos em estado de emergência e as coisas tinham de ser feitas logo...

Portanto, o modelo chinês de um organismo extrajurídico para impor esse tipo de solução não é apenas uma forma de o Partido Comunista manter o controle; ele também atende a uma necessidade básica do capitalismo contemporâneo[48]. Mas a China não é nenhuma Singapura (aliás, nem a própria Singapura): não é um país estável com um regime autoritário que garante a harmonia e mantém o capitalismo sob controle. Milhares de revoltas de operários, agricultores e minorias têm de ser reprimidas pela polícia e pelo Exército todos os anos. Não admira que a propaganda oficial insista obsessivamente na noção de uma sociedade harmoniosa: esse mesmo excesso comprova o oposto, a ameaça de caos e desordem. Não devemos esquecer aqui a regra básica da hermenêutica stalinista: como a mídia oficial não noticia o problema, a maneira mais confiável de detectá-lo é procurar excessos compensadores na propaganda estatal, isto é, quanto mais se louva a "harmonia", mais caos e antagonismos existem na realidade. A China mal consegue manter o controle. Ela está prestes a explodir.

Por que a verdade é violenta

Se os capitalistas mais dinâmicos hoje são os comunistas que ocupam o poder na China, esse não é o sinal definitivo do triunfo global do capitalismo? Outro sinal desse triunfo é o fato de que a ideologia dominante pode se dar ao luxo de tolerar o que parece ser a crítica mais implacável: abundam os livros, reportagens investigativas de jornais e tevês sobre empresas que poluem o meio ambiente sem dó nem piedade, sobre banqueiros que continuam a receber bônus polpudos, enquanto suas instituições são salvas por dinheiro público, sobre fábricas de fundo de quintal que obrigam crianças a trabalhar longas jornadas etc. Por mais implacáveis que pareçam essas denúncias, o que não se questiona em geral é seu próprio arcabouço democrático-liberal. O objetivo, declarado de maneira explícita ou não, é democratizar o capitalismo, aumentar o controle democrático sobre a economia, por meio da pressão da mídia, de inquéritos parlamentares, regras mais duras, investigações policiais etc.

---

[48] O presidente Lula não se viu numa situação parecida? Seu governo foi acusado várias vezes de corrupção, e a base real dessa acusação era que, para impor decisões importantes, ele teve de subornar os pequenos partidos dos quais sua maioria parlamentar dependia.

Mas o arcabouço institucional democrático do Estado (burguês) continua a ser a vaca sagrada que nem as formas mais radicais de "anticapitalismo ético" (o Fórum Social Mundial, o movimento altermundialista) ousam questionar[49].

Até em Hollywood encontramos um contraponto radical a essa esquerda moralista legal. Onde? A resposta pode surpreender muitos liberais: na série *24 horas*. Cada temporada de *24 horas* (criada por Joel Surrow e Robert Cochran e estreada em 2001) compõe-se de 24 episódios de uma hora, correspondendo a uma hora do dia; a temporada inteira relata os acontecimentos de um único dia. O tema é a tentativa desesperada de uma CTU (Counter Terrorist Unit) de impedir um ato terrorista de magnitude catastrófica (por exemplo, na quarta temporada, a explosão de uma arma nuclear numa das megalópoles norte-americanas). A ação transcorre entre os agentes da CTU (o agente Jack Bauer, personagem principal da série, é representado por Kiefer Sutherland), na Casa Branca e entre os terroristas. O caráter "em tempo real" da série, em que cada minuto no ar corresponde a um minuto na vida dos personagens, dá uma forte sensação de urgência, enfatizada pelo avanço de um relógio digital que surge na tela de vez em quando. Essa dinâmica é acentuada por uma série de procedimentos formais: desde o uso frequente de câmeras portáteis até telas divididas para mostrar a ação de vários personagens ao mesmo tempo[50]. Além disso, a forma como os comerciais interrompem a narrativa é única e contribui para a sensação de urgência: cada episódio, incluídos os comerciais, dura exatamente uma hora, de modo que os intervalos fazem parte da continuidade temporal da série. Por exemplo, o relógio digital indica que são "7h46"; a série é interrompida por um comercial e, quando volta, o mesmo relógio digital indica que são "7h51"; a duração do intervalo no tempo real dos espectadores equivale exatamente à lacuna temporal da narrativa na tela, como se os intervalos comerciais se encaixassem milagrosamente no tempo real do desdobramento dos acontecimentos, isto é, como houvesse uma pausa nos acontecimentos, que, no entanto, *continuam* enquanto assistimos aos comerciais, como uma transmissão ao vivo temporariamente interrompida. Portanto, é como se a continuidade da ação fosse tão imediata e urgente, transbordando no tempo real do próprio espectador, que não pudesse nem ser interrompida para o intervalo comercial.

E isso nos leva ao ponto crucial: a dimensão *ética* dessa sensação generalizada de urgência. A pressão dos acontecimentos é tão dominadora, há tanta coisa em jogo

---

[49] Devo essa ideia a Saroj Giri.
[50] Publiquei a primeira versão deste texto em algumas revistas da Europa e dos Estados Unidos com o título "*24, or, Heinrich Himmler in Hollywood*". Eventuais leitores da primeira versão notarão de imediato que a atual diverge radicalmente daquela: estou convencido de que *24 horas* é um fenômeno muito mais complexo e não pode ser reduzido à ideologia patriótica predominante.

que é necessária uma espécie de suspensão ética das preocupações morais comuns: exibir preocupações morais comuns quando a vida de milhões de pessoas está em jogo é fazer o jogo do inimigo. O coletivo da CTU, assim como seus adversários terroristas, vivem e agem num espaço sombrio não coberto pela lei, fazem coisas que "simplesmente têm de ser feitas" para salvar nossa sociedade da ameaça terrorista. Isso inclui torturar não só os terroristas que são pegos, como também os integrantes da própria CTU ou seus parentes mais próximos, se forem suspeitos de manter vínculos com os terroristas. Na quarta temporada, o genro e o próprio filho do secretário de Defesa (com conhecimento e apoio do secretário) estão entre os torturados, além de uma integrante da própria CTU, suspeita injustamente de passar informações para os terroristas. (Depois que é torturada, quando novos dados confirmam sua inocência, pedem que ela volte imediatamente ao trabalho, porque a situação é de emergência e todos são necessários, e ela aceita...) Os agentes da CTU, além de tratar desse modo terroristas e suspeitos, tratam a si mesmos como se fossem descartáveis, e estão sempre dispostos a pôr em risco a própria vida ou a dos colegas, se isso ajudar a impedir o ato terrorista. Jack Bauer encarna essa atitude em seu aspecto mais puro: no fim da sexta temporada, ele aceita ser mandado para a República Popular da China como bode expiatório por causa de uma operação secreta da CTU que matou um diplomata chinês. Apesar de saber que será torturado e preso pelo resto da vida, promete não dizer nada e jamais ferir os interesses norte-americanos. O fim da quarta temporada deixa Jack numa situação paradigmática: quando é informado pelo ex-presidente dos Estados Unidos, seu grande aliado, que o governo ordenou que ele fosse morto (ser entregue aos chineses é um risco alto demais para a segurança), seus dois amigos mais próximos na CTU armam uma morte falsa e ele desaparece no nada, anônimo, oficialmente inexistente. Tanto os terroristas quanto os próprios agentes da CTU agem como aquele que Giorgio Agamben chamou de *homo sacer*: pessoas que podem ser mortas impunemente, já que, aos olhos da lei, sua vida não importa mais. Embora continuem a agir em nome do poder legal, seus atos não são mais cobertos e restringidos pela lei – eles agem num espaço vazio dentro do domínio da lei.

No entanto, deparamos aqui com a ambiguidade ideológica fundamental da série. Pode parecer que a premissa subjacente desta é que, apesar dessa atitude absoluta e implacável de autoinstrumentalização, os agentes da CTU, em particular Jack, continuam a ser "pessoas calorosas", que adotam a atitude heroica de que "se o serviço sujo tem de ser feito, então vamos fazê-lo": é fácil realizar um ato nobre por seu país, até sacrificando a vida por isso; muito mais difícil é cometer um *crime* por seu país... Em *Eichmann em Jerusalém*, Hannah Arendt faz uma descrição precisa dessa torção que os carrascos nazistas faziam para suportar os atos horríveis que cometiam. Em sua maioria, eles não eram simplesmente maus, sabiam muito bem que faziam coisas que causavam humilhação, sofrimento e morte. A maneira de sair dessa difícil situação era que, "em vez de dizer: 'Que coisas horríveis fiz contra essa gente!', os assassinos conseguiam dizer: 'Que coisas horríveis tive de presenciar no cumprimento de meu dever, como pesa a tarefa em meus ombros!'"[51]. Desse modo, eles conseguiam contornar a lógica de resistir à tentação: a tentação de resistir era a própria tentação de sucumbir à piedade e à solidariedade elementares diante do sofrimento humano, e o esforço "ético" era dirigido para a tarefa de resistir à tentação de *não* assassinar, torturar ou humilhar. Assim, a própria violação dos instintos éticos espontâneos de piedade e compaixão transforma-se em prova de grandeza ética: para cumprir meu dever, estou disposto a assumir o pesado fardo de causar dor aos outros.

Se fosse assim, a ideologia subjacente de *24 horas* seria baseada no pressuposto de que não só é possível manter a dignidade humana quando se cometem atos de terror, como também, quando uma pessoa honesta pratica esses atos como um dever ingrato, isso lhe dá uma grandeza ético-trágica a mais. Nesse sentido, o próprio paralelo entre os agentes da CTU e os terroristas (na quarta temporada, Marwan, "o" cara mau, é apresentado como pai e marido dedicado e amoroso) está a serviço dessa mentira. Mas e se essa distância *for* possível? E se *houver* realmente pessoas que cometem atos terríveis como parte de seu trabalho e, em particular, continuam a ser cônjuges amorosos, bons pais, amigos dedicados? Como bem sabia Arendt, longe de redimir, o próprio fato de ser capaz de manter a normalidade quando se cometem tais atos é a confirmação definitiva da catástrofe moral.

A primeira indicação de que as coisas não são tão simples apareceu na quinta temporada, que quase conseguiu se redimir aos olhos dos esquerdistas quando deixou claro que o poder negativo por trás da trama terrorista não era ninguém menos do que o próprio presidente dos Estados Unidos. Muitos esperaram ansiosos para ver se Jack Bauer aplicaria no presidente – o "homem mais poderoso da Terra, o líder do mundo livre" (e outros títulos ao estilo Kim Jong-Il) – o procedimento-padrão para tratar com terroristas que não querem revelar um segredo que pode salvar milhares de pessoas... Em resumo, ele *torturaria* o presidente? Infelizmente, os autores não arriscaram esse passo redentor: quando está prestes a atirar no presidente corrupto, Bauer não consegue, por respeito à função de presidente.

Nas duas últimas temporadas – sétima e oitava –, elementos mais radicais vieram à tona, pondo a série muito acima da Hollywood moralista e anticapitalista. Já na trama (em ambos os sentidos da palavra), a sétima temporada decreta uma mudança crucial do inimigo externo para o inimigo interno: o que parece a princípio uma tentativa de muçulmanos fundamentalistas de bombardear cidades dos Esta-

---

[51] Hannah Arendt, *Eichmann in Jerusalem: a Report on the Banality of Evil* (Harmondsworth, Penguin, 1963), p. 98. [Ed. bras.: *Eichmann em Jerusalém*, São Paulo, Companhia das Letras, 2009.]

dos Unidos é, na verdade, uma tentativa de corporações militares norte-americanas de criar pânico no país e assegurar um papel essencial no governo – um passo na direção da melhor tradição da esquerda hollywoodiana contra o *establishment*. Assim, no último episódio, quando acredita que está morrendo porque foi exposto a radiação, Jack Bauer chama o sacerdote muçulmano que ele havia acusado injustamente de ajudar os terroristas e apresenta-o como um amigo a seus colegas da CTU. Aqui, *24 horas* dá o passo a mais que os filmes da esquerda hollywoodiana nunca deram: torna patente a extrema confusão ética da posição de Bauer. A visita do sacerdote não lhe traz paz interior: Bauer admite que não tem certeza de fazer o que é certo e que o máximo que consegue é conviver com isso, mas será assombrado por suas façanhas passadas até o fim de seus dias. Aqui não há solução simples, do tipo: "Fiz isso pelo bem comum", ou soluções como a de Alan Dershowitz, que defende a legalização da tortura. É importante que o único verdadeiro aliado de Bauer fora da CTU seja o senador que investiga suas atividades ilegais, um homem de princípios que é contra a tortura; ele é morto quando convence Bauer de que ambos deveriam combater juntos a corporação militar que está por trás dos ataques terroristas. O fim da última temporada deixa as questões éticas centrais sem solução: para salvar a paz mundial, a presidente Allison Taylor apoia o assassinato do próprio Bauer, mas depois desiste; após fazer a revelação a ele e lhe dar tempo para desaparecer, ela renuncia, confessa seus atos publicamente e dispõe-se a enfrentar a justiça. A "contradição" ético-política é afirmada como insolúvel, os polos (a presidente e Jack, isto é, o poder estatal legal e sua contrapartida oculta/obscena) têm de recuar, não há saída, não há como se "sentir bem" moralmente.

A noção básica de Marx continua válida aqui, talvez mais do que nunca: para ele, a questão da liberdade não deveria ser situada fundamentalmente na esfera política (o país tem eleições livres, os juízes são independentes, a imprensa não sofre pressões ocultas, os direitos humanos são respeitados?). A chave da liberdade real reside antes na rede "apolítica" das relações sociais, desde o mercado até a família. Aqui a mudança que se exige não é uma reforma política, mas uma transformação das relações sociais de produção – que leva precisamente à luta de classes revolucionária, e não a eleições democráticas ou outra medida "política" no sentido estrito da palavra. Não votamos em quem tem o quê nem nas relações nas fábricas etc.; essas questões continuam fora da esfera do político, e é ilusório esperar mudar de fato a situação, "ampliando" a democracia para a esfera econômica (digamos, reformulando os bancos para que sejam submetidos ao controle popular). Mudanças radicais nesse domínio têm de ser feitas fora da esfera dos "direitos" legais. Por mais radical que seja nosso anticapitalismo, nos processos "democráticos" (que podem ter um papel positivo, é claro) as soluções são buscadas apenas por meio dos mecanismos democráticos que fazem parte dos aparelhos do Estado "burguês" que garante a reprodução imperturbada do capital. Nesse exato sentido, Badiou estava certo quando afirmou que, hoje, o nome do grande inimigo não é capitalismo, império, exploração ou coisas do gênero, mas a própria democracia. É a "ilusão democrática", a aceitação dos mecanismos democráticos como se constituíssem o único arcabouço para todas as mudanças possíveis que impede a transformação radical das relações capitalistas.

Intimamente ligada a essa necessidade de desfetichizar a democracia está a necessidade de desfetichizar sua contrapartida negativa, ou seja, a violência. Badiou propôs recentemente a fórmula da "violência defensiva": renunciar à violência como principal *modus operandi* e concentrar-se na criação de espaços livres do poder do Estado (como o antigo Solidarność na Polônia), e só recorrer à violência quando o próprio Estado empregar violência para esmagar e submeter essas "zonas liberadas". O problema dessa fórmula é que ela se baseia numa distinção profundamente problemática entre funcionamento "normal" dos aparelhos de Estado e exercício "excessivo" da violência estatal. Em contraste, a noção marxista de luta de classes – ou, mais exatamente, da primazia da luta de classes sobre as classes concebidas como entidades sociais positivas – propõe a tese de que a própria vida social "pacífica" é sustentada pela violência (estatal), isto é, ela é expressão ou efeito da predominância de uma classe sobre outra. Em outras palavras, não se pode separar a violência e o Estado concebido como aparelho de dominação de classe: do ponto de vista dos oprimidos, a própria existência do Estado é um fato violento (no mesmo sentido que Robespierre afirmava que não havia necessidade de provar que o rei havia cometido algum crime, porque a própria existência do rei era um crime em si, um crime contra a liberdade do povo). Nesse sentido, *todo* ato de violência cometido pelos oprimidos contra o Estado é, em última análise, "defensivo". Não admitir isso é, *nolens volens*, "normalizar" o Estado e aceitar que seus atos de violência são meros excessos contingentes que devem ser tratados com reformas democráticas. É por isso que o lema liberal – de que a violência nunca é legítima, mesmo que às vezes seja necessário recorrer a ela – é insuficiente. Do ponto de vista emancipador radical, essa fórmula deveria ser invertida: para os oprimidos, a violência é sempre legítima (já que sua situação resulta da violência a que estão expostos), mas nunca necessária (sempre será uma questão de estratégia usar ou não a violência contra o inimigo)[52].

Em sua participação no Fórum da Esquerda de 2010, em Londres, Holloway, que acabara de voltar da Grécia, citou como exemplo de comunismo praticante um parque de Atenas invadido por manifestantes e proclamado zona liberada; havia cartazes nos portões que anunciavam: "Proibida a entrada do capitalismo!" – não era permitido comércio lá dentro, as pessoas apenas se reuniam, dançavam, debatiam livremente... Sem dúvida, os capitalistas elogiariam essas ilhas como zonas de

---

[52] Devo essa ideia a Udi Aloni.

descanso, que deixariam os trabalhadores em forma para quando tivessem de voltar ao trabalho. Deveríamos analisar criticamente esse espaço de subtração do poder do Estado em que Badiou concorda com Holloway. É fácil dizer que, dado o resultado catastrófico do movimento comunista do século XX, interessado em tomar o poder estatal, deveríamos abandonar a violência, limitando-a à proteção dos espaços livres. No entanto, também devemos levar em conta o fato de aqueles que exercem o monopólio estatal da violência ficam bem felizes ao ouvir que o problema é mais "profundo" do que quem exerce o poder – uma vez que isso não representa nenhuma ameaça à sua manutenção do poder. No último ano de governo comunista na Eslovênia, quando a oposição declarou que seu objetivo nas eleições era tomar o poder, os comunistas a criticaram por sua cobiça vulgar pelo poder – é claro que a criticaram, eles tinham o poder...

Como vimos a respeito da China, a política real dos regimes comunistas era mais refinada do que a simples superposição de Estado e partido no Estado-partido: eles não eram simplesmente estatistas, já que sempre mantiveram distância do poder estatal, como mostra o fato de o secretário-geral do partido ser sempre mais poderoso do que o chefe do Estado ou do governo – alguém alguma vez notou que Stalin não era o presidente da URSS e liderou o governo apenas por pouco tempo? Nessa desconfiança do Estado (em contraste com a democracia burguesa) reside a essência da "ditadura do proletariado": seu núcleo nunca foi apenas tomar e manter o poder estatal, mas manter distância dele, usar o Estado como instrumento, mas de fora dele. Essa distância teve formas diferentes, desde a esquerda terrorista que controlou o poder estatal de modo implacável até a esquerda subtrativa zapatista de Holloway, e o mínimo que se pode dizer é que ambas fracassaram. Ironicamente, os regimes comunistas não fracassaram porque ficaram "presos no paradigma do poder estatal", mas porque *não* ficaram *suficientemente* presos a ele. Encontramos esse modelo paradoxal em que o poder trata a *si mesmo* como obscenidade ilegal em outros regimes "totalitários" extremos, em particular no regime do Khmer Vermelho, entre 1975 e 1979, numa época em que perguntar sobre a estrutura do poder estatal era considerado crime e os líderes eram chamados de "Irmão n. 1" (Pol Pot, é claro), "Irmão n. 2" etc. Hoje, portanto, a tarefa é inventar um novo modo de manter distância do Estado, isto é, um novo modo de ditadura do proletariado.

Em resumo, a questão da violência deveria ser desmistificada: o problema do comunismo do século XX não foi o recurso à violência *per se*, mas o modo de funcionamento que tornou inevitável o recurso à violência (o partido como instrumento de necessidade histórica etc.). Ao aconselhar a CIA a minar o governo de Salvador Allende, democraticamente eleito no Chile, Henry Kissinger explicou: "Façam a economia gritar". Representantes importantes dos Estados Unidos admitem que a mesma estratégia é aplicada hoje à Venezuela. Como disse à Fox News o ex-secretário de Estado norte-americano Lawrence Eagleburger:

> [O poder de atração de Chávez] só vai funcionar enquanto a população da Venezuela vir alguma capacidade de melhorar o padrão de vida. Se em algum momento a economia piorar muito, a popularidade de Chávez no país sem dúvida diminuirá, e essa é a única arma que temos contra ele e que deveríamos usar, ou seja, as ferramentas econômicas para tentar piorar ainda mais a economia, para que seu poder de atração no país e na região diminua. [...] Neste momento, tudo o que pudermos fazer para tornar a economia difícil para eles é bom, mas vamos agir de maneira que não nos faça entrar em conflito direto com a Venezuela, se for possível.*

O mínimo que se pode dizer é que essas declarações dão credibilidade à suspeita de que as dificuldades econômicas que o governo Chávez enfrenta não resultam simplesmente de uma ação política inepta. Isso nos leva ao ponto político fundamental, que alguns liberais têm tanta dificuldade para engolir: aqui, claramente, não estamos lidando com processos e reações cegos do mercado, mas com uma estratégia elaborada e bem planejada; nessas condições, a prática de certo tipo de "terror" (ataques policiais a armazéns, prisão de especuladores etc.) não se justifica como contramedida defensiva? Até a fórmula de "subtração do Estado" mais "violência apenas reativa" de Badiou parece insuficiente nessas novas condições. Hoje, o problema é que o Estado está se tornando cada vez mais caótico, falhando até na própria função de "serviço dos bens". Ainda temos de nos manter a distância do poder estatal, quando esse mesmo poder se desintegra e recorre a práticas obscenas de violência para mascarar a própria impotência?

Aqui, também se pode fazer uma pergunta mais fundamental: por que o evento-verdade revolucionário traz violência com ele? Porque é encenado no ponto (ou torção) sintomal do organismo social, no ponto de impossibilidade da totalidade social: seu sujeito é a "parte de parte alguma" da sociedade, aqueles a quem, embora formalmente façam parte da sociedade, é negado um lugar apropriado dentro dela. Esse é o "ponto de verdade" da sociedade e, para afirmá-lo, toda a estrutura cujo ponto de impossibilidade é esse ponto tem de ser aniquilada, suspensa. Exatamente pela mesma razão, como Lenin percebeu corretamente, a verdade é revolucionária; a única maneira de afirmá-la é provocar um levante revolucionário na ordem hierárquica existente. Portanto, é preciso se opor à antiga ideia (pseudo)maquiavélica de que a verdade é impotente e que o poder, para ser eficaz, tem de mentir e enganar: como afirmou Lenin, o marxismo é forte na medida em que é verdadeiro. (Isso se aplica principalmente contra o menosprezo pós-moderno da verdade universal como opressora, segundo o qual, como explica Gianni Vattimo, se a verdade nos liberta, também nos liberta dela.)

Na história da política radical, a violência costuma estar associada à chamada herança jacobina e, por essa razão, considera-se que deveria ser abandonada, se queremos verdadeiramente começar de novo. Muitos contemporâneos (pós-)marxistas

---

* Citado em Eva Golinger, "We are in an Economic War", 2 jun. 2012. Disponível em: <http://www.chavezcode.com/2010/06/we-are-in-economic-war.html>.

envergonham-se da chamada herança jacobina de terror estatal centralizado, da qual querem distanciar até o próprio Marx, propondo um Marx "liberal" autêntico, cujo pensamento foi ocultado mais tarde por Lenin. Foi Lenin, assim diz a lenda, que (re)introduziu a herança jacobina, falsificando, portanto, o espírito libertário de Marx. Mas será que foi realmente assim? Vejamos mais atentamente como os jacobinos rejeitaram o recurso ao voto da maioria em nome dos que falam por uma verdade eterna. Como os jacobinos, defensores da unidade e da luta contra as facções, justificaram essa rejeição? "Toda a dificuldade reside em distinguir a voz da verdade, ainda que minoritária, e a voz da facção que só procura dividir artificialmente para ocultar a verdade."[53] A resposta de Robespierre foi que a verdade é irredutível a números (contagens); ela também pode ser vivenciada na solidão: os que proclamam a verdade que vivenciaram não deveriam ser tratados como faccionários, mas como pessoas sensatas e corajosas. Ao falar à Assembleia Nacional em 28 de dezembro de 1792, Robespierre afirmou que, para atestar a verdade, qualquer invocação de maioria ou minoria não passa de um meio de reduzir "ao silêncio aqueles que foram designados por essa palavra [minoria]": "[A] minoria tem por toda parte um direito eterno: tornar audível a *voz da verdade*". É profundamente significativo que Robespierre tenha feito essa declaração à Assembleia a respeito do julgamento do rei. Os girondinos haviam proposto uma solução "democrática": num caso tão difícil, era necessário fazer um "apelo ao povo", convocar as assembleias locais e pedir que votassem o que fazer com o rei; só isso daria legitimidade ao julgamento. A resposta de Robespierre foi que um apelo ao povo anularia a vontade soberana do povo que, pela Revolução, já se fizera conhecida e mudara a própria natureza do Estado francês, trazendo a República. Na verdade, o que os girondinos insinuam, afirma ele, é que a insurreição revolucionária foi "apenas um ato de parte do povo, de uma minoria até, e que se deveria solicitar o discurso de uma espécie de maioria silenciosa". Em resumo, a Revolução já decidira a questão, o próprio fato da Revolução significa que o rei é culpado, e pôr em votação sua culpa significaria lançar dúvida sobre a própria Revolução. Quando tratamos de "verdades fortes" (*les vérités fortes*), afirmá-las provoca necessariamente violência simbólica. Quando *la patrie est en danger* [a pátria está em perigo], disse Robespierre, deve-se afirmar sem temor o fato de que "a nação foi traída. Agora essa verdade é conhecida por todos os franceses". "Legisladores, o perigo é iminente; o *reinado da verdade* tem de começar: temos coragem suficiente para lhes dizer isso; sejam corajosos o suficiente para ouvi-lo." Nessa situação, não pode haver espaço para os que assumem uma terceira posição neutra. No discurso que homenageia os mortos de 10 de agosto de 1792, o abade Grégoire declarou: "Há os que são tão bons que nada valem; e, numa

---

[53] Sophie Wahnich, "Faire entendre la voix de la vérité, un droit révolutionnaire éternel" (manuscrito, junho de 2010). Todas as citações sem fonte explícita vêm desse texto extraordinário.

revolução que se entrega à luta da liberdade contra o despotismo, o homem neutro é um pervertido que, sem dúvida alguma, aguarda o resultado da batalha para decidir de que lado ficar". Antes de tacharmos essas palavras de "totalitárias", devemos recordar uma época posterior, em que a *patrie* francesa estava de novo *en danger*, em 1940, quando o próprio general De Gaulle, em seu famoso discurso pelo rádio, em Londres, anunciou ao povo francês a "verdade forte": a França foi derrotada, mas *a guerra não acabou*; contra os colaboradores pétainistas, a luta continua. Vale a pena recordar as condições exatas dessa declaração: até Jacques Duclos, segundo no comando do Partido Comunista Francês, admitiu, em conversa particular, que se houvesse eleições livres naquela época, o marechal Pétain venceria com 90% dos votos. Quando De Gaulle se recusou a capitular e declarou a continuação da resistência em seu discurso histórico, afirmou que somente ele, e não o regime de Vichy, poderia falar em nome da verdadeira França (*isto é, em nome da França como tal, não apenas em nome da "maioria dos franceses"!*). O que ele afirmou era profundamente verdadeiro, ainda que, "democraticamente falando", não só lhe faltasse legitimidade, como claramente contrariasse a opinião da maioria do povo francês. (O mesmo se aplica à Alemanha: os que defendiam a Alemanha eram a minoria minúscula que resistiu ativamente a Hitler, não os nazistas nem os oportunistas indecisos[54].)

Mais do que nunca, essa posição da minoria que representa o todo é relevante em nossa época pós-política, em que reina a pluralidade de opiniões: nessas condições, a verdade universal, por definição, é uma posição minoritária. Como ressalta Sophie Wahnich, numa democracia corrompida pela mídia, "a liberdade da imprensa sem o dever de resistir" resume-se ao "direito de dizer qualquer coisa de maneira politicamente relativista" e não à "ética exigente e, às vezes, até fatal da verdade". Numa situação dessas, a voz intransigente da verdade só pode parecer "irracional" em sua falta de consideração pela opinião dos outros, em sua rejeição do espírito de concessão pragmática, em sua finalidade apocalíptica. Simone Weil tem uma formulação simples e pungente dessa parcialidade da verdade:

> Há uma classe de gente neste mundo que caiu no grau mais baixo de humilhação, bem abaixo da mendicância, privada não só de toda consideração social, como também, na opinião de todos, da dignidade humana específica, da própria razão – e são esses os únicos que, de fato, são capazes de dizer a verdade. Todos os outros mentem.[55]

---

[54] Não há razão para desprezar as eleições democráticas; a questão é insistir que, *por si*, elas não são indicação da verdade. Em geral, elas tendem a refletir a *doxa* predominante, determinada pela ideologia hegemônica. *Pode* haver eleições democráticas que encenam um evento verdade, eleições em que a maioria, superando a inércia cética, "acorda" momentaneamente e vota contra a opinião ideológica hegemônica. No entanto, a natureza excepcional desses eventos prova que as eleições, em geral, não são um veículo da verdade.

[55] Simone Weil, *Seventy Letters* (Londres, Oxford University Press, 1965), p. 200.

Os moradores da favela, por exemplo, são os mortos-vivos do capitalismo global: vivos, mas mortos aos olhos da *pólis*.

Aqui, a expressão "verdade eterna" deveria ser lida de maneira propriamente dialética, como referência à eternidade baseada num ato temporal único (como no cristianismo, em que a verdade eterna só pode ser vivenciada quando se aceita a singularidade histórico-temporal de Cristo). O que embasa uma verdade é a experiência de sofrimento e coragem, às vezes na solidão, e não o número ou a força da maioria. É claro que isso não significa que a verdade tenha critérios infalíveis: a afirmação da verdade envolve uma espécie de aposta, uma decisão arriscada. A via da verdade precisa ser aberta, às vezes à força, e, em geral, os que dizem a verdade não são imediatamente entendidos, já que lutam (consigo e com os outros) para encontrar a linguagem apropriada para articulá-la. É o reconhecimento total dessa dimensão de risco e aposta, de ausência de garantia externa, que distingue o compromisso autêntico com a verdade de todas as formas de "totalitarismo" e "fundamentalismo".

Montanha alta, rio profundo

Dado que hoje não há discurso revolucionário capaz de produzir esse efeito verdade, o que devemos fazer? Aqui, o texto exemplar é o maravilhoso ensaio "Sobre a subida de uma alta montanha", escrito em 1922, quando os bolcheviques tiveram de recuar para a NEP, depois de vencer a guerra civil. No trecho a seguir, Lenin usa a comparação com o alpinista que tem de voltar ao vale depois de uma primeira tentativa de atingir o pico da montanha para mostrar o que significa recuar sem trair de forma oportunista a fidelidade à causa:

> Imaginemos um homem que sobe uma montanha muito alta, íngreme e, portanto, inexplorada. Suponhamos que superou dificuldades e perigos sem precedentes e conseguiu chegar a um ponto muito mais alto do que todos os seus antecessores, mas ainda não atingiu o pico. Ele se encontra numa posição em que não só é difícil e perigoso prosseguir na direção e no caminho que escolheu, como também concretamente impossível. É forçado a voltar, descer, buscar outro caminho, mais longo, talvez, mas que lhe permita chegar ao pico. A descida das alturas que ninguém antes dele atingiu mostra-se, talvez, mais perigosa e difícil para nosso viajante imaginário do que a subida; é mais fácil escorregar; não é fácil escolher onde pôr o pé; não há aquele júbilo que se sente ao subir, ao ir direto ao objetivo etc. [...] As vozes lá de baixo ecoam com alegria maliciosa. Elas não a escondem; dão risadinhas de regozijo e gritam: "Ele cairá num minuto! Bem feito, lunático!". Outros tentam esconder a alegria maliciosa e comportam-se praticamente como Judas Golovliov. Gemem e erguem os olhos para o céu com tristeza, como se dissessem: "Que doloroso pesar ver nossos temores justificados! Mas nós, que passamos a vida inteira elaborando um plano judicioso para escalar a montanha, não exigimos que a subida fosse adiada até que o plano estivesse pronto?

E se protestamos com tanta veemência contra esse caminho que o lunático agora abandona (vejam, vejam, ele deu meia-volta! Está descendo! Um único passo lhe exige horas de preparação! Ainda assim fomos rudemente agredidos quando repetidas vezes exigimos moderação e cautela!), se censuramos com tanto fervor esse lunático e aconselhamos todos a não imitá-lo nem ajudá-lo, nós o fizemos inteiramente por nossa devoção ao grande plano para escalar a montanha e para impedir que esse grande plano fosse desacreditado por toda parte!".[56]

Depois de enumerar as realizações do Estado soviético, Lenin prossegue e concentra-se no que *não* foi feito:

Mas nem sequer acabamos de construir os alicerces da economia socialista e os poderes hostis do capitalismo moribundo podem nos privar deles. Temos claramente de avaliar isso e, com franqueza, admiti-lo; pois não há nada mais perigoso do que as ilusões (e a vertigem, especialmente em elevada altitude). E não há absolutamente nada terrível, nada que possa dar base legítima ao mais leve desalento em admitir essa amarga verdade; pois sempre insistimos e reiteramos a verdade elementar do marxismo: o esforço conjunto dos operários de vários países avançados é necessário para a vitória do socialismo. Ainda estamos sozinhos e num país atrasado, um país que foi mais arruinado do que os outros, mas realizamos muita coisa. Mais do que isso: preservamos intacto o exército das forças proletárias revolucionárias; preservamos sua capacidade de manobra; mantivemos a mente limpa e podemos calcular sobriamente onde, quando e até que ponto recuar (para saltar mais adiante), onde, quando e como trabalhar para alterar o que ficou inacabado. Estão condenados os comunistas que imaginam ser possível terminar uma realização tão momentosa quanto completar os alicerces da economia socialista (ainda mais num país de pequenos camponeses) sem cometer erros, sem recuos, sem numerosas alterações do que está inacabado ou foi feito de forma errada. Os comunistas que não têm ilusões, que não se entregam ao desalento e que conservam a força e a flexibilidade de "começar do princípio" repetidas vezes ao abordar uma tarefa dificílima não estão condenados (e, com toda a probabilidade, não perecerão).[57]

A conclusão de Lenin – "começar do princípio repetidas vezes" – deixa claro que ele não fala apenas de desacelerar para consolidar o que já se conseguiu, mas *voltar ao ponto de partida*: deve-se "começar do princípio", não de onde se conseguiu chegar na tentativa anterior. Em termos kierkegaardianos, o processo revolucionário não é um progresso gradual, mas um movimento repetitivo, um movimento de *repetir o princípio* várias vezes. E é exatamente nesse ponto que estamos hoje, depois do "desastre obscuro" de 1989. Assim como em 1922, as vozes de baixo soam com alegria maliciosa à nossa volta: "Bem feito, seus lunáticos, que queriam impor sua visão

---

[56] V. I. Lenin, "Notes of a Publicist: on Ascending a High Mountain", em *Collected Works*, cit., v. 33, p. 204-11.
[57] Idem.

totalitária à sociedade!". Outros tentam esconder a alegria, gemendo e erguendo os olhos para o céu como se dissessem: "Como ficamos pesarosos de ver nossos temores justificados! Como era nobre sua visão de uma sociedade justa! Nosso coração bate com o seu, mas nossa razão nos dizia que seus planos só poderiam terminar em miséria e novas formas de servidão!". Rejeitando qualquer negociação com essas vozes sedutoras, agora temos de "começar do princípio". Não "construir mais sobre os alicerces da época revolucionária do século XX" – que durou de 1917 a 1989, ou, mais exatamente, 1968 –, mas voltar ao ponto de partida para escolher *um caminho diferente*.

Por exemplo, em meu caso, devo romper com todo tipo de nostalgia do modelo iugoslavo de socialismo, concebido como mais autêntico do que a forma stalinista que predominou na Europa Oriental. Essa nostalgia, enraizada num narcisismo de pequenas diferenças concentradas em "algo especial", tem exatamente o mesmo papel ideológico dos sonhos de uma "modernidade alternativa" na teoria pós-colonial: sua função é evitar qualquer exame crítico radical das razões do fracasso do comunismo do século XX. A questão não é negar os momentos autênticos do comunismo iugoslavo (a resistência guerrilheira contra a ocupação alemã, o rompimento com Stalin em 1948 e, até certo ponto, a oposição ao socialismo de Estado), mas apenas admitir que essas características não chegaram a ser uma alternativa genuína ao socialismo de Estado. Depois de uma visita à Iugoslávia no início da década de 1960, Che Guevara observou, com óbvia desaprovação, que as pessoas comuns nas ruas estavam bem alimentadas e bem vestidas e pareciam bastante alegres, como se isso significasse uma traição do fervor revolucionário; ele se perguntava por que os comunistas iugoslavos não exigiam mais sacrifícios do povo para aprimorar seu espírito revolucionário. Embora essa observação traísse o fascínio masoquista de Guevara pela renúncia, há certa verdade nela: a suprema legitimidade do modelo iugoslavo não estava em sua pretensão de autogoverno, mas no fato de permitir aos cidadãos uma vida relativamente confortável, pelo menos em comparação com o resto do bloco oriental.

As últimas entrevistas de Tito são de grande interesse, já que ninguém ousava editá-las ou censurá-las, muito embora ele dissesse muitas coisas estranhas. Durante sua última visita a Liubliana, quando lhe perguntaram qual era a forma ideal de sociedade, ele retrucou: "Caçadores! O líder dá a ordem e os outros atiram, sem debate!". Nessa mesma linha, quando lhe perguntaram sobre o rompimento com Stalin, ele respondeu francamente que era tudo uma questão de poder: os comunistas iugoslavos não queriam se submeter a uma potência estrangeira; só depois, quando o rompimento teve de ser justificado com base em princípios, os iugoslavos apelaram para o autogoverno socialista. De modo algum isso o torna menos genuíno: a regra básica da dialética histórica é que algo inventado por razões manipuladoras pode se tornar autêntico. Contudo, continua verdadeiro que a guerra do início da década de 1990 não resultou do fato de a Iugoslávia ter abandonado o caminho de Tito, mas da explosão retardada da verdade da Iugoslávia de Tito, da consequência de sua pseudossolução para os antagonismos sociais. O que se destaca aqui é a impotência total da oposição marxista – o grupo Praxis – diante desses eventos: alguns apenas sumiram da cena pública, outros até se uniram a Milošević (num passo que chocou seus colegas no exterior). Embora eu não apoiasse Zoran Đinđić (pupilo de Habermas, aliás), ele estava certo quando caracterizou Milošević como o primeiro político iugoslavo a levar totalmente em conta o fato de que Tito estava morto. A impotência debilitante dos adversários de Milošević na Liga dos Comunistas residia na defesa desajeitada de um cadáver chamado "herança de Tito". Paradoxalmente, no fim da década de 1980 e início da de 1990, a única maneira de defender o que valia defender na herança de Tito era se opor a Milošević e a seu regime por todos os meios possíveis: defender aquela herança significava defender Sarajevo sitiada.

Também não devemos esquecer que 1989 representou a derrota não só do socialismo de Estado, como também da democracia social ocidental. Em lugar nenhum o sofrimento da esquerda atual é mais patente do que em sua defesa – "por uma questão de princípio" – do Estado de bem-estar social dos sociais-democratas. Na ausência de um projeto radical viável, tudo o que a esquerda pode fazer é bombardear o Estado com exigências para expandir o bem-estar social, sabendo muito bem que ele não será capaz de atendê-la. Então, o desapontamento inevitável servirá de lembrete da impotência básica da social-democracia e, portanto, empurrará o povo para uma nova esquerda radical e revolucionária. Não é preciso dizer que essa política de "pedagogia" cínica está fadada ao fracasso, já que trava uma batalha perdida: na atual constelação político-ideológica, a reação mais provável à incapacidade do Estado de oferecer bem-estar social será o populismo de direita. Para evitar isso, a esquerda terá de criar um projeto positivo próprio, além de sustentar o Estado de bem-estar social. Também por essa razão é totalmente errado depositar esperanças em Estados-nações fortes como defesa contra organismos transnacionais como a União Europeia, que, segundo a lenda, são um instrumento do capital global para desmantelar o que resta do Estado de bem-estar social. A partir daí, é apenas um passo para aceitar uma "aliança estratégica" com a direita nacionalista, preocupada com a diluição da identidade nacional numa Europa transnacional.

Os muros que aparecem hoje no mundo inteiro não são da mesma natureza do Muro de Berlim, símbolo da Guerra Fria. Os muros de hoje parecem não pertencer à mesma noção, já que até um mesmo muro costuma ter múltiplas funções: defesa contra o terrorismo, contra os imigrantes ilegais, contra o contrabando, cobertura para a apropriação colonialista de terras etc. No entanto, apesar dessa aparente multiplicidade, Wendy Brown está certa ao insistir que tratamos do mesmo fenômeno, embora seus exemplos não costumem ser vistos como casos da mesma noção: os muros de hoje são uma reação à ameaça contra a soberania do Estado-nação pelos processos de globalização:

> Em vez de expressões ressurgentes de soberania do Estado-nação, os novos muros são símbolos de sua erosão. Embora pareçam sinais hiperbólicos dessa soberania, como todas as hipérboles, eles revelam um tremor, uma vulnerabilidade, uma dubiedade ou instabilidade no núcleo do que visam exprimir – qualidades em si antitéticas à soberania e, portanto, elementos de seu desfazer-se.[58]

O que espanta é a natureza teatral e bastante ineficaz desses muros: basicamente, consistem em cercas à moda antiga (de concreto e metal), uma contramedida estranhamente medieval às forças imateriais que ameaçam a soberania nacional (mobilidade informática e comercial, armas modernas). Brown também tem razão ao acrescentar à economia global a religião organizada como principal agência transestatal, representando uma ameaça à soberania do Estado; pode-se argumentar que a China, por exemplo, apesar de sua recente abertura para a religião como instrumento de estabilidade social, opõe-se ferozmente a algumas (budismo tibetano, movimento Falun) na medida exata em que as percebe como ameaça à soberania e à unidade nacional (budismo, sim, mas sob o controle do Estado chinês; catolicismo, sim, mas os bispos nomeados pelo papa têm de passar pelo crivo das autoridades chinesas...).

Mas o modo mais ardiloso de falsa fidelidade ao comunismo do século XX é a rejeição de todos os socialismos reais em nome de um movimento autêntico da classe trabalhadora aguardando para explodir. Em 1983, George Peyrol escreveu um texto intitulado "Trinta maneiras de reconhecer um marxista à moda antiga", uma crítica irônica da certeza dos marxistas tradicionais de que, mais cedo ou mais tarde, um movimento revolucionário de trabalhadores ressurgiria, varrendo o domínio capitalista juntamente com os corruptos sindicatos e partidos de esquerda. Frank Ruda[59] afirmou que "George Peyrol" é um dos pseudônimos de Alain Badiou: o alvo do ataque eram aqueles trotskistas remanescentes que continuavam a acreditar que, de algum modo, da crise da esquerda marxista surgiria um novo movimento autêntico da classe trabalhadora[60]. (Então, como resolver esse impasse? E se arriscarmos um passo fatídico e, juntamente com a rejeição do Estado e da regulação do mercado, rejeitarmos também sua sombra utópica, a ideia de uma re-

---

[58] Wendy Brown, *Walled States, Waning Sovereignty* (Nova York, Zone, 2010), p. 24.
[59] Na introdução à tradução alemã de *Peut-on penser la politique?*, de Alain Badiou.
[60] O golpe de Estado de Jaruzelski, em 1981, salvou o Solidarność da decepção de sua profanação política: se lhe fosse permitido funcionar livremente na década de 1980, o Solidarność perderia sua magia como força nacional e se decomporia em facções políticas, todas com políticas pragmáticas sob lideranças predominantemente católicas e conservadoras (o que, de fato, aconteceu dez anos depois).

gulação transparente, direta e "de baixo para cima" do processo social de produção, a contrapartida econômica ao sonho da "democracia imediata" dos conselhos?)

Em que pé estamos hoje, então? Badiou caracterizou de modo memorável nossa difícil situação pós-socialista como "essa situação problemática em que vemos o mal dançando sobre as ruínas do mal"[61]. Não é questão de nostalgia; os regimes comunistas eram "maus", mas o problema é que aquilo que os substituiu também é "mau", embora de maneira diferente. De que maneira? Em 1991, Badiou fez uma formulação mais teórica da velha piada sobre a diferença entre o Ocidente democrático e o Oriente comunista: no Oriente, as declarações públicas dos intelectuais são aguardadas com ansiedade e têm grande repercussão, embora eles sejam proibidos de falar e escrever livremente; no Ocidente, eles podem dizer e escrever o que quiserem, mas a maioria de suas palavras são ignoradas. Na reformulação de Badiou, Oriente e Ocidente opõem-se em termos das diversas maneiras como o Estado de direito se localiza entre os extremos Estado e filosofia. No Oriente, a importância da filosofia é reconhecida, mas apenas numa forma diretamente subordinada ao Estado: o papel legitimador da filosofia é justificar o Estado, que trabalharia diretamente em nome da verdade da história, o que permite ao Estado descartar o Estado de direito e as liberdades formais por ele asseguradas. No Ocidente, ao contrário, o Estado não é legitimado pela verdade superior da história, mas por eleições democráticas garantidas pelo Estado de direito. Em consequência, tanto o Estado quanto o público são indiferentes à filosofia:

> A submissão da política ao tema da lei nas sociedades parlamentares [...] leva à impossibilidade de discernir o filósofo do sofista. [...] Por sua vez, nas sociedades burocráticas é impossível distinguir o filósofo do funcionário público ou do policial. No último caso, a filosofia, em geral, nada mais é que a palavra do tirano.[62]

Em ambos os casos, nega-se à filosofia sua verdade e autonomia, enquanto "os *adversários* inerentes da identidade da filosofia, o sofista e o tirano, ou mesmo o jornalista e o policial, declaram-se filósofos"[63]. De modo nenhum, nem secreta nem abertamente, Badiou prefere o Estado-partido policial ao Estado de direito: ele afirma com clareza que é totalmente legítimo preferir este àquele. Mas ele traça outra distinção fundamental: "A armadilha seria imaginar que essa preferência, que diz respeito à história objetiva do Estado, seja na verdade uma decisão política subjetiva"[64]. O que ele quer dizer com "decisão política subjetiva" é um engajamento coletivo autêntico em linhas comunistas (ou emancipadoras radicais): esse engajamento não se "opõe" à democracia parlamentar, ele simplesmente se move

---

[61] Alain Badiou, *Of an Obscure Disaster* (Maastricht, Jan van Eyck Academie, 2009), p. 37.
[62] Ibidem, p. 55-6.
[63] Ibidem, p. 57.
[64] Ibidem, p. 58.

num nível radicalmente diferente – isto é, o engajamento político não se limita ao ato singular de votar, mas envolve uma fidelidade contínua à causa, um "trabalho de amor" paciente e coletivo.

O que Badiou articula em termos teóricos confirma-se na experiência cotidiana da maioria das pessoas comuns: o colapso dos regimes comunistas não foi um evento no sentido de um rompimento histórico que dá origem a algo novo na história da emancipação. Depois do rompimento, as coisas simplesmente retornaram à normalidade capitalista, recordando a mesma passagem do entusiasmo da liberdade para o domínio do lucro descrito por Marx em sua análise da Revolução Francesa. Aqui o caso de Václav Havel é exemplar: seus partidários ficaram chocados ao saber que esse escrupuloso defensor de "viver em verdade" envolveu-se mais tarde em acordos escusos com empresas imobiliárias duvidosas, controladas por ex-integrantes da polícia secreta comunista. Como Timothy Garton Ash pareceu ingênuo em sua visita à Polônia em 2009, para comemorar o vigésimo aniversário da queda do comunismo – cego à realidade a sua volta, tentou convencer os poloneses de que deviam se sentir orgulhosos, como se aquela ainda fosse a nobre terra do Solidarność.

Tanto na Europa ocidental quanto na oriental, há sinais de uma reorganização do espaço político em longo prazo. Até recentemente, esse espaço era dominado em geral por dois partidos principais: um de centro-direita (democrata cristão, conservador liberal, Partido do Povo etc.) e um de centro-esquerda (socialista, social-democrata etc.), complementados por partidos menores, que se dirigiam a eleitorados mais restritos (ecologistas, liberais etc.). O que vem surgindo aos poucos é um espaço ocupado, de um lado, por um partido que representa o capitalismo global como tal (em geral com certo grau de tolerância ao aborto, aos direitos dos homossexuais, às minorias étnicas e religiosas etc.) e, de outro, por um partido populista anti-imigração cada vez mais forte (acompanhado de grupos explicitamente racistas e neofascistas). Aqui o caso exemplar é a Polônia: com o desaparecimento dos ex-comunistas, os principais partidos são o partido liberal centrista e "anti-ideológico" do primeiro-ministro Donald Tusk e o partido cristão conservador dos irmãos Kaczyński. Na Itália, Berlusconi é a prova de que nem essa oposição é insuperável: seu *Forza Italia* é tanto o partido do capitalismo global quanto a tendência populista anti-imigração. Na esfera despolitizada da administração pós-ideológica, a única maneira de mobilizar o eleitorado é provocar medo (dos imigrantes, do *próximo*). Para citar Gáspár Miklós Tamás, estamos nos aproximando lentamente de um cenário em que "não há ninguém entre o tsar e Lenin", isto é, em que uma situação complexa se reduz a uma escolha básica simples: comunidade ou coletivo, socialismo ou comunismo? Ou, para usar os famosos termos de 1968, para que sua herança mais importante sobreviva, o liberalismo precisa da ajuda fraterna da esquerda radical.

O movimento Tea Party nos Estados Unidos não é uma versão desse populismo de direita que vem surgindo aos poucos como única oposição verdadeira ao consenso liberal? É claro que o movimento Tea Party tem algumas características específicas dos Estados Unidos, o que nos permite prever com segurança que seu surgimento tem correlação estreita com a continuação do declínio do país como potência mundial. Mais interessante é o conflito entre o *establishment* do Partido Republicano e o Tea Party, que já explode aqui e ali: os líderes dos grandes bancos já se reuniram com os líderes do Partido Republicano, e estes prometeram rejeitar a lei Volcker, que limita as especulações que levaram ao colapso de 2008; o Tea Party estabeleceu como sua primeira missão aumentar os cortes fiscais de Bush para os mais ricos, acrescentando assim centenas de bilhões de dólares ao déficit que eles querem liquidar etc. Por quanto tempo essa magistral manipulação ideológica continuará a funcionar? Por quanto tempo a base do Tea Party se apegará à irracionalidade fundamental de proteger os interesses do povo trabalhador, privilegiando os "ricos exploradores" e, portanto, contrariando literalmente seus interesses? É aqui que começa a luta ideológica: a irracionalidade gritante dos protestos do Tea Party comprova o poder da ideologia da "liberdade do indivíduo contra a interferência do Estado", que pode tornar confusos os fatos mais elementares.

Hoje, começamos a pagar o preço dessa mudança. Na Grécia, em maio de 2010, grandes manifestações explodiram em violência depois que o governo anunciou as medidas de austeridade que terá de adotar para cumprir as condições da União Europeia e poder fazer o resgate necessário para evitar o colapso financeiro. Duas histórias se destacaram nesses eventos: o *establishment* europeu ocidental acusou os gregos de corruptos, incompetentes, gastadores e indolentes, acostumados a viver do apoio da União Europeia, enquanto a esquerda grega viu as medidas de austeridade como mais uma tentativa do capital financeiro internacional de desmantelar os últimos vestígios do Estado de bem-estar social e sujeitar o Estado grego a seus ditames. Embora as duas histórias tenham um grão de verdade (e até concordem ao condenar a corrupção da classe dominante grega), ambas são fundamentalmente falsas. A história do *establishment* europeu encobre o fato de que o enorme empréstimo feito à Grécia será usado para pagar sua dívida com os grandes bancos europeus: a verdadeira finalidade da medida é apoiar os bancos, já que, se o Estado grego falir, eles serão gravemente afetados. A história da esquerda grega comprova mais uma vez a miséria da esquerda contemporânea: não há conteúdo positivo em seu protesto, apenas uma recusa generalizada de fazer concessões para defender o Estado de bem-estar social. (Além disso, ela evita o fato desagradável de que a dívida pagou os privilégios da classe trabalhadora "comum".)

Mesmo assim, todos sabem que o Estado grego jamais pagará nem poderá pagar a dívida; num estranho gesto de faz de conta coletivo, todos ignoram a óbvia falta de sentido da projeção financeira em que se baseia o empréstimo. A ironia é que, mesmo assim, a medida pode ter sucesso na meta imediata de estabilizar o euro: o que importa no capitalismo contemporâneo é que os agentes atuem sobre crenças aceitas a respeito de possibilidades futuras, e não importa se eles realmente acreditam nessas possibilidades ou se as levam a sério. Essa ficção vem de mãos dadas com seu aparente oposto: a naturalização despolitizada da crise e as medidas reguladoras propostas. Essas medidas não são apresentadas como decisões baseadas em opções políticas, mas como necessidade imposta por uma lógica econômica neutra – se queremos estabilizar a economia, simplesmente temos de engolir a pílula. No entanto, mais uma vez, não podemos deixar de ver o grão de verdade no argumento: se permanecermos dentro dos limites do sistema capitalista global, essas medidas realmente são necessárias; a verdadeira utopia não é uma mudança radical do sistema presente e sim a ideia de que se pode manter o bem-estar social *dentro* do sistema.

Nesse contexto, de certo ponto de vista, o FMI parece um agente neutro da ordem e da disciplina e, de outro, um agente opressor do capital global. Ambos os pontos de vista têm um elemento de verdade: é difícil não perceber o jeito de supereu como FMI trata seus Estados clientes: ao mesmo tempo que os repreende e pune pelas dívidas não pagas, oferece novos empréstimos que todos sabem que não serão capazes de pagar, afundando-os cada vez mais no círculo vicioso da dívida. Por outro lado, a razão do funcionamento dessa estratégia de supereu é que o Estado endividado, sabendo muito bem que jamais terá realmente de pagar a dívida, espera, em última instância, lucrar com ela. (Sem mencionar o fato de que não há real fora desse círculo vicioso: se tenta se livrar do patrocínio do FMI, o Estado se expõe ao risco da desordem inflacionária causada pelos gastos estatais irrestritos.)

Ouvimos cada vez mais que a crise grega mostra que o euro está condenado, assim como o projeto de uma Europa unida. Mas, antes de endossar essa afirmação geral, devemos acrescentar uma torção leninista: a Europa está morta, tudo bem, mas *que* Europa? A resposta é: a Europa pós-política de concessões ao mercado mundial, a Europa que foi repetidamente rejeitada em plebiscitos, a Europa especializada e tecnocrática de Bruxelas, a Europa que se mostra como defensora da razão econômica fria contra a paixão e a corrupção gregas, a matemática contra o *páthos*. Mas, por mais utópico que pareça, ainda há espaço para outra Europa, uma Europa repolitizada e baseada num projeto emancipador em comum, a Europa que deu origem à antiga democracia grega, às revoluções francesa e russa. É por isso que devemos evitar a tentação de reagir à crise financeira recuando para a defesa dos Estados-nações soberanos – presa fácil para o capital internacional flutuante, que pode simplesmente jogar um Estado contra o outro. A reação, ao contrário, deveria ser ainda *mais* internacionalista e universalista do que o universalismo do capital internacional. A ideia de resistir ao capital global em defesa de identidades étnicas específicas é mais suicida do que nunca, assombrada pelo espectro grotesco da "ideologia *juche*" norte-coreana.

Leitkultur? *Sim, por favor!*

É contra esse pano de fundo que devemos abordar o tema delicado dos múltiplos estilos de vida. Enquanto nas sociedades seculares e liberais do Ocidente o poder do Estado protege a liberdade pública e intervém no espaço privado (quando suspeita de agressão a crianças etc.), essas "intromissões no espaço doméstico, o rompimento do domínio 'privado', não são permitidas pela lei islâmica, embora a conformidade no comportamento 'público' seja muito mais estrita"[65]: "para a comunidade, o que importa é a prática social do sujeito muçulmano – inclusive a divulgação verbal – e não os pensamentos íntimos, sejam eles quais forem"[66]. Em outras palavras, "o que importa, afinal, é pertencer a um estilo de vida específico, no qual a pessoa não possui a si mesma"[67]. Embora, como diz o *Qur'an*, "quem quiser que tenha fé, e quem quiser que a rejeite" (18,29), esse "direito de pensar o que quiser, contudo, não inclui o direito de exprimir publicamente as crenças religiosas ou morais com a intenção de converter os outros a um falso compromisso"[68]. É por isso que, para os muçulmanos, "*é impossível permanecer calado diante de blasfêmias*": a reação é tão apaixonada porque, para eles, "blasfêmia não é 'liberdade de expressão' nem o desafio de uma nova verdade, mas algo que busca perturbar uma relação viva"[69]. Essa relação viva é descrita por Saba Mahmud por meio do papel do ícone no cristianismo ortodoxo: embora o Islã seja iconoclasta, para os muçulmanos piedosos

> [suas] virtudes e práticas incorporadas oferecem o substrato pelo qual se consegue adquirir uma disposição pia e devota. Essa habitação do modelo [...] é o resultado de um trabalho de amor em que o indivíduo está ligado à figura autoral por meio de uma sensação de intimidade e desejo. Não é por compulsão da "lei" que ele imita a conduta do Profeta, portanto, mas pela capacidade ética que se desenvolveu e que o inclina a se comportar de certa maneira.[70]

Essa entrega transcendente a uma comunidade que se mantém unida por uma rede complexa de práticas que incorporam a relação viva em comum com a divindade, extremo oposto do foco protestante na crença íntima de um indivíduo isolado, também explica o protesto público apaixonado dos muçulmanos a blasfêmias contra o Islã: eles vivenciam a si mesmos como se só levassem uma vida completa e significativa como membros de sua comunidade religiosa, compartilhando seus rituais e há-

---

[65] Talad Asad et al., *Is Critique Secular?* (Berkeley, University of California Press, 2009), p. 37.
[66] Ibidem, p. 40.
[67] Ibidem, p. 45.
[68] Ibidem, p. 40.
[69] Ibidem, p. 46.
[70] Ibidem, p. 77-8.

bitos, de modo que, para eles, um ataque ao Islã não é uma questão intelectual sobre a verdade, mas uma ameaça direta a sua forma coletiva de vida. É claro que o problema explode quando integrantes de uma comunidade religiosa veem como injúria blasfema e perigo para seu estilo de vida não o ataque direto à religião, mas *o próprio estilo de vida de outra comunidade* – como aconteceu com os ataques a gays e lésbicas na Holanda, na Alemanha e na Dinamarca, ou como acontece com franceses e francesas que veem a mulher coberta por uma burca como um ataque a sua identidade francesa, e é por isso também que acham "*impossível permanecer em silêncio*" quando encontram em seu ambiente uma mulher assim coberta. A origem do liberalismo não deve ser procurada em algum individualismo exacerbado; originalmente, ele foi uma resposta ao problema do que fazer numa situação como *essa*, quando dois grupos étnicos ou religiosos moram próximos, mas têm estilos de vida incompatíveis. É fácil dizer que, nesse tipo de situação, não basta recorrer à lei estatal, isto é, a única solução verdadeira é dada pela mudança de hábitos e outros aspectos das práticas cotidianas de vida, em resumo, no estabelecimento de uma *Leitkultur* que ofereça um arcabouço comum para a coexistência de estilos de vida incompatíveis (e não deveríamos esquecer que o liberalismo não representa apenas um princípio de leis estatais, mas também uma cultura social específica). Mas e se não houver essa *Leitkultur*?

Quanto à relação entre liberdade íntima e pública, é verdade que, para o Ocidente democrático, a liberdade é social: não faz sentido como apenas convicção íntima, tem de ser socializada, tem de incluir o direito não só de divulgar posições próprias para convencer ("seduzir") os outros, mas também para agir socialmente sobre eles. No entanto, isso não significa que, em relação à liberdade e às convicções íntimas, o liberalismo ocidental defenda a investigação da esfera privada para estabelecer um tipo de controle totalitário do pensamento. Aqui, o problema do liberalismo democrático é o problema da sedução: quando sou realmente livre e quando penso que ajo com liberdade, enquanto sou seduzido por imagens e retórica? (Por isso Descartes considerava as mulheres inferiores aos homens: elas são muito mais permeáveis às impressões sensuais externas, que confundem a capacidade de pensar.) Quando trata do tema da sedução, Asad contrasta novamente o Islã e o Ocidente liberal: o Ocidente condena o estupro (violência externa) e não só tolera como louva a sedução, enquanto no Islã a sedução é considerada pior:

> Na sociedade liberal, a sujeição do corpo de uma pessoa contra sua vontade com propósito de gozo sexual é crime grave, ao passo que a sedução – a mera manipulação do desejo do outro – não. O primeiro é uma violência, a segunda não. [...] Nas sociedades liberais, a sedução, além de permitida, é positivamente valorizada como sinal de liberdade individual.[71]

---

[71] Ibidem, p. 31.

(Como deveríamos combinar essa oposição com a oposição entre a liberdade de ideias privadas e as restrições à atuação pública? Será que o estupro é privado e a sedução, pública, mesmo quando íntima?) Após essa descrição "neutra", Asad faz mais duas observações (implicitamente críticas): primeiro, a distinção entre coação e sedução no "jogo de sedução" não é nítida, já que há uma grande zona entre esses dois extremos; segundo, nas sociedades liberais a sedução é um constituinte fundamental da mercadorização:

> o indivíduo, como consumidor e eleitor, é submetido a uma variedade de tentações por meio de apelos à ganância, à vaidade, à inveja, à vingança etc. O que em outras circunstâncias pode ser identificado e condenado como falha moral é essencial aqui para o funcionamento de um tipo específico de economia e política.[72]

A sedução é um modo de manipulação, já que o seduzido perde a autonomia: "Seduzir é incitar alguém a abrir seu íntimo a imagens, sons e palavras oferecidas pelo sedutor para levar o seduzido – por cumplicidade ou sem querer – a um fim anteriormente concebido por ele"[73]. Em seguida, essa "tolerância" liberal da sedução (que de fato subverte o sujeito liberal livre e autônomo, transformando-o em vítima passiva de estímulos externos, de modo que a liberdade liberal, em sua verdade, é a liberdade de ser seduzido e manipulado por outros) é comparada à teologia islâmica, em que a sedução é objeto de grande preocupação – e não apenas no sentido sexual: "a sedução, em todas as suas formas, foi necessariamente perigosa não só para o indivíduo (porque indicava a perda do autocontrole) como também para a ordem social (poderia levar à violência e à discórdia civil)"[74]. A exceção aqui é a economia de mercado liberal ocidental, na qual o próprio funcionamento normal e a estabilidade do sistema são mantidos por jogos complexos de seduções políticas e de mercado; aqui a conclusão inevitável é que o sistema liberal é inerentemente pervertido e corrupto, já que, para funcionar, tem de se basear nos próprios vícios que deplora em público.

A primeira coisa que devemos observar aqui é que a sedução pelo encanto das mercadorias e pela manipulação política sedutora é o tema mais comum da crítica racionalista secular esclarecida. A diferença em relação ao Islã é que um racionalista secular ocidental acrescentaria a *sedução religiosa* a essa lista: as "práticas incorporadas" que "oferecem o substrato pelo qual se obtém uma disposição pia e devota" também não são técnicas de sedução? A "habitação do modelo" na qual "o indivíduo está ligado à figura autoral por meio de uma sensação de intimidade e desejo" também não é o resultado de ser seduzido? O fascínio mimético envolvido

---
[72] Idem.
[73] Ibidem, p. 32.
[74] Idem.

em imitar a conduta do Profeta não é um processo de sedução? Não importa que o conteúdo seja diferente, o procedimento formal não é estritamente análogo?

Além disso, os chamados fundamentalistas, cristãos ou muçulmanos, são realmente fundamentalistas no sentido estrito da palavra? Eles creem mesmo? O que falta neles é uma característica fácil de distinguir em todos os fundamentalistas autênticos, dos budistas tibetanos aos *amish* norte-americanos: a ausência de ressentimento e inveja, a profunda indiferença ao modo de vida dos não crentes. Se os chamados fundamentalistas de hoje creem realmente ter encontrado o caminho da verdade, por que deveriam se sentir ameaçados pelos não crentes, por que deveriam invejá-los? Quando encontra um hedonista ocidental, o budista dificilmente o condena. Apenas observa com benevolência que a busca de felicidade do hedonista destrói a si mesma. Em contraste com os verdadeiros fundamentalistas, os pseudo-fundamentalistas se sentem profundamente incomodados, intrigados, fascinados pela vida pecaminosa dos não crentes. Percebe-se que, ao combater o outro pecador, combatem a própria tentação. É por isso que os chamados fundamentalistas cristãos ou muçulmanos são uma desgraça para o verdadeiro fundamentalismo.

O diagnóstico de Yeats em "Segunda vinda" – "Aos melhores falta convicção, ao passo que os piores estão cheios de apaixonada intensidade" – não basta para nossa situação presente: a intensidade apaixonada da multidão muçulmana comprova a falta de verdadeira convicção. No fundo, os fundamentalistas também não têm a verdadeira convicção; suas explosões violentas são a prova disso. Como deve ser frágil a crença do muçulmano que se sente ameaçado por uma caricatura estúpida num jornal dinamarquês de pequena circulação! Os apaixonados protestos fundamentalistas islâmicos *não* se baseiam na convicção de sua superioridade nem no desejo de proteger sua identidade religiosa e cultural do ataque da civilização consumista global. O problema dos fundamentalistas não é o fato de os considerarmos inferiores a nós, mas de *eles mesmos* se considerarem intimamente inferiores. É por isso que nossas afirmações condescendentes politicamente corretas de que não nos sentimos superiores a eles só alimentam seu ressentimento e os deixam ainda mais furiosos. O problema não é a diferença cultural (o esforço de preservar sua identidade), mas o fato oposto de que os fundamentalistas já são como nós e, secretamente, já interiorizaram nossos padrões e medem-se por eles. (Isso se aplica claramente ao Dalai Lama, que justifica o budismo tibetano nos termos ocidentais de buscar a felicidade e evitar a dor.) Paradoxalmente, o que falta aos fundamentalistas é justamente uma dose da verdadeira convicção "racista" de sua própria superioridade.

In extremis, podemos argumentar que a sedução é pior do que o estupro: em contraste com o ceder à sedução sexual, quando a mulher é estuprada, sua alma permanece supostamente impoluta, não corrompida. No entanto, há muitos pressupostos não ditos aqui. Além da questão das consequências psíquicas de um estupro violento ou da violência da sedução (a vítima é brutalmente manipulada), há também a questão do suposto poder sedutor da própria exibição da violência. Além disso, por que a sedução deveria se reduzir *a priori* a um processo em que o sedutor manipula a vítima contra a vontade desta? E se a vítima não for vítima e desejar ser seduzida, dando indicações nesse sentido? Quem realmente seduz quem numa situação como essa? Recordamos aqui a ridícula proibição do talibã ao uso de saltos de metal pelas mulheres – como se, mesmo elas estando inteiramente cobertas, o som cantante de seus saltos ainda provocasse os homens... A necessidade de manter as mulheres cobertas com um véu indica um universo *extremamente sexualizado*, em que o próprio encontro com a mulher é uma provocação a que o homem é incapaz de resistir. A repressão tem de ser forte porque o próprio sexo é forte. Que sociedade é essa em que o barulho dos saltos de metal das mulheres pode fazer os homens explodirem em luxúria? Não admira que, na análise do famoso sonho de "Signorelli" em *Sobre a psicopatologia da vida cotidiana**, Freud conte que foi um velho muçulmano da Bósnia-Herzegovina que lhe transmitiu a "sabedoria" do sexo como única coisa que faz a vida valer a pena: "Quando o homem não é mais capaz de fazer sexo, só lhe resta morrer".

A própria atitude branda diante do estupro em países muçulmanos parece baseada na premissa similar de que o homem que estuprou uma mulher foi secretamente seduzido (provocado) por ela a agir desse modo; essa leitura do estupro masculino como resultado da provocação feminina costuma ser noticiada pela mídia. No outono de 2006, o xeque Taj Din al-Hilali, o mais alto clérigo muçulmano da Austrália, causou escândalo quando declarou, depois que um grupo de muçulmanos foi preso por estupro: "Quando se leva carne descoberta para a rua e a deixa lá [...] os gatos vêm e a comem... de quem é a culpa, dos gatos ou da carne descoberta? A carne descoberta é o problema". A natureza escandalosa dessa comparação entre a mulher não coberta e a carne crua e descoberta desviou a atenção de outra premissa muito mais espantosa por trás do argumento de Al-Hilali: se as mulheres são responsáveis pelo comportamento sexual dos homens, isso não significa que os homens são totalmente indefesos diante daquilo que eles percebem como uma provocação sexual, que eles são simplesmente incapazes de resistir, que são escravos da sua fome sexual, exatamente como o gato que vê carne crua? Em contraste com essa presunção de total falta de responsabilidade masculina por seu comportamento sexual, a ênfase no erotismo feminino público no Ocidente baseia-se na premissa de que os homens *são* capazes de contenção sexual, que não são escravos cegos do desejo sexual. Essa total responsabilidade da mulher pelo ato sexual é confirmada pelas estranhas normas jurídicas do Irã, onde, em 3 de janeiro de 2006, uma moça de 19 anos foi condenada à forca por admitir que esfaqueou e matou um dos três

---

* Rio de Janeiro, Imago, 2006. (N. E.)

homens que tentaram estuprá-la. Eis o impasse: qual seria o resultado se ela decidisse não se defender? Se tivesse permitido que os homens a estuprassem, seria submetida a cem chicotadas pela lei de castidade; se fosse casada na época do estupro, provavelmente seria considerada culpada de adultério e condenada à morte por apedrejamento. Portanto, em todos os casos, a responsabilidade é totalmente *dela*.

Aqui há outra premissa subjacente. Segundo uma notícia de alguns anos atrás, uma moça e um homem não aparentados ficaram presos durante algumas horas num teleférico, porque a máquina quebrou. Embora não tenha acontecido nada, a moça se matou: a simples ideia de ter passado horas sozinha com um homem estranho torna impensável a ideia de que "não tenha acontecido nada"... O que temos aqui não é só a ideia de que nenhum homem consegue resistir à tentação, mas também uma espécie de *fusão entre possibilidade e realidade*: aquilo que é apenas possível é tratado (causa a reação) como se realmente tivesse acontecido. No nível das interações sexuais, quando um homem está sozinho com uma mulher, assume-se que a oportunidade foi aproveitada, eles fizeram sexo, o ato sexual aconteceu, e é claro que a culpa é dela... (Também é por isso que os muçulmanos são proibidos de usar papel higiênico: e se *acontecesse* de versículos do Corão serem escritos ou impressos nele?)

Só há uma maneira de explicar essa predominância da potencialidade sobre a realidade: lê-la em conjunto com a predominância do comportamento público sobre a dimensão privada. O "domínio privado" não representa apenas pensamentos privados, mas também atos privados, não no sentido da privacidade europeia moderna, mas no sentido de atos que ocorrem fora do espaço público; dessa maneira, um estupro no "domínio privado", fora da visão do público, também está além dos limites da lei pública. O fato de que "intromissões no espaço doméstico, o rompimento do domínio 'privado', não são permitidas pela lei islâmica, embora a conformidade no comportamento 'público' seja muito mais estrita", já que, "para a comunidade, o que importa é a prática social do sujeito muçulmano – inclusive a divulgação verbal – e não os pensamentos íntimos, sejam eles quais forem", adquire, portanto, uma dimensão potencialmente muito mais nefasta: como uma posição que tolera uma hipocrisia de padrão duplo – estupros privados contra virtudes públicas. (A mesma posição é defendida pelos fundamentalistas cristãos norte-americanos, para os quais o discurso público deveria ser protegido contra blasfêmias, enquanto o que acontece entre quatro paredes – crianças espancadas etc. – não diz respeito às autoridades públicas.)

Aqui a verdadeira oposição é entre a ordem *simbólica* pública – o grande Outro lacaniano, a ordem das *aparências* – e o domínio "privado", em que o Outro não vê (ou nem ao menos se importa com) o que acontece. A potencialidade que já conta como realidade é, portanto, a potencialidade da ordem simbólica, da ordem de "aparência pública", em que, se algo parece uma blasfêmia obscena ou um ato pecaminoso, então é isso que é, seja qual for sua qualidade factual. E talvez isso nos leve à diferença decisiva entre o Ocidente secular moderno e o Islã: este ainda confia inteiramente na autoridade do grande Outro (a autoridade simbólica que sustenta um estilo de vida), enquanto o Ocidente secular assume cada vez mais a rachadura, a inconsistência, a impotência etc. do grande Outro, não só na ética, como também na política; a democracia ocidental não se baseia na ideia de que "o trono está vazio", de que não há autoridade política "natural" ou inteiramente legítima? Devemos recordar aqui a teorização de Lefort da democracia como ordem política, em que o lugar de poder está vazio a princípio e só é preenchido temporariamente por representantes eleitos: a democracia admite a lacuna entre o simbólico (o lugar vazio do poder) e o real (o agente que ocupa esse lugar), postulando que nenhum agente empírico se encaixa "naturalmente" no lugar vazio do poder. Os outros sistemas são incompletos, têm de se lançar a acomodações, a reviravoltas ocasionais para funcionar; a democracia eleva a incompletude a princípio, institucionaliza a reviravolta regular na forma de eleição. Aqui a democracia vai além da postura "realista", segundo a qual, para concretizar determinada visão política, é preciso levar em conta circunstâncias concretas e imprevisíveis e estar disposto a fazer concessões, a dar espaço para os vícios e as imperfeições de todos; a democracia transforma em noção a própria imperfeição.

Por que a Ideia e por que comunismo?

A esquerda enfrenta a difícil tarefa de enfatizar que tratamos de economia *política* – não há nada "natural" na crise atual, o sistema econômico global baseia-se numa série de decisões políticas –, ao mesmo tempo que admite que, na medida em que permanecemos *dentro* do sistema capitalista, violar suas regras causará um colapso econômico, já que o sistema obedece a uma lógica pseudonatural própria. Assim, embora estejamos entrando claramente numa nova fase de exploração aprimorada, facilitada pelas condições do mercado global (terceirização etc.), devemos lembrar que isso não é resultado de uma trama malévola dos capitalistas, mas da urgência imposta pelo funcionamento do próprio sistema, sempre à beira do colapso financeiro. Por essa razão, o que se exige agora não é uma crítica moralizadora do capitalismo, mas a total reafirmação da Ideia de comunismo.

A *Ideia* de comunismo, como elaborada por Badiou, é uma ideia reguladora kantiana, sem nenhuma mediação com a realidade histórica. Badiou rejeita enfaticamente qualquer mediação, assim como qualquer regressão ao evolucionismo historicista que trai a pureza da Ideia, reduzindo-a a uma ordem positiva do Ser (a revolução concebida como momento do processo histórico positivo). De fato, esse modo de referência kantiano nos permite caracterizar como *Kritik der reinen Kommunismus* [crítica do comunismo puro] o desdobramento da "hipótese comunista" por Badiou. Como tal, ele nos convida a repetir a passagem de Kant a Hegel – a conceber novamente a Ideia de comunismo como uma Ideia no sentido hegeliano, isto é, uma Ideia que está no processo da própria realização. A Ideia que "faz de si o que é", portanto, não é mais um conceito oposto à realidade como sua sombra sem vida, mas um conceito que dá realidade e existência a si mesmo. Devemos recordar aqui a fórmula "idealista" infame de Hegel segundo a qual o Espírito é seu próprio resultado, produto de si mesmo. Essas afirmações costumam provocar comentários "materialistas" sarcásticos ("Então não são pessoas reais que pensam e realizam as ideias, mas é o próprio espírito que se puxa pelos cabelos, como o barão de Munchausen..."). Mas consideremos, por exemplo, uma Ideia religiosa que capture o espírito das massas e se torne uma importante força histórica. De certo modo, não se trata de uma Ideia que se realiza, tornando-se "produto de si mesma"? Numa espécie de círculo fechado, ela não estimula pessoas a lutar por ela e a concretizá-la? Portanto, o que a noção da Ideia como produto de si mesma torna visível não é um processo de autoengendramento idealista, mas o fato materialista de que a Ideia só existe na e por meio da atividade dos indivíduos envolvidos com ela e estimulados por ela. O que temos aqui *não* é o tipo de posição historicista/evolucionista que Badiou rejeita, mas algo muito mais radical: um vislumbre de que a própria realidade histórica não é uma ordem positiva, mas um "não todo" que aponta para seu próprio futuro. É essa inclusão do futuro como lacuna na ordem presente que torna esta última "não todo", ontologicamente incompleta, e explode o encerramento em si mesmo do processo historicista/evolucionário. Em resumo, é essa lacuna que nos torna capazes de distinguir do historicismo a historicidade propriamente dita.

Por que, então, a Ideia de *comunismo*? Por três razões, que refletem a tríade lacaniana do I-S-R: no nível Imaginário, porque é necessário manter a continuidade com a antiga tradição de rebeliões milenares e igualitárias radicais; no nível Simbólico, porque precisamos determinar as condições exatas em que, em cada época histórica, o espaço para o comunismo pode se abrir; finalmente, no nível do Real, porque temos de assumir a aspereza do que Badiou chama de eternas invariantes comunistas (justiça igualitária, voluntarismo, terror, "confiança no povo"). Essa Ideia de comunismo opõe-se de maneira clara ao socialismo, que exatamente *não* é uma Ideia, mas uma vaga noção comunitária aplicável a todo tipo de laço social orgânico, desde ideias espiritualizadas de solidariedade ("Todos fazemos parte do mesmo organismo") até corporativismo fascista. Os Estados do socialismo real eram exatamente isto: Estados que existiam positivamente, enquanto o comunismo, em sua própria noção, é antiestatista.

De onde vem essa Ideia comunista eterna? Será que ela faz parte da natureza humana, ou, como propõem os habermasianos, é uma premissa ética (de igualdade ou reconhecimento recíproco) inscrita na ordem simbólica universal? Afinal de contas, seu caráter eterno não pode ser explicado por condições históricas específicas. A chave desse problema é concentrar-se naquilo contra o que a Ideia comunista se rebela, ou seja, o organismo social hierárquico cuja ideologia foi formulada pela primeira vez nos grandes textos sagrados, como o *Código de Manu*. Como mostrou Louis Dumont em *Homo hierarchicus**, a hierarquia social é sempre incoerente, isto é, sua própria estrutura se baseia numa inversão paradoxal (é claro que a esfera mais alta é mais alta do que a mais baixa, mas, dentro da ordem mais baixa, o mais baixo é mais alto do que o mais alto) e, por conta disso, a hierarquia social nunca consegue abranger todos os seus elementos. É essa incoerência constitutiva que dá origem ao que Rancière chama de "parte de parte alguma", aquele elemento singular que permanece deslocado na ordem hierárquica e, como tal, serve de universal singular e dá corpo à universalidade da sociedade em questão. Sendo assim, a Ideia comunista é a exigência eterna cossubstancial com esse elemento ao qual falta o lugar apropriado na hierarquia social ("Não somos nada e queremos ser tudo").

Nossa tarefa, portanto, é permanecer fiel a essa Ideia eterna de comunismo: ao espírito igualitário mantido vivo durante milhares de anos em revoltas e sonhos utópicos, em movimentos radicais de Espártaco a Thomas Müntzer, e até nas grandes religiões (o budismo contra o hinduísmo, o daoismo ou legalismo contra o confucionismo etc.). O problema é evitar a escolha entre levantes sociais radicais que terminam em derrota, porque são incapazes de se estabilizar numa nova ordem, e o recuo para um ideal deslocado, para um domínio fora da realidade social (segundo o budismo, somos todos iguais – no nirvana). É aqui que a originalidade do pensamento ocidental fica clara, principalmente em seus três grandes rompimentos históricos: o rompimento da filosofia grega com o universo mítico, o rompimento do cristianismo com o universo pagão e o rompimento da democracia moderna com a autoridade tradicional. Em cada caso, o espírito igualitário é transposto para uma nova ordem positiva (limitada, mas ainda assim real).

Em resumo, a aposta do pensamento ocidental é que a negatividade radical (cuja primeira expressão imediata é o terror igualitário) não está condenada a se exprimir em breves explosões extáticas depois das quais tudo volta ao normal. Ao contrário, a negatividade radical, como a destruição de toda a hierarquia tradicional, tem potencial para se articular numa ordem positiva dentro da qual adquire a estabilidade de uma nova forma de vida. Esse é o significado do Espírito Santo no cristianismo: a fé não só se exprime no coletivo de fiéis, mas também existe como ele. E essa fé em si se baseia no "terror", como indica a insistência de Cristo no fato de que ele traz a espada e não a paz, quem não odeia pai e mãe não é um verdadeiro seguidor etc. O conteúdo desse terror, portanto, envolve a rejeição de todos os laços comunitários e hierárquicos tradicionais, apostando que é possível

---

* 2. ed., São Paulo, Edusp, 1997. (N. E.)

um vínculo coletivo diferente – um laço igualitário entre fiéis ligados pelo *ágape* como amor político.

A própria democracia é outro exemplo desse vínculo igualitário baseado no terror. Como observa Claude Lefort, o axioma democrático é que o lugar de poder está vazio, que não há ninguém diretamente qualificado para a vaga, seja por tradição, seja por carisma, seja por talento de liderança. É por isso que, antes que a democracia entre no palco, o terror tem de fazer seu serviço, dissociando para sempre o lugar de poder de todos os pretendentes naturais ou diretamente qualificados: a lacuna entre esse lugar e os que o ocupam temporariamente tem de ser mantida a todo custo. Também é por isso que a dedução da monarquia de Hegel pode receber um complemento democrático: Hegel insiste no monarca como chefe de Estado "irracional" (isto é, contingente) exatamente para manter o ápice do poder do Estado separado da especialização encarnada na burocracia estatal. Embora os burocratas sejam escolhidos por seus talentos e qualificações, o rei é rei de berço – isto é, ele é escolhido, em última análise, por sorteio, por conta da contingência natural. O perigo que Hegel tentava evitar explodiu um século depois na burocracia stalinista, que foi exatamente o domínio de especialistas (comunistas): Stalin *não* é a figura de um mestre, mas aquele que "realmente sabe", um especialista em todos os campos imagináveis, da economia à linguística, da biologia à filosofia.

Podemos bem imaginar um procedimento democrático que mantenha a mesma lacuna em razão do momento irredutível de contingência de cada resultado eleitoral: longe de ser uma limitação, o fato de as eleições não pretenderem selecionar o mais qualificado é que as protege da tentação totalitária (e é por isso que, como já estava claro para os antigos gregos, escolher governantes por sorteio é a forma mais democrática de seleção). Ou seja, como Lefort mostrou mais uma vez, a conquista da democracia é transformar aquilo que, para o poder autoritário, é o momento de maior crise – o momento de transição de um senhor para outro, o instante indutor de pânico no qual "o trono está vazio" – na própria fonte de sua força: as eleições democráticas representam, portanto, a passagem por aquele ponto zero em que a rede complexa de vínculos sociais se dissolve numa multiplicidade puramente quantitativa de indivíduos cujos votos são mecanicamente contados. O momento de terror, de dissolução de todos os vínculos hierárquicos, é assim reencenado e transformado na base de uma nova ordem política estável.

Portanto, Hegel, medido pelos padrões que ele estabeleceu para o que deveria ser um Estado racional, talvez estivesse errado por temer o sufrágio universal democrático (por exemplo, sua rejeição nervosa da Lei de Reforma inglesa de 1832). É exatamente a democracia (o sufrágio universal) que, de forma muito mais apropriada do que o Estado de estados do próprio Hegel, realiza o truque "mágico" de converter a negatividade radical numa nova ordem política: na democracia, a negatividade do terror (a destruição de todos que pretendam se identificar com o lugar do poder) é *aufgehoben* [cancelada] e transformada na forma positiva do procedimento democrático.

Agora que conhecemos as limitações desse procedimento formal, a questão é conseguirmos imaginar um passo adiante nesse processo em que a negatividade igualitária se transforma numa nova ordem positiva. Deveríamos procurar indícios dessa ordem em domínios diferentes, inclusive nas comunidades científicas. É significativo aqui o modo como funciona o Cern [Conselho Europeu para a Pesquisa Nuclear]: de maneira quase utópica, os esforços individuais são realizados num espírito coletivo não hierárquico, e a dedicação à causa científica (de recriar as condições do Big Bang) pesa muito mais do que considerações materiais. Mas esses indícios, por mais sublimes que sejam, serão apenas isto, indícios marginais?

Em 2010, em sua participação na conferência sobre marxismo em Londres (organizada pelo Partido Operário Socialista), Alex Callinicos lembrou que sonhava com uma futura sociedade comunista, na qual haveria museus do capitalismo para exibir ao público os artefatos dessa formação social irracional e desumana. A ironia não intencional desse sonho é que, hoje, os únicos museus desse tipo são os museus do comunismo, que exibem *seus* horrores. Mais uma vez, então, o que devemos fazer nessa situação? Dois anos antes de morrer, quando estava claro que não haveria revolução europeia imediata e a ideia de construir o socialismo num só país não fazia sentido, Lenin escreveu: "E se toda a desesperança da situação, ao estimular dez vezes mais o esforço dos operários e dos camponeses, oferecesse a oportunidade de criar os requisitos fundamentais da civilização de maneira diferente dos países da Europa ocidental?"[75].

Essa não é a difícil situação do governo Morales na Bolívia, do (ex-)governo Aristide no Haiti e do governo maoista do Nepal? Eles chegaram ao poder por meio de eleições democráticas "justas", não pela insurreição, mas, depois que chegaram ao poder, exerceram-no de maneira (pelo menos em parte) "não estatista": mobilizaram diretamente sua base de apoio e contornaram a rede do Estado-partido. A situação é "objetivamente" desesperançada: toda a tendência da história é contrária a eles, eles não podem confiar em nenhuma "tendência objetiva" que vá ao seu encontro, só podem improvisar, fazer o possível numa situação desesperadora. Apesar de tudo, isso não lhes dá uma liberdade única? (E nós, a esquerda contemporânea, não estamos exatamente na mesma situação?) É tentador aplicar aqui a antiga distinção entre "estar livre de" e "estar livre para": o fato de estarem livres *da* história (com suas leis e tendências objetivas) não dá sustentação a sua liberdade *para* a experimentação criativa? Em sua atividade, eles só podem contar com a vontade coletiva de seus partidários.

---

[75] V. I. Lenin, *Collected Works*, cit., v. 33, p. 479.

De acordo com Badiou,

> o modelo do partido centralizado possibilitou uma nova forma de poder que era simplesmente o poder do próprio partido. Agora, estamos a certa "distância do Estado", como costumo dizer. Em primeiro lugar, porque a questão do poder não é mais "imediata": hoje, a "tomada do poder", no sentido insurrecional, não parece possível em lugar nenhum.[76]

Mas isso não se baseia numa alternativa simples demais? Que tal assumir heroicamente o poder que estiver disponível – com total consciência de que as "condições objetivas" não estão suficientemente "maduras" para mudanças radicais – e, contra a corrente, fazer o que for possível?

Retornemos à situação da Grécia em meados de 2010, quando o descontentamento popular provocou a deslegitimação de toda a classe política e o país beirou um vazio de poder. Se a esquerda tivesse alguma chance de assumir o poder do Estado, o que poderia fazer naquela situação de "completa desesperança"? É claro que (se podemos nos permitir essa personificação) o sistema capitalista deixaria alegremente que a esquerda assumisse, no mínimo para que a Grécia chegasse a um caos econômico que servisse de lição aos outros. Ainda assim, apesar desse risco, sempre que houver uma chance de tomar o poder, a esquerda deve aproveitá-la e enfrentar os problemas, extraindo o máximo que puder de uma situação ruim (no caso da Grécia, renegociar a dívida, mobilizar a solidariedade europeia e o apoio popular diante do apuro). A tragédia da política é que nunca haverá um "bom" momento para tomar o poder: as oportunidades sempre se apresentarão no pior momento possível (fiasco econômico, catástrofe ambiental, agitação civil etc.), quando a classe política dominante perdeu legitimidade e a ameaça populista-fascista está à espreita. Por exemplo, os países escandinavos, embora mantenham um alto nível de igualdade social e um poderoso Estado de bem-estar social, têm bom desempenho na competitividade global. Isso prova que:

> Estados do bem-estar social generosos e relativamente igualitários não deveriam ser considerados utopias ou enclaves protegidos, mas, ao contrário, podem ser participantes altamente competitivos no mercado mundial. Em outras palavras, mesmo dentro dos parâmetros do capitalismo global há muitos graus de liberdade para alternativas sociais radicais.[77]

Talvez a caracterização mais sucinta da época que começa com a Primeira Guerra Mundial seja a conhecida frase atribuída a Gramsci: "O velho mundo está morrendo, e o novo mundo luta para nascer: agora é o tempo dos monstros". O

---

[76] Filippo Del Lucchese e Jason Smith, "'We Need a Popular Discipline': Contemporary Politics and the Crisis of the Negative", entrevista com Alain Badiou (Los Angeles, 7 fev. 2007). Disponível em: <http://www.egs.edu/faculty/alain-badiou/articles/we-need-a-popular-discipline>. [Acesso em: 6 jun. 2012.]

[77] Göran Therborn, "The Killing Fields of Inequality", em Sven E. O. Hort (ed.), *From Linnaeus to the Future(s)* (Göteborg, Linnaeus University Press, 2010), p. 190.

fascismo e o stalinismo não foram os monstros gêmeos do século XX, nascidos um do esforço desesperado do velho mundo para sobreviver e o outro de uma iniciativa bastarda de construir um mundo novo? E os monstros que geramos agora, estimulados pelos sonhos tecnognósticos de uma sociedade biogeneticamente controlada? Devemos tirar todas as consequências desse paradoxo: talvez não exista passagem direta para o novo, pelo menos não da maneira que imaginamos, e os monstros surjam necessariamente em toda tentativa de forçar essa passagem.

Um dos sinais do ressurgimento dessa monstruosidade é que as classes dominantes parecem cada vez menos capazes de governar, mesmo que seja por interesse próprio. Tomemos, por exemplo, o destino dos cristãos no Oriente Médio. Nos dois últimos milênios, os cristãos do Oriente Médio sobreviveram a uma série de calamidades, desde o fim do Império Romano: derrota nas Cruzadas, descolonização dos países árabes, revolução de Komeini no Irã etc. – com notável exceção da Arábia Saudita, principal aliado dos Estados Unidos na região, onde não há cristãos autóctones. No Iraque, havia aproximadamente um milhão de cristãos durante o governo de Saddam, e eles levavam exatamente a mesma vida dos outros súditos iraquianos (um deles, Tariq Aziz, chegou a ocupar o cargo de ministro do Exterior e era confidente de Saddam). Mas então aconteceu uma coisa estranha com os cristãos iraquianos, uma verdadeira catástrofe: um exército cristão ocupou (ou libertou, se preferirmos) o Iraque.

O exército cristão de ocupação dissolveu o exército secular iraquiano e deixou as ruas livres para as milícias fundamentalistas muçulmanas aterrorizarem umas às outras e aos cristãos. Não admira que cerca de metade dos cristãos tenha deixado o país, preferindo até a Síria, que apoiava os terroristas, ao Iraque libertado e sob controle militar cristão. Em 2010, a situação piorou. Tariq Aziz, que sobreviveu aos julgamentos anteriores, foi condenado à forca por um tribunal xiita, acusado de "perseguição de partidos muçulmanos" (isto é, por combater o fundamentalismo muçulmano) no governo Saddam. Houve atentados a bomba contra os cristãos e suas igrejas e dezenas de mortos, de modo que, finalmente, no início de novembro de 2010, o arcebispo de Bagdá, Atanasios Davud, aconselhou seu rebanho a deixar o Iraque: "Os cristãos têm de deixar o amado país de nossos ancestrais e evitar a planejada limpeza étnica. Isso é melhor do que sermos mortos um a um". E, para pôr os pontos nos is, por assim dizer, a mídia informou em novembro de 2010 que Al-Maliki havia sido confirmado como primeiro-ministro iraquiano, graças ao apoio do Irã. Assim, o resultado da intervenção dos Estados Unidos foi que o Irã, principal agente do eixo do mal, está prestes a dominar politicamente o Iraque.

A política norte-americana aproxima-se definitivamente da loucura, e não só na política interna, em que o Tea Party propõe combater a dívida nacional reduzindo os impostos, isto é, aumentando a dívida (não podemos deixar de lembrar aqui a famosa tese de Stalin de que, na União Soviética, o Estado enfraquece com o fortalecimento de seus órgãos, sobretudo os órgãos de repressão policial). Na política externa, a disseminação dos valores judaico-cristãos ocidentais cria condições para a expulsão dos cristãos (que talvez possam ir para o Irã...). Definitivamente, isso não é um choque de civilizações, mas um diálogo e uma cooperação verdadeiros entre os Estados Unidos e os fundamentalistas muçulmanos[78].

Nossa situação, portanto, é diametralmente oposta à dificuldade clássica do século XX, em que a esquerda sabia o que tinha de fazer (fundar a ditadura do proletariado etc.), mas precisava esperar com paciência até que surgisse a oportunidade. Hoje, não sabemos o que fazer, mas temos de agir agora, porque as consequências da inação podem ser catastróficas. Temos de nos aventurar no abismo do novo em condições totalmente inadequadas; temos de reinventar aspectos do novo apenas para manter o que era bom no velho (educação, assistência médica etc.). A revista em que Gramsci publicou seus textos no início da década de 1920 chamava-se *L'Ordine Nuovo* (A nova ordem) – título que mais tarde foi apropriado pela extrema-direita. Mais do que ver nessa apropriação posterior a "verdade" do uso que Gramsci fazia do título – abandonando-o por ser contrário à liberdade rebelde de uma esquerda autêntica –, deveríamos analisá-lo como um sinal do difícil problema que qualquer revolução terá de enfrentar para definir uma nova ordem depois que triunfar. Em resumo, nossa época pode ser caracterizada do mesmo modo como Stalin caracterizava a bomba atômica: não é para quem tem nervos fracos.

O comunismo, hoje, não é o nome da solução, mas o nome do *problema*: o problema das *áreas comuns* em todas as suas dimensões – as áreas comuns da natureza como substância da vida, o problema da área comum biogenética, o problema da área comum cultural ("propriedade intelectual") e, por último, mas não menos importante, o problema da área comum como espaço universal de humanidade, do qual ninguém deveria ser excluído. Seja qual for a solução, ela terá de resolver *esse* problema.

---

[78] Baseio-me aqui na análise de Ervin Hladnik Milharčič, de Liubliana.

ÍNDICE ONOMÁSTICO

Adorno, Theodor W. 110, 149, 163-4, 174, 184, 198, 206, 264, 273-4, 291
Allais, Alphonse 18, 257
Althusser, Louis 29, 147, 158, 174, 265, 304, 318
Altman, Robert 242, 269-70
Ambedkar, B. R. 36-7
Arendt, Hannah 277-8, 332-3
Aristide, Jean-Baptiste 89-90, 359
Aristóteles 136
Ayres, Ed 219-20

Badiou, Alain 16, 52, 61, 80, 83, 136, 143-6, 158, 160-1, 254, 256, 263-4, 300, 322, 334-7, 344-6, 355-6, 360
Balso, Judith 160
Beck, Glenn 20
Beck, Ulrich 252
Beethoven, Ludwig van 24, 271
Benjamin, Walter 21-2, 49, 82, 97, 101, 107, 282
Benson, Michael 64
Bentham, Jeremy 48, 167-8
Bento XVI 104, 139
Bergson, Henri 42
Berlusconi, Silvio 63, 279, 300, 346
Bertolucci, Bernardo 285
Blair, Tony 26, 279
Borges, Jorge Luis 44
Brecht, Bertolt 22, 26, 93, 115, 125, 127, 142, 270, 285
Brontë, irmás 123

Brown, Dan 238-9
Brown, Wendy 278, 343-4
Bruckner, Pascal 21

Cage, John 271-2
Cameron, James 282, 284
Camp, L. Sprague de 102
Caruso, D. J. 233
Cassirer, Ernst 81
Castro, Fidel 317
Castro, Raúl 10
Ceaușescu, Nicolae 61
Celan, Paul 22
Chakrabarty, Dipesh 222, 224-5, 227-8
Chávez, Hugo 65, 136, 197, 274, 317, 337
Chesterton, G. K. 97-8, 100, 291
Churchill, Winston 50, 292
Clinton, Hillary 76
Confúcio 26-8
Congo, Anwar 61-2
Conquest, Robert 162-3
Conselheiro, Antônio 190
Constant, Benjamin 49
Copé, Jean-François 17
Costa, Damian da 159
Cristo 37-8, 71-2, 104-5, 111-4, 116-7, 124-5, 128, 135, 137-8, 147, 185, 229, 340, 357

Dahn, Felix 102
Dahrendorf, Ralf 84-5
Dalai Lama 352
Dawkins, Richard 139

Dayan, Moshe 47-8
Deleuze, Gilles 140, 204, 211-2, 269

Deng Xiaoping 168, 325-6
Derrida, Jacques 207
Descartes, René 104, 217, 350
Dolar, Mladen 20, 129-30, 258
Dostoiévski, Fiódor 105, 126, 229, 289
Drnovšek, Janez 251
Dupuy, Jean-Pierre 39, 43-4
Durruti, Buenaventura 289

Einstein, Albert 117, 209
Eisenstein, Serguei 263, 268-9
Engels, Friedrich 147, 150, 154-5, 262
Eurípides 115

Feldmann, Arthur 16
Fincher, David 286
Flourens, Pierre 206
Ford, John 128
Foucault, Michel 20, 63, 304
Frankfurt, Harry 19
Frankl, Viktor 43
Freiligrath, Ferdinand 261-2
Freud, Sgmund 11, 22, 57, 60, 141, 154, 200-1, 203, 207-12, 215-6, 218, 257, 301, 307, 353
Fritzl, Josef 55-61

Gandhi, Mohandas 36-7
Gates, Bill 50, 190, 193, 195, 230, 294
Gehry, Frank 75
Gorbachev, Mikhail 286, 324-5
Gould, Stephen Jay 98, 169, 263
Greenberg, Raphael 76
Grossman, David 94, 265
Guattari, Félix 269
Guevara, Che 118, 124, 136, 342

Habermas, Jürgen 26, 66, 232, 242, 273-4, 343
Hallward, Peter 88, 90
Han Fei 26, 29
Handke, Peter 108
Hartford, Tim 167-9
Hašek, Jaroslav 257
Havel, Václav 346
Hawking, Stephen 235

Heather, Peter 102
Hegel, G. W. F. 24, 29, 34, 40-1, 55, 108, 121, 129, 145, 147, 172, 174, 176-7, 182-4, 186-9, 216, 227-8, 243, 247, 249-50, 282, 284, 287, 297, 304, 318, 356, 358
Heidegger, Martin 26, 81, 149, 212-3, 291
Hesse, Hermann 14
Hilário (bispo de Poitiers) 136
Hitchcock, Alfred 39, 43, 140
Hitler, Adolf 67-8, 82, 113, 222, 275, 303, 339
Hobsbawm, Eric 27, 35, 214
Homero 72
Horkheimer, Max 148-9, 163-4, 198, 206, 273, 291-2
Hugo, Victor 135

Jakobson, Roman 255
James, Henry 44
James, William 316
Jameson, Fredric 226, 259, 261-2, 264
Jaruzelski, Wojciech 9, 344
Jaspers, Karl 26
Jefferson, Thomas 281
Jelinek, Elfriede 56
Jung, Carl Gustav 211

Kadaré, Ismail 287-8
Kafka, Franz 13, 246, 256-7, 259, 261-3, 269, 310, 319, 327
Kant, Immanuel 25-6, 44-7, 49, 53-4, 93, 128, 175-6, 184, 213, 233, 238, 282, 292-3, 298, 356
Karadžić, Radovan 55-6, 106-8
Karatani, Kojin 151, 174-6
Keynes, John Maynard 171
Kim Il-Sung 110
Kim Jong-Il 110, 333
Klein, Naomi 219, 222
Kojić, Goran 106
Kraus, Karl 108
Krugman, Paul 140
Kruschev, Nikita 286-7, 323-4
Kübler-Ross, Elisabeth 12-3
Kubrick, Stanley 16

Lacan, Jacques 15, 21, 38, 46, 53, 57, 60, 67-8, 82, 93-4, 104-6, 111, 132, 139, 151, 174, 188-9, 199-200, 210-1, 213-5, 217, 241, 245-7, 254, 275, 280, 297, 304, 306, 318

Lambert, Constant 271
Le Goff, Jacques 72
Lebrun, Gérard 227
Lee, Robert E. 99-100
Lenin, Vladimir 46, 87, 98-9, 124, 136, 265, 287, 318-24, 337-8, 340-1, 346, 359
Levi, Primo 205
Levinas, Emmanuel 132
Lévi-Strauss, Claude 153
Lévy, Benny 81
Lévy, Bernard-Henri 21, 74, 159, 278
Lewis, C. S. 110
Lubitsch, Ernst 41
Lukács, György 144, 155, 158, 163-4, 176-7, 182-3, 185, 189, 225, 265
Lula da Silva, Luiz Inácio 90, 190, 330
Luria, Alexander 214
Lutero, Martinho 37-8
Lyotard, François 146

Madison, James 281
Magritte, René 258, 308
Makdisi, Saree 77
Malabou, Catherine 185, 199-201, 203-12, 214-6, 218
Malebranche, Nicolas 104-5
Mao Tsé-Tung 13-5, 27, 136, 144, 325, 328
Maquiavel, Nicolau 29
Marcião 117
Marx, Karl 14-5, 30, 37, 40, 55, 65, 72, 97, 103, 147-57, 161-8, 172-5, 177-83, 189, 194, 196-7, 219, 223, 233, 247, 261, 267, 278, 297-9, 317-8, 329, 334, 338, 346
McCain, John 19, 330
McLemee, Scott 159
Meir, Golda 15
Michaels, Walter Benn 68
Michéa, Jean-Claude 49-50, 52
Mielke, Erich 111
Miller, Jacques-Alain 246
Milner, Jean-Claude 74, 79-82
Milošević, Slobodan 107-8, 343
Mistry, Pranav 229-30

Negri, Toni 29, 90, 190
Nelson, Tim Blake 284
Neruda, Pablo 38-9
Ngeze, Hassan 108

Nietzsche, Friedrich 16, 58, 237
Nkunda, Laurent 91
Nolan, Christopher 295

Obama, Barack 249-50, 308, 330
Ofran, Hagit 76

Palin, Michael 19
Palin, Sarah 250
Pareto, Vilfredo 170
Paulo (apóstolo) 16, 83-4, 116, 126, 137, 293
Perković, Marko 72
Pippin, Robert 128-9, 213
Platão 107, 136, 149
Platonov, Andrei 162-3, 256, 264-6
Plekhanov, Georgi 98
Postone, Moishe 147-9, 153, 156, 158, 164-5, 173, 182
Proust, Marcel 20
Van Parijs, Philippe 191, 196

Rammstein 56, 262, 275-6
Rancière, Jacques 159, 269, 357
Rand, Ayn 50, 195, 318
Ravel, Maurice 270
Rorty, A. Oksenberg 114
Rousseau, Jean-Jacques 20, 26, 118-22, 149

Sacks, Oliver 203-4, 214
Salazar, António de Oliveira 141
Saramago, José 93
Sarkozy, Nicolas 17, 63, 254
Sartre, Jean-Paul 15, 26, 286-7, 323-4
Satie, Erik 256, 270-2
Schelling, Thomas 185, 253-4
Sêneca 117
Serrano, Andres 64
Silveira, Antonio Maria da 191
Sloterdijk, Peter 61, 142, 192-6
Sófocles 114-5, 119
Sohn-Rethel, Alfred 175-6
Soljenitsin, Alexander 265
Sólon 114
Soros, George 193, 195, 199
Stalin, Josef 136, 269, 286-7, 296, 318-21, 323, 336, 342, 358, 361-2
Sturgeon, Theodore 256, 266-7
Suzuki, D. T. 110

Tarkovsky, Andrei 23
Tertuliano 116-8
Theweleit, Klaus 94
Thoreau, Henry David 133
Thornhill, John 86-7
Tito, Josip 140, 342
Trotski, Leon 46, 136, 265, 321, 324
Tucídides 55-6
Turing, Alan 257
Twain, Mark 52, 276

Van Damme, Jean-Claude 134-5
Venter, Craig 230-2
Vertov, Dziga 256, 268-9
Vidal, Gore 130

Wagner, Richard 78, 184, 187, 252, 262, 267
Wajcman, Gerard 94-6, 141, 249
Wałęsa, Lech 9
Ward-Perkins, Bryan 100-1, 103

Waugh, Evelyn 125
Webern, Anton 271
Weinberg, Steve 108
Weisman, Alan 93
Wells, H. G. 44
Wiesel, Elie 124
Wilde, Oscar 127, 287, 324
Williams, Bernard 45
Wolf, Christa 113

Yeats, William Butler 352
Yehoshua, A. B. 67
Ying Zheng 26
Yoder, John Howard 137

Zaera Polo, Alejandro 275
Zakaria, Fareed 85
Zamiatin, Evgueny 265
Žižek, Slavoj 41-2, 53, 65, 72, 82, 88, 159, 162, 248

Este livro foi composto em Adobe Garamond, corpo 11/13,2, e reimpresso em papel Avena 80 g/m² pela gráfica UmLivro, para a Boitempo, em agosto de 2025.